新世纪高等学校规划教材 · 公共管理核心课系列

政府经济学

第2版

主编◎黄新华

北京师范大学出版集团
BEIJING NORMAL UNIVERSITY PUBLISHING GROUP
北京师范大学出版社

图书在版编目(CIP)数据

政府经济学/黄新华主编. —2 版. —北京：北京师范大学出版社，2018.7

（新世纪高等学校规划教材·公共管理核心课系列）

ISBN 978-7-303-23447-9

Ⅰ. ①政… Ⅱ. ①黄… Ⅲ. ①行政干预－宏观管理－经济学－高等学校－教材 Ⅳ. ①F20

中国版本图书馆 CIP 数据核字(2018)第 022211 号

营销中心电话　010-62978190　62979006
北师大出版社科技与经管分社　www.jswsbook.com
电子信箱　jswsbook@163.com

ZHENGFU JINGJIXUE

出版发行：北京师范大学出版社　www.bnup.com.cn
北京市海淀区新街口外大街 19 号
邮政编码：100875
印　　刷：北京玺诚印务有限公司
经　　销：全国新华书店
开　　本：787 mm×980 mm　1/16
印　　张：23
字　　数：440 千字
版　　次：2018 年 7 月第 2 版
印　　次：2018 年 7 月第 3 次印刷
定　　价：49.80 元

策划编辑：李红芳　姚　兵　　责任编辑：李红芳
美术编辑：刘　超　　装帧设计：刘　超
责任校对：赵非非　黄　华　　责任印制：赵非非

前 言

1988年，我国翻译出版了国内第一本研究政府经济行为的著作——约瑟夫·斯蒂格利茨的《政府经济学》(春秋出版社)，当时在政治学和行政学领域引起了极大的反响。随着《政府经济学》成为政治学一级学科、公共管理一级学科本科生、研究生、公共管理硕士(MPA)专业学位的核心课程或学位课程，国内学者在借鉴国外理论与整合中国实践的基础上，以“政府经济学”的名称出版了众多的书籍或教材。

2012年，应北京师范大学出版社的约请，黄新华教授主持编写了《政府经济学》，其主要是在对国内同类教材和已经出版的著作进行梳理和归类分析的基础上，基于市场与政府关系的讨论，系统地阐述了政府经济学的主题领域，从而较为全面地描述了混合经济中的政府行为及其对资源配置和社会福利的影响，建构了政府经济学的基本知识体系。

2018年，为了适应政府治理变革的实践需求和公共经济理论的演化发展，在对2012年版《政府经济学》进行系统修订后，《政府经济学》(第2版)的体系、框架和内容做了进一步的优化和调整。与其他同类教材相比，本书的结构和内容都有其自身的特色。这种特色集中体现在两方面：一是本书紧紧围绕政府和市场的关系探讨政府经济学的理论主题，阐明作为资源配置的决定性机制——市场失灵的条件下，政府经济的领域和范围，为理解政府行为及其对资源配置和社会福利的影响提供了一个理论框架。二是本书力图反映政府经济理论的研究前沿，追踪国外研究的新进展和新情况，并根植于变革社会的中国实践，探求公共经济理论的知识基础，通过理论和实践的有机结合，建构既具有理论前沿性又有实践针对性的政府经济学体系。

作为本书的主编，黄新华提出了本书的框架结构，拟订了每章的篇目，完成了全书的统稿和定稿工作。本书各章完成人如下：黄新华、石术(第1章和第10章)，黄新华、孙婷(第2章和第3章)，黄新华、谢正(第4章和第9章)，黄新华、陈婉莉(第5章和第6章)，黄新华、叶艳艳(第7章和第8章)。

本书在写作过程中参考了国内外学者已经出版或发表的大量文献，在此对这些文献的作者表示衷心的感谢。作为厦门大学“双一流重点建设学科群——公共治理学科群”、福建省2011协同创新中心“公共政策与地方治理协同创新中心”暨“厦门大学公共服务质量研究中心”项目的成果，本书的出版得到北京师范大学出版社的支持，感谢责任编辑李红芳女士为本书的出版所付出的辛勤劳动。

编　者

2017年9月1日

于厦门大学诚智楼

目　录

第6章 政府产出与公共服务 /174

第7章 政府工具与绩效评估 /220

第 1 章

政府经济学论纲

在市场经济体制中，市场是资源配置的决定性机制。“虽然市场机制是令人放心的组织生产和资源配置的方式，但是，市场失灵有时会导致不良的经济后果。”①换言之，市场会失灵。市场失灵的存在，决定了单纯依靠市场调节难以保证资源配置的合理性，也难以保证经济社会的协调发展。为了实现资源优化配置，促进经济社会的协调发展，政府在市场经济中起着举足轻重的作用。如何提高政府部分的工作效率，以及与之相关的各类宏观经济问题，一直是市场经济国家发展过程中的理论与实践难题。探讨、解决这一难题的学问——政府经济学便应运而生了。“它是经济学中最古老的领域之一，但又是经济学的一个新兴分支。”②

1.1 政府经济学的发展演化

政府不只是作为一个政治实体而存在，也是重要且相对独立的经济单位，在经济社会中政府这只“看得见的手”同企业、家庭共同参与到国民经济运行之中，在弥补市场内在缺陷的同时，也引导着市场向良性有效的方向发展。政府经济学就是从经济学的角度解释、分析政府行为及其对资源配置和社会福利影响的经济学科，解决政府生产什么、怎样生

① [美]保罗·萨缪尔森，威廉·诺德豪斯．经济学[M]．17 版．萧琛，译．北京：人民邮电出版社，2008：34.

② [英]伊特维尔，等．新帕尔格雷夫经济学大辞典(第 3 卷)[M]．北京：经济科学出版社，1992：1125.

产、为谁生产三大基本问题。在研究政府经济行为之前，必须探讨政府、私人部分与公共部门的区别与联系，认识它们在促进国民经济发展过程中的不同作用，因此需要回顾政府经济学的发展过程，厘清政府经济学的研究对象与意义。

1.1.1 政府经济学的逻辑起点

构建政府经济学的理论大厦，必须先确立公共经济理论的逻辑起点。虽然政府经济学是从属于经济学的一门分支学科，但政府经济学和经济学的逻辑起点并不完全相同。作为一个独立的经济学分支，政府经济学有着其学科本身的逻辑起点。

从经济思想史的角度看，1776年，亚当·斯密所著的《国民财富的性质和原因的研究》(简称《国富论》)一书的出版，标志着古典政治经济学的诞生。亚当·斯密认为，每个人都追求个人的利益，在人人追逐个人利益的过程中，市场机制就会像一只“看不见的手”，它时刻调整人们的经济行为，从而使整个经济社会的资源配置达到最优状态。

在亚当·斯密的引领下，人们主张限制国家或政府作用，让商品经济在一种自由放任的状态下运行，国家尽量少干预或不干预市场的运行。[①] 在自由放任的经济政策主导下，市场机制是实现资源配置和调节私人经济活动的基本手段，国家或者政府在其中只是扮演者守夜人的角色，政府对经济的管理和调节相当有限，人们普遍认为，管得最少的政府就是管得最好的政府。

然而市场并不是万能的，自由放任的经济政策导致了垄断、无序竞争、贫富差距等现象的产生，特别是在1929—1933年西方资本主义世界爆发了有史以来最严重的经济危机——大萧条，大萧条宣告了自由放任经济政策的破产。经济危机表明，市场不是万能的，单纯依靠市场调节并不能合理地配置资源，这就是市场失灵。

市场失灵呼唤政府发挥其经济职能。1936年约翰·梅内德·凯恩斯在《就业、利息和货币通论》中指出，仅仅依靠市场机自发调节是无法抑制资本主义周期性危机的，市场失灵为政府干预经济留出了空间。凯恩斯主张国家应该放弃自由放任主义，由政府对经济生活实施全面的干预。时任美国总统罗斯福采纳了他的主张，美国政府实施“新政”，用政府干预这只“看得见的手”，通过实施货币政策和财政政策使美国渡过了危机。“二战”后西方国家政府普遍对经济采取了干预政策，凯恩斯主义成为西方经济学的主流学派。

由于凯恩斯在《就业、利息和货币通论》一书中高举政府干预的大旗，认为市场失灵为政府介入经济配置提供了合理性，正是因为仅仅依靠市场机制无法有效地配置资源，才需要政府对经济进行干预与指导。因此市场失灵是政府经济学研究的逻辑起点，它所研究的是经济学中的核心问题，哪些方面必须靠市场？哪些方面必须靠政府(公共部门)？如何靠？它从事的是关于公共部门的研究，然而它必须最为精细周到地分析市场及其问题。

① 陈振明. 公共管理学[M]. 北京：中国人民大学出版社，2005：29.

1.1.2　政府经济学的含义

在市场经济条件下，政府是一个独立的经济主体。西方经济学把社会经济主体分为公共部门和私人部门两大类。私人部门包括企业和家庭，公共部门是指政府及其附属物，包含中央以及地方各级政府、公共企业、非营利性单位等非私人部门，即广义上的政府，政府的经济活动不仅会影响着家庭与企业的经济行为，还会对国民经济的发展方向起到指引作用。

政府(或公共部门)与私人部门在运行方式、手段、目标方面都存在着显著的差异。首先，它们的运行方式不同，私人部门是通过自由的市场竞争，遵循市场价值规律来完成商品之间的交易，交易产品的产权往往是界定清晰的，因此不需要政府干预。公共部门则以其独特的方式和规律参与到国民经济的运行之中，包括政府采购、政府规制等经济、法律的手段以及必要的行政手段，其中一部分是带有强制性质的。其次，它们的目的不同。企业或个人的交易行为通常是为了追求自身的利益，企业以利润最大化为动机，个人则追求效用满足的最大化。相反，公共部门以公共利益作为自身存在的理由，不以盈利为目的。公共部门的经济行为既要考虑到效率问题，进行成本—收益分析，但更要注重公平。最后，它们所提供的产品属性不同。前者主要生产和提供私人物品以及部分准公共物品；后者则以公共物品和一部分的准公共物品与服务为主，包括国防和社会治安、公共交通等基础设施、市政工程、邮政通信系统、基础科学研究、教育事业、医疗卫生保健和文化事业等。但是 20 世纪 80 年代以来，许多原来由政府提供的公共物品逐步转向私人部门，政府更多的是作为安排者与提供者而非直接的生产者，这类新型的公共物品供给模式包括 BOT(Build-Operate Transfer)模式、PPP(Public-Private-Partnership)模式(公私合营模式)、委托—代理模式等。

社会经济活动的良好运行依赖于政府、企业、家庭之间密切的相互依存与相互配合。家庭中的个人一方面充当顾客的角色，作为企业的消费对象，购买企业的产品与服务；另一方面向企业提供各种必要的生产要素并获取相应报酬，企业通过组合生产要素向人们提供产品与服务。政府同时涉及收入(如政府税收)与支出(如政府购买)问题，从而与企业和家庭发生联系，然而，关于政府在社会中所扮演的角色，即政府与市场的关系问题经历了长久的争论。在亚当·斯密时期，“看不见的手”的作用被发挥到极致，政府则充当“守夜人”的角色。20 世纪 30 年代，经济危机暴露了市场经济的弊端，市场失灵使政府干预日益拓展和深入。20 世纪 80 年代末，“从命令式(计划经济)向市场经济的过渡中最清晰最重要的教训是：运行良好的市场需要有效的政府和支持机构”①。换言之，市场是基础，政府是辅助，资源配置的任务首先应在市场机制的引导下完成。政府与市场在社会经济活动中遵循各自的运行方式，相互补充，起着不可替代的作用。

政府同市场一样，也要解决经济学中的三大问题，即生产什么、怎样生产、为谁生产。但是，政府与市场在解决这些问题时却有着实质上的区别。

---

① Stern N. Towards A Dynamic Public Economics[J]. Journal of Public Economics, 2002(86).

首先，“生产什么”。市场中的供给以需求为导向，由消费者的消费偏好决定，生产的产品一般是私人部门在交易中有利可图的私人商品或服务，以市场价格信号为导向；政府则主要提供公共物品与公共服务以满足社会的需求，如公共安全、公用基础设施等。由于公共物品与服务存在成本高、规模大、见效慢、充满风险及不确定性等特征，使得私人部门不能有效提供，而公共部门的存在很大程度上就是为了提供公共物品与服务以弥补市场供给的缺乏，这也是公共部门追求公共利益的具体体现。此外，在众多的公共物品中，政府如何利用有限的资源实现不同类型公共物品供给之间的平衡也是需要关注和解决的一个现实课题。

其次，“怎样生产”。经济学中微观经济主体以企业为主，当生产的边际成本与边际收益相等时，利润达到最大化。为了降低成本，私人部门在生产中会不断改良革新技术以获取更大的收益空间；政府提供公共物品与服务的方式和技术与私人部门主体大相径庭，它利用不同的工具，如政策、规制、法律等手段来选择生产主体和生产技术完成生产的任务，从而对社会的经济活动进行管理、调控与引导。政府也可以采用合同外包或政府采购的形式选择私人部门主体进行生产，从而提高供给的效率。

最后，“为谁生产”。市场中对于“为谁生产”问题的解决很容易在交易中得到解释。“按照西方经济学的观点，在私人部门，收入的分配是由它所提供的生产要素的价格(边际贡献)和它所拥有的该要素的数量(资源禀赋)共同决定。”[①]而政府需要在市场资源配置的基础上进一步纠正私人部门的分配方式，既要考虑效率，更要兼顾公平，特别是公共物品的配置要适当地向弱势群体倾斜，以维护社会稳定，促进社会全面发展。这也就是通常所说的“既要做大蛋糕，更要分好蛋糕”。

概括起来，在现代市场经济中，从理论上说，政府从公共利益出发，以自身独特的运行方式作用于市场，与企业、家庭共同参与到国民经济发展之中。政府经济学研究的就是如何界定政府在社会经济活动中的位置，即政府的职能范围。它“是关于政府的作用、公共部门内部选择范围的限度、政府对私营部门的诸多决策的影响程度等的一门学问”[②]。简言之，作为经济学的一门分支学科，政府经济学是以公共部门行为、公共部门职能及其对资源配置和社会福利的影响为研究对象的一门经济科学。政府经济学不仅要回答政府生产什么、怎样生产以及为谁生产这三大问题，还要在认清政府经济职能的基础上深入探讨政府作用的范围、干预的程度和局限性，是当代经济学令人激动和富于挑战性的分支。[③]

1.1.3 政府经济学的发展历程

虽然经济学中关于政府经济行为的研究古已有之，但直到20世纪中后期才形成较为完整的理论体系。从这一角度而言，政府经济学依旧是一门新兴的年轻学科，它是在财政

① 孙荣，许洁．政府经济学[M]．上海：复旦大学出版社，2001：3.

② [美]约瑟夫·斯蒂格里茨．政府经济学[M]．曾强，等译．北京：春秋出版社，1988：12.

③ C.V. 布朗，P.M. 杰克逊．公共部门经济学[M]．张馨，等译．北京：中国人民大学出版社，2000：11.

学的基础上逐步演化过来的，是公共财政理论的继承和发展。

1. 政府经济思想的早期萌芽

早期的政府思想萌芽散见于各国政治家和政治学家及经济学者的经典著述之中。古希腊时期，色诺芬在其著作《经济论》中首先提出了“经济”一词，并在《雅典的收入》中论述雅典当时财政不足的问题，即公共经济问题。该著作主要谈论的是“怎样安排公共事务，使全体雅典人民可以借助于我们的公共资源来维持充裕的生计”①。蒙克莱田在 1615 年发表的《献给国王和王后的政治经济学》中首次使用了“政治经济学”一词。他的思想带有明显的重商主义倾向，认为国家应该设立保护关税以保护本国工业以及商人的利益，从而将理论研究上升到整个国家和社会经济的层面。1662 年，威廉・配第《赋税论》的出版开创了财政学的先河。配第认为国家经费包括国防所需经费、官员俸禄、宗教事务经费、教育经费、用于社会保障的经费(抚养费、赡养费)和公共基础设施费用共六个项目，并系统阐述了赋税及征税的方式，提出征税应遵循公平、便利、节省这三大原则。该书“全是讨论政府或公共经费以及从哪些方面，以怎样合理有效的方法才能筹得那些经费的问题”②。配第由此被称为古典政治经济学派国家经济职能和财政理论的奠基人。这些早期的公共经济思想为政府经济学的产生奠定了坚实的基础。

2. 公共财政理论的形成

1776 年，亚当・斯密《国富论》的出版，标志着经济学中的财政(学)理论的形成。斯密认为财政理论主要是解决财政支出、税收和公债这三个问题。其政府经济思想主要体现在以下几个方面：一是详细论述了赋税理论，提出公平、确立、便利和经济四大赋税原则，税收是国家财政的主要来源。二是指出财政支出的费用可分为国防费、司法经费、公共工程和公共机关的费用以及维持君主尊严的费用，这是国家经济职能的基本体现。三是讨论了财政收入的另一种形式——公债，包括政府借款的几种不同方法及其使用，公债对于一国经济的影响等。四是提出了自由放任的经济主张，认为市场可以通过自行调节从而达到资源的优化配置，必须限制政府对市场的过多干预，政府的职能应该限定在“保护本国社会的安全，使其免受其他社会的暴行与侵略”；“保护人民不受其他任何人的压迫”；“这需要设立严正的司法行政机关”；“建立并维持某些对社会有益的公共机关和公共工程。”③

大卫・李嘉图、约翰・穆勒等古典经济学家作为亚当・斯密的追随者，他们的主要思想理论与其是一脉相承的。大卫・李嘉图认为市场的自动调节更能符合社会的整体利益，主张自由放任的政策。他在《政治经济学及赋税原理》一书中，详细论述了赋税理论，并对赋税的来源、税收原则以及赋税的经济影响作了深入阐述，介绍了包括农产品税、地租税、房屋税、工资税等在内的近十个税种。约翰・穆勒的《政治经济学原理》是“自《国富

① [美]A. E. 门罗：早期经济思想——亚当・斯密以前的经济文献选择[M]. 蔡受百，等译. 北京：商务印书馆，2011：44.

② 威廉・配第. 赋税论[M]. 陈冬野，译. 北京：商务印书馆，1978.

③ [英]亚当・斯密. 国富论[M]. 姜振华，译. 武汉：武汉大学出版社，2009：320.

论》以来在一般原理著作中，首次讨论财政的长篇”①。穆勒对税收和国债进行了详细论述，并讨论了政府合理的职能界限，“主张应该将公共权力对于社会事务的干预限制在最小的范围之内。”②。

瓦格纳也对财政学做出了重要的贡献，他阐述国家财政活动的公共性，指出国家活动的目标要以人民的利益为导向，提出后来被称为瓦格纳法则的政府扩张法则，认为政府支出会随着各种社会经济因素影响作用的不断增加而增加。

1892年，英国经济学家巴斯布塔尔第一次以“公共财政学”为书名出版了财政学专著，完成了从财政学到公共财政学的转变。这是财政学发展历程上的一个重要里程碑。巴斯布塔尔系统地阐述了公共财政的基本职能，不同层级政府之间的职责、公共支出、收入划分等财政体制问题，此后，公共财政学就一直作为绝大部分西方财政学著作的标题，这标志着公共财政理论已被西方经济学界广泛接受。③

3. 从公共财政学到政府经济学

如果说《国富论》为古典经济自由主义奠定了基础，马歇尔的《经济学原理》为经济自由主义做了总结，那么凯恩斯的《利息、就业和货币通论》则标志着经济自由主义的终结和现代国家干预主义的开端。对于政府经济行为的研究在这一背景下得到了迅速发展。特别是20世纪30年代爆发的全球性经济危机，“自由放任”的经济理论受到了前所未有的猛烈抨击与批判，“政府干预主义”逐步成为经济理论中的主导范式。随着政府干预的日益深入，政府干预引发的种种问题开始显现其负面影响，如何平衡政府与市场的关系，克服市场失灵与政府干预失败就成为经济理论亟待解决的问题。

1936年，凯恩斯在《就业、利息和货币通论》对政府干预行为及其政策选择进行了系统的分析。1959年，理查德·马斯格雷夫在《财政学原理：公共经济研究》中首次引入“公共经济”(政府经济)的概念。他明确指出本书不是对公共财政理论的研究，因为从很大程度上说，本书研究的问题不是资金流动性或投资收益问题，而是资源利用和收入分配问题。因此，最好把本书看作对政府经济行为的考察。虽然它围绕着政府收入—支出过程出现的复杂问题，传统上称为“财政学”，但基本问题不是财政问题，它们与货币、流动性或资本市场无关，而是资源配置、收入分配、充分就业以及价格水平稳定与经济增长问题。④

1964年，瑟奇·克里斯多芬·科尔姆出版的《公共经济学基础：国家经济作用理论概述》是首次直接以公共经济(政府经济)学命名的著作。1965年列夫·约翰森出版的《政府经济学》界定了公共部门的范围，指出公共部门是由政府及其机构、政府直接拥有的企业、

① [英]瓦吉·格伦尼维根. 简明经济思想史——从重商主义到货币主义[M]. 宋春艳，马春文，译. 长春：长春出版社，2009：70.

② [英]约翰·斯图亚特·穆勒. 政治经济学原理(下)[M]. 金镝，金熠，译. 北京：华夏出版社，2009：839.

③ 黄新华. 公共部门经济学[M]. 厦门：厦门大学出版社，2010：6.

④ [英]彼得·杰克逊. 公共部门经济学前沿问题[M]. 郭庆旺，译. 北京：中国税务出版社，2000：2.

参股公司以及国家银行所组成。① 20世纪70年代后，以政府经济学为书名的著作越来越多。② 1972年创办的《公共经济学报》(Journal of Public Economics)被视为政府经济学形成的一个重要标志。

虽然国外学者多以"公共经济学"(Public Economics)命名其著述，但是"由于政府是公共部门中最主要的和最大的代表者，研究公共部门经济活动的经济学分支大都侧重于从经济学的角度来解释、分析和规范政府的职能和作用，因此，在西方这一学术分支又被称为公共部门经济学或政府经济学。"③国外也有一部分学者直接采用"政府经济学"的名称，如大卫·N. 海曼的《政府行为经济学》、斯蒂芬·贝利的《地方政府经济学：理论与实践》等。④

1.1.4 我国政府经济学的研究

中国政府经济学的研究反映了经济与社会变迁的现实需要。从中华人民共和国成立以后直至改革开放前，基于对苏联模式的借鉴以及应当时社会现实的需要，我国实行的是计划经济体制的中央集权型的经济管理模式，其最主要的特点就是中央垄断经济资源与分配权力。在这一时期，国家包揽了过多的事项，渗透到生产、分配、消费各个领域：在生产方面，兼具生产者、供给者和安排者三重角色，不仅决定公共物品的生产，还对私人物品的生产种类与数量进行严格控制；在分配领域，较多地提倡"平均主义"；在消费方面，经历了较长时期的"票证时代"(1955—1992年)，粮票、邮票、布票等陆续进入人们的生活。"票证时代"的主要特点就是政府为人民制定商品的一定的消费额度。

为适应计划经济的需要，政府职能被无限扩大，造成公共部门机构臃肿、效率低下。"这一时期是将公共经济或政府经济与民间经济相混淆，把几乎全部民间经济纳入公共决策范围。"⑤这种政府统包统揽、高度集权的经济体制虽然适应当时社会经济发展时期的现实需要，但却遏制了市场这只"看不见的手"的作用的发挥，在一定程度上阻碍了中国经济的发展。

1978年，改革开放政策的提出为实现中国的发展提供了新的契机。在反思的计划经济体制的基础上，如何重新定位政府与市场、政府与社会之间的关系以合理界定政府职能，成为经济市场化改革继承中亟待解决的理论与实践问题。尤其是1992年中共十四大确立了建立社会主义市场经济体制的改革目标后，我国社会经济发展步入了一个崭新的阶段。传统财政学的理论体系已不能起到很好的解释、分析经济现象与引导经济发展的作用。在社会大发展、大变革的转型时期，适应经济体制改革与政府职能转变的现实需要，国内学者开始借鉴吸收国外关于公共部门经济活动的研究理论与成果，并结合本国具体发展现状与要求，在更广泛的范围、更深层次上以务实的态度探讨中国政府在市场经济中的

① 杨志勇，张馨. 公共经济学[M]. 北京：清华大学出版社，2005：12.

② 黄新华. 公共部门经济学[M]. 厦门：厦门大学出版社，2010：6.

③ 黄恒学. 公共经济学[M]. 北京：北京大学出版社，2002：1-2.

④ 郭小聪. 政府经济学[M]. 北京：中国人民大学出版社，2003：6.

⑤ 齐守印. 中国公共经济体制改革与公共经济学论纲[M]. 北京：人民出版社，2002：38.

行为及其对社会经济发展的影响。

20世纪80年代末，我国学术界开始翻译并出版了相关国外研究著作。1988年约瑟夫·斯蒂格利茨《政府经济学》(春秋出版社)的出版，“在政治学和行政学领域引起反响，甚至可以说直接启发了中国的政府经济学。”①此后，一系列的相关著述得到翻译出版，包括阿特金森和斯蒂格利茨合著的《公共经济学》，彼得·M. 杰克逊的《公共部门经济学前沿问题》和《公共部门经济学》，鲍德威、威迪逊编著的《公共部门经济学》，加雷斯·迈尔斯的《公共经济学》等。

在吸收引进外国经典著作的过程中，我国政府经济学也进入了快速发展阶段。1998年出版了黄少军、何华权编著的《政府经济学》，周绍鹏、王建主编的《中国政府经济学导论》。2000年以来，以政府经济学为主要研究内容的著作快速涌现，国内大学开始设置并讲授政府经济学的相关课程，通过学术传播，公共产品、公共服务、公共机构、公共财政、公共规制、公共选择等政府经济学讨论的核心词语，成为继“市场经济”“法制经济”之后，在新闻媒体中使用频率最多的词语。②

基于中国从计划经济向市场经济转轨的实践需要，中国学者归纳了中国政府经济学需要着重探讨的若干问题，包括政府与市场关系、经济体制与行政体制改革、产权制度与国有企业改革、公共物品与公共服务供给、区域经济不平衡与协调发展、收入再分配与社会保障建设等问题。对这些核心问题的分析讨论，丰富和拓展了我国政府经济学的研究内容，对促进政府职能转变与经济发展具有特殊的意义。

但是，毋庸讳言，在全面深化改革的进程中，随着国家治理体系和治理能力现代化的推进，中国政府经济学研究无疑还处于起步阶段，立足于国情的政府经济行为的研究还相当薄弱，难以深刻揭示公共经济发展过程中的现实问题，我国政府经济学的发展在借鉴、吸收西方理论的同时，必须同本国的政治、经济、社会、文化环境相结合、相适应，体现出社会主义市场经济体制自身的特点。只有这样，才能更加准确地运用研究成果解决现实问题，对我国社会改革的实践活动起到正确有效的引导作用。

1.2 政府经济学的理论基础

1.2.1 公共财政学

“二战”后，在理论和实践的推动下，政府越来越多地进入到生产生活领域，政府经济

① 杨龙，王骚. 政府经济学[M]. 天津：天津大学出版社，2004：22.

② 王延杰. 中国公共经济理论与实践[M]. 北京：中国财政经济出版社，2004：10.

活动范围日益扩大。经济环境的日益复杂化使得财政学的局限性开始凸显，无论在研究内容上还是研究方法上，传统财政学理论已无法满足现实分析的需要，这是因为财政学的研究在其研究内容和研究方法上存在一定的局限性，这种局限性主要体现在以下三点：①财政学以政府收支状况为主要研究对象，尤其侧重于对税收等政府收入的分析讨论，而对政府支出或政府政策及其对经济的影响鲜有说明。②财政学研究把市场机制与非市场机制割裂开来，研究既定的政府经济行为，从而忽略了与市场之间的相互影响与作用。③在研究方法方面，注重定性分析方法，缺少定量方法的应用，更多的是以文字的方式呈现，较少运用模型与公式。

经济社会的发展使财政学很难解释日益复杂的政府经济决策与活动，实践发展又提出了一系列需要解释的新理论和新问题：政府参与了哪些活动和这些活动是如何组织起来的，如何尽可能地理解与预测政府这些活动的全部结果，如何评价各种政策。[①] 为解释上述问题，政府经济学应运而生。

政府经济学"更注重财政收支对整个经济产生的影响，同时也更注重严格的数理经济分析"[②]。从这一角度来讲，政府经济学包含了公共财政学，是对公共财政学的拓展。公共财政学是政府经济学的前身和基础。首先，在研究范围上，一方面，公共部门这一主体发生了变化，传统财政学仅局限于对国家或政府的经济研究；而从政府经济学的角度，研究主体不再只是国家行政机关，还涵盖了诸如非营利部门、公共企事业等其他相关的单位和部门。另一方面，从研究内容上看，政府经济学从更宽更广的角度探讨问题，在微观层面增加了对政治过程的分析，加强了对政府支出以及政府支出对国民经济影响的研究，并开始着眼于宏观层面关于国民收入、经济增长、国际收支平衡等问题的探讨，在包括公共产品理论、税收理论、规制理论等众多领域都有新的发展与突破。此外，不同的流派学者在发展过程中逐步形成了各具特色的研究传统与重点。其中，以斯蒂格里茨为代表的新凯恩斯主义学者就强调对市场缺陷，包括不完全竞争、价格歧视、信息不对称、外在经济，以及博弈论、委托—代理关系等现象的研究。其次，政府经济学建立起市场机制与非市场机制相结合的理论研究模型，其中具有突出代表性的是公共选择理论的诞生与发展。布坎南在《同意的计算》一书中开创"公共选择"理论，它利用经济学的工具方法，即数理工具定量分析研究政府行为，为经济和政治的制度研究开辟了新天地。再次，在方法论上，政府经济学强调规范分析研究与实证分析研究、定性与定量相结合的研究方法，全方位深层次探讨政府经济问题。最后，在研究方向上，政府经济学更强调对实际问题的研究，它更多地属于一门应用性理论学科。正是这些研究内容与研究方法上出现的实质性的变化不断推动着政府经济学的产生与发展。

---

① ［美］约瑟夫·斯蒂格利茨．政府经济学［M］．曾强，等译．北京：春秋出版社，1988：14-15.

② ［美］安东尼·B. 阿特金森，约瑟夫·E. 斯蒂格里茨．公共经济学［M］．蔡江南，译．上海：上海人民出版社，1994.

1.2.2 福利经济学

"福利经济学是研究不同状态下社会合意性的经济理论。"①福利经济学是由经济学家阿瑟·塞西尔·庇古(Arthur Cecil Pigou)于20世纪20年代创立的一种研究社会经济福利的经济学理论体系,庇古在其著作《福利经济学》中探讨了经济福利与国民收入大小和国民收入分配之间的关系,进而提出两个基本的福利命题:国民收入总量越大,社会经济福利就越大;国民收入分配越是均等化,社会经济福利越大。前者涉及效率标准、后者表明公平取向。因此,效率和公平就成为判定社会福利状况的两个基本准则。这也就意味着福利经济学不仅寻求资源的最优配置以增加社会的财富总量,它更关心社会财富的合理分配以提高社会福利水平,促进社会公平。庇古认识到"在糟糕的收入分配前提下,有效的资源配置可能比在较好的收入分配条件下资源的低效配置要差。"②

福利经济学为考察政府干预形式是否适当提供了一个系统的理论结构,政府经济学的许多理论分析都是建立在福利经济学理论基础上的。例如,福利经济学中效用及效用函数的概念便是分析政府税收政策对社会福利影响的基本工具。政府税收与转移支付政策的理论也是建立在福利经济学的有关思想之上的。③

更为重要得是,政府经济学在以下三个方面的研究紧紧依靠于福利经济学:①作为福利经济学的核心概念,帕累托最优原则揭示了资源配置的有效性问题,这同样也是政府经济学的研究任务之一,帕累托最优原则也是政府经济学的基本原则。②在解决收入分配等公平问题时,福利经济学围绕公平分配与社会福利展开深入研究,而分配机制的建立与运行,社会福利的促进和提高都需要政府的干预。政府在进行资源分配时要选择能够增进社会福利的经济活动与行为方式,这就需要借助于福利经济学。可以说,福利经济学是考察政府行为的重要理论源泉。③在任何一个社会,无论发达与否,效率和公平之间都存在着此消彼长的矛盾关系。福利经济学认为只有综合考察效率与公平的关系问题,才能最终得出社会福利最优状况的有效结论,这也已经成为考察政府行为、评价政府经济政策的价值标准。此外,政府行为的目标之一就是增进社会公平,促进社会进步。福利经济学中涉及改善社会福利状况、增加社会财富的相关理论为研究分析政府的经济行为与活动提供了一定的理论借鉴与启示。

1.2.3 社会契约论

社会契约论的起源可以追溯到两千多年前的古希腊哲学家苏格拉底和德谟克利特。苏格拉底认为,如果没有基于契约之上的国家执行法律,社会就无法存在。启蒙运动时期,

① [美]哈维·S. 罗森. 财政学[M]. 陈茜,马欣仁,译. 北京:中国财政出版社,1992.

② [英]阿瑟·庇古. 福利经济学[M]. 金镝,译. 北京:华夏出版社,2007:64.

③ 黄新华. 公共部门经济学[M]. 厦门:厦门大学出版社,2010:11.

法国思想家卢梭出版了著名的《社会契约论》一书。卢梭认为，国家产生之前，人类社会处于没有政府与政治权力的自然状态，每个人都享有自然权利。由于自然状态有着不方便、不安全的缺陷，人们通过相互订立契约，让渡自己的部分自然权利，由此产生了政府权力，组成了国家。卢梭在《社会契约论》中写道"要寻找出一种结合的形式，使它能以全部共同的力量来卫护和保障每个结合者的人身和财富，并且由于这一结合而使得每一个与全体相联合的个人又只不过是在服从其本人，并且仍然像以往一样的自由。这就是社会契约所要解决的根本问题。"①除了卢梭外，文艺复兴时期的其他哲学家，如霍布斯、洛克、孟德斯鸠等也都认为人们通过与国家订立契约并让渡自己的部分权利予以国家来换取国家保护个人的生命、自由和财产。

而现代社会契约理论则是由美国政治哲学家约翰·罗尔斯提出的，他在 1971 年出版的《正义论》中系统地阐述了现代社会契约理论。罗尔斯认为，社会契约应该体现公正原则，强调正义即是公平，"所有社会价值——自由和机会、收入和财富、自尊的基础——都要平等地分配，除非对其中的一种价值或所有价值的一种不平等分配符合每个人的利益"②，并提出关于公共政策，应该增进贫困者福利以保障机会公平的观点，"为了平等地对待所有人，提供真正同等的机会，社会必须更多地注意那些天赋较低和出生于不利社会地位的人们。这个观念就是按照平等的方向补偿由偶然因素造成的倾斜。"③

总之，现代社会契约论认为，国家与人民有着一种天然的契约，国家有义务保障人民享有平等分配各种利益的权益，同时还要保障弱者有机会平等地参与竞争，这才是正义。现代社会契约论的思想促使政府经济学的研究提高了对社会公平的关注，政府经济学在政府职能、政府干预方面的研究很大程度上基于现代社会契约理论的公平原则和平等原则。

1.3 政府经济学的研究对象

政府经济学以政府的经济行为作为主要研究对象，因此必须界定政府的概念及范围，并在此基础上探讨政府职能，厘清政府经济学的理论体系，明确政府经济学的研究目的与研究意义。

---

① [法]卢梭．社会契约论[M]．何兆武，译．北京：商务印书馆，2005：19.

② [美]约翰·罗尔斯．正义论[M]．何怀宏，何包钢，廖申白，译．北京：中国社会科学出版社，1988：58.

③ [美]约翰·罗尔斯．正义论[M]．何怀宏，何包钢，廖申白，译．北京：中国社会科学出版社，1988：58.

1.3.1 政府经济学的研究主体

由于不同学科有着各自的研究角度与研究目的，因此不同学科对政府的概念和含义界定莫衷一是，理解不一。在经济学意义上，政府是一类经济主体，政府的存在很大程度上是为了弥补市场缺陷，是与市场相对应的一种经济制度安排。

从政治学的角度上看，政府可以解释为通过政治程序建立的，在特定区域内行使立法权、司法权和行政权的实体。广义的政府指国家政权机关的总和，包括国家立法机关、司法机关、行政机关、军事机关等。具体来说，政府通常涉及四种不同层次的含义：第一层次为狭义的政府，只包括中央政府及其附属机构，包括各部、委、办、局。第二层次不仅指中央政府，还包括各级地方行政机关及其附属机构。第三层次为广义的政府，是在第一层次和第二层次的基础上加入非金融性的公共企业和政策性的金融机构。第四层次的政府，即最宽泛意义上的政府，除包括行政机关及其衍生机构外，还包括立法机关和司法机关等构成国家政权的组织机构。

基于对理论与现实的综合分析，我们认为除一般意义上的行政机关外，在一个社会中归政府所有或受政府控制，执行政府决策的组织体系都是政府经济学的研究对象。此外，非营利性机构以及政府间的国际组织因其以实现公共利益为目标，依靠公共资金支持或财政拨款进行非生产性的活动，与政府组织存在着密切的相关性，也应当被纳入最广泛意义上的政府经济学的研究范畴之中。概括来说，政府经济学的研究主体既包括行政机关，也包括参与到经济活动中的公共企事业、非营利部门以及国际组织。

1. 中央政府和各级地方政府及其附属机构

行政机构是依据宪法和法律授权享有行政权的经济实体。其中，中央政府统筹全国性的经济资源，制定具有普适性的经济政策与规范；各级地方行政机关在各自管辖区域制定具体实施建议与措施。它们的主要作用是提供纯公共物品或部分准公共物品，并依靠税收负担上述公共支出项目以及维持机构的正常运转。在我国，中央政府即指国务院，其附属机构包括各部、委、办、局。在不同时期，由于政府的定位不同，这些附属机构的数量也不同。为了精简机构、转变政府职能，我国国务院历经了多次改革，最近一次大部制改革是在2013年。2013年的大部制改革撤销了铁道部，成立了铁路总公司。此外，还组建了国家卫生和计划生育委员会、国家新闻出版广播电影电视总局等多个职能部门。目前除国务院办公厅外，国务院的组成部门共25个，1个国务院直属特设机构——国务院国有资产监督管理委员会，15个国务院直属机构，例如国家海关总署、国家新闻出版广电总局等，以及其他办事部门和相关机构。地方政府及其附属机构类型更为复杂多样。根据《2016年中国统计年鉴》公布的数据显示，截至2015年年底，全国共有34个省级行政区(4个直辖市、23个省、5个自治区、2个特别行政区)；334个地级行政区划单位(其中包括地级市291个)，2850个县级行政区划单位(包括921个市辖区、361个县级市、1397个县、117自治县等)，39789个乡级行政区划单位(20515个镇、11315个乡、7957个街道办事处)。① 中央政府和各级地方政府及其附属机构的经济行为因涉及财政收支、政府规制、经济政策等核心内容，成为该学科领域的研究重心。

2. 公共企业

公共企业是"如下类型的企业：它的资产大部分是由政府所有的，因此政府对它既实施内部控制，又实施外部控制"②。公共企业与私人企业最显著的不同在于其公共性，公共企业以提供公共服务与公共物品为主要宗旨，兼有营利性性质，但不以其为终极目标。因此，公共企业归国家所有或受国家直接控制，具有一定行政性。其突出功能体现在：一方面，中央政府和各级地方政府所提供的公共物品与服务大多是通过公共企业进行生产销售从而实现国家对社会经济的调节；但另一方面，公共企业又具有类似于(私营)企业的特征，包括具有一定的营利性，通过出售其产品与服务获得收入和利润，具有相对的独立性等。此外，大多数公共企业具有自然垄断性特征，提供的服务涉及供水、供电、供气、城市公交等。公共企业依据其职能特征又分为非金融性公共企业和政策性金融机构，前者如国家电网、中石油等企业，在社会经济活动中占有重要地位；后者包括中国进出口银行、中国农业发展银行和国家开发银行等，这些政策性金融机构主要由政府出资兴办，且具有一定的财政职能，理应成为政府经济学研究的主体之一。依据上述特征，我国绝大多数的国有企业都可称为公共企业，国有企业的行为由政府意志决定。在经济体制改革的背景当中，这些国有企业受到市场化浪潮的冲击，面临着改革的艰巨任务。如何改革国有企业，使其尽最大可能发挥其应有的作用，这也成为研究公共企业所要解决的众多问题之中最为核心的话题之一。

3. 非营利性组织(Non-Profit Organization，NPO)

莱斯特·塞拉蒙在《美国非营利部门》一书中将社会领域划分为政府部门、营利部门和非营利部门，并且将非营利部门等同于"第三部门"。非营利性组织，顾名思义，其本质属性就是不以盈利为目的，具有志愿性和公益性的特征。非营利性组织的产生与发展是弥补政府失灵和市场失灵的有效途径，填补了市场与政府在提供公共产品(尤其是准公共产品)方面的空白，它能够间接体现公民社会的发育程度，对社会改革起着重要的促进推动作用。其主要功能是提供公共产品与服务，包括社会福利救济、社区服务、环境保护、教育培训等。非营利性组织在现实中体现为各种各样的基金会、慈善组织、志愿协会等团体。在美国，非营利性组织较为活跃与强大，"非营利机构提供了政府出资的所有社会服务的56%，就业和训练服务的48%，保健服务的44%"。③ 其中一个重要的原因是这些组织独立性较强，因为他们的大部分资金是通过私人赠与的方式获得的，因此对政府的依赖性较

① 国家统计局. 2016中国统计年鉴[M]. 北京：中国统计出版社，2017.

② [法]让·雅克·拉丰，让·梯若尔. 政府采购与规制中的激励理论[M]. 王永钦，石磊，译. 上海：上海人民出版社，2004：544.

③ 李阳春. 美国非营利组织发展的启示[N]. 南方数字日报，2011-08-04.

弱。相比较而言，中国则存在较多的半官方的非营利组织。1981年7月28日，中国少年儿童基金会正式成立，这也是我国第一个非营利性社会公益组织。此后，各种社团、协会等形式的非营利性组织广泛建立起来，规模及影响力较大的有中国扶贫基金会、中华慈善总会等。目前，中国正处于经济体制改革的关键时期，重新定位政府与市场角色，转变政府职能需要发挥非营利组织的社会职能，如分担政府职责，促进社会公平与稳定、对社会资源进行公正、合理、高效率的配置等。但与此同时，我国的非营利组织还有很多发展上的不足，如数量较少、缺乏独立性、官方半官方色彩浓厚等，需要建立健全我国的非营利性组织，以更好地促进社会主义市场经济的发展。

4. 国际组织

这里的国际组织一般是指狭义上的政府间的国际组织，不包括非政府间的合作团体。它是由多个国家或地区组成的，为了实现共同关心的问题进行协商讨论并取得共识，每个成员方的相关具体行为受其制约。当代存在的国际组织覆盖了科技、文化、教育、卫生、生态环境等各个领域，名目繁多，数目巨大。既有联合国这样的综合性组织，也存在如国际足联、世界卫生组织、国际奥委会等专业类国际机构。国际组织，从政府经济学的角度，主要具有两方面的作用：一方面是弥补一国公共物品与服务的不足，在关键特殊时期起到互助合作的作用，例如对于相对落后的国家提供救济与援助；另一方面是它可以对成员方政府的经济行为，如政策决定、资源分配等产生一定影响。自2001年加入世界贸易组织(WTO)后，中国对外经济贸易往来愈发频繁，我国政府决策不仅要与本国发展实际相适应，还要充分考虑到国际惯例与条约的约束。为了顺应经济全球化、世界一体化的潮流趋势，政府经济学应将国际组织的职能作用纳入到讨论研究的范畴之中，以更好地了解国际组织的政策、协议给我国经济发展带来的实质性影响，提高我国在国际市场竞争中的博弈能力，维护我国的经济利益。

除了上述四个基本主体外，在中国还存在着一类特殊组织，即事业单位。事业单位承担政府分离出的部分职能，《事业单位登记管理暂行条例》(国务院第252号、第411号令)指出，事业单位是指“国家为了社会公益目的，由国家机关举办或者其他组织利用国有资产举办的，从事教育、科技、文化、卫生等活动的社会服务组织”。其中，国务院下设包含中国科学院、中国社会科学院、国家地震局、国家气象局等在内共13个直属事业单位。在国务院以下不同层级又存在着数目不等的机关事业单位。事业单位不拥有法定的行政权，其存在意义首先是提供具外部效应的公共产品，例如，公立学校提供义务教育这一基本公共产品，公立医院提供基本公共医疗卫生服务等，这体现了它为社会服务的宗旨；其次是执行政府的相关政策，政府通过事业单位推行其政策以实现公共目标。一言以蔽之，事业单位是政府管理的工具与手段。同国有企业一样，为了适应中国社会主义市场经济体制发展的需要，事业单位也面临着重大的改革任务。2012年4月16日，《中共中央国务院关于分类推进事业单位改革的指导意见》发布，新一轮事业单位改革的大幕徐徐拉开。在全面深化改革的背景下，重新认识社会主义市场经济条件下公共事业管理的内涵，发现事业单位现行体制下的弊端，改革传统的事业单位管理体制中存在的问题，对促进我国公共事业快速发展，更好地满足社会需求，具有十分重要的现实意义。

1.3.2 政府经济学的研究内容

政府经济学通过分析研究政府的经济活动，了解政府行为规律，以引导和规范政府职能。但是，政府的经济管理职能是由市场界定的，在市场能够发挥作用的地方要充分发挥市场的作用，只有在市场不能解决或解决不好的领域才允许政府干预。换言之，政府发挥其职能的领域正是市场失灵的领域，政府的干预是对市场的保护，在某种程度上，市场失灵是政府干预的充分条件。市场失灵会降低效率，加大收入分配差距，威胁宏观经济稳定，这就决定了宏观经济中最重要的三个目标——效率、公平、稳定构成经济学的研究主线。保罗·萨缪尔森和威廉·诺德豪斯由此在《经济学》一书中对政府的经济职能作了总结："在包罗万象的政府职能中，政府对于市场经济主要行使三项职能：提高效率、增进公平以及促进宏观经济的稳定与增长。"①

1. 提高资源配置效率

资源是有限的，而人的欲望是无限的。资源的有限性和人的欲望需求的无限性之间的矛盾就产生了资源配置问题，这也是经济学存在的价值依据。在政府经济学中，政府的资源配置职能就是指政府通过各种方法、手段、措施，如税收、货币政策等对资源进行再配置以引导资源合理流动，使资源在各行业、产业、部门中实现均衡，促进社会经济的协调发展，提高社会整体效率，这主要包括提供公共产品与服务、矫正负的外部效应等具体内容。

那么，何为效率？意大利经济学家维弗雷多·帕累托提出的"帕累托最优"实际上就是效率的一个定义。它是指：在不使任何人境况变坏的前提下改善某些人的境况是不可能的。与此相关的另一个概念是"帕累托改进"或称"帕累托优化"，它是一种提高效率的过程，即"如果至少一个人处境变好了，其变动结果又并未使任何人处境变"。② 资源配置在一定程度上就是通过不断进行帕累托改进以实现帕累托最优状态的过程。但是，政府资源配置的领域和方式途径又是由市场决定的，中国共产党十八届三中全会提出，"使市场在资源配置中起决定性作用和更好发挥政府作用。"要发挥市场在资源配置中的决定作用。与此同时，在市场失灵的领域。要更好地发挥政府的作用。此外，政府在配置资源的过程中还受到其他相关因素的制约，例如社会总资源在私人部门和政府部门之间、各不同产业之间的合理分配，以及如何确定政府的投资规模与结构，如何在充分发挥市场决定作用的前提下进行政府的资源配置职能，这些都是政府经济学的研究所要认真思考的。

2. 增进社会公平

效率和公平是一个政府应有的目标，政府除了应该提高资源配置的效率外，还应增进

① [美]保罗·萨缪尔森，威廉·诺德豪斯．经济学[M]．17版．萧琛，译．北京：人民邮电出版社，2004：28.

② [美]鲍德威，威迪逊．公共部门经济学[M]．邓力平，等译．北京：中国人民大学出版社，2000：12.

社会公平。增进社会公平需要做好两方面工作。

一是，政府要对社会财富收入进行再分配，“政府按照社会认可的公平标准，通过公共支出、公共收入或公共规制等方式对收入、财富以及社会福利进行再分配，以实现社会对公平标准的要求”①。市场机制不仅不能实现收入分配的公平化，相反，却有恶化收入分配差距的倾向。社会中不同的人对生产要素的占有水平不同，拥有的资源禀赋存在先天差距，例如出身环境，这也就造成了人与人之间与生俱来的不平等。由市场机制决定的这种初次分配的结果就不能体现出公平。此外，伴随市场经济所衍生出的“优胜劣汰”机制呈现出“马太效应”的趋势，即强者越强、弱者越弱，富者越富、贫者越贫。到最后会形成“富者田连阡陌，贫者无立锥之地”这样贫富差距悬殊的现象。“市场可能既不会产生经济上令人满意的(效率的)结果，也不会产生社会上理想的(平等的)结果”②的现实决定政府需要对收入进行调节分配。政府的调节方式主要包括两方面：①税收。典型的是征收累进的个人所得税，要求高收入人群适用比低收入人群较高的税率。政府通过税收获取财政收入，再通过转移支付或补贴等手段将资源向某些弱势群体进行适当倾斜，实现对收入的再分配，从而增进公平。②一国的社会保障制度。社会保障是一个社会的“稳定器”和“安全阀”，经济学家庇古在《福利经济学》一书中指出：“任何使穷人手中的实际收入的绝对份额有所增加的因素在从任何角度判断均未造成国民收入减少的情况下，一般来说都将使经济福利增大。”③而且，完善的社会保障制度可以保障人民基本的教育、健康等权利，维护人民生存权与发展权，这也就意味着人们的基本生活得到了保障，从而促进了社会的公平稳定。

二是，政府要促进各地区的均衡发展，满足不同地区居民的公共消费需求，努力实现公共服务的均等化。“享有基本公共服务是公民的基本权利，保障人人享有基本公共服务是政府的重要职责。”而推进公共服务均等化，对社会的稳定和国民经济的健康发展有着重大的意义，“通过地区之间公共资源的再分配，不仅保证居住在不同地区的国家公民在文化教育、卫生保健、治安秩序、道路交通等方面享有水平大体相同的公共服务，而且着眼于促进地区经济社会的协调发展，有利于维护国家统一。”④

3. 促进经济稳定

经济稳定职能包括实现物价稳定、充分就业、经济增长以及国际收支平衡。恶性的通货膨胀和较高的失业率会严重威胁一国的经济稳定。这是因为不可预期的通货膨胀会扭曲不同商品的相对价格和产出，有时是对整个经济的产出和就业的扭曲。⑤ 为此，政府要控

---

① 杨志勇，张馨. 公共经济学[M]. 北京：清华大学出版社，2005：38.

② [美]查尔斯·沃尔夫. 市场或政府[M]. 谢旭，译. 北京：中国发展出版社，1994：17.

③ [英]阿瑟·庇古. 福利经济学[M]. 金镝，译. 北京：华夏出版社，2007：70.

④ 齐守印. 中国公共经济体制改革与公共经济学论纲[M]. 北京：人民出版社，2002：21.

⑤ [美]保罗·萨缪尔森，威廉·诺德豪斯. 经济学[M]. 17版. 萧琛，译. 北京：人民邮电版社，2004：551.

制物价水平，使物价的增长维持在一定范围内就显得尤为重要。而高失业率不仅是个经济问题，而且是个社会问题。作为经济问题，它意味着要浪费有价值的资源；之所以又成为社会问题，是因为它会使失业人员面对收入减少的困境而痛苦挣扎。菲利普斯曲线揭示了通胀率与失业率之间的负相关关系，表明通常情况下物价与就业以一种矛盾的关系存在。经济过热会促进就业，但伴随而来的是物价走高的风险，反之亦然。当然我们并不排除特殊情况，例如“滞胀”时期高通胀率与高失业率并存的局面，但这只会使问题变得更加复杂。如何把物价增长保持在一定的范围内，通过何种途径有效促进就业率的提升，以及如何处理就业和物价两者之间的关系都是政府在宏观经济政策中所要解决的主要问题。此外，经济稳定并不是指经济保持在一个静态的停滞状态，经济稳定还蕴含着经济的平稳增长，实现经济的可持续发展是政府宏观经济政策的根本目标。国际收支平衡涉及一国净出口和净资本流出的关系问题，国际收支平衡点位于一国国际收入等于国际支出处。但是收支完全相等无疑是一种理想状态，现实中较多地呈现出的或是贸易顺差或是贸易逆差，政府所要做的就是使贸易顺差或逆差维持在合理的界限范围内。

通常，一国既有的经济政策，例如累进税制度、转移支付制度等，可根据经济运行状况发挥自动调节作用，但其效果十分有限。还需要政府针对不同时期经济运行状况采取相应的货币政策和财政政策影响总供给—总需求曲线(IS-ID)以促进经济的稳定与增长，同时减少失业和降低通货膨胀。比如，当经济处于衰退、萧条时期，国家可以采取扩张性的财政政策和积极的货币政策，刺激需求，增加支出，如20世纪30年代美国大萧条时期的罗斯福新政就是这么做的；当经济处于繁荣阶段时，政府则倾向于紧缩性的财政政策和从紧的货币政策，抑制需求增长，消除通货膨胀缺口等。概括来说，“政府在市场经济的周期性波动中持‘逆现实经济风向而动’的立场”①，即相机抉择式的政策选择方向。

可见，政府经济活动的牵涉面十分广泛，马斯格雷夫把政府的经济行为归纳为配置、稳定和分配三个方面。② 配置行为主要针对政府部门内外资源的整合；稳定则意味着政府需要运用政府工具对经济进行调控，实现经济稳定发展；分配强调社会财富在人与人之间的重新调节。同时，政府介入经济运行、履行其经济职能有很多手段，但并非每种手段、方式都会成为政府经济学的研究对象，例如法律。早期的财政学研究的是与预算有关的经济行为，后来发展到政府经济学后，又融入了对政府规制等问题的研究。综合来讲，政府的公共经济活动主要包括政府收入、政府支出和政府规制三种，因此政府的收入、支出与规制就构成了政府经济学的主要研究内容。

首先是政府收入，核心是税收，此外还包括利息、公债和其他费用性公共收入。税收研究是财政学体系中最为古老的研究领域，主要围绕税种、税率、税基、征税原则方式等问题展开讨论。税收一方面承担着政府支出的重担；另一方面政府会制定税收政策，通过设立或

① 杨龙，王骚. 政府经济学[M]. 天津：天津大学出版社，2008：49.

② 樊丽明，李齐云，陈东. 政府经济学[M]. 北京：经济科学出版社，2008：11.

撤销税种，改变税率、税基等对个体或企业行为起到引导或制约作用，从而实现一定的公共目标。总之，税收是政府进行经济管理的主要工具和手段。对于税收的研究仍是当代政府经济学中最为核心的内容之一。学术界已形成了较为完善的以税收为主体的公共收入理论。

其次是政府支出，政府需要提供公共物品与服务以及进行政府采购、政府转移支付等活动，这些都属于其支出项目。早期研究财政理论的经济学家，如亚当·斯密、李嘉图、穆勒等经济学者侧重于对政府收入方面的研究，尤其是税收，而相对忽视政府支出。后来，公共产品理论和公共选择理论为促进公共支出这一领域的研究发展做出了突出贡献：①公共产品理论的推动者包括林达尔、萨缪尔森、蒂鲍特等人，该理论分析了公共产品的特性，说明了市场并不能解决公共产品的有效供给问题，由此指出政府提供公共产品与服务的必要性。在此意义上，财政就已经成为一种生产性活动，因为财政已不仅仅局限于税收和分配活动，它还承担着为社会提供公共产品的责任。②公共选择理论以丹尼斯·缪勒、詹姆斯·布坎南、戈登·塔洛克等为代表。它是由公共产品理论发展演化出的一个新的分支。该理论主要运用经济学的理论方法研究非市场决策问题，也就是政府决策问题。其中就包含对公共产品的决策和选择问题的探讨，并发展了对公共产品的有效供给与生产问题的研究。

除政府收支外，政府还可以采用非预算的，即不直接支付经费的方式进行管理，这也就是政府规制。按照制度经济学的观点，政府规制是政府向社会提供的一种特殊公共产品。[①] 政府凭借其强制力进行规则设定与制度安排，这不仅涉及经济学的相关理论，还同政治学的研究范畴存在交叉联系，政府经济学也由此显得极其重要。政府的微观经济管理与规制旨在影响或规范企业和个人的经济行为，妥善处理政府与企业以及个人间的经济利益关系，以实现市场生产、交易的有序进行；政府对宏观经济的规制则通过协调社会总供给—总需求间的平衡关系，以实现经济平稳较快发展的最终目标。此外，随着全球化进程的不断加快，政府还要对国际经济活动进行管理和控制，维持正常的国际贸易往来以更好地应对全球化进程所带来的机遇和挑战。

从其职能出发，政府收入、政府支出和政府规制三类活动都可以对经济主体的可支配资源数量、微观个体收入水平和宏观经济稳定产生影响。因此，为了更好地履行政府的经济职能，必须要对政府收支和政府规制进行分析与研究，这也就构成了政府经济学的主要研究内容。此外，随着社会的发展，新理论新方法的涌现不断充实丰富着既有的学科知识体系，使得该学科的研究领域不断拓宽，研究内容逐步深入。政府经济学仍处于一个不断发展完善的成长阶段。

1.3.3 政府经济学的研究任务

经济学具有“经世致用”“经邦济世”之意，作为经济学中专门讨论政府经济行为的政府经济学具有同样的价值意义。政府经济学既是一门理论性的学科，又是一门应用性学科。

① 张兆本. 公共经济学[M]. 北京：人民出版社，2006：17.

它通过对现实政府活动、政府经济政策及其对国民经济产生影响的分析，提炼概括出有关政府职能、性质、工具等一般性规律，然后将这些研究成果应用到现实政府决策之中，继而对理论不断进行修正与补充完善。总体来讲，政府经济学的研究任务体现在经济、社会和政治三个维度，其产生与发展对于提高经济效益、促进社会公平、维护稳定政治秩序具有重要意义。

1. 经济维度

首先，政府经济学需要界定现实中具体的政府经济活动范围，考察政府“做了什么”或政府“如何对经济进行干预的”，从而判断哪些领域可以由政府干预，哪些事情应交给市场去做，这就涉及政府在国民经济中扮演的角色问题。在混合经济背景下界定政府职能问题就不得不理清政府与市场间的关系。市场在资源配置中起基础性作用，政府干预是建立在市场缺陷所导致的市场失灵问题基础之上的。换句话说，政府职能由市场界定。政府经济学要认清市场失灵的领域与危害程度，为政府干预寻求合理性依据，才能进一步解释政府干预经济的广度与深度。同时，政府在弥补市场内在缺陷的同时也要尽量克服政府失灵，有时政府失灵会导致比市场失灵更严重的后果。因此，政府经济学的任务之一就是对政府经济行为的实际情况进行深入、系统的分析。在认清市场经济的有限性与缺陷、政府干预的作用与不足的基础上实现市场机制与政府干预的有机结合，达到市场决策与政府决策之间的平衡。

其次，评价政府经济活动或经济政策的影响和效果，强调行为与结果、各种经济变量之间的内在因果联系分析，特别是政府的财政收支行为对微观主体(个人或企业)和宏观经济(就业、物价等)所产生的影响。对于不同的经济主体，经济政策效果可产生正面效应和负面效应两种。例如，国家将个人所得税起征点提高至3500元，这一举措一方面会降低与此相关的财政收入；但另一方面会提高一部分居民的可支配收入，从而提高消费或储蓄水平。此外，对于政府行为在效率、公平等方面产生的不同效果的评价还有助于进行政策选择。为了达到提高可支配收入的目的，政府可以采取完全不同的措施与途径。

例如，政府既可以选择提高个税起征点的税收政策，也可以选择增加货币供给量这一货币政策。但后者无疑会加大通货膨胀的风险，意味着人们的可支配收入虽然增加了，但实际的购买力没变甚至是下降的。仅就上述两个方案相比，前者显然优于后者。可见，政府经济学的研究任务中应包括对于政府经济活动效果的评价，特别是对复杂经济现象产生原因和经济政策可能引发的潜在结果的分析。

最后，政府经济学还要解决规范意义上的政府“应该怎么做”“如何做”的问题。政府追求效率、效益、效果三重目标，那么如何实现有效率的政府干预就成为政府经济学研究中的重点和难点之一。一方面，政府作为社会经济主体在进行经济活动时也要进行成本—收益分析，这比企业行为中的成本—收益分析要复杂、困难得多，因为大多数的政府行为，例如公共服务的供给，是难以量化和进行比较的，这就需要在政府经济学中体现出一些公认的标准的价值判断原则，用以更全面地评价政府的经济行为。另一方面，一项政策的执行往往牵涉多个部门的组织活动，需要各部门之间的协调合作。相关各级政府与机构的配合很大程度上又依赖于组织结构与资源配置状况。因此，一国的税收制度、政府收入支出结构等也会对政府行为效率产生极大影响，需要学者对此加以分析与解决。

2. 社会维度

从社会意义上讲，政府经济学的研究任务主要在于完善相关收入分配理论，用以保证社会公平原则，促进社会稳定与和谐。市场的不完全竞争、信息的不对称等造成人们之间贫富差距的扩大，市场机制不能避免收入与财富的分配不公，需要政府通过累进的所得税、转移支付、政府补贴等手段对市场经济后果加以矫正。为此，需要考虑一个既定的政府行为或决策会给人们的生活带来什么样的变化：会使人们的生活境况变好还是变坏，会使哪些人的境况变好，又会使哪些人的境况变坏等。目前，各国的税收—转移支付制度存在着较大差距。北欧的一些"福利国家"推行的福利政策在前几年一直是众多国家争先效仿的对象，但是近两年，这些"福利国家"却逐步暴露出更多的弊端，例如债务危机风险、容易形成国民的懒惰情绪等。因此，对政府经济学的研究尤其要考察一项福利政策所带来的长期的和潜在的影响。

此外，政府经济学还要正确处理两个关系，解决两个矛盾。一是人民福利水平的提升与财政赤字加大之间的矛盾。政府一段时间内的财政收入是稳定的、有限的，要想在短期内提高人民的福利水平，就必须大量发行债券，提高政府赤字，高额的赤字又阻碍了政府长期稳定地运行，最终人民的福利也得不到长久的保障。因此，这个矛盾是政府经济学的研究所必须要面对的问题。二是公平与效率之间的矛盾。效率与公平之争困扰了人类社会几千年，也是政府经济学所必须面对的问题，追求分配的公平会有时会导致效率的降低，如英国曾以自己是"高福利国家"而自豪，它确实向公平迈出一大步，但它导致经济发展的低速度；而反过来，追求效率的发展会导致严重不公的出现，在19世纪欧洲工业革命高速发展，财富涌现的时期，对应的是严重的社会不公平，资本家们享有生产利润的绝大部分，而每天忍受着超长时间劳动的工人们只能拿着可怜的工资，过着悲惨的生活。如何处理好效率与公平的关系，也是政府经济学的重要研究内容。上述两个困扰了人类社会数千年的复杂矛盾决定了政府行为的复杂性。如何权衡利弊，寻找矛盾双方之间的最佳结合点以统筹各个功能目标的相互作用，就成为政府经济学需要讨论解决的问题之一。

3. 政治维度

与传统财政学相比，政府经济学增加了对政治过程的分析。因此，它也承担着创新政治制度理论、优化政治过程的任务。公共产品理论和公共选择理论都可以对其做出阐释。

政府负责制定符合社会利益的制度安排，从公共产品理论意义上讲，制度和规则本身就是一种公共产品。同时，布坎南在其经典著作《自由、市场与国家》中提到："在最一般的意义上，政治学的机能之一是建立起'道路规则'，有了它使怀有各种不同利益的个人和团体能追求差异极大的目标而不会出现公然的冲突。"[①]因此，政府经济学的任务之一就是

① [美]詹姆斯·M. 布坎南. 自由、市场与国家[M]. 吴良健，译. 北京：北京经济学院出版社，1988：49.

促进制度完善与制度创新。

公共选择可以定义为非市场决策的经济学研究，或者简单地定义为是把经济学运用于政治科学的分析。[①] 公共选择理论利用经济学的理论方法分析政治问题，把政治过程比作市场交易过程，政府的建立以及政府的决策都通过一定的政治过程实现。在公共选择理论中，“政治制度就是一个市场，人们建立起契约关系，以此为约束，一切活动都以个人成本—收益计算为基础”。[②] 该理论为政治制度与决策过程研究提供了新的视角，认为做出合理的公共选择需要有完善的政治制度做基础与保障。此外，公共选择理论对集体决策、投票机制以及利益集团行为的分析，也使人们开始反思现行的体制、决策机制问题。

同时，一个社会的公平稳定也属于政治问题。民主的政治制度可以满足人民诉求，维持社会稳定，但政府却要面临着高额的财政赤字。布坎南和理查德·瓦格纳就在其合著的《赤字中的民主》一书中遵循公共选择理论的思路，讨论了政治制度与经济政策的关系问题。可见，政府经济学中对于政府经济理论的研究存在着直接的政治功能与意义。

综上所述，政府经济学的研究任务就是讲清政府经济活动的性质、范围及其对社会经济的影响，从而为政府存在以及政府对经济的干预提供合理性和必要性基础，为政府的经济行为和政策提供理论依据，使政府在维持机构存续的基础上发挥其应有的作用。研究政府经济学的相关学者通过提出经济政策理论进行政策改善，并为政府实践提供指导性意见。

中国正处于全面深化改革的关键时期，经过四十年高速的经济发展，改革开放已经进入深水区，一些问题之所以难推进、难解决，是因为有的属于体制机制遗留的老问题，有的属于前进过程中出现的新问题，有的源自思想观念障碍，有的受到利益格局掣肘。对于这些改革发展中遇到的问题，我国政府经济学研究亟待在借鉴吸收西方公共经济研究成果的同时，结合本国实际，积极探索适合本国国情的相关经济理论，才能真正发挥政府经济学对于实践发展的意义。

1.4 政府经济学的学科性质

当代社会科学发展愈加倾向于各个学科的交叉融合。政府经济学的研究对象决定了它的学科性质是一门边缘性、交叉性的综合学科。政府经济学的产生和发展借助了相关学科的既有成果，与微观经济学、宏观经济学、公共管理学、政治学和法学都存在着紧密的联系。首先作为经济学的一门重要分支，政府经济学主要运用经济学的理论、方法、工具来

① [美]丹尼斯·C. 缪勒. 公共选择理论[M]. 杨春学，译. 北京：中国社会科学出版社，1999：4.

② 陈桂生，徐彬. 政府经济学[M]. 天津：天津大学出版社，2009：7.

分析政府的经济行为；其次，政府经济学以政府为主要研究对象，这就决定了它不可避免地会受到公共管理学、政治学与法学的影响。

1.4.1 政府经济学与微观经济学

作为经济学中较早形成的一个分支，微观经济学主要研究微观个体的经济现象与行为选择以达到稀缺资源的有效配置。其研究主体包括作为消费者的个人或家庭，充当生产者的企业，后又逐步扩展到政治家、政府官员、投票者等更广泛的领域。研究内容涉及在供给需求理论基础上决定单个产品的价格、产量，并进一步分析个人消费行为以实现个人效用的最大化，分析企业的生产决策以实现利润最大化或成本最小化，以及生产要素的价格决定，生产要素供应者的收入决定等。试图通过资源的最优配置实现局部均衡，乃至一般均衡。这其中主要包括两种资源配置的方式和手段，即市场机制与政府配置。前者是前提和基础，后者是辅助与补充。同时，微观经济学既注重充分竞争条件下的效率，又注重分配意义上的公平。

政府经济学与微观经济学的关系最为紧密，这种关联性体现在研究内容、研究目的、研究方式三个方面：①在研究内容上，政府作为市场经济的主体，不仅直接参与到社会生产和消费之中，政府对价格与产量的控制与调节，对要素收入的分配也时刻影响着微观经济的运行。保罗·萨缪尔森、威廉·诺德豪斯在《经济学》一书中专门探讨了政府税收和支出的经济学问题，解释了收支理论与应用及其对个人、家庭和企业产生的影响。此外，政府经济学中涉及的公共部门的作用与职责、政府与市场关系、分配理论等都需要从微观经济学的层面做出阐述。②在研究目的上，微观经济学通过分析单个经济主体行为，说明市场经济是如何通过价格机制解决社会资源的配置问题以实现个人利益或效用的最大化。同样，政府经济学也以经济人假设为前提，探讨公共经济行为主体(官僚机构、公共官员)及政府本身如何实现效用和利益(收益)最大化。③在研究方法上，政府经济学广泛借鉴和应用了微观经济学的分析工具与研究方法，例如公共产品定价中的边际成本定价法，税收中弹性理论的应用，公共支出的成本—收益分析等。“特别是20世纪50年代以一般均衡分析的发展推动了政府经济学突飞猛进。现在政府经济学理论的发展，也直接为微观经济理论发展做出贡献。”①

1.4.2 政府经济学与宏观经济学

1936年，约翰·梅内德·凯恩斯《就业、利息和货币通论》一书的出版，标志着宏观经济学的诞生。在国家干预理论的指导下，政府逐步扩张并日益渗透到社会经济生活的各个领域。宏观经济学大体包含了国民收入决定理论、就业与通货膨胀理论、开放经济理

① [英]C. V. 布朗，P. M. 杰克逊. 公共部门经济学[M]. 张馨，等译. 北京：中国人民大学出版社，2000：8-9.

论、经济周期与经济增长理论以及宏观经济政策等基本内容。[1] 作为与微观经济学相对应的经济学的重要分支，宏观经济学以整个国家经济为研究对象，与微观经济学共同构成当代西方经济学理论。

宏观经济学同样寻求资源的优化配置，但它考察的是经济中各有关总量的决定与变动，而不是单个产品的价格与数量。其核心主题包括商业周期和经济增长。商业周期涉及反映一国经济发展状况的各种参数，如失业率、通货膨胀率等；经济增长需要考察与GDP相关的社会消费总量、社会投资总量、社会支出总量、社会储蓄总量、投资率等。其中，国民收入决定理论在宏观经济学中已占据着中心地位。

政府经济学与宏观经济学存在着千丝万缕的联系。政府经济学就蕴含着政府对宏观经济的适度干预，即宏观调控的职能，两门学科在研究内容上有交叉联系：①都包含对政府支出行为的研究。政府可以通过调整国民收入构成中的政府支出总量直接影响整个国民收入总量，政府支出中消费领域结构的变化，政府投资方式的选择也会间接调整国民收入中的其他变量水平，包括消费、投资、净出口，以达到政府既定的宏观经济目标。②都需要考察公共收入的宏观经济效益。政府可以通过配置或取消税种，实行有差别的税率等税收政策对产业结构、经济的稳定与增长产生相当大的影响。③政府通过制定宏观经济政策干预经济，不论是宏观经济学还是政府经济学，都需要关注不同政策的特点、差异并进行比较研究，从而实现宏观经济政策之间的协调配合。政府经济学的目的就是通过促进社会总供给与总需求之间的动态平衡，从而实现充分就业、物价稳定、经济增长和国际收支平衡等宏观经济政策目标。

1.4.3　政府经济学与公共管理学

公共管理学是一门研究公共管理活动或公共管理实践的学科，它的目标是促使公共组织，尤其是政府更有效地提供公共产品。也可以说，公共管理学是一门研究公共组织(主要是政府)如何有效地提供公共产品的学问。[2] 从公共管理学的“历史”上看，经济发展水平对公共管理学的起源与演变起到了重要作用。1887年，美国政治学家威尔逊的《行政学研究》一文标志着公共管理学的前身——公共行政学的兴起，在公共管理学的发展历程中，社会经济的发展对公共管理学的范式转变产生了重大影响。从对传统公共行政学范式的批评，到公共管理范式的出现，再到新公共管理的兴起，无不深受社会经济发展的影响。

与政府经济学一样，公共管理学同样关注政府与市场的关系。公共管理学的研究按照政府对经济的管理和干预的范围、内容和方式的不同，将市场经济的发展分为三个阶段。①20世纪30年代前，西方各国实行自由竞争、自动调节、自由放任的自由经济政策，主张限制国家或政府作用，国家极少或不干预市场运行。②1929—1933年，西方资本主义

---

① 黄新华. 公共部门经济学[M]. 厦门：厦门大学出版社，2010.

② 陈振明. 公共管理学[M]. 北京：中国人民大学出版社，2005：21.

爆发最严重的经济危机(大萧条),客观上促使凯恩斯主义兴起。凯恩斯以“有效需求”为基础论证国家全面干预的合理性,主张放弃自由放任主义,实行对经济生活的全面干预,特别是通过财政和货币政策调控市场经济的运行。③20世纪70年代后,西方市场经济国家出现“滞胀”现象(低增长、高通胀、高赤字、高失业率),新自由主义经济学兴起,针对政府失灵,主张限制甚至取消政府干预,充分发挥市场经济的作用。

政府经济学与公共管理学存在着紧密的联系。从概念上看,政府经济学是专门研究政府的经济行为、政府与私人部门之间的经济关系和政府经济活动特殊规律性的科学,涉及公共支出、税收、经济主体行为之间的关系等问题。公共管理学则是一门研究公共管理活动或公共管理实践的学科,它是一门综合运用各种科学知识和方法来研究公共管理组织和公共管理过程及其规律性的学科,或者说是一门研究公共组织(主要是政府)如何有效地提供公共产品的学问。可将政府经济学与公共管理学之间存在的区别与联系总结为以下几个方面:①在研究对象上,公共管理学的研究对象较政府经济学而言范围更广。政府经济学的研究对象主要是政府及其管理部门,而公共管理学的研究对象除了以政府为主,但同时也包括了其他公共组织。②在学科性质上,二者均属于应用性科学。政府经济学既把一般的经济学理论运用于分析政府的行为之中进行分析,又试图将政府的行为总结为经济学理论加以概括,注重将理论与实践相结合。公共管理学由传统的公共行政学发展而来,由单一的规范研究发展为重视实证研究,发挥理论在指导公共部门行为主体在实践中的方法论作用。③在研究方法上具有一致性。公共管理学与政府经济学均重视系统分析法、比较分析法、实验分析法、案例分析法的应用。④研究目标具有一致性。政府经济学的研究目标在于提高政府部门对公共资源的配置水平与效率,降低政府与其他有关部门之间的沟通与协商成本。公共管理学的目标是研究如何促使公共组织尤其是政府更加有效地提供公共产品,二者均致力于回答如何更有效地提供公共产品与优化配置公共资源。

1.4.4 政府经济学与政治学

政治学是研究社会政治现象的社会科学。经济基础决定上层建筑意味着政治学与经济学存在天然的内在联系。早期的经济思想多散见于学者的政治学著作中,亚当·斯密的《国民财富的性质和原因的研究》中,经济研究也是建立在维护君主统治的基础之上的。“可以说,在实证经济学与规范经济学没有得到明确区分之前,经济学与政治基本上是一家的。”[①]因此,早期的经济学冠名为政治经济学。直到新古典经济学的兴起,经济学才逐步摆脱政治学的影响,开始摒弃政治因素与价值判断,用理性人的观点研究现实经济现象,政治学与经济学成为并行发展、相互独立的两个学科。然而,从最新的发展态势看,新政治经济学(New Political Economy)兴起,扭转了两个学科间相互分离的趋势。

政府经济学研究政府经济行为,以政府这一政治组织为研究对象,这就决定了政治学

① 孙荣,许洁. 政府经济学[M]. 上海:复旦大学出版社,2001:9.

与政府经济学通过公共权力紧密地耦合在一起。布坎南和瓦格纳的《赤字的民主》一书就是在对社会基本政治结构和政策决策的经济理论之间的必然联系或相互依赖的基础上展开论述的。甚至有学者把政府经济学定义为"主要研究政治化的经济、经济化的政治以及政治与经济的互动关系"[①]的一门学科。

政治学与政府经济学之间的关系可以简述如下：①作为政治主体的政府在决策过程中或进行政策选择时，不仅关注效率、效果、效益等经济影响和公平稳定的社会功能，更要考虑其政治目的。在很多情况下，经济与社会影响要让位于政治含义。可见，政治因素对政府经济行为具有重要影响力。②政府经济学的研究是基于对政府与市场间关系的界定，目的在于有效地提供公共产品，以满足公共需要，实现公共利益。而生产什么、生产多少、怎样生产的公共选择方案以及公共资源在不同层级政府间的配置等问题都需要通过民主政治程序来确定。公共选择理论对此做出了解释，从而成为政治学与经济学之间的桥梁与纽带。布坎南在《公共财政》序言中提到"一个世纪以前，人们研究的是'政治经济'学。今天，人们研究的是'经济学'和'政治学'、这种变化所带来的专业化，从某些方面看，有其优点。但在我们研究一个国家的公共财政时，这种转变实际上是一种倒退。因为按照定义，作为一种研究领域的公共财政，是对政治经济的研究。经济学学者可以考察具体情况下市场制度的运作，政治学学者可以考察进行社会决策的组织和过程。但是，他们都必须研究政治或集体决策对经济的影响。无论是从最简单的层次，还是从最复杂的层次来研究公共财政，都必须包括这两个环节，必须对激发人们如同在政治过程中会发生的行为的目的与目标给以相当的注意。"[②]③政治学的一些分析研究方法和理论框架同样适用于政府经济学，特别是历史比较分析法、定量分析法、博弈论等。④由于经济基础决定上层建筑，对于政府经济行为的研究与探讨所得出的有益成果不仅有利于指导经济的运行发展，还将服务于国家的政治建设，包括相关机制、体制的创新等。政府经济学运用经济的分析方法研究非市场决策的政治问题，同样也为政治学的研究发展提供新的思路与启示。

政治学与政府经济学之间的联系表明，离开政治来分析政府经济行为必然是脱离实际的，并且是不深入的。同样，由于政治过程体现不同主体间的利益冲突(特别是经济利益上的冲突)与妥协关系，因此只有充分了解人与人之间的经济利益关系，才能全面深刻地把握政治的本质及政治发展的规律。[③]

1.4.5　政府经济学与法学

法学中的"法"所指的是广义层面的法律，它包含行政机关为执行法律而制定的规范性文件。法律的主要作用在于通过对人们之间权利、义务等关系的规定调整人们的行为方

① 陈桂生，朱彬．政府经济学[M]．天津：天津大学出版社，2009：4.

② [美]詹姆斯·布坎南．公共财政[M]．赵锡军，译．北京：中国财政经济出版社，1991.

③ 黄新华．公共部门经济学[M]．厦门：厦门大学出版社，2010：17.

式。作为上层建筑的法律是由经济基础决定的，同时法律又对经济发展起反作用。这意味着对于法律与经济关系的分析就成为法学和经济学共同的研究内容与任务，对于政府经济学来说更是如此。这主要源于政治经济学中的特定行为主体——政府。法与政府的关系密不可分。

一是建立和维护法律秩序是政府的重要职能。政府需要制定相关条例、规章、法规等进行制度建设与法律秩序的维持。此外，根据契约论的阐释，政府自身又是法律的产物，是依据一定的法律程序和法律规定而产生、建立，具有存在的合法性基础。

二是法律是政府干预市场经济的重要工具，而且是最为规范的干预手段。人们根据预期特定的行为所产生的后果做出行为选择与行为调整。有些政府行为的作出必须通过法律才能有效实施。例如，政府为履行其经济职能，避免污染产生负的外部效应，通过《空气洁净法》进行社会管制；为鼓励市场竞争而制定反垄断的相关法律法规等。

三是法律同时规定了政府的责任与义务，政府行为受到法律约束。在法治社会中，市场经济实质上是法制经济。法律的建立及其权威是市场经济有效和高效运行的基础。对政府的经济行为进行法律规范的主要原因就在于防止权力过度膨胀、权力的滥用和异化，以及对政府如何行为做出必要的法律上的规定以指导其运作。

四是法律不仅规范部门的整体行为，还约束部门中成员的具体行为。“当我们不仅讲国家的法院，而且还讲国家的学校、医院和铁路时，意思就是我们把建立和经营这些机构的人的活动归属于国家。而这些人的活动之所以归属于国家，之所以被认为是国家的职能，就是因为行为人具有狭义的、实质意义的国家机关的资格，特别是因为，根据法律，他们的活动的必要开支是由国库支付的，最后的收益也是上交国库的。”①此外，法律还解决政府本身任意立法的问题，体现为对规制者进行的规制。

由此可见，政府经济学不可避免地会受到法学研究的影响。一方面，法学为政府经济学研究提供了基本的法理基础。如何界定政府行为的范围、如何规定政府的行为方式、政府应该做什么、不该做什么等问题都需要借助法学的帮助才能回答。另一方面，政府经济学中对于政府行为的探讨要充分注重法律对政府行为的约束和规范，做到“依法行政”。更为重要的是，政府经济学中对于产权理论的研究更是强调了法律在政府规制中的重要作用。由于产权界定得越清晰，经济活动的积极性就越高，因此政府为实现其对市场的规制，需要实施一定的法律制度以保护产权不受侵害，并对产权交易中的冲突进行规范解决。

总之，“在经济学的一些棘手问题上，经济学家可以从法律中学到很多东西”②，尤其是对于政府行为的研究更需要借助法学的相关理论。在政府经济学的发展进程中，应加强对政府经济行为的合法性、合理性、法律调控的必要性等方面的分析。

---

① [奥]汉斯·凯尔森. 法与国家的一般理论[M]. 沈宗灵，译. 北京：中国大百科全书出版社，1996：217-218.

② [美]罗伯特·考特，托马斯·尤伦. 法和经济学[M]. 张军，译. 上海：上海三联书店，1994：2.

第 2 章

资源配置与市场失灵

如何合理配置资源，一直以来被认为是经济理论的出发点。市场作为社会资源配置的有效方式，通过价格、供求、竞争机制，在提高资源配置效率和发展经济方面发挥了巨大的作用。但因理想自由市场状况无法满足的外部因素与市场本身固有的内在缺陷，市场在一些领域会出现失灵，这就需要政府介入，弥补市场失灵，与其共同进行资源配置，以达到更高的配置效率。

2.1 资源配置的内涵及衡量标准

由于资源稀缺而人类需求无限，如何使有限资源最大限度地满足人类需求，就成为经济学研究的核心问题，这实际上也是关于合理配置资源的问题。应该用何种方式来做出资源配置的决策，政府应该如何促进社会资源的优化配置，由此成为政府经济学需要回答的首要问题。

2.1.1 资源配置的内涵

1. 资源配置的含义

在经济学中，资源有狭义和广义之分。狭义资源是指经济资源，即在人类的经济活动中，一切可被利用的稀缺性的资源，如产业资源、资本资源等；广义资源包括自然资源、经济资源、社会资源三大部分。社会资源反映社会生产力的发展水平及其赖以存在的社会条件，如经济政策、生态环境等①。可以说，资源是指社会经济活动中人力、物力和财力

① 郑万军．公共经济学[M]．北京：北京大学出版社，2015：24-25.

的总和，是社会经济发展的基本物质条件。

而在社会经济发展过程中，与人类的需求相比，资源总是表现出相对的稀缺性，因而需要对其进行合理分配，最大程度地有效利用资源。那么，究竟何为资源配置呢？

资源配置是指在经济发展的不同时期，资源在不同用途、不同使用者之间加以比较做出的选择。与资源的分类相对应，资源配置也有狭义与广义之分。狭义资源配置只涉及对自然资源、劳动和资本等生产要素的分配，即用这些生产要素生产什么、如何生产、为谁生产。也就是说，用这些有限的要素生产什么产品更符合消费者的偏好，如何生产能使收益最大而成本最低，在消费者收入一定的情况下，这些产品应在消费者之间怎样交换才能使他们获得最大限度地满足。这三个基本问题实际上就是通常所说的“效率”问题，它并不考虑初始的要素如何在人们之间分配以及生产成果(收入)如何在人们之间分配的问题。而广义资源配置涉及对自然资源、经济资源、社会资源的配置，除了考虑“效率”问题之外，还关注到公平与稳定的问题。可以说，广义资源配置是从宏观与微观兼具的角度来看待资源有效利用，在经济社会中，群体间的收入分配是否公平、宏观经济运行是否稳定都在一定程度上影响着资源配置的效果，因而也属于资源配置的范畴。

2. 资源配置的方式

习惯、指令与市场是三种典型的资源配置方式。在自然经济条件下，社会主要依靠传统习惯对资源进行配置，而在现代复杂的经济条件下，政府指令与市场机制是主要的配置方式。但没有任何一个国家是单纯采取一种方式对资源进行配置的，多为一种指令与市场并存的混合模式，也不排除在少部分国家或地区，传统习惯仍旧会发生影响①。

(1)习惯

在传统社会中，人们依赖于一种共同接受和普遍遵守的惯例来决定生产、分配和消费。通常是以家庭、部落或村庄为单位，以约定俗成的非正式制度解决社会资源配置问题。在这种制度中，习惯作为一种较稳定的力量，保证了社会秩序稳定及延续，减少了社会动荡，维护了统治。但是这种稳定也在一定程度上抑制了社会的创新。正因如此，传统社会的发展较为缓慢，社会呈现相对静止的状态。

(2)指令

政府指令意味着政府以计划配额、行政命令等方式决定资源的配置，这是计划经济的典型特点。在宏观经济领域，政府确定经济发展计划，并层层下达指标，通过行政手段确保每级指标实现，从而完成对整个社会资源的配置过程。在微观经济领域，政府决定企业生产什么、生产多少、如何生产。在一定条件下，以政府指令配置资源规避了经济发展过程中的重复建设、重复投入、地区经济发展不平衡等问题，但这种方式也易造成独裁统治，导致社会经济活动服从于上层特权阶层的偏好和利益，消磨劳动力积极性，导致技术更新迟缓等。

① 樊勇明，杜莉. 公共经济学[M]. 上海：复旦大学出版社，2001：28.

(3)市场

市场配置资源是指依靠市场运行机制配置资源。由于价格的相对高低在市场经济中反映了商品和生产要素的稀缺程度，它为生产者、消费者与要素所有者提供了各自所需的信息。因而他们可以根据市场价格信号的变动自动调整供给与需求，在竞争中实现资源的合理配置。市场调节的本质就是价值规律调节。这种根据价值规律进行资源配置的客观方式在提高资源配置效率方面显示出了巨大的优越性，因此当今世界越来越多的国家都选择市场作为资源配置的基本方式。

2.1.2　资源配置有效的准则

由于社会资源稀缺，需要进行合理配置来达到效用最大化，因此衡量资源配置是否有效就成为一个重要的问题。判断其是否有效有多种标准，但通常来说，资源配置最优的常用标准有三个：效率、公平与稳定。

1. 效率准则

(1)帕累托效率

经济学意义上的效率是指在既定的个人偏好、生产技术和资源总量下，资源配置已达到这样一种状态，即任何重新调整都不可能使一部分人在其他人没有受损的情况下受益。也就是说，要使任何一人改善当前处境，必须以其他人处境恶化为代价。这种资源配置状态被称为“帕累托最优”(Pareto Optimum)或“帕累托有效”(Pareto Efficiency)。这是以意大利经济学家帕累托(Vilfredo Pareto)的名字命名的，其在《政治经济学讲义》中首先提出了生产资源的最适度配置问题。

提到“帕累托最优”，就不能不提到“帕累托改进”(Pareto Improvement)或“帕累托更优”(Pareto Superior)。如果资源配置调整使得至少一个人的处境变好，而未导致其他人处境变糟，则此时的社会资源配置效率提高了，这种状态称之为帕累托改进或帕累托更优。因此，如果资源配置不能进行“帕累托改进”或达到“帕累托更优”，则是一种“帕累托最优”状态。

图 2-1 说明了帕累托效率的含义。

假定社会只有 A、B 两个人，横轴代表 A 的福利水平，纵轴代表 B 的福利水平，A 和 B 的福利水平取决于他们各自消费多少产品与劳务。由于社会资源有限，他们所能消费的产品与劳务也是有限的。将社会中所有产品与劳务分配给 A 和 B，由各种可能的分配组合形成 WW' 曲线，称为“福利边界”(Welfare Frontier)，福利边界上的任何一点代表其中一个人的福利水平既定时，另一人所能达到的最高福利水平。

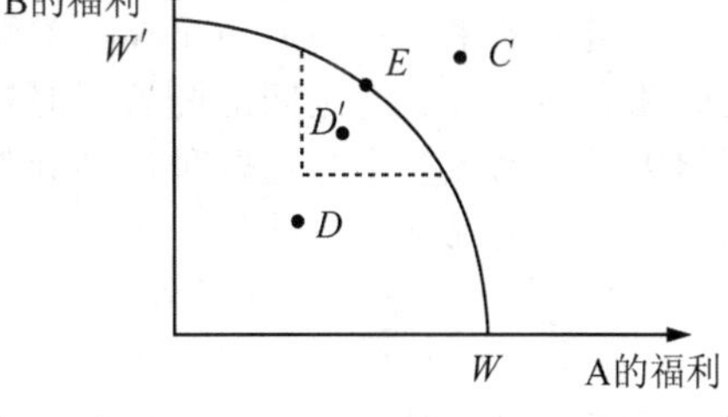

图 2-1　福利边界与帕累托最优

如果资源配置使得A、B的福利水平在WW'曲线以内(如D点)，则是无效率的，因为移动到D'点或WW'曲线上的E点都可实现帕累托改善，A、B福利水平同时提高。但抵达E点后，无论是移动到WW'曲线上还是曲线内的任一点，一个人福利水平的提高必然伴随着另一人福利水平的下降或者二者同时下降，无法实现帕累托改善。而WW'曲线外的区域(如C点)是任何资源配置方式都无法达到的。因此，我们可以说，WW'曲线上的任何一点都满足帕累托效率。

帕累托效率准则提供了一种理想的状态，现实中不可能完全实现，绝大多数经济活动是以一部分人的福利水平下降为条件实现另一部分人的福利水平提高。在现实经济运行中，只要资源配置改变使得在总体上“得者所得多于失者所失”就可认为资源配置有效率。因而英国经济学家卡尔多(Karldor)和希克斯(Hicks)提出了补偿原则。如果一个人的境况由于变革而变好，因而他能够补偿另一个人的损失而且还有剩余，那么整体的效率得到改善。这就是卡尔多-希克斯改进(Kaldor-Hicksim-provement)。如果一种状态下没有卡尔多-希克斯改进的余地，这种状态就达到了卡尔多-希克斯效率。这种标准其实是一种社会总财富最大化标准，在现实社会经济体制改革中更具实用性。

(2)帕累托效率实现的条件——一般均衡分析

虽然帕累托效率不及卡尔多-希克斯效率实用，但因其首次采用序数效用论，运用了更严谨的数学推理给出规范标准的条件等，仍然受到学界的广泛认可。

在一般均衡分析中，要实现帕累托效率，需要达到以下三个条件，缺一不可。

①生产效率(Production Efficiency，亦称生产的帕累托最优)。任意两个企业同时使用两种要素生产两种不同产品，为达到生产效率，则这两个企业的边际技术替代率必须相等，且两个生产者的产量同时得到最大化。边际技术替代率是指在产量保持不变的条件下，增加一单位某种生产要素可以代替的另一种要素的数量。

②交换效率(Exchange Efficiency，亦称交换的帕累托最优)。任意两个消费者通过市场交易任意两种产品，为达到交换效率，这两个消费者的产品边际替代率必须相等，且两个消费者的效用同时得到最大化。边际替代率是指在效用水平不变的前提下，消费者增加一单位某商品时必须放弃的另一种商品的数量。

③组合效率(Mix Efficiency，亦称生产与交换的帕累托最优)。这是指要素在生产者之间和产品在消费者之间的配置同时达到最优的条件，即任何一个生产者的任意两种产品间的边际产品转换率与这两种产品间的边际替代率相等。边际产品转换率是指企业在生产两种产品的情况下，每增加一个单位的这种产品，会使另一种产品的产量减少的数量。

(3)帕累托效率实现的条件——局部均衡分析

一般均衡分析为人们提供了全方位的判断帕累托最优实现的标准，下面再看一下某一单个经济项目经济效益是否实现的准则，这就要运用局部均衡分析方法，即考察在其他条件不变的情况下，某个孤立市场的均衡情况。这里，会涉及社会总成本(total social cost，TSC)、社会边际成本(marginal social cost，MSC)、社会总收益(total social benefit，TSB)、社会边际收益(marginal social benefit，MSB)等概念。

一种产品的社会总成本是指为生产一定量的产品所需要消耗的全部资源的价值。社会边际成本指每增加一个单位该种产品的生产量所需增加的资源消耗的价值。社会边际成本可以通过为补偿因增加一个单位的某种产品的产出所消耗的要素价值而需付出的货币最低额来测定，一种产品的社会边际成本随其数量的增加而增加。

一种产品的社会总收益指人们从消费一定量的该种产品中所得到的总的满足程度。社会边际收益指人们对该种产品的消费量每增加一个单位所增加的满足程度。社会边际收益可以通过人们为增加一个单位的某种产品的消费量而愿付出的货币最高额来测定，一种产品的社会边际收益随着数量的增加而减少。

帕累托最优的局部均衡分析如图 2-2 所示。图 2-2(a)表示某产品的社会总成本(TSC)和社会总收益(TSB)，图 2-2(b)表明该产品的社会边际成本(MSC)和社会边际收益(MSB)。可以看出，社会边际成本 MSC＝$\Delta TSC/\Delta Q$，即社会边际成本曲线上的每一点的值等于社会总成本曲线上同一产量所对应的点处切线的斜率。同理，MSB＝$\Delta TSB/\Delta Q$，社会边际收益曲线上每一点的值等于社会总收益曲线上同一产量所对应的点处切线的斜率。

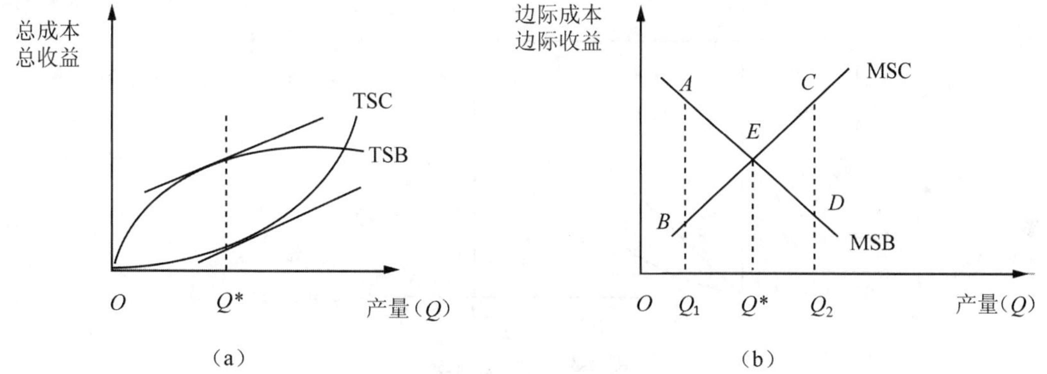

图 2-2　帕累托最优的局部均衡分析

要达到产品或服务总体的有效生产，必须使每一项资源的使用符合以下两个条件：一是总的社会净收益非负；二是社会总收益与社会总成本的差异最大化，即净社会收益最大化。

从图 2-2(b)中不难看出，产品的最佳产量决定条件是 MSC＝MSB，对应产量为 Q^*。如图 2-2(a)所示，两条曲线的垂直距离也最长，总的净收益达到最大。若产量在 Q^* 左边(如 Q_1)，MSC＜MSB，每生产一个单位这种产品所增加的成本小于所增加的收益，这时必将有更多资源配置到这产品上以获得追加的效益。若产量在 Q^* 右边(如 Q_2)，MSC＞MSB，每生产一个单位这种产品所增加的成本大于所增加的收益，这时必将有资源退出这种产品的生产以消除因超额生产而带来的损失。

因此，从局部均衡分析出发，实现总的社会净收益最大，就要使每一种产品的社会边际收益等于社会边际成本，即 MSB＝MSC。

2. 公平准则

从某种意义上说，帕累托最优确实是资源配置的一种理想状态，但是许多人不同意将效率作为评价经济运行的唯一标准和社会发展的唯一目标。因为即使在帕累托最优的状态下，也可能会出现极少数人拥有绝大多数资源，而绝大多数人拥有极少资源的情况。因此，有必要引入另一个资源配置有效的准则——公平准则。这里主要指的是收入分配结果的公平。

为了对公平程度进行衡量，经济学家们经常采用的是洛伦兹曲线(Lorenz curve)和基尼系数(Gini coefficient)。

如图 2-3 所示，画一个正方形，纵轴衡量社会收入的百分比，将之分为五等份，每一等份是 20%的社会总收入。在横轴上，将 100%的家庭从最贫者到最富者自左向右排列，也分为 5 等份，第一等份代表收入最低的 20%的家庭。在这个正方形中，将每一等份的家庭所有拥有的收入的百分比累计起来，并将相应的点画在图中，连接起来便得到了图中的曲线 *ODE*——洛伦兹曲线。这就能直观地表现出社会的收入是如何在不同阶层的家庭中分配的。

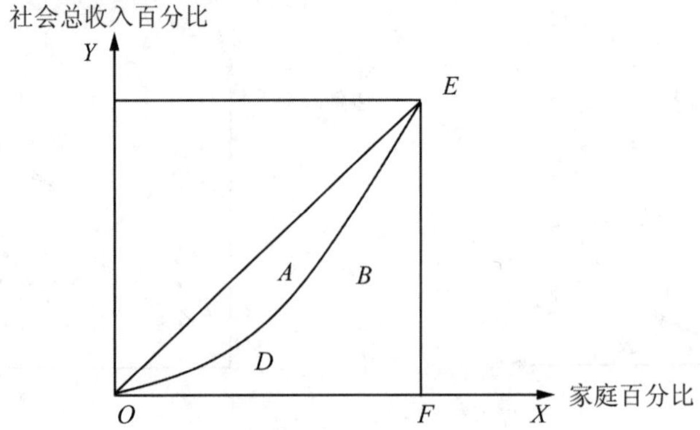

图 2-3 洛伦兹曲线

如果总收入平均分配给所有家庭，那么洛伦兹曲线即为对角线 *OE*，称之为绝对平等线(line of perfect equality)。另一种极端情况是所有收入集中在一个家庭，即完全不平等的洛伦兹曲线——折线 *OFE*。一般来说，世界上任何国家的收入分配情况都介于这两种情况之间，像图中的弧线 *ODE* 一样向横轴凸出，弧线越靠近 *OE* 就越平等，越靠近 *OFE* 就越不平等。

为了使收入分配的平等程度更具可测性和可比性，再引入一个指标——基尼系数。在图 2-3 中，由绝对平等线 *OE* 和实际洛伦兹曲线 *ODE* 围成的面积 *A* 与绝对平等线 *OE* 和完全不平等线 *OFE* 围成的△*OFE* 的面积之比称为基尼系数，即 $A/(A+B)$。基尼系数在 0(绝对平等)～1(绝对不平等)之间变动。

国际上一般认为，基尼系数在 0.2 以下，收入分配趋于绝对平均；在 0.2～0.3 为相对平均；在 0.3～0.4 为比较适度；在 0.4 以上则被认为是收入分配趋于绝对不平等状态。

3. 稳定准则

资源配置除了要求有效率，分配公平之外，使宏观经济运行稳定也是一大准则。这要求资源配置能使得宏观经济运行有秩序，可持续发展。具体来说，主要包括物价稳定、充分就业、经济增长和国际收支平衡。

但需要认识到，统一协调这四大目标是不现实的，它们既有一致性，也有矛盾之处，在不同国家的不同发展阶段，重点考虑的目标不尽相同。

(1)物价稳定

所谓物价稳定就是指在某一时期一般物价水平保持大体稳定。在实际经济生活中，整个社会物价稳定的同时，个别商品价格上涨或下跌，这种价格变化会促使全社会的资源得以有效的配置。物价稳定的实质是防止物价普遍、持续、大幅度地上涨。

(2)充分就业

充分就业并不意味着没有失业。在动态经济中，社会上总是存在着最低限度的失业。这又分为两种情况：一种是摩擦性失业，即由于技术、季节等原因所导致的短期内劳动力供求失调而造成的失业；另一种是自愿性失业，即工人不愿意接受现行工资水平或工作条件造成的失业。这两种失业在经济周期的任何阶段都是难以避免的。此外，任何社会还都存在一个可承受的非自愿失业幅度，即劳动者愿意接受现行的工资水平和工资条件，但仍然找不到工作，也就是对劳动力需求不足而造成的失业。所以，充分就业并不意味着失业率等于零。应根据不同的经济状况判断失业率为多少是充分就业。

(3)经济增长

经济增长是指一国人力和物质资源的增长。衡量该项指标用得最多的是剔除价格因素后的国民生产总值增长率。经济增长的目的是增强国家实力，提高人民生活水平。靠破坏生态平衡、污染环境带来的经济增长不是真正的经济增长。

(4)国际收支平衡

一国国际收支的状况主要取决于该国进出口贸易和资本流入流出状况。国际收支平衡是指一国对外经济往来中的全部货币收入和货币支出大体平衡，避免长期的大量顺差或逆差。

2.2 市场配置资源的运行条件及机制

2.2.1 市场体系的运行条件

1. 市场体系的构成要素

要了解市场是如何配置资源的，首先需要了解市场体系的主要构成要素有哪些。在市场竞争充分的条件下，市场供求不依某个人的意志为转移，而是众多市场参与者共同作用的结果[①]。

在市场体系中，最基本的两个经济行为主体是家庭和企业。家庭与企业在市场中相互作用。

(1)家庭

家庭是由个人组成的群体，他们集体进行两项决策：如何获取收入，如何将收入合理消费。为了获得收入，他们可以出售一些生产要素(如土地、劳动力和资本)，获得的收入分别对应为租金、工资和利润(利息)。无论家庭做出怎样的决策，目的都是为了获取尽可能多的满足或效用。

(2)企业

企业是生产、销售产品与服务的经济单位。企业从家庭那里购买生产要素，通过生产过程转化为产品和服务，然后把它们卖给家庭以获得货币。企业也有两项决策：生产什么与如何生产(需要购买哪些生产要素，如何使用这些生产要素等)。能够影响这两项决策结果的就是利润与效益，怎样能赚取最多利润，同时使成本最低就采取怎样的策略。

(3)市场

在没有政府的私人经济中，家庭和企业之间的流量关系可用图2-4表示。在上半部分，货币、产品和服务构成一种流量，家庭为了获得产品而用货币与企业交换。在下半部分，货币与生产要素构成一种流量，企业以货币向家庭换取生产要素。从企业流向家庭的货币是家庭的收入，主要形式为土地的租金、劳动力的工资和资本的利息。在上半部分，家庭用取得的收入购买产品和服务。在此过程中，这种货币的流量成为企业收益。企业利用其收益购买土地、劳动力和资本的服务，以便生产产品和服务。这种购买表现为企业的生产成本，收益大于成本的部分就是利润。

于是，市场体系就形成了这样一种循环流：家庭把收入消费出去，形成企业的收益，企业又用这些收益购买生产要素，形成家庭的收入。在没有政府的私人经济中，以货币换取产品和服务或以货币换取生产要素的地方就是市场。正是在市场中，各种产品和服务的价格才得以确定。

在没有政府的私人经济中，市场是“伟大的协调者”。通过市场中买者与卖者调和意愿、确定价格的过程，就是供求规律在起作用。在交换过程中，买者根据个人偏好、收入等在市场中公开其愿意支付某种产品和服务的程度；卖者在市场上显示出在各种价格上愿意提供产品和服务的数量。

因此，市场是连接私人经济各部门的关键纽带。在市场中，交换得以实现，价格得以形成，收入、收益、成本得以确定。市场把买卖双方、家庭与企业连接在一起，提供了货币、要素服务和产品循环流的渠道。

---

① 黄泰岩. 探求市场之路[M]. 哈尔滨：黑龙江出版社，2002：96.

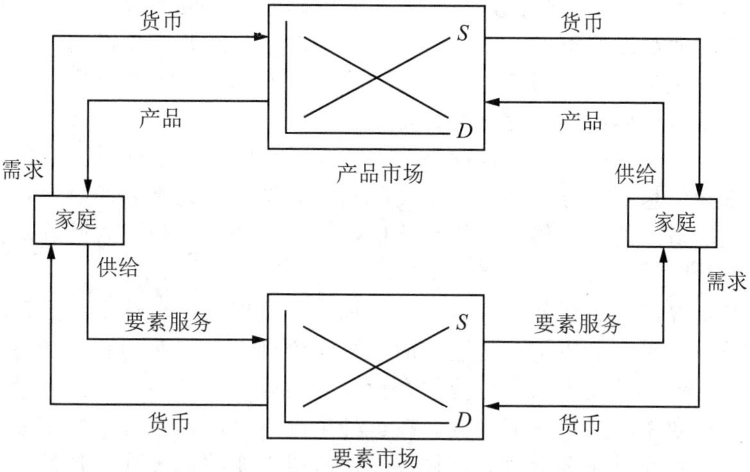

图 2-4　市场体系

2. 市场体系运行环境

市场体系运行达到经济效率，需要一定条件的运行环境，具体来说，主要包括完全竞争性、成本递增性与排他性。

(1)完全竞争性

在没有政府的市场中，要使市场体系运行有效率，就必须具备完全竞争性。即：①众多买者和卖者。数量众多意味着他们都是价格的被动接受者，而不能由任何一方或个人控制价格。但如果一个或少数卖者控制了供给，这种市场就被称为卖方垄断市场；如果一个或少数买者控制了需求，这种市场就被称为买方垄断市场。当垄断市场出现时，资源配置是低效的，会造成社会福利损失。②产品同质性。即每个厂商生产的产品在质量、性能、外形、售后服务等方面无差别。消费者可以自愿选择购买任何一家厂商生产的产品，其取得的实际效用并不会因为生产厂家的不同而有太大的区别，产品之间具有完全的、互相替代的性质。这也意味着如果一个生产者稍微提高他的产品的卖价，所有的消费者将会转而购买他的竞争对手的产品；在所有生产者的卖价相同时，消费者购买哪个生产者的产品完全是随机的①。③资源流动性。经济学家普遍认为，资源的流动性是现代市场经济的重要特征，也是市场经济体系运行必不可少的条件。对于一个国家来说，资源流动性也是衡量一个经济机制优劣与否、成熟与否的重要标志。一个保持较高流动性的市场经济体制对于国民经济结构调整、资源配置优化、供求关系调整、经济要素重组都具有重要的意义。资源的流动性意味着在一定区域、一定行业，资源的供给与需求时刻都在发生变化，据此，生产者与消费者可以根据价格信号做出不同的决策。劳动力可以在不同行业、不同地区间

① 李雪平，曾凡诠，陈亚红．微观经济学[M]．上海：上海财经大学出版社，2015：170．

转移，资本可以自由进出某一行业。总的来说，资源向某个地区或行业等流动的动力强度取决于该地区或行业在区位条件、资源禀赋、基础设施、资源配置能力、政策法规、社会环境等方面的相对优劣程度。随着这些因素的强弱变化，资源流动的方向也会相应地改变。这种灵活性是市场体系稳定运行的必要条件。④信息完全性。在市场中，只有买卖双方信息充分，才能实现所有想要某种商品的人的支付意愿与供给这种商品的人的出售意愿的协调。如果掌握信息不充分，在市场中显露出的只是买方或卖方的意愿，或者只是部分的供求意愿，这样造成的价格偏离了均衡价格，导致市场资源配置的低效率。

(2)成本递增性

成本递增是指经济中的任何生产者(企业)规模日益扩大，在达到一定产出水平时，单位成本开始上升。如果企业成本不是递增的，第一个进入某行业的企业随着规模扩大，成本却逐渐减少，这使得其他进入该行业的企业一开始成本比较高，无法与第一家成本较低的企业竞争，生产效率不及第一家企业。在这种情况下，进入该行业的企业只能有一家或少数几家，这意味着缺乏完全竞争。这种成本递减或不变的情况称为自然垄断。“自然”体现在这种垄断不是依靠垄断者自身力量去打败竞争对手，而是它的行业技术就使其成本不断下降。这建立在竞争市场的基础上。只有在成本递增的情况下，效率高的小规模企业才能在统一市场中进行经营。

(3)排他性

市场体系得以运行的第三个重要条件是排他性，即生产要素、商品和服务都具有排他性，也就是说，如果一个消费者购买一种商品或服务，那么除他之外的任何人都不会从消费这种商品或服务中获得满足。例如，一个消费者买了一件衣服，他穿上时满足了自我需求，而其他人无法再从中获得满足，这就具有排他性。与此对应，不具有排他性的商品，具有外溢效应，它们的利益(或成本)外溢到第三方。也就是说当购买一件商品时，不仅消费者获得满足，无形之中第三方甚至更多方都得到了满足。此时，供求曲线的含义就发生了偏差，需求曲线无法包括全部支付意愿，供给曲线无法包括所有成本，由此显示的价格信号有误。这种情况下，生产者受到误导，生产不是太多就是太少，影响了市场效率的实现。由此可见，如果排他性不成立，由此产生的价格将导致错误的资源配置，造成资源浪费和效率低下。

2.2.2 市场配置资源的机制

市场配置资源的机制即市场机制，是指在市场经济中，供求、价格、竞争、风险等要素之间互相联系及作用的机理。每个人出于效用最大化的经济理性人考虑，都在寻求各自最大的利益，聚合成一个集体时，这个集体追求整体效益最大。因而会出现生产者想方设法降低生产成本、劳动者希望工资提高等现象，一切以价格信号为标准，生产要素、土地、资本等在市场中以竞争等形式进行自发的转移与配置，并通过价格涨跌来平衡供求。

市场经济中，最基本的运行机制是价格机制、供求机制与竞争机制。

1. 价格机制

价格机制包含两方面的内容——价格形成机制与价格调节机制，主要指的是价格形成、变动与供求变动之间相互联系与制约的运行机制。价值是价格的基础，商品的价值是由生产商品的社会必要劳动时间决定的，商品价格以价值为基础。由市场供求关系所形成的市场价格围绕着价值上下波动，是价值规律作用的表现形式。价格机制是市场机制中最敏感、最有效的调节机制，价格的变动对整个社会经济活动有十分重要的影响。商品价格的变动会引起商品供求关系变化；而供求关系的变化又反过来引起价格的变动。

价格形成机制是指市场上有众多互相竞争的商品、服务和要素，企业根据市场供求状况自主定价。价格调节机制指运用商品价格之间的相互联系及价格与其他经济活动的相关性，对价格进行调节，体现价值规律的机制。价格机制有赖于统一开放的市场体系和公平竞争的市场秩序，使绝大多数价格能够在公开竞争的市场环境中依据供求变化而波动。

价格机制是市场机制中最灵敏、最有效的杠杆。价格直接反映着商品价值与市场供求关系，并通过这种市场价格信息来调节生产和流通，从而达到资源配置。具体来说，价格机制有以下三点作用：

(1)价格机制指导生产者调整生产

由于市场上商品或服务的供求发生变化，价格发出信号，指导着生产者采取相应措施。针对价格变化，生产者肯定是选择价格高、利润高的商品进行生产，而正在生产此种商品的厂商会进一步扩大规模，长期下去会造成市场出现供过于求的局面，从而价格再次发生变化，新一轮的调整生产活动又开始了。而在调整生产的过程中，在各家厂商商品质量相同的前提下，哪家厂商的价格低就能获得更多的需求，占有更多的市场份额，而这又要求生产者降低成本，沿用先进技术，对自身进行投资与发展，这是价格机制指导生产者调整生产的另一种表现。

(2)价格机制引导消费者改变需求

对于消费者来说，市场上的价格是他们进行消费的信号灯，如果商品价格过高，消费者会减少购买量或转而消费其他可替代的价格稍低的商品。

(3)价格机制是国家宏观调控的一种手段

国家从资源有效配置和服务公平供给的角度出发，对于自然垄断行业及信息不对称领域的价格水平和价格结构进行调节。通过设计定价模型或设置一系列的条件和标准等，指导企业价格决策行为。

价格机制的有效运行还有赖于政府的行为与政策。中国有较长一段时期忽视价值规律的作用，造成价格体系相当紊乱和不合理。这主要表现在：同类商品的质量差价没有拉开，不同商品之间的比价不合理，特别是某些农产品、矿产品和原材料价格偏低。

因而要使价格机制发挥作用，就要在市场形成价格的基础上，理顺各种商品之间的比价体系和差价体系。比价体系是指国民经济不同部门所生产的不同种商品的价格之间的对比关系，实质是不同种商品的价值对比关系。比价合理，才能实现等价交换。商品比价体系主要包括工农产品比价、农产品比价、工业品比价三类。商品差价体系主要包括购销差价、地区差价、批零差价、季节差价和质量差价五类。这样才有助于实现物价总水平基本稳定；城乡居民的收入水平与物价水平相适应；多数重要商品价格大体接近价值，实行等价交换；多数商品之间的比价、差价合理，各部门各企业都有可能获得大体相同的利润率等。

2. 供求机制

供求机制是指商品的供求关系与价格、竞争等因素之间相互制约和联系而发挥作用的机制。供给表现为在市场上一定时间内和一定价格水平上潜在生产者对商品或劳务愿意并且能够提供的数量总和或价值总额；需求表现为在市场上一定时间内和一定价格水平上潜在消费者对商品或劳务愿意而且能够购买的数量总和或价值总额。供给是向市场提供商品与劳务，需求是从市场取走商品与劳务。供求机制是市场机制的保证机制。在市场机制中，首先必须有供求机制，才能反映价格与供求关系的内在联系，才能保证价格机制的形成，保证市场机制的正常运行。供求关系受价格和竞争等因素的影响，而供求关系的变动，又能引起价格的变动和竞争的展开。

当价格上涨，生产者增加供给，消费者减少需求；而价格下跌，生产者减少供给，消费者增加需求。供求关系变动引起价格变动和竞争的展开：产品供不应求时，生产者增加生产，消费者增加购买，引起价格上涨；而供过于求时，生产者竞相减产，导致价格下跌。社会资源就是这样在价格机制与供给机制的互动中向不同部门流动，从而实现全社会的资源合理配置。

3. 竞争机制

资源的稀缺性使竞争不可避免。竞争机制是指市场经济中各社会经济主体间为了获取利润最大化而产生的经济联系。使用价值和价值的矛盾以及生产商品的个别劳动时间和社会必要劳动时间的矛盾是产生竞争的内部原因，商品供求关系及其变化是产生竞争的外部原因。

市场竞争的形式根据不同的标准，可以进行不同的分类①：

(1)根据竞争的手段，可把竞争区分为价格竞争和非价格竞争。生产同类商品的不同企业通过降低商品价格争夺市场份额的竞争是价格竞争，价格竞争是基本的、主要的竞争手段，同种商品生产者争夺市场最直接、最典型和最有效的手段是降低商品价格。企业通过价格以外的其他方法和途径去争夺市场份额，就是非价格竞争，如提高商品质量，增加商品的花色品种、提高售后服务质量、改善销售方法、改进商品包装、扩大广告范围及提高广告水平等。

(2)从竞争的主体关系角度，可把竞争分为卖方之间的竞争、买方之间的竞争、买方和卖方之间的竞争。其中以卖方之间的竞争最为典型，在买方市场为主的现代经济中，它是竞争的主要方面。这三类竞争都是为了使自身利益最大化而展开的。竞争机制的运行要与其他市场机制紧密结合，共同发挥作用。

---

① 蒋南平，龙运书，冉恩贵. 经济学基础[M]. 北京：清华大学出版社，2014：161.

(3)根据竞争主体所在的领域，可把竞争分为部门内部各企业之间的竞争与不同部门企业之间的竞争。

(4)从竞争的市场性质来看，可把竞争分为商品市场的竞争和生产要素市场的竞争。

竞争机制可以促使市场主体依据价格信号做出反应，从而采用先进技术、改善管理、提高生产率等，并根据市场需求调整生产结构。竞争机制会促使社会资源源源不断地从一个部门向另一个部门流动，自发地在各部门间进行配置，有利于解决市场供需矛盾。

总之，价格机制反映了生产者与消费者在商品价格方面的关系；供求机制反映了生产者与消费者在商品使用方面的关系；竞争机制反映了同类商品生产者之间和不同类商品生产者之间的关系①。通过价格机制、供求机制与竞争机制的相互作用，社会资源得到了合理的配置。

2.2.3　完全竞争市场中的资源配置

1. 完全竞争市场的特征

完全竞争市场是指竞争充分而不受任何阻碍和干扰的一种市场结构。虽然完全竞争市场在现实中几乎不存在，但建立完全竞争市场模型仍然是十分必要的，它是经济学得以展开的理论基石，对其进行相关经济分析也能为其他市场类型(垄断竞争市场、寡头市场、垄断市场)中的经济分析提供一定的参照。市场类型的划分和特征如表 2-1 所示。

表 2-1　市场类型的划分和特征②

市场类型	厂商数目	产品差别程度	对价格控制的程度	进出一个行业的难易程度	接近哪种商品市场
完全竞争	很多	完全无差别	没有	很容易	一些农产品
垄断竞争	很多	有差别	有一些	比较容易	一些轻工产品、零售业
寡头	几个	有差别或无差别	相当程度	比较困难	钢、汽车、石油
垄断	唯一	唯一的产品，且无相近的替代品	很大程度，但经常受到管制	很困难，几乎不可能	公用事业，如水、电

总的来说，完全竞争市场的假定主要包含以下内容：

①众多买者和卖者。所有的交易在市场上发生，由于买者和卖者数量众多，与整个市场总的消费量和生产量相比，他们个体都占极小的部分，因而不能决定价格，他们都是价格的被动接受者。

---

① 蔡声霞. 政府经济学[M]. 天津：南开大学出版社，2009：32.

② 黄英，原雪梅. 微观经济学[M]. 北京：清华大学出版社，2016：142.

②产品同质性。即产品在质量、性能、外形、售后服务上无差别。

③资源流动性。即资源自由在地区、行业等流动。

④信息完全性。市场上每个人享有完全对称的信息。

除了上述的假定条件外，还有一些隐含在经济学家论述中的条件：

①所有生产资源归私人所有。

②买卖双方都是追求效用或利润最大化的理性经济人。

③经济利益的可分性和所有权的确定性。即产品可以被分割成许多能够购买的单位，从而使物品的所有权具有确定性，这样才能保证产品的经济利益和成本能以价格来计算。

④生产和消费都不存在外部效应。

⑤不存在规模报酬递增，即不存在生产规模越大，成本越低，收益越大的情况。

2. 完全竞争市场中资源配置的实现

在完全竞争市场中，帕累托效率如何实现呢？如图2-5所示，横轴表示某一产品的数量Q，纵轴为该产品的价格P，D为市场需求曲线，S为市场供给曲线。

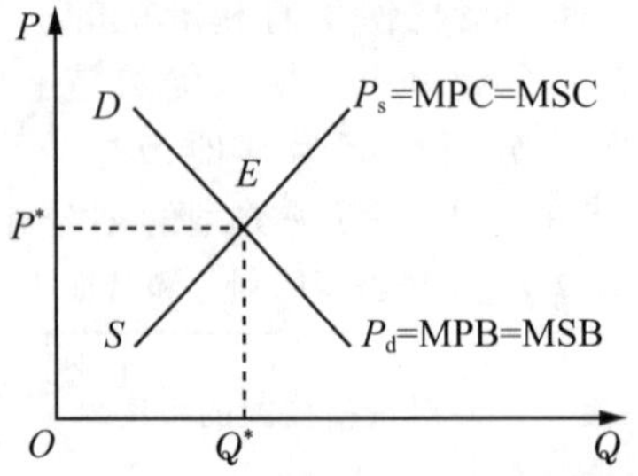

图2-5　完全竞争市场中帕累托效率的实现

从需求方面看，需求曲线上的任一点表示消费者买进该产品时愿意付出的价格(P_d)，消费者在决定是否购买一定量的该产品时，总要比较一下货币支出(价格)与其所获得的满足程度(私人边际收益)。若追加一个单位该产品的消费给消费者带来的私人边际收益(Marginal Private Benefit，MPB)大于其必须付出的价格，他就会增加该种产品的购买量；反之，他会减少该种产品的购买量。只有当P_d=MPB，付出的价格等于私人边际收益时，获得的满足程度最大，此时消费者既不会增加也不会减少购买量。由此看来，需求曲线上任一点的价格恰好等于消费者购买一定量该产品时的边际效用。将点连成线，就得到需求曲线与边际效用曲线，两条线完全一致。将若干单个消费者的需求量加总可得到市场需求线。如图2-5所示，由于边际效用递减，需求曲线向右下方倾斜。

从供给方面看，一种产品供给曲线上的任一点表示生产者提供该产品一定量时所要收取的价格(P_s)。生产者在决定某种产品的销售量时，总要比较其增加一个单位产品的生产(销售)所消耗的成本(私人边际成本)与所能获得的货币收入(价格)。若追加一个单位产品的生产所消耗的私人边际成本(Marginal Private Cost，MPC)小于其所获得的货币收入(价格)，他就会增加该产品的生产(销售)；反之，就会减少该产品的生产(销售)量。只有当MPC=P_s，生产者获得最大利润，此时生产者既不会增加也不会减少生产(销售)量。由此可知，一个生产者对某种产品的供给曲线与边际成本曲线是一致的，将若干单个生产者的供给量加总，得到市场供给曲线。如图 2-5 所示，由于边际成本递增，供给曲线形状向右上方倾斜。

当需求曲线与供给曲线相交，如图 2-5 中点 E 即为市场均衡点，需求量＝供给量，$P_d=P_s$，即消费者愿意付出的价格＝生产者所要求的价格；于是 MPB＝MPC，由于不存在外部效应，私人边际收益就是社会边际收益(Marginal Social Benefit，MSB)，私人边际成本就是社会边际成本(Marginal Social Cost，MSC)，所以 MPB＝MSB＝MPC＝MSC＝$P_d=P_s$。因此，某产品的社会边际收益等于生产这种产品的社会边际成本时，也就满足了帕累托最优的实现条件。

当上述条件在所有市场上都得到满足时，完全竞争的市场机制可以通过供求双方的自发调节，使资源配置达到最佳状态。

2.3 市场失灵的原因及表现

市场并不是万能的。虽然在满足完全竞争市场条件下，市场可以通过供求的自发调节达到帕累托效率，但是在实际生活中，很难满足完全竞争市场的所有条件，另外，由于市场本身的一些特性，使得市场自主调节供求失败，需要政府的介入。萨缪尔森(Paul A. Samuelson)认为"市场失灵是指价格体系的不完备性，阻碍了资源的有效配置"①。换言之，市场机制在资源配置的某些领域无法实现帕累托效率就存在市场失灵。从宏观上来讲，市场失灵的原因分为理想自由市场状况无法满足的外部因素(包括竞争不完全、信息不完全、不确定性等)与市场本身固有的内在缺陷(包括公共产品、外部性等)。

2.3.1 资源配置领域的市场失灵

1. 竞争不完全导致的失灵

市场机制发挥作用，实现帕累托效率的重要前提是市场处于完全竞争状态。但是在现实经济生活中，会出现竞争不完全的现象，使市场机制无法发挥作用。主要表现是为数较少的几家供应商，或是独家垄断市场，自行控制产量，提高价格，获取可观的垄断利润，产量未能达到竞争条件下能够实现的水平，没达到适度规模，平均成本不会最低，造成一定程度的资源浪费，由于没有竞争的压力，厂商也不会自主进行技术革新等措施提高效率、降低成本。其后果是剥夺了消费者剩余，造成社会净福利的损失，效率低下，也有失公平。

① ［美］保罗·萨缪尔森，威廉·诺德豪斯．经济学［M］．17 版．萧琛，译．北京：人民邮电出版社，2004：62．

如图 2-6 所示，假设初始的垄断价格为 P_0，现在下降到 P_1，交易量就从 Q_0 增加到 Q_1。价格下降，对于消费者来说，消费者剩余增加，其增加量由矩形 P_1P_0AF 与三角形 AFB 面积之和表示；对于生产者来说，一方面，产量的增加使生产者剩余增加，其增加量由三角形 FEB 面积表示；另一方面，现在的价格低于以前的价格，生产者剩余又会减少，其减少量由矩形 P_1P_0AF 面积表示。最终生产者剩余的变动量为三角形 FEB 与矩形 P_1P_0AF 面积之差。社会福利的变动量等于消费者剩余的变动量与生产者剩余的变动量之和，即(矩形 P_1P_0AF 面积＋三角形 AFB 面积)＋(三角形 FEB 面积－矩形 P_1P_0AF 面积)＝三角形 AFB 面积＋三角形 FEB 面积。显然社会福利随着产量的增加而增加。反过来说，从竞争转向垄断，将减少社会福利，损失效率。

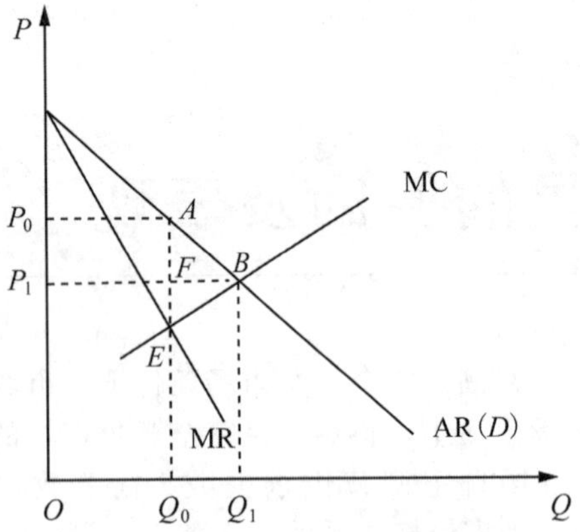

图 2-6　竞争不完全导致的低效率

那么垄断厂商能不能通过增加产量从而能增加社会福利呢？垄断厂商均衡时 $P>MC$，如果能够固定住均衡时的产量(Q_0)的价格(P_0)不变，那么，只要新增加的产量在 Q_0Q_1 产量范围内，厂商就愿意增加产量。因为此时新增加的产量(原先的产量的价格不变)意味着厂商增加产量能够增加利润(三角形 FEB 面积)。当然，消费者也能从产量的增加中获得更多的福利(三角形 AFB 面积)。

但这种可能性不会实现，因为当厂商增加产量时，不仅新增加的产量(Q_0Q_1)的价格会降低，而且原先产量(OQ_0)的价格也会降低，从而使厂商从增加的产量中所得到的收益小于因原先产量价格的降低所遭受的损失，故理性的厂商不愿意增加产量。

垄断的基本原因一般被认为是有进入障碍。即垄断者能在市场上保持唯一卖者的地位，是因为其他企业不能进入市场与其竞争。产生垄断的原因有三点：一是规模报酬递增导致的自然垄断。在一些行业中，如供水、供电、公共交通等，由一个厂商大规模生产可以降低单位成本，提高收益。一旦某个公司占领了一定的市场，就会阻碍潜在竞争者进入。因为新进入该行业的公司规模较小，成本远高于最先进入该行业的公司，难以与其抗衡。二是资源或技术垄断。关键资源归一家企业享有。只要占据了生产商品的关键资源，其他人无法获得，就形成了垄断。或是厂商掌握了生产该商品的专利技术，在一定时间内就可独家生产该种商品，形成垄断。三是进入规制。对于与国家安全相关的一些行业，国家实行准入制度，对厂商的进入实行规制，如军事工业、通信工业等，只要求特定国企进入该行业，以确保国家安全。

2. 信息不完全导致的失灵

信息不完全在实际经济生活中是常见的现象，因为生产者和消费者无法完全掌握交易双方的有效信息，因此他们各自在作出判断，采取行动时就会与最具效率的做法产生偏差。比如对于生产者来说，他们没法完全掌握不同消费者的消费习惯与偏好，而对于消费者来说，他们也没法在第一时间内掌握市场中所售出商品的成分、质量、生产厂商的资信情况等。在有些情况下，卖方知情较多，而有些时候又是买方知情较多，这种买卖双方信息不对称的现象极易导致拥有信息较多的一方通过以下两种途径造成市场失灵。

(1)逆向选择

这是由于事前信息不对称造成的。逆向选择理论源于乔治·阿克洛夫(George Akerlof)的柠檬理论。主要指在买卖双方信息不对称的情况下，劣质品驱逐优质品的现象。典型的例子是旧车市场与保险市场。在旧车市场上，卖者比较清楚车辆的质量好坏情况，质量好的索价高些，质量差的索价低些；对于买者来说，车辆的质量好坏较难分辨，在这种情况下，他们最多只肯按照较好的旧车与差的旧车索价的加权平均价格来购买。这样一来，质量高于均价水平的卖者就会退出交易，只有质量低的进入市场。也就是说，只有低质量的旧车出售，而没有高质量的旧车交易，渐渐地，低质量的旧车就将高质量的旧车挤出交易市场。由此，阿克洛夫解释了为什么即使是只使用过一次的“新”车在柠檬市场上也难以卖到好价钱——它是“逆向选择”的必然结果，即由于消费者所处的信息劣势而被迫做出的反向选择。长此以往，买旧车的人就只愿出更低的平均价格来购买，相对来说质量好些的车又退出市场，这样反复循环，最后市场上只剩下损坏最严重的旧车，所以好一点的旧车都会从市场上消失。于是，市场上只剩下劣质商品。

逆向选择原理揭示了许多传统市场都存在信息的非对称现象。一个市场经济的有效运行，需要买者和卖者之间有足够的共同的信息，如果信息不对称非常严重，就有可能限制市场功能的发挥，引起市场交易的低效率，甚至会导致整个市场的失灵。正是由于交易双方或单方面临交易行为发生时的逆向选择行为，才产生了逆向选择问题下的低效率，在劳动力市场、网络交易市场上，这种行为低效率后果大范围地存在①。

而这种事先隐藏信息的行为不仅出现在卖方，也会出现在买方。比如保险市场中，总是那些经常生病、身体状况不是很好的人愿意购买更多的保险，并且倾向于隐藏自己的真实信息，但保险公司并不了解投保人的身体状况，他们希望能够获得较为健康的客户以减少公司的理赔，可实际上是相对病弱的客户更有投保积极性。

---

① 吕秉梅，瞿丽．微观经济学原理及应用[M]．广州：华南理工大学出版社，2015：290.

为了解决逆向选择导致的市场失灵问题，也出现了许多解决办法。这些办法的共同特点，都是立足于改善信息不对称的。

①制造与传播信号(Signaling)。制造与传播信号是最为重要和最为常用的手段，主要通过品牌、广告或者向客户提供质量保证书、保修、退回等办法，使消费者把优质产品与劣质产品区别开，以相信他的产品是高质量的。

②记录与提供先前用户评价。显然，优质产品的用户评价会比较高，或者被用户评为“优”的概率会高。这种记录用户评价的方法，在电子商务领域应用最为广泛。此外，一些产品形成良好的优质品牌，实际上也是用户评价所形成的。这些信息，可以为后来的购买者提供信息参考。

③由第三方(如政府或者行业协会等)发放质量合格标准证书和标志等。在这种情况下，产品质量的担保人已经由制造厂商转变为政府等具有较高权威和信誉的第三方，显然会使购买者感觉其质量更为可靠。

在人才市场上，教育机构和各种考试机构颁发的学历和各种资格证书，也是用于改善人才市场上的信息不对称问题的一个有效办法。用人机构可以通过这些证书来判断求职者的能力和职业技术水平。在这方面，迈克尔·斯宾塞(Andrew Michael Spence)提出，由于具有较强能力的人能以较低的成本(如学习时间与

精力)获得学历证书，而能力低的人必须以很高的成本获得学历证书，因此只有高能力的人进入大学才比较“合算”。这样，学历证书就是劳动力市场上的一个信息，企业可以根据这个信息来判断求职者的能力，因此可以改善劳动力市场上的信息不对称问题。斯宾塞提出，可以把学历证书看作高能力的求职者主动发出的用于改善信息不对称现象的信号，因此他的理论被人们称为“信号传递模型”。

④信息搜寻(Seeking)。主要是指信息劣势方通过各种信息搜寻活动增加所拥有的信息，如走访、调查等。显然，这种改善信息不对称的方式对于作为博弈某方的个体来说，成本是比较高的。

在一些企业中，为了防止员工队伍出现“逆向选择”，一般都会强化对员工个体的绩效考核，通过绩效薪酬，使高能力员工得到高报酬，低能力员工得到低报酬，这种做法实际上也是通过信息搜寻来改善信息不对称性，从而防止逆向选择现象的发生。但问题是通常会有一些工作岗位是无法按员工个体来考核绩效的，在这一类工作岗位上，逆向选择问题仍然难以解决[①]。

(2)道德风险

道德风险是由于事后信息不对称造成的，指在信息不对称的情形下，市场交易一方参与人不能观察另一方的行动或当观察(监督)成本太高时，一方行为的变化导致另一方的利益受到损害的现象。比如保险市场中，一方投保了财产保险，将不再像原来一样仔细看管

① 孙绍荣. 管理博弈——用理论与实践来深化博弈论[M]. 北京：中国经济出版社，2015：52.

自己的财物，因为保险公司会补偿他的财务损失。买了医疗保险的人就总要医生开不必要的贵重药品等。这些道德风险改变了事故发生的概率，会带来市场的低效率。

道德风险也出现在委托代理关系中。比如现代企业制度中，所有者是股东，经营者是管理人员。股东委托管理人员进行公司管理，管理人员比股东更清楚公司的现状与存在的问题，如果缺乏有效的公司治理结构，管理人员为了谋求自身利益而采取一些损害股东的行为，那就形成因代理人隐瞒行动而对委托人造成利益损害的“道德风险”。

针对道德风险问题，最基本的方法就是加强监督。但监督也是需要成本的，有些情况下由于信息问题，监督又常常无法奏效。不过一般来说，不同的市场类型与行业特点，对应着不同的解决道德风险的方法。例如，保险市场上按保险率的高低决定发生保险事故后的赔付款；两权分离条件下的利润分成制、股票期权制等。

3. 市场不完全导致的失灵

在现实生活中，有许多产品是市场无法提供或无法充分提供的，此时就存在着市场不完全的问题，这就为政府介入这些领域提供了必要的依据。比如在保险市场上，私人企业提供的保险范围太窄，并不能为一个人可能面临的许多重大风险提供保障，同时也无法满足人们的多种需求，特别是有一些风险本身就是由政府行为引起的，如失业会受到宏观经济政策的影响等，这就为政府介入保险业提供了理由。迄今为止，各国政府都已建立社会保险制度，其目的至少部分是为了克服市场失灵。另外，在资本市场上，有些盈利水平低甚至可能亏损的贷款服务，金融机构往往不愿意提供，如助学贷款、农业贷款、中小企业贷款、住宅贷款等，在这些领域也需要政府介入，为公众提供必要的帮助。在美国，就有政府出面为大学生贷款提供担保、政府为农场主提供贷款、小企业管理局为小企业提供贷款等情况。

4. 公共物品导致的失灵

公共物品是指由政府(公共部门)所生产和提供的，用于满足全体社会成员共同需求的产品和劳务。公共物品相对于私人物品而言，是私人不愿意生产或无法生产，必须由政府提供，或者由政府和企业、个人共同提供的物品。与私人物品的效用可分性、消费竞争性及受益排他性特征对应，公共物品具有效用不可分性、消费非竞争性及受益非排他性。

效用不可分性是指公共物品是向全社会提供的，所有市场主体共同享用效用，而不能将其分割归不同人所有，也不能按照“谁付费谁受益”的原则限定使用主体。

消费非竞争性是指额外增加一个人消费该产品而不影响其他人消费的效用，且增加的消费边际成本为零。比如海上灯塔是较典型的公共物品，增加一艘船经过邻近海域得到指引并不影响其他船使用的效用。

受益非排他性是指公共物品的提供者或其他任何人无法阻止他人享受公共产品，任何社会成员也不能拒绝公共产品提供的效用，不论是否付过费，任何个人、家庭、企业都能得到公共产品提供的效用。比如国防，任何社会成员都在享用，要想排除任何一个人受国防保护，几乎是不可能的。由于非排他性，每个人都认为自己付费与否都可以享受公共产品，因而出现“搭便车”的现象，市场也无法通过供求双方力量为其求得一种均衡价格。公共物品的非排他性导致对公共物品定价是不可能的，非竞争性导致对公共物品定价是无效率的①，因而出现市场失灵。

公共物品的三个特性使得消费者不会自愿向公共物品提供者付费，即出现“搭便车”(Free Ride)的现象，市场也无法通过供求双方的力量为其求得一种均衡价格，因为对公共物品来说，私人边际效益和社会边际效益、私人边际成本和社会边际成本发生分离。在这种情况下，市场显然不能按照有效的产量水平供给公共物品，私人因而不愿意或无法提供公共物品。由于市场机制在公共物品配置上的失灵，决定了政府部门必须介入该领域，担当起提供公共物品的责任。

5. 外部效应导致的失灵

“每当个人或者厂商采取的一种行动直接影响到其他人，却没有对其有害的后果付费，或因其有益的后果获得补偿时，就出现了外部性”②。更一般地讲，设A、B表示不同市场主体，市场主体A的目标函数为U_A：

$$U_A=U_A(X_1, X_2, \cdots, X_N, Y_B)$$

此时，函数不仅取决于其自身可以控制的变量$X_i(i=1, 2, \cdots, n)$，还取决于其自身无法控制的外在变量Y_B。我们就说对于市场A来说，市场B为其带来外部效应。

外部性(外部效应)可分为正外部效应与负外部效应。正外部效应，也称外部经济性，指某市场主体的行为给其他市场主体带来好处，但受影响者并没有因为获利而付费。比如人们注射预防传染病的疫苗，其他人也会因此减少被传染这种疾病的可能性；比如企业参加所在社区的公益活动，出资进行绿化工程、在社区内巡逻等，使所在社区环境优美、社会治安稳定等，不仅企业自身受益，社区内的其他企业与居民也会得到好处。在这种情况下，个人边际收益小于社会边际收益，表现为生产不足。负外部效应，也称负外部性或外部不经济，指某市场主体的行为给其他市场主体带来损害，并且没有为这种损害付费。如某化工厂生产过程产生二氧化硫，未经处理直接排放到空气中，在工厂周围形成较大范围酸雨区，造成所在区域农产品减产，农民经济利益受到损失。在这种情况下，个人边际成本小于社会边际成本，表现为生产过度。

在完全竞争市场条件下，可以通过个人边际成本、个人边际收益与社会边际成本、社会边际收益相比较权衡，达到资源最优配置。但是一旦存在外部性，外部成本或收益并未被市场主体考虑在内，因此在进行经济活动决策中所依据的价格，并不是社会边际收益与社会边际成本相等时的均衡价格。而根据偏离均衡价格的信号做出的经济决策，必然无法达到帕累托效率，从而使资源配置出现低效率，即市场失灵。

---

① 卢洪友. 公共部门经济学[M]. 北京：高等教育出版社，2015：21.

② [美]约瑟夫·斯蒂格利茨，卡尔·沃尔什. 经济学[M]. 4版. 黄险峰，张帆，译. 北京：中国人民大学出版社，2010：252.

6. 偏好不合理导致的失灵

在完全竞争市场条件下，个人的心理偏好是决定需求的因素之一。个人偏好的合理性是市场竞争结果合理性的前提条件。在现实生活中，并不是每个人的偏好都是合理的。某些产品给个人带来较大的利益，但消费者本人却并未意识到这一点，只愿支付较低的价格购买；而某些产品给个人带来的好处并不大，甚至可以说是有害的，但消费者却给予较高评价，愿意支付较高价格购买。虽然经济学对偏好合理性的标准尚未达成一致意见，但对生活中某些方面的看法，人们的认识还是比较一致的。比如有人低估了教育的好处，不愿为自己的子女教育付费，导致学龄儿童辍学；又如有人高估了香烟的好处，甚至铤而走险买卖毒品等。人们把消费者的评价低于合理评价的产品称为优值品，如教育；而把消费者的评价高于合理评价的产品称为劣值品，如香烟、毒品。这里需要指出的是，“优值”或“劣值”都不是针对产品本身的评价，而是用来衡量消费者偏好的一种表示。

可以发现，在以上这些偏好不合理的选择中，商品或服务的市场价格并没有在多大程度上影响消费者的决策，没有起到优化资源配置的作用，市场机制并未发挥作用，需要政府介入进行规制或引导。

2.3.2　收入分配领域的市场失灵

收入分配领域的市场失灵主要是指市场机制无法进行公平的收入分配。即使当市场有效率时，它所产生的结果可能也不能满足社会的公平标准[①]。自由竞争市场中存在相互作用的力量，使其无法实现平等的财富和收入分配。在市场机制作用下，收入分配状况是由个人提供的生产要素(劳动力、资本、土地等)数量及这些要素在市场上所能获得的价格来决定的。每个人由于家庭环境不同、初始禀赋不同、掌握的生产要素数量也就不同，由此获得的收入情况也会有所差别，这就使竞争并不公平。另外，由于家庭经济状况不同，个人受教育程度与发挥才能的机会也不尽相同，这样有的人就会处于较有利的竞争地位，从而获得更高的收入。

不可忽略的还有市场经济中的财产私有制，该制度加深了贫富两极分化。有产者可以通过自己的资本进行投资或者直接获得利息，获取一笔收入，而无产者却没有这笔收入。而这笔收入又提供进一步积累财产的机会，从而可提供更大的资本收入。有产者可以逐渐积累资本，获得更多的收入，而无产者却只有工资收入，二者出现明显贫富悬殊。因此，为促进收入分配的相对公平，就需要政府通过再分配政策、税收等，对收入差距进行必要调节，在保持市场机制有效运作以刺激经济效率的同时，缩小社会分配的不公正程度，以实现公平和效率的统一。否则贫富悬殊极易导致贫困、社会冲突、低收入阶层无法得到发展与改善自身处境的机会等一系列不良社会后果。

---

① ［美］约瑟夫·斯蒂格利茨，卡尔·沃尔什．经济学[M]．4 版．黄险峰，张帆，译．北京：中国人民大学出版社，2010：379．

2.3.3 经济稳定领域的市场失灵

经济稳定领域的市场失灵是指自由市场机制无法实现宏观经济总量与结构的均衡。一般会出现物价剧烈波动、就业率下降、经济增长率变化过多、国际收支不平衡等现象。这些都表明存在着市场总供求出现超额供给或超额需求，出现市场失灵。当经济过热，处于从萧条走向繁荣时期，投资增长，就业扩大，供不应求时就会产生通货膨胀；而当经济出现衰退时，产品供过于求，人们消费需求不是很强烈，工厂倒闭，失业人数剧增，经济陷入萧条，生产严重萎缩，市场出现超额需求，物价开始上升。在这一过程中，失业和通货膨胀是经济运行过程不稳定的两个突出表现。

市场经济运行，激励机制和竞争机制会实现优胜劣汰，这会激发厂商持续改进技术和工艺，因为对于厂商来说，技术是成本可控的，且生产率提高效果明显，而劳动力则是不可控的因素，因此厂商更倾向于采用新技术，而技术进步会导致对劳动力的需求减少，因而出现失业现象。

而通货膨胀是经济不稳定的另一种表现。宏观经济学在分析通货膨胀起因时，一般分为需求拉动型通货膨胀和成本推动型通货膨胀。当对产品或服务的需求超过现行物价水平下可能的供给时，一般来说物价就会上升，出现需求拉动型通货膨胀。市场机制虽然会根据价格信号做出反应，应对供求不平衡的现象，但是往往需要一段时间，具有事后调节的性质，存在相当长的时滞，因而需要政府干预。

而成本推动型通货膨胀主要有两个原因：一是工会推动工资上涨，二是垄断行业抬高价格，即工资推进型通货膨胀与利润推进型通货膨胀。在不完全竞争的劳动力市场中，特别在工会存在的情况下，工会组织的力量可能强大到足以迫使货币工资率的增长超过生产率的增长，工资率上涨导致物价上涨。而寡头企业与垄断企业为了追求更多利润，也有可能提高价格，形成利润推进型通货膨胀。

总之，不论在资源配置领域、经济稳定领域还是收入分配领域，市场失灵都不可避免，市场失灵的存在为政府介入经济提供了必要和合理的依据。政府凭借特有的统一性、强制性等较好地弥补了市场机制的不足。在私人经济存在的同时，也必然需要有公共经济的存在，政府的经济职能正是市场失灵的逻辑延伸①。

① 孙开. 公共经济学[M]. 武汉：武汉大学出版社，2007：28.

第 3 章

政府干预与政府失灵

“政府的作用应该是什么，它能做什么和不能做什么，以及如何最好地做好这些事情”①，是政府经济学理应回答的问题。政府介入和干预经济是出于矫正市场失灵的需要，可见在以市场为资源配置主体的经济社会中，只有在市场失灵的领域，政府部门的介入和干预才是必要的。那么，政府干预有何特征？政府干预经济的职能经历了怎样的变化？当政府干预经济低效或无效时，有哪些可供选择的矫正措施？

3.1 政府干预的范围及特性

3.1.1 政府干预的范围

虽然关于“政府”的定义一直以来都有所争议，没有一个统一的说法，但从大体上来看，政府可分为广义与狭义两类含义。从广义上来看，政府是指国家的立法机关、行政机关和司法机关等公共机关的总合，代表着社会公共权力。国外的议会、内阁、法院等都属于广义概念上的政府。从狭义上来看，政府是指国家权力机关的执行机关，即国家行政机关，包括中央和地方的行政机关。如国外的内阁、政务院，我国的国务院、地方各级人民政府等都属于狭义概念上的政府。而我国宪法中规定的“人民政府”就是各级行政机关，即狭义的政府。

约瑟夫·斯蒂格利茨指出“市场失灵至少可能地界定了政府活动的范围”②。按照他的

---

① 世界银行. 1997 年世界发展报告——变革世界中的政府[M]. 北京：中国财政经济出版社，1997：1.

② [美]约瑟夫·斯蒂格利茨. 政府为什么干预经济[M]. 北京：中国物资出版社，1998：69.

观点来看，市场失灵的领域即是政府需要介入发挥作用的领域。因此，可以将政府干预的范围界定为：

①维护市场竞争秩序。政府部门利用法律、行政、经济手段等，制定法律法规政策，设立相关标准，采取措施，使经济参与者从进入市场到退出市场全程受到有效监督，禁止垄断，防止过度竞争，打击经济违法犯罪行为，使竞争机制发挥有效作用。

②纠正市场信息不对称。通过政府官方宣传渠道向生产者与消费者提供相关信息。促使二者在作出经济决策前，尽可能多地掌握与决策相关的信息，减少信息流失。

③政府需介入一些产品未完全提供的市场。如介入保险业提供失业保险、介入金融业提供助学贷款、农业贷款等，以解决市场不完全的问题。

④提供公共物品。公共物品具有效用不可分性、消费非竞争性及受益非排他性，社会边际收益大于社会边际成本，市场无法提供，只能由政府提供，满足公众需求。

⑤纠正外部效应。对于正外部效应，政府会通过法律法规、奖励性政策来激励和保护有益的外部效应；对于负外部效应，政府会通过财政税收政策、行政手段等给予一定惩罚，课以重税等。

⑥引导消费者进行合理偏好选择。政府通过政策引导、舆论宣传等方式使消费者正确认识优值品与劣值品，做出合理选择。

⑦调节收入分配。政府运用法律手段、经济手段及行政手段在收入的三次分配中发挥调节作用，实现收入在全社会各地区、各部门、各单位及各社会成员间的合理分割，缩小贫富差距，体现社会公平。在这一过程中，法律法规、财政政策及补贴、税收政策、社会保障制度、慈善福利政策等发挥了一定的作用。

⑧稳定经济。通过政府干预经济，从宏观上调节国民经济运行，利用经济杠杆与政策等调控宏观经济总量，利用产业政策、税收政策等指导产业结构优化升级，达到经济稳定增长、充分就业、物价稳定、国际收支平衡的目的。

3.1.2 政府干预的特性

政府干预是由政府主体对经济活动实施的介入行为，亦称宏观调控，是政府对国民经济的总体管理。它是国家在经济运行中，为了促进市场发育、规范市场运行，对社会经济总体的调节与控制。总的来说，政府干预主要具有以下的特性：

1. 普遍性

政府是面向全体社会成员的普遍性组织，政府干预是政府对宏观经济的调控行为，对国家的收入、分配各领域都会采取相关措施，而这些措施与社会成员的生活息息相关，任何人都得在合理政策内行事，因而具有一定的普遍性。

2. 强制性

政府所拥有的强制力是其他经济主体所不具备的，其强制力是以国家强制力为后盾，任何人不得阻碍政府干预经济职能的正常行使。政府干预强制性最主要的体现就是征税权。税种有许多种，流转税、所得税、财产税、行为税、资源税等，人人都是纳税人，没有人可以不交税，比如化工厂未经处理就排出污水，对环境造成污染，形成负外部效应，就一定需要交税来纠正外部效应，严重者还会受到行政处罚。这就正如阿尔蒙德所说："政治体系并不是制定和实施规章的唯一系统。但是，政治体系制定的规章及其实施是靠强制来支持的"①。

3. 多样性

政府干预的方式多种多样，有税收与补贴、直接规制、公共支出、财政政策、货币政策、外汇政策等。针对不同的情形，选取不同的政府干预方式。大体上可将政府干预方式概括为三类：法律手段、经济手段与行政手段。法律手段具有权威性与规范性，比如运用《反垄断法》对垄断厂商进行直接干预。法律手段用文字清楚界定了一些标准与范围，明确指出处理办法，较难进行反驳。经济手段是运用经济政策、经济杠杆等对经济进行间接管理，具有间接性、灵活性。通常都是同时运用经济手段中的两个或几个方法对经济进行调控，因为经济要素与市场间是相互关联的，都需要有针对性地进行解决。而行政手段则具有直接性与强制性，主要是通过行政处罚等行政强制力解决一些市场失灵问题，通常见效比较快，但由于行政自由裁量权的存在，有时会出现一些难以协调的"人治"问题，影响整个市场的活跃性与积极性。

4. 非营利性

企业是以追求利润最大化为目标的，而政府的目标并不是这个，政府目标多样，但最为重要的是实现公共利益。政府是为人民服务的政府，需要以最广大人民的利益为出发点考虑问题，解决最大多数人民亟须解决的问题。退一步讲，即使政府公务员有经济人的动机与意识，但由于政府部门活动领域的特殊性，政府整体上还是服务于全体社会成员的，政府干预因而具有非营利性。

3.2　政府干预经济的基本职能及理论演变

3.2.1　政府干预经济的基本职能

在经济思想史中，理解政府经济职能和经济作用的最常见的理论是由理查德·阿贝尔·马斯格雷夫(Richard Abel Musgrave)在1959年提出的政府三大职能理论，即资源配置职能、收入分配职能和经济稳定职能。

① [美]加布里埃尔·阿尔蒙德. 当今比较政治学：世界视角[M]. 9版. 顾肃，吕建高，向青山，译. 北京：中国人民大学出版社，2014：5.

1. 资源配置职能

由于市场机制自身存在滞后性、盲目性等缺陷，加上完全竞争的市场难以实现，因而会有竞争不完全、市场不完全、信息不完全、市场竞争无序、公共产品问题、外部性问题等，这就需要政府承担资源配置的职能。资源配置职能就是政府通过采取相应措施，引导人力、物力的流向，从而克服市场失灵，使社会资源得到最有效的配置和利用。具体来说，就是指政府在各部门、各产业及各地区之间进行资源转移与分配，最终形成一定的资产结构、产业结构的功能。

①调节资源在政府和私人部门之间的配置。社会资源需要在政府与私人部门之间合理进行分配，既要保证政府运行顺畅，也要确保私人部门的资源供应。而政府和私人部门之间的配置比例是随着社会发展阶段不同，经济制度、政治、文化的条件变化而相应地发生变化，此时，政府所支配的资源，也就是财政资金规模也发生相应变化，政府部门内部的分配情况也会随之改变，划分给私人部门的资源也会产生数量与质量上的变更，公共支出、财政补贴等就是政府给私人部门配置资源的结果。

②调节资源在产业部门之间的配置。资源在产业部门之间如何分配直接关系到产业结构是否合理及合理化程度。在市场经济条件下，由于某些产业生产周期长、投资风险大、投资回报率较低等原因而发展缓慢，形成经济增长中的瓶颈制约，影响经济协调发展。还有一些产业是国家重要战略性产业或高新技术产业，需要重点建设。这些产业的特性使得政府部门要运用不同的政策等，将资源在不同产业间进行合理配置，确保经济协调发展。采取的措施主要有调整政府投资结构、差别性税收政策、差别性信贷政策、制定和实施产业政策及调整产品价格等方式。

③调节生产要素在区域间的合理流动。在市场经济条件下，生产要素在价格机制调节下，往往会从利润低的地区流向利润高的地区，从落后地区流向发达地区。这造成区位间比较效益的差异和地区经济发展不平衡，因而需要政府介入，调节生产要素从发达地区向落后地区流动。一方面，进行政策倾斜使其加快经济发展；另一方面，加强制度建设，消除地方保护等因素，使生产要素能顺利流动，实现最优配置。

2. 收入分配职能

政府的收入分配职能是指政府通过使用各种政策工具，对社会财富、收入及福利进行分配与再分配，从而实现合理配置，缩小收入差距，体现社会公平。追求社会公平是社会全体成员对政府所提出的诉求，因社会成员的初始禀赋、经济、能力等不同，造成一定程度的贫富差距，而差距过大会引起社会治安问题甚至社会动荡，因而政府必须重视社会公平问题。

政府调节居民收入分配的政策手段主要有两大类：一是税收。对居民收入、财产和消费进行征税。政府实行累进税率，对不同收入等级设置不同税率，收入等级越高，税率越高，这可以使税后收入不平等程度有所减轻。征收财产税有利于减少逃避收入税而将收入转化为财产的投机行为，缩小收入差距。另外，由于不同收入群体的消费结构不同，政府针对不同类别的商品征收不同的税率，比如生活必需品征税较少，而高档商品课重税。二是以转移支付的形式建立社会保障体系，包括社会保险、社会救助和社会福利三部分。社会保险是由政府强制居民将其收入的一部分作为社会保险税(费)形成社会保险基金，在满足一定条件的情况下，被保险人可从基金获得固定的收入或损失的补偿，具体包括养老保险、医疗保险、失业保险、工伤保险、生育保险。这是一种社会分摊风险的形式，也是再分配的一种有效形式。社会救助与社会福利都是政府通过政府支出，将部分财政资源向特定群体转移，以降低社会不平等程度。社会救助的群体多为面临生存危机的群体，包括救灾、扶贫等，而社会福利则多向弱势群体和困难人群倾斜。

3. 经济稳定职能

市场中经济主体分散决策使得市场调节具有一定的自发性与滞后性，市场总供给与总需求往往无法趋向均衡，从而产生经济周期性波动。经济周期性波动与总量失衡是市场经济的一种常态，由此而导致的失业、通货膨胀，市场无法自身解决，需要依靠政府的宏观调控，实现经济的正常运转。政府的经济稳定职能就是指政府通过运用财政税收、货币政策和公共支出等方式，对整个国民经济运行进行间接的、宏观的调控，熨平经济的周期波动，实现物价稳定、充分就业、经济增长、国际收支平衡的目的。同时，政府还要对企业和市场进行管理和监督，以确保市场运行畅通、保证公平竞争和公平交易、维护企业合法权益。

在所有国家，特别是发展中国家，经济稳定运行是重大的国家职能要求。对内关系到自身经济的发展效率、人民的生活水平，对外关系到与其他国家的外贸交易、外交关系，具有十分重要的基础性地位。这一职能是与一个国家的生产、价格水平、就业、国际收支平衡、政府债务、政府支出水平及税收水平相关联的。政府发挥经济稳定作用主要用到的政策工具和手段如下：

①运用相机抉择的财政政策与税收政策，实现供求总量的大体平衡。政府的收支活动通常是同社会总供求，尤其是同总需求联系在一起的。政府收入代表可供政府支配的货币购买力，而政府支出中的购买性支出直接构成社会总需求的一部分，政府收支规模的伸缩直接构成了社会总需求规模伸缩的一个重要组成部分；财政收支结构的调整、货币政策的调动都会不同程度地影响到社会总需求的结构变化。通常在社会总需求大于总供给、经济过热时，采取减少支出，增加财政收入(增加税收等)的紧缩性财政政策，以抑制过度需求；当社会总需求小于总供给、经济衰退时，采取增加财政支出，减少收入(减少税收等)的扩张性财政政策。

②运用财政制度安排，自动抑制经济波动。有些财政制度本身就具有“内在稳定器”的属性，可以自动抑制经济波动，当经济过热时自动抑制过度需求，当经济萧条时自动抑制需求过度下降。比如累进所得税制就具有这种功能，当经济过热时，投资增加，国民收入增加，超过免征额和税率进入更高标准的人增加了，税收自动增加，可以适当压缩人们的购买力以防止发生通货膨胀；当经济衰退时，投资减少，国民收入减少，累进所得税会自动随之降低，防止总需求过度缩减导致萧条。

在支出方面，失业救济金制度也具有类似的功能。因为其规定了领取失业救济金者的收入标准，当因经济过热而人们收入普遍增加时，可领取救济金的人数自然减少，救济金支出随之减少，政府支出缩减，抑制了总需求的过度膨胀，防止发生通货膨胀；反之，因经济不景气，人们收入普遍下降时，有资格领取救济金的人自然增加，救济金支出增加，财政总支出增加，防止经济衰退而导致萧条。

3.2.2 政府干预经济职能的理论演变

1. 西方政府经济职能的理论演变

从世界范围来看，市场经济体制是随着资本主义制度的确立而逐渐发展成形的。从15世纪至今，随着资本主义的不断发展，政府干预经济职能的理论也不断发生着变化，政府干预经济活动的范围大小与作用程度也不尽相同。大体上经历了“自由市场—政府干预—回归自由市场—市场与政府相结合”的演变过程。

(1)重商主义时期

15世纪末至17世纪中叶，重商主义十分盛行。在这个时期，商品经济得到迅速发展，民族国家和国民经济的崛起推动了国内统一市场的形成，黄金热和航运业技术所促成的地理大发现，又促成了世界市场的形成。资产阶级国家的政府由于自身的需要支持商人资本，因而纷纷采取具有强烈国家干预倾向的重商主义政策。可以说，当时欧洲各国在封建社会晚期即资本原始积累时期都曾推行过重商主义的“原始国家干预主义”政策，尽管由于各国国情上的差异，在其具体经验及其理论总结上各有特点，但是，在政策和基本观点上是一致的①。重商主义是在封建社会晚期和资本主义社会建立初期资本原始积累的需要，反映了新兴资产阶级对积累货币资本的渴望，是原始的国家干预主义理论，而国家的作用也为市场经济体制的最终确立起到了积极影响②。重商主义认为，财富存在于金钱之中，而不是存在于产品和服务的价值之中③；中央集权国家对经济的干预是国家致富的保证。

(2)自由主义时期

17世纪末至20世纪20年代，完成了资本原始积累的资本主义经济已日渐成熟，资本主义市场机制也日趋完善。具有强烈国家干预倾向的重商主义已不再符合经济发展的要求，并日益成为社会经济发展的体制障碍。于是，国家开始尽量减少干预的自由放任学说占主导地位的时期，也被称为自由资本主义时期。自由放任学说与资本主义经济发展密切相关。继工业革命之后，资本主义经济继续发展，产业革命兴起，市场经济体制完全确立，过去促进商业资本主义发展的国家干预措施已不再符合经济发展的需要。商业资本开始向工业资本转化。

这个时期，主张自由放任学说的古典学派代表亚当·斯密(Adam Smith)认为，政府

---

① 杨烨. 波、匈、捷经济转轨中的政府职能[M]. 上海：上海人民出版社，2002：28.

② 潘明星，韩丽华. 政府经济学[M]. 4版. 北京：中国人民大学出版社，2015：15.

③ [英]约翰·米尔斯. 一种批判的经济学[M]. 高湘泽，译. 北京：商务印书馆，2005：98-99.

应当充当“守夜人”的角色，政府职能只需做到三点即可：一是保护本国的社会安全，使之不受其他社会的暴行与侵略；二是保护人民不使社会中任何人受其他人的欺侮和压迫；三是建设并保护某些公共事业及某些公共设施。大卫·李嘉图(David Ricardo)认为国家对经济生活的干预是违反了“最大多数人的最大幸福原则”，主张对内实行自由放任政策，对外推动贸易自由①。萨伊(Say)则指出“政府采取旨在使人们不能自由应用自己才干与资本的措施是一种犯罪行为”，他断言“最繁荣的社会必将是不受形式拘束的社会”②。依据萨伊定律(Say's Law)，在纯粹市场经济中，充分就业是自动实现的。

简言之，按照自由放任学说的观点，政府对经济干预越少越好；充分就业可以通过工资、价格和利率的变动实现。这一时期的理论认为政府职能较为单一。

(3)凯恩斯主义时期

从 20 世纪 30 年代至 60 年代是国家干预理论再次兴起的时期。这主要是因为 1929—1933 年爆发的经济危机充分暴露了市场自发调节机制的局限性，“罗斯福新政”实践的成功验证了“凯恩斯革命”下国家干预主义的胜利。各国为挽救各自经济纷纷开始效仿“凯恩斯革命”，实行国家干预经济的政策。

凯恩斯理论的基本观点是：有效需求不足是造成失业和经济危机的根源，而总有效需求取决于一国的总支出；竞争过程不能自动地产生吸收所有生产性资源的总需求，总需求不足会在消费不足或储蓄过度下出现；利率不能使储蓄和投资产生均衡，投资不足经常存在。约翰·梅纳德·凯恩斯(John Maynard Keynes)的宏观经济理论进一步对在市场导向经济中决定总体经济行为的三种基本经济力量进行了解释，分别为消费(C)、储蓄(S)和投资(I)。在凯恩斯的纯市场经济模型中，总供给等于消费加上储蓄，即 $Y=C+S$；总需求等于消费加上投资，即 $Y=C+I$。在政府参与的市场经济模型中，政府的商品和服务的购买支出也是总需求的决定因素之一，政府的税收通过对私人部门的可支配收入的影响而在一定程度上决定了消费量。其政策主张主要有：①实行扩张性的财政政策与货币政策，以解决经济萧条与失业问题；②通过收入再分配政策刺激消费需求。因此，政府通过改变收支的财政政策和收入再分配政策管理总需求，熨平经济波动，赋予政府稳定经济与分配收入的职能。

(4)新自由主义时期

凯恩斯主义帮助各国渡过了经济萧条的大危机时期，但过度的政府干预也会带来负面效应——1974—1975 年爆发了新一轮的世界经济危机。各国普遍出现经济衰退、通货膨胀与高失业率并存的“滞胀”现象。这一现象与凯恩斯理论相悖，其无法对该现象做出合理解释并给出解决方案。于是，反对国家干预主义、主张发挥市场调节作用的呼声又再次高

---

① 谢自强. 政府干预理论与政府经济职能[M]. 长沙：湖南大学出版社，2004：8-10.

② [英]亚当·斯密. 国民财富的性质和原因的研究(上卷)[M]. 郭大力，王亚南，译. 上海：商务印书馆，1974：224-225.

涨。政府干预经济进入了新自由主义时期。

诺姆·乔姆斯基(Noam Chomsky)认为，“新自由主义”，顾名思义，是在亚当·斯密古典自由主义思想基础上建立起来的一个新的理论体系，该理论体系强调以市场为导向，是一个包含一系列有关全球秩序和主张贸易自由化、价格市场化、私有化的理论和思想体系①。新自由主义经济学流派主要有：以米尔顿·弗里德曼(Milton Friedman)为代表的现代货币主义学派、以弗里德里希·奥古斯特·冯·哈耶克(Friedrich August von Hayek)为代表的伦敦学派、以阿瑟·拉弗(Arthur Betz Laffer)为代表的供给学派、以詹姆斯·布坎南(James Buchanan)为代表的公共选择学派等。货币主义学派强调货币重要性，主张采用控制货币数量的金融政策消除通货膨胀；政府的作用包括法制秩序、基础设施、社会保障和稳定物价。伦敦学派坚持“自由胜于一切”，反对任何形式的政府干预。供给学派侧重供给的经济分析，认为凯恩斯主义过分强调需求，造成社会总需求过度膨胀，供给过度衰减，这是导致“滞胀”的根本原因，政府应重视供给，从供给侧进行改革，实现供求平衡。公共选择学派把经济学理论和分析方法用于政治领域，在政府决策和社会、个人选择之间建立起内在联系。认为人们通常所理解的市场缺陷并不是把问题交给政府处理的充分理由。

在这一时期，西方各资本主义国家进行的一系列改革措施主要包括：实行紧缩型财政政策和货币政策控制通货膨胀；缩减国有企业份额；放松国家管制；推行经济自由化；放松政府对收入分配和社会福利的调节等。

(5)新凯恩斯主义时期

20世纪80年代中后期，西方国家推行新自由主义政策的弊端逐渐显现，失业率高居不下，资产收入分配分化严重。新凯恩斯主义应运而生，其修正了原凯恩斯主义的理论假设，吸纳了对立学派的某些分析观点与方法，重新呼吁国家干预主义。

约瑟夫·斯蒂格利茨(Joseph Eugene Stiglitz)是新凯恩斯主义的主要代表人物。他以信息不完全、市场不完备为分析前提，指出市场失灵与政府失灵是并存的，突破了传统经济理论所信奉的或是政府凌驾于市场之上或是市场排斥政府的两者之间的对立、替代的关系，构建了政府与市场之间的相互合作、相互补充的关系②。新凯恩斯主义指出，任何国家都要保持政府和市场之间的平衡，要把一方看成另一方的伙伴，政府和市场应各自扮演好自己的角色。

在市场经济条件下，实行政府调控与市场在资源配置上的基础作用相结合，是自凯恩斯主义以后市场经济国家政府经济职能变动的主要趋势。政府对经济干预的加强、范围的扩展、干预由外生变量转为内生变量成为政府经济职能变化的基本规律③。当前，各国政

① [美]诺姆·乔姆斯基. 新自由主义和全球秩序[M]. 徐海铭，季海宏，译. 南京：江苏人民出版社，2000：3-4.

② 蔡声霞. 政府经济学[M]. 天津：南开大学出版社，2009：12.

③ 汤勤，古小华，庞京生. 西方行政制度概论[M]. 北京：中国经济出版社，2010：163.

府经济职能有一种逐渐加强的趋向，其主要原因就是为了在日益激烈的国际竞争中求得比较有利的地位和环境。

总而言之，20 世纪 90 年代以来，人们越来越注重市场与政府的配合作用，能够以更加和谐的方式运用市场与政府配置资源、调节经济发展，达到互相补充、合作的伙伴关系。

近代以来西方政府经济职能的不断演变，政府经济职能的设置在一个市场经济、市民社会和全球力量迅速变动的世界中尤其面临着巨大的挑战和压力，每个国家的选民、政治家或者政府机构都希望它的政府经济管理变得更有效、更有力，每个人也希望在有力的政府下获取更多的自由，但是政府经济职能的转变和政府机构的改革毕竟是一个长期的、复杂的、政治上又十分敏感的任务，因为它受到特定的经济条件和深刻的历史文化背景的制约。

沃洛特·罗斯托(Walt Whitman Rostow)曾就 31 个国家自 1849 年以来的发展历程进行了经验研究。他把一国的发展分为三个阶段，在不同的发展阶段，政府职能的重要性有所差异。在第一阶段，政府只参与保证国家生存的基本活动。在此阶段，政府具有两大职能：保卫国家的领土完整和维持国内秩序。在第二阶段，政府参与物质资源的动员和社会经济基础设施的发展，诸如道路、铁路、邮电、通信等。这一阶段的政府职能以资源配置和促进经济增长为主。在第三阶段，政府参与社会福利和消费品的提供。这一阶段的政府职能侧重于收入再分配和提高社会福利水平。

2. 我国政府经济职能的理论演变

职能的转变往往是与经济体制发展的历史阶段相联系的。从中华人民共和国成立后至今，我国政府经济职能界定进行了多次修正、补充和完善，我国经济体制也经历了从计划经济、有计划的商品经济到社会主义市场经济的转变。

(1)计划经济时期

在 1978 年进行改革开放之前，我国实行的是计划经济体制。计划经济体制主要以国家强制力为保证，通过指令性计划实行资源分配。

1949 年，中华人民共和国成立后，从 1953 年开始到 1956 年年底实现了向单一公有制和计划经济的社会主义过渡。我国经济发展水平极其低下，为了保证有足够的人力、财力和物力投入到经济建设中，经济活动就必须由中央统一调控与指挥。我国建立了高度集中的计划经济体制，政府用行政手段来计划配置资源。1956 年社会主义改造基本完成，国家权力进入私人经济领域并最终取代了私人在生产和消费方面的自主权，政府经济职能的范围和强度越来越大，直至控制了社会经济生活的各个方面。1958 年农村实行“政社合一”的人民公社后，各级政府不仅已经完全成为整个经济的主体，甚至控制了经济的各个方面。单一公有制和计划经济体制的确立使得我国当时的国民经济保持了较高的增长速度。

政府经济职能的无限扩大和无所不及，导致企业的生产、投资和消费者的消费等全都由政府决定。政府是全能型政府，企业是政府的附属物。政府财政是计划机制的体现，是政府集中分配全国资源的工具，全国主要财力集中在财政，由财政再分配到各地方、各行业和企业以及个人手中。因此，传统政府财政理论将这种分配职能视为最基本和最首要的职能。此外，政府财政不仅需要通过与企业间的缴拨款行为，对企业生产经营的耗费和成果进行计算和监督，还要通过掌握固定资产投资的资金来源控制投资，通过财政资金的拨付来检查固定资产再生产的进度和效果。因而，从分配职能中派生出监督职能。

政府经济职能无限度地扩大旨在保证政府最大限度地得到剩余并将其投入到经济建设当中，保证投资和国民经济高效率地运转，保证高积累、低消费水平下的社会稳定，但经济效益却远没有达到预期的目标①。由于其缺乏对生产者的激励，导致企业生产缺乏积极性，进一步导致了我国经济生产严重匮乏。计划经济体制导致政府财政开支过大、机构臃肿、人浮于事和效率低下，不能有效地组织公共物品的生产和提供，不能实现社会的公共利益。这些弊端迫使人们思考中国经济体制的新方向。

(2)有计划的商品经济时期

1978年，我国开始实行改革开放，安徽省凤阳县小岗村实行“分田到户，自负盈亏”的家庭联产承包责任制，拉开了中国对内改革的大幕。十一届三中全会以后，随着改革开放的深入，逐渐形成了多种经济成分并存和市场机制发挥基础性调节作用的经济体制框架，政府的经济职能也随之发生了转变。1979年7月15日，中央正式批准广东、福建两省在对外经济活动中实行特殊政策、灵活措施，迈开了改革开放的历史性步伐，对外开放成为中国的一项基本国策和强国之路，成为中国特色社会主义发展的强大动力。

1982年，党的十二大指出中国实行的是公有制基础上的计划经济，贯彻“计划经济为主、市场调节为辅”的原则。1984年10月，党的十二届三中全会通过的《中共中央关于经济体制改革的决定》进一步提出了“有计划的商品经济”的概念，指出商品经济的充分发展，是社会发展不可逾越的阶段，是实现我国经济现代化的必要条件。这意味着政府经济职能手段不再单纯依靠指令性计划，必须综合运用计划、经济、行政、法律等多种手段。

1987年，党的十三大报告对有计划商品经济条件下的政府职能做了进一步阐释，认为新的经济运行机制，总体上来说应是国家调节市场，市场引导企业，国家对企业的管理应逐步转向以间接管理为主，因此必须逐步健全以间接管理为主的宏观经济调节体系。在这一阶段，政府经济职能主要包括以下几方面：按照政企分开、所有权与经营权适当分离的原则，扩大企业生产经营自主权；增强市场的经济杠杆作用，通过价格信号等引导企业；逐步建立和培育社会主义市场体系等。

尽管1987年中共十三大上提出了“政府引导市场和市场引导企业”的思想，但并没有解决计划与市场何者为基础与主体的问题。为推进政府职能转变，国务院分别于1982年和1988年进行了两次大的机构改革。国务院机构由1981年的部委52个、直属机构43个和办事机构5个减至部委41个、直属机构19个，办事机构增至7个，部委归口管理的国

① 屈新．政府经济职能的转变及其机制创新研究[M]．北京：中国政法大学出版社，2015：81.

家局由12个增至15个。1988年的改革本着“加强综合管理与宏观调控、减少直接管理与部门管理”的原则，着重对国务院的专业经济部门中的专业机构进行了适当的调整合并，为建立一个适应经济体制和政治体制改革的新的行政管理体系打下了基础①。

(3)社会主义市场经济时期

1992年，党的十四大提出建立社会主义市场经济，意味着我国经济体制改革实现了根本性转变，资源配置的主要机制是市场，市场机制在政府宏观调控下发挥基础性作用。1993年党的十四届三中全会通过的《中共中央关于建立社会主义市场经济体制若干问题的决定》，为建立社会主义市场经济体制提供了理论框架，该决定明确了政府经济职能主要是制定和执行宏观调控政策，建立以间接手段为主的完善的宏观调控体系，培育市场体系，监督市场运行和维护平等竞争，管理国有资产和监督国有资产运营，创造良好的经济发展环境，保证国民经济健康运行。党的十五大报告中指出政府宏观调控的主要任务是保持经济总量平衡，抑制通货膨胀，促进重大经济结构优化，实现经济稳定增长。十六大报告进一步提出必须完善政府的经济调节、市场监管、社会管理和公共服务的职能，健全现代市场体系，加强和完善宏观调控，在更大程度上发挥市场在资源配置中的基础性作用，健全统一、开放、竞争、有序的现代市场体系。

2003年《中共中央关于完善社会主义市场经济体制若干问题的决定》指出，要切实把政府经济管理职能转变到主要为市场主体服务和创造良好发展环境上来。为实现这一目标，2003年开始的国务院机构改革突出了四个重点：一是深化国有资产管理体制改革，建立国务院国有资产监督管理委员会；二是完善宏观调控体系，将国家发展计划委员会改组为国家发展与改革委员会；三是健全监管机制，成立银行业监督管理委员会、组建国家食品药品监督管理局等机构；四是撤销了直接对行业管理的经贸委与对外贸易经济合作部，成立了对流通体制进行宏观管理的商务部。2004年5月，国务院在《全面推进依法行政实施纲要》再次强调，必须依法界定和规范经济调节、市场监管、社会管理和公共服务的四大政府职能。

2007年，党的十七大报告明确提出要深入贯彻“科学发展观”，把发展作为党执政兴国的第一要务。要牢牢扭住经济建设这个中心，坚持聚精会神搞建设、一心一意谋发展，不断解放和发展社会生产力。强调要从制度上更好发挥市场在资源配置中的基础性作用，形成有利于科学发展的宏观调控体系。因此必须深化垄断行业改革，引入竞争机制，加快形成统一开放、竞争有序的现代市场体系，发展各类生产要素市场，完善反映市场供求关系、资源稀缺程度、环境损害成本的生产要素和资源价格形成机制，规范发展行业协会和市场中介组织，健全社会信用体系。与此同时，要加快行政管理体制改革，建设服务型政府，形成权责一致、分工合理、决策科学、执行顺畅、监督有力的行政管理体制。健全政

① 国家对市场经济的法律规制课题组. 国家对市场经济的法律规制[M]. 北京：中国法制出版社，2005：32.

府职责体系，完善公共服务体系，推行电子政务，强化社会管理和公共服务。加快推进政企分开、政资分开、政事分开、政府与市场中介组织分开，规范行政行为，加强行政执法部门建设，减少和规范行政审批，减少政府对微观经济运行的干预。加大机构整合力度，探索实行职能有机统一的大部门体制，健全部门间协调配合机制。精简和规范各类议事协调机构及其办事机构，减少行政层次，降低行政成本，着力解决机构重叠、职责交叉、政出多门问题。统筹党委、政府和人大、政协机构设置，减少领导职数，严格控制编制。加快推进事业单位分类改革。

2012 年，党的十八大报告在坚持科学发展观的基础之上，提出要更大程度更广范围发挥市场在资源配置中的基础性作用，完善宏观调控体系，完善开放型经济体系，健全现代市场体系，加强宏观调控目标和政策手段机制化建设，推动经济更有效率、更加公平、更可持续发展。在深化行政体制改革方面提出了明确要求，必须深入推进政企分开、政资分开、政事分开、政社分开，建设职能科学、结构优化、廉洁高效、人民满意的服务型政府。深化行政审批制度改革，继续简政放权，推动政府职能向创造良好发展环境、提供优质公共服务、维护社会公平正义转变。稳步推进大部门制改革，优化行政层级和行政区划设置，有条件的地方可探索省直接管理县(市)改革，深化乡镇行政体制改革。

2013 年，党的十八届三中全会通过的《中共中央关于全面深化改革若干重大问题的决定》进一步提出，经济体制改革是全面深化改革的重点，核心问题是处理好政府和市场的关系，使市场在资源配置中起决定性作用和更好发挥政府作用。市场决定资源配置是市场经济的一般规律，健全社会主义市场经济体制必须遵循这条规律，着力解决市场体系不完善、政府干预过多和监管不到位问题。该决定把以往市场起“基础性”作用改为起“决定性”作用，同时也强调“更好发挥政府作用”，这是我们党关于发展社会主义市场经济思想的新发展，对政府和市场关系的认识达到了新境界。该决定明确指出政府的职责和作用主要是保持宏观经济稳定，加强和优化公共服务，保障公平竞争，加强市场监管，维护市场秩序，推动可持续发展，促进共同富裕，弥补市场失灵。

该决定从坚持和完善基本经济制度、加快完善现代市场体系、加快转变政府职能、深化财税体制改革、健全城乡发展一体化体制机制、构建开放型经济新体制六大方面详细阐述了中共中央在经济领域所做出的重大决定与举措。第一，在坚持公有制为主体、多种所有制经济共同发展的基本经济制度基础之上，完善产权保护制度、积极发展混合所有制经济、推动国有企业完善现代企业制度、支持非公有制经济健康发展。第二，建设统一开放、竞争有序的市场体系，是使市场在资源配置中起决定性作用的基础。必须加快形成企业自主经营、公平竞争，消费者自由选择、自主消费，商品和要素自由流动、平等交换的现代市场体系，着力清除市场壁垒，提高资源配置效率和公平性。需要建立公平、开放、透明的市场规则、完善主要由市场决定价格的机制、建立城乡统一的建设用地市场、完善金融市场体系、深化科技体制改革。第三，科学的宏观调控，有效的政府治理，是发挥社会主义市场经济体制优势的内在要求。必须切实转变政府职能，最大限度减少中央政府对微观事务的管理，深化行政体制改革，创新行政管理方式，增强政府公信力和执行力，建设法治政府和服务型政府。第四，深化财税体制改革，改进预算管理制度、完善税收制度、建立事权和支出责任相适应的制度。第五，加快构建新型农业经营体系、赋予农民更多财产权利、推进城乡要素平等交换和公共资源均衡配置机制，健全城乡发展一体化体制机制。第六，放宽投资准入、加快自由贸易区建设、扩大内陆沿边开放，构建开放型经济新体制。

3.3 政府干预的原则与政策选择

3.3.1 政府干预的原则

政府与市场的合理边界在哪里？什么情况下政府应该干预经济或者没有必要干预经济？这些问题没有一个简单的答案，但基本原则应该是清晰的。基于经济学原理和市场经济的实践，可以答题归结出政府干预经济的四项基本原则：谨慎原则、比较优势原则、成本—效益分析原则和支持市场机能原则。

1. 谨慎原则

谨慎原则要求政府在面对干预经济的各种原因时，最好持谨慎态度。由于市场失灵或社会公平的需要，政府对经济干预有正当理由，但并不表示政府必须进行干预。有些时候，政府不干预是比干预更好的选择。至于何时干预、何时不干预，需要具体问题具体分析。

一方面，政治家、政府公务员不会总是按照“社会福利最大化”原则行事，毕竟每个个体都是追求自身利益最大化的“理性经济人”，因此会出现诸如腐败等社会现象，这对国家的经济发展、经济干预能力都会有所影响。另一方面，技术的有限性也可能对政府干预经济的能力施加限制。例如从技术上计量外溢的程度和范围有时是不可能的，很难监测到牟取私利的厂商究竟向环境中排放了多少污染物，这些污染物来自哪些产品，污染物是在何处甚至何地排放的。没有这些准确信息，要确定社会边际成本与私人边际成本的差额，或者社会边际收益与私人边际收益的差额，制定和实施庇古方案(征税和补贴)就会面临极大困难。即使采用市场解决方案(法定财产权的分配)，也要确定外部性造成的损害程度，而这在技术上是相当困难的。当然，随着技术的进步，计量难题变得相对容易解决(如计量汽车尾气排放)，但仍存在技术困难。

因此，由于市场失灵问题的复杂性、技术因素、政府失灵和其他原因，最好把市场失灵和政府干预经济的其他正当理由看作政府干预经济的“必要条件”，而非“充分条件”，这是谨慎原则的实质。

2. 比较优势原则

比较优势原则要求政府干预经济的范围应在政府具有比较优势的领域，避免政府介入只具有比较劣势的活动。相对于私人部门而言，政府既具有比较优势，又具有比较劣势，这在很大程度上取决于政府的特性。

(1)政府的比较优势

政府在某些活动(如提供公共物品和保障产权)上具有比较明显的比较优势。一般来讲，大范围强迫权和大范围规模经济是政府比较优势的两个基本来源。

一方面，强迫权代表了一种权威性资源，它的基本功能是“命令—服从”。政府是大范围的强迫权的唯一合法拥有者，正是这种“唯一性”奠定了政府组织在某些活动中产生比较优势的第一个来源。

对正当权利的保障和竞争秩序的维持、补偿公共产品的成本(征税)的活动，与收入和财富再分配相关的活动，显然需要借助大范围强迫权强制当事人服从，才能有效进行。由于私人部门没有这样的强迫权，如果由它们负责这类活动，这些活动要么无法进行(实施成本无限大)，要么必须付出高昂的成本(交易成本的一部分)。政府相比之下具有明显比较优势。

另一方面，政府是大型的组织，它的权威和力量可以扩展到整个地方辖区，也可以覆盖到全国范围。因此，大范围规模经济成为政府行动产生比较优势的第二个基本来源。

(2)政府的比较劣势

缺乏激励与缺乏信息是政府行动产生比较劣势的基本来源。一方面，对于引导人们将资源投入到促进目标的活动中时，制度环境提供给政府官员的激励较之提供给民间部门的激励要弱得多。另一方面，信息是科学决策的基础和前提，没有信息的决策是盲目的决策，这会导致灾难性的后果。因此，在每天的经济过程中都产生大量现场信息的情况下，决策者要有足够的动机和条件去收集和处理信息。在这方面，由于政府组织内在特征上所固有的弱点，相对于私人部门来说，政府部门明显处于不利地位。例如，如果说厂商比较容易(也有足够动力)了解消费者的偏好信息的话，政府在了解和汇总民众偏好信息方面的难度就大得多，而且通常也没有如此行事的足够动力。

3. 成本—效益分析原则

成本—效益分析原则要求对政府干预的成本与效益做仔细的事前和事后分析。在效益或工作量相同的情况下，如果政府比私人部门能以更低的成本承担一项活动，则政府在此活动上具有比较优势，反之则具有比较劣势。此时，政府的比较优势(或比较劣势)可以简单地定义如下：

$$\text{政府的比较优(劣)势}(X)=\text{政府行动的成本}(C_g)/\text{私人行动的成本}(C_p)$$

只有至少在原则上证明 X 的值小于1时，政府部门才具有比较优势，将此项活动划归政府负责才最合适。但在现实中较难得到实际应用。因此需要引入机会成本的概念。机会成本是指在各种可供选择的用途中，由于将稀缺资源投入某个特定用途，而在其他各种可能用途上失去的最大潜在利益。当政府将资源投入营利性活动中时，基础教育、卫生保健和其他更为紧要的公共服务将会因财政资源匮乏而受到影响，机会成本可能会很高。对于政府来说，保持宏观经济稳定、提供更多更好的公共服务等来满足公众需要，比将紧缺的财政资源投入到营利性活动中更具价值。

4. 支持市场机能原则

支持市场机能原则将政府对经济的干预行动约束在“支持”而不是“代替”市场机能的范围内。这意味着政府不是自己去“纠正”市场失灵，而是“协助”私人部门解决协调失灵。实践证明，只要具备合适的条件，私人部门依赖内部协调就能有效地克服市场失灵。最基本的前提条件有两个：一是产权制度是有效的，二是协调工作所涉及的当事人数目较少。在这种情况下，政府有可能发展出旨在提高私人部门协调能力的适当的制度安排和协调程序，引导私人部门自己解决市场失灵。正是由于这样的制度安排着眼于发挥私人部门的主导作用，政府的角色就是辅助性的。

旨在支持市场机能的政府角色与职能转换，意味着凡是私人部门不愿或不宜涉足而存在需求的地方，政府应该主动参与进来，肩负起自己的责任；那些私人部门可以发挥适当作用，或者没有充足的证据表明私人部门不能发挥作用的地方，政府的角色是协助民间部门发挥作用。因此，在社会经济事务中，政府始终应该是与私人部门并驾齐驱且密切合作的一个参与者，而不应是与私人部门相竞争并凌驾于私人部门之上的外生力量，更不应与私人部门竞争稀缺资源。

3.3.2 政府干预的政策

政府作为主要经济主体之一，对经济社会生活实行一定的介入与干预是市场失灵的需要，也是稳定经济发展、稳固政权的需要。依托相应的政策工具，政府才能实现其经济职能。

1. 资源配置的政策选择

这一部分，我们主要从矫正市场外部因素与弥补市场内在缺陷两方面来分析政府资源配置职能发挥可采用的政策。

1)矫正市场外部因素

理想自由市场状况无法满足的外部因素主要包括了竞争不完全与信息不完全。因此，政府需要采取相关措施与手段矫正市场外部因素，确保资源配置的效率。

(1)竞争不完全的矫正

竞争不完全的矫正主要针对经济市场中出现的垄断行为进行干预。政府在遵循竞争原则的基础上可采取以下三方面的对策。

一是直接干预私人行为。一方面，政府可以采取立法这种具有权威与强制性的手段对垄断厂商直接进行干预。通过立法，对垄断厂商的行为加以约束，主要包括：禁止私人垄断和卡特尔协议；禁止市场过度集中；禁止滥用支配地位的行为等。另一方面，政府还可以对垄断厂商进行价格规制。价格规制中运用最普遍的方法就是限定最高价格，这个方法是有效的，但是，这需要考虑垄断厂商的成本结构，既要保证不至于使垄断厂商破产，又要控制垄断厂商的合理利润。

二是间接激励私人行为。一方面，政府可以创造可竞争市场，促使垄断厂商按竞争原则行事。“可竞争市场”理论由美国著名经济学家威廉·杰克·鲍威尔(William Jack

Baumol)等学者倡导和发展起来，可竞争市场是指来自潜在进入者的压力，对现有厂商的行为施加了很强的约束的那些市场。理论的基本思想是：如果某行业可以自由进入和退出，那么潜在进入者的存在将使现有厂商的行为受到控制，现有厂商将只能获得正常利润而不可能获得垄断条件下的超额利润。现实中，由于存在沉淀成本，完全无成本进出某行业的情况并不存在，这使得市场可竞争性受到破坏。因此，政府可以考虑通过提供沉淀成本来创造可竞争市场。例如，政府对铁路、公路、航空运输等沉淀成本巨大的行业予以投资，之后按照资本使用者成本的办法制定价格并提供使用，从而创造某种"可竞争性"。

另一方面，政府可采取特许权竞标的办法，激励垄断厂商按竞争原则行事。即通过竞争性投标方式，将特许经营权授予提出以最低价格提供服务并同时满足一定服务质量标准的厂商。这一方法是在竞标阶段以竞争替代管制。特许经营权竞标是由美国经济学家哈罗德·德姆塞茨(Harold Demsetz)引入政府规制研究领域的。这一方法有其优势之处：①避免了传统管制方式下为达到平均成本定价而必须拥有相关的成本和需求信息，因此有节约管制成本、提高管制效率和效益的作用。②减缓收益率管制的无效率，采取特许经营权竞标，有优化投资的功能，特许准入制度保障了中标企业独立经营的特权，降低了经营期企业利润被瓜分的风险，因此一定程度上有吸引投资的作用。③中标企业在经营期有自主经营的灵活性，有助于激励自然垄断产业提高效率，持续、快速发展。④从源头上控制自然垄断产业的垄断势力，有助于减少过程监管，降低管制成本、提高监管工作效率。但也有其不足之处：①存在投标企业之间妥协、合谋的可能性，如果参与投标的企业越少，这种可能性就越大。这样投标过程也就无法保证有效竞争，特别是对于规模经济较为显著、投资周期较长、投资规模较大的产业。②价格调整难度大，中标价格受多种因素影响而变化，如不对其进行周期性修正，将导致对企业的激励约束不足或过量，因此有必要调整中标价格，如何合理确定调整期和调整水平具有很大的难度。③由于中标企业大量沉没成本的形成使新旧企业置换难度更大。如果特许经营企业在竞争新一轮的特许经营权时失败，其资产届时又不能全部折旧，便产生了如何处置原有经营企业的资产问题，即使其资产可以注入新进入企业，因受技术差距和资产专用性的限制，不可避免地会造成资产的损失。④在企业通过竞争获得特许经营权之后，囿于生产技术的复杂性、市场需求的多重性、未来的不确定性等诸多因素，政府与企业签订的特许经营合同的内容显然是不完备的，从而招致逆向选择与道德风险问题。

三是直接替代私人行为。政府除了对私人行为进行直接干预与间接激励之外，还可以通过建立公共企业直接生产经营自然垄断行业，从而可集于社会效率或社会福利(如依据价格等于边际成本的原则)而非基于营利性来确定商品价格。

(2)信息不完全的矫正

市场中存在信息不完全的情况，这表现为买卖双方信息不对称或者二者接收到的信息均是不完全的，从而会影响买卖双方的经济行为。虽然现在获取信息的渠道与方式都十分便捷，但仍然存在一定程度的信息不完全，因为获取信息的便捷性也会造成海量信息难以筛选的困难，生产者也会想尽各种方法来逃避自己需要承担的责任，如转换生产地、更名、重新注册登记等。所以，完全依靠市场是不现实的，还需要政府的介入来矫正信息不完全。

一方面，政府可以强制规定私人必须从事的行为，以矫正信息不完全。例如，针对健康保险中的逆向选择，政府可以实行全民参加的保险计划，通过强制每个人都投保来克服逆向选择；针对购买火灾保险后可能发生的道德风险，政府可强制规定采取一定的提防行动，如要求必须购置和经常维护灭火设备等。

另一方面，政府可将信息作为公共物品进行提供。例如，市场交易中的资格认证信息就具有公共物品的性质，政府可以通过设定相应的资格或标准，以提供某些商品、厂商甚至个人能力的信息，从而使有关信息的传递更为有效。除了私人部门提供类似信息不足以外，由政府提供信息还具有两点优势：一是由于存在规模经济，信息提供成本可能更低；二是政府可以杜绝或减少私人因利益驱使而可能从事的一些不当行为。因此，政府的干预有利于矫正信息不完全。

生产者与消费者之间的信息不对称问题需要采取公共规制政策来解决，主要包括标准设立、信息规制与质量规制。

标准设立是进入规制的一种方式，是指政府从安全性、卫生性和环境保护的角度出发，制定产品的结构、外形、质量、强度、可燃性、可爆炸性等方面的技术标准，以及自然环境质量标准、污染物排放标准等，它是在生产经营过程中进行规制的政策工具。信息不对称领域的标准设立是对可能存在社会性危害的产品、服务和劳动场所安全性等方面对信息优势方制定的一系列准则，其设立的目的是为了保障信息劣势群体的利益、安全和身体健康。对于不符合标准的产品，则禁止其销售和使用。

标准的设立大都是基于法律的形式而确立，而标准的执行则是通过政府机构的强制要求或者对信息优势方遵守标准的鼓励。但是，技术标准往往很难执行，因为它要求规制者必须以获得复杂的技术信息为前提，因此，标准设立这一规制工具也具有一定的局限性。

信息规制是指政府通过法律法规要求生产者公开、及时、准确、全面地披露所生产或销售的产品的有关信息。例如，要求产品包装上写明生产者、生产日期、保质期、生产地、产品所含成分、有效期等。

质量规制是确保生产者与销售者提供符合质量要求的产品和服务，防止产品和服务质量下降的规制措施。质量规制既包括实物商品流通的全过程质量保证要求，也包括服务性产品的质量规制。主要采取的措施包括：①对生产工艺、设备生产者资格采取检查、认证等制度。通过这样的方式使企业生产工艺具备基本保障，使其“主动降低产品质量”的行为受到抑制，确保生产环节的质量合格。②对出厂产品的质量制定国家或行业标准，保证其基本品质。这就为产品质量设定了底线。③对全行业产品的质量进行动态实时监控，并随时采取紧急应对措施。

2)弥补市场内在缺陷

市场具有自发性与滞后性的内在缺陷，由此造成的主要有外部效应和公共产品问题。

(1)外部效应的矫正

在社会经济活动中，一个经济主体(国家、企业或个人)的行为直接影响到另一个相应的经济主体，却没有给予相应支付或得到相应补偿，就出现了外部性，外部效应又称为溢出效应、外部性、外部经济等。

政府可以采用多种政策工具，促使经济主体将其给其他经济主体带来的成本或收益纳入到其自身决策的理性考虑之中。这些政策工具主要包括：界定产权、征税和补贴、直接规制政策。

第一，界定产权，即将资源的使用及管理权力明确地界定给某一方。只要财产权是明确的，并且交易成本为零或者很小，资源配置就是有效率的，这就是著名的科斯定理。也就是说，如果明晰产权归企业或者居民，有些外部性和公共物品是可以通过市场调节来解决的。但是如果政府的介入能够有效降低交易成本，政府进行产权界定就显得尤为重要。

第二，征税和补贴。也就是将外部性内部化的做法。产生负外部效应者，需要缴税；产生正外部效应者，可给予补贴。也就是由产生外部性的经济主体自行负担外部性后果。比如对排污企业征收重税，向美化公共绿地的企业给予补贴等。这一方法是由被誉为“福利经济学之父”的英国著名经济学家庇古提出，并长期被视为解决外部效应的经典传统方法，对许多国家的公共政策产生了深远的影响。

第三，直接规制政策。规制政策就是政府运用行政和法律手段等直接规定某负外部效应的活动水平。直接规制存在一些局限性：限制了被规制企业的经营自主权，不利于发挥经营者的创新能力，抑制资源使用效率的改善；进入规制和数量规制通常会致使相关企业间的过度“配额”交易行为，从而使资源难以实现规制目标所期望的最佳配额状态。如在政府实行数量规制的产业，相对利润率较高的企业为了谋取更多利润，往往会与其他企业签订有关产量配额转让的秘密协议。显然，这种配额交易使直接规制政策所希冀实现的资源配置效率蒙受损失；如果缺乏有效的监督机制，易导致政府官员滥用职权，诱发寻租行为，比如谋求进入特许权、产品的专卖权或专营权、保护价格、对竞争对手的产量和价格进行限制等；在规制收益与规制费用之间，有时亦存在明显的不经济情形。由于直接规制需耗费一定的规制成本，如实施直接规制政策需要设置专门的机构和配备一定的人员，并支付行政费用等，所以规制范围越大或规制程序越繁杂，相关规制费用支出也越多。尽管如此，直接规制政策仍然有其自身适用的范围，在一定条件下，规制政策还有可能优于其他两种方法。

(2)公共物品的提供

公共物品是社会所必需的，但由于公共物品没有交易，也没有交易价格，市场无法提供或者生产远远不足。这就需要政府承担起提供公共物品的责任。虽然近几十年来，汇聚了私人力量的第三部门(如慈善组织、公益基金会等)蓬勃兴起，大大推动了私人部门提供公共物品，但是，私人提供的公共物品还远远不能完全满足整个社会的要求，政府在公共物品的提供上还应发挥最主要和最基本的作用。

2. 调节分配的政策选择

政府调节社会收入分配的政策选择主要有税收、公共支出、公共规制。

(1)税收

利用税收调节社会收入分配是常见的政策选择。税收调节具有广泛性、直接性、整体性等特点。通过税收，可以调整收入在不同人群间的分配，从而进一步缩小社会收入间的差距。具体包括：①具有“自动稳定器”功能的个人所得税。政府实行累进税率，对不同收入等级设置不同税率，收入等级越高，税率越高，这可以使税后收入不平等程度有所减轻。②财产税。通过对个人的遗产或财产赠予行为征税，对社会收入进行调节分配。③对奢侈性消费的商品和行为征税。一般富裕阶层会更多地消费奢侈性商品和服务，对这类商品和服务征税有助于调节收入分配。

(2)公共支出

这里的公共支出包括两个方面：一是用于社会保障和社会福利制度的公共支出，如政府建立的养老、失业、医疗、住房、生育等保障制度，最低生活保障制度等。二是专门的公共支出项目，作为项目形式间接影响收入分配格局，而不是像制度一样，长期发挥作用。因而公共支出项目更加具有灵活性。比如在经济低迷时期，通过兴建大型水利工程等，提供就业机会，促进市场交易建筑材料等生产物资，刺激经济需求，再进一步影响收入分配。

(3)公共规制

政府还可采取公共规制政策调节收入分配。例如，价格规制，制定某些生活必需品和房租的价格上限政策；制定最低工资标准，规定企业支付给雇员的工资不得低于最低工资标准等；采取同工同酬政策，以保障一些弱势群体(如老人、妇女和残疾人等)免受工资歧视待遇。

3. 稳定经济的政策选择

经济稳定运行是政府治理的需要。通常政府采取财政政策、货币政策与外汇政策进行调节，实现经济稳定。

(1)财政政策

所谓财政政策，就是国家为了调节总需求变动及总需求与总供给的关系，而调整财政收入与财政支出的基本原则和方针的总称，具体来说，就是国家利用财政收入与财政支出同总需求波动、总需求与总供给关系的内在联系，调整财政收入与财政支出，使财政收入与财政支出形成一定的对比关系，通过这种对比关系调节总需求变动及总需求与总供给的平衡[①]。财政政策工具包括国家预算、税收、国债、转移支付、财政补贴等。

①国家预算。国家预算从国家财政最高层级出发，确定一国的财政收支结构和差额，预算反映了政府财政的目标与意图，具有总体制约的特点。国家预算收支规模及差额可以有效调节社会供求关系。当社会总需求大于总供给时，国家预算可以缩减支出规模，留有结余；当社会总需求小于总供给时，国家预算可以扩大支出，刺激需求，安排赤字政策。在供需基本平衡时期，采取中性平衡政策。调整和变动预算支出结构可以调节国民经济中的各种比例关系和经济结构。政府预算向某个部门倾斜，增加预算投入资金，则该促进该

① 魏杰．宏观经济政策学通论[M]．北京：中国金融出版社，1990：206.

部门的生产；减少某个部门的预算，就会限制该部门的发展。预算本身的编制方式也会影响其作用发挥。比如复式预算较之单式预算更能明确反映和贯彻财政政策目标，更具有政策工具的特征①。

②税收。税收政策是使用频率较高的政府干预经济政策工具。除了具有调节分配的功能，还具有稳定经济的作用。因为税收作为一种政府的固定财政收入，可以确保政府资金的运转与流通，用税收收入进行政府投资与公共支出；在遇到自然灾害等突发危机事件时，税收收入也保证了救援物资的购买等，不至于造成秩序混乱、社会不安的局势。

③国债。国债是国家按照有借有还的信用原则，通过发行国家债券筹集财政资金的一种方式，是实现宏观调控的重要手段。通过发行国债，一方面可以汇聚居民手中的货币资金，调节市场货币流通量，将这些资金用于生产建设，促进经济稳定；另一方面由于企业和银行都是追求利润的经济部门，因而在选择项目投资上，通常选择可以在较短时期内带来较大收益的项目，而效益较低但也需要进行投入的产业项目就容易被搁置，就需要国债来调整产业结构，将国债用于农业、林业、能源等国民经济的薄弱部门和基础产业的发展，就能调整投资结构，保持产业均衡发展，促进经济稳定。

④转移支付。政府的转移支付包括对于社会福利的资金转移，对地方财政的资金支持等。对社会福利的资金转移确保了社会保障性资金的来源，作为社会兜底政策，提供必要的资金才能使居民安心生活。而对地方财政的资金支持是为了均衡各地区间的经济文化发展，缩小地区间的差距。

⑤财政补贴。财政补贴是与价格、工资等分配手段相配合发生作用的，是政府将部分财政资金无偿补助给企业或居民的一种再分配形式，主要包括价格补贴、企业亏损补贴、财政贴息等。

(2)货币政策

货币政策是指中央银行为实现特定的经济目标，运用政策工具调节货币供应量、信贷规模等，进而影响宏观经济的政策措施总和。一般包括法定存款准备金率、再贴现率与公开市场业务。

①法定存款准备金率。存款准备金(deposit reserve)也称为法定存款准备金或存款准备金，是指金融机构为保证客户提取存款和资金清算需要而准备的在中央银行的存款，金融机构按规定向中央银行缴纳的存款准备金占其存款总额的比例就是存款准备金率。中央银行通过变动法定存款准备金率对商业银行的准备率产生影响，从而达到调节货币供给量的目的。当经济衰退时，中央银行降低存款准备金率，使商业银行减少上缴中央银行的准备金，扩大商业银行信用和增加货币供应量，刺激需求；当经济过盛时，中央银行提高存款准备金率，减少商业银行的信贷供给，抑制总需求，从而稳定市场供求平衡。法定存款准备金率的作用效果极为强烈，法定存款准备金率的微小变化，通过货币乘数的作用，会

① 潘明星，韩丽华. 政府经济学[M]. 北京：中国人民大学出版社，2015：138.

造成货币供给的巨大波动，不利于货币的稳定。日常生活中，对于准备金率的变动没有那么频繁。

②再贴现率。再贴现是中央银行对金融机构发放贷款的通常做法之一。当商业银行资金不足时，可以用客户借款时提供的票据到中央银行要求再贴现，或者以政府债券或中央银行同意接受的其他“合格的证券”作为担保来贷款。而再贴现率就是中央银行的贷款利率。再贴现政策一般包括两方面的内容：再贴现率的确定和申请再贴现的资格条件。再贴现率的确定着眼于短期。中央银行根据市场运行情况调整再贴现率，会影响商业银行借入资金的成本，进而影响商业银行对社会的信用量，从而调节货币供给总量。而申请条件着眼于长期。中央银行对申请再贴现资格条件的确定和调整，可以起到抑制或扶持的作用，并能改变资本流向。再贴现率对于经济调节的作用是比较明显的，但是是否选择贴现取决于商业银行本身，所以如果商业银行并不选择该方式筹措资金，这个政策手段就达不到理想的效果。

③公开市场业务。公开市场业务是指中央银行在金融市场上公开买卖有价证券以调节货币供应量和利率的政策行为。当经济衰退时，中央银行可以买进政府债券增加商业银行存款，促使商业银行增加放款，并通过派生存款的作用，进一步增加市场上的货币流通量；同时，中央银行买进债券，也将导致债券价格上升，银行利率相对下降；市场货币流通量的增加也会改变货币供求关系，迫使利息下降，减轻投资者借款负担，刺激投资意愿上升。在资金来源扩大、投资意愿上升的双重作用下，投资规模趋于扩大，社会总需求就会相应扩张。而当经济过快增长和通货膨胀时，中央银行则可以卖出政府债券，收回货币，使市场出现与上述情况完全相反的效果，达到抑制社会总需求的目的①。

(3)外汇政策

外汇政策作为经济稳定政策的一部分发挥作用，特别是在促进宏观经济的对外平衡方面。为避免货币流动的紊乱，促进对外贸易和生产要素在国际间的合理流动，防止对不同国家的政策性歧视，每个国家都应该有统一的对外汇率。

在经济实践中，财政政策与货币政策往往要配合使用，才能达到宏观经济的内外平衡。主要包括扩张性的财政政策和扩张性的货币政策，即“双松”政策；紧缩性的财政政策和紧缩性的货币政策，即“双紧”政策；“紧货币、松财政”政策；“松货币、紧财政”政策。

“双松”政策能更有力地刺激经济，一方面采取减少税收或扩大支出规模等松的财政政策增加社会总需求，增加国民收入，另一方面降低法定准备金率与再贴现率，买进政府债券等松的货币政策增加商业银行储备金，增加货币供给，抑制利率上升，使总需求增加。这一政策能在短时间内提高社会总需求，但运用需谨慎，否则易造成通货膨胀。

“双紧”政策适用于经济过度繁荣，通货膨胀严重不足之时，一方面，通过增加税收、削减政府支出规模等收紧的财政政策从需求方面抑制通货膨胀；另一方面，通过提高法定存款准备金率等紧的货币政策增加商业银行的准备金，提高利率，减少货币供给量，抑制

---

① 郭小聪．政府经济学[M]．4 版．北京：中国人民大学出版社，2015：110-111.

通货膨胀。

“紧货币、松财政”政策组合中，松的财政政策可以刺激需求，紧的货币政策可以防止过高的通货膨胀，因此这种方式可以在刺激总需求的同时抑制通货膨胀。但这种政策组合的结果是利率下降，总产出变化不确定。因为二者搭配不当，就会出现由过松财政政策造成的赤字累积局面或过紧的货币政策造成的对经济增长的阻碍作用。

“松货币、紧财政”政策组合中，松的货币政策是起到扩大社会需求以实现刺激经济增长的作用，而紧的财政政策又具有抑制需求的作用，二者配合起来，起到既控制需求、又保持经济适度增长的作用。但二者结合的结果是利率上升，总产出变化不确定。因为过松的货币政策可能会造成通货膨胀，过紧的财政政策又可能会进一步使经济增长速度放慢，甚至造成经济停滞。

四种政策组合方式为决策者在进行经济调节与资源配置时提供了多种选择，具体采用哪种政策组合方式，要根据不同的经济发展特点来灵活选择与运用。

3.4 政府失灵的原因及矫正

3.4.1 政府失灵的原因

市场机制不是万能的，政府干预也有其不足之处。“当政府政策或集体行动所采取的手段不能改善经济效率或道德上可接受的收入分配时，政府失灵便产生了”①。政府失灵是指由于政府行为自身的局限性和其他客观因素的制约，政府在对经济、社会生活进行干预时出现低效或无效，进而无法实现社会福利最大化和社会资源的最优配置。政府作出干预经济的决策时，无法获取所有相关的信息，因而也会受到信息不完全的困扰。与造成市场失灵的原因类似，政府失灵的原因可以从政府固有的内在缺陷与政府官员的“经济人”本性两方面进行考察。

1. 政府固有的内在缺陷导致的政府失灵

(1)缺乏竞争与激励机制

公共选择理论认为，与私人部门相比，政府机构运转无效率的原因主要是缺乏竞争与激励机制。

首先，横向来看，政府工作人员之间是缺乏竞争的，因为大部分工作人员都是由上级委派或通过考试进入公务员队伍的，一般来说，工作是比较稳定的，几乎是终身制，没有末位淘汰制或绩效的太大压力，对他们来说，“避免错误和失误”是行事原则，没有竞争的

---

① [美]保罗·萨缪尔森，威廉·诺德豪斯. 经济学[M]. 北京：中国发展出版社，1992：1189.

压力，也就无法做到非常有效率地工作。再者，政府部门之间也是缺乏竞争的。通常一项事务已经规定了由哪些部门负责，其他部门是无权插手的，各部门各司其职，因而无法直接评估政府各部门内部的行为效率，也无法评价部门间的运行效率，更难以形成竞争的机制。而不像企业，同类型的企业可以进行比较，发现自身的效率不足之处，加以完善，在竞争机制作用下，不断提高效率。

其次，纵向来看，各级地方政府至中央政府都缺乏降低成本的激励。由于政府部门的活动大多不计成本，即使计算成本，也难以精确化，较容易出现过度提供公共物品或提供价高质低的公共产品，公众对于政府提供的公共物品不满意也只能接受，造成资源浪费。政府提供物品一般又具有垄断性，更没有降低成本的激励，如果政府部门隐藏一些真实成本信息，从而使承担制约任务和执行管理预算职能的部门无法了解真正成本，不能准确评价运行效率，社会公众也无法察觉，更不用提监督和制约了。

(2)具有内在扩张性

政府本身具有内在扩张性表现为政府部门组成人员和机构的膨胀，公共支出水平的增长。具体来说就是政府内部经常出现“增加人员—冗员太多—精减人员—再增加人员”的反复循环；而机构也总是会增加，其后再精简、合并机构，表面上看机构数量减少了，可不久又会出现机构分立的情况，机构实际规模越来越大。正如帕金森定律(Parkinson's Law)所指出的：无论政府的工作量是增加还是减少(甚至无事可做)，政府机构及其人员的数量总是按同一速度增长。而政府的支出也存在增加容易减少难的刚性。公共选择理论对政府支出规模扩大情景进行了如下分析：一是政府以供给公共产品和消除外部效应为唯一职能时的扩张；二是政府作为收入与财富的再分配者时的扩张；三是利益集团存在时的政府扩张；四是官僚机构与政府扩张；五是财政幻觉与政府扩张。这里的财政幻觉是假设选民用他们所支付的税款来测量政府规模，这时政府可以采用让选民意识不到税收负担在增加的办法来扩充政府支出。而政府支出的扩张会导致财政赤字，财政赤字反过来又会引致政府部门的扩张。导致这一现象的原因有两个：一是由政府支出导致的财政赤字让社会公众感受到直接的利益，他们得到的资金、就业机会等都有所增加；二是作为“经济人”的政治家，为了迎合选民意愿，倾向于支持赤字财政。由于这两个原因，当选的政治家们往往更乐于将公共支出用于能为选民带来明显收益的项目上，而不愿向选民征税。在多数选举制中，如果大多数人宁愿享受公共服务，而不愿选择纳税来牺牲私人商品的消费，预算规模就会扩大，而这扩大的预算规模又只能通过举债实现。在实际生活中，政府官员为了能体现自身的身份地位，获得更多利益，也倾向于不断扩大政府机构规模。

(3)具有决策时限与程序的限制

一方面，由于政府的金字塔型科层制结构，导致政府进行公共决策时，要经过层级间的信息传递与沟通，在这一过程中，必然会消耗一定的时间与人力成本。况且与私人决策相比，公共决策更加复杂，花费的时间更长。另一方面，当政府干预经济的政策出台后，其作用于经济同样需要一定的时间，整体操作下来，耗费的时间就比较久。但是，由于这种滞后效应，可能政府政策出台后或在政策发挥作用的过程中，经济形势已经发生变化，这就会与预期目标产生差距，从而导致政府失灵。

一般来说，公共政策的制定和执行过程不可避免地会经过几个时滞(time lags)：认识时滞(recognition lag)，这是指从问题产生到被纳入政府考虑的这一段时间；决策时滞(decision lag)，这是从政府认识到某一问题到最后得出解决方案的时间，当中可能会经过反复的讨论、得出结论、推翻结论重新来的过程，绝非一件易事；执行与生效时滞(execution & effecting lag)，这是从政府公布某项决策到付诸实施以致引起私人市场反应的时间。

而政府决策的程序限制也是政府本身不可克服的缺陷之一。比如现代民主制度并不能很好地解决个别社会成员的偏好显示和偏好加总问题，政府的决策方案即使是最好的，但由于选举中较多使用的是简单多数原则，这就会出现多数人对少数人的强制问题，体现的也仅是中间选民的意愿，所以最终决策的结果也难以达到最优。

2. 政府官员“经济人”本性导致的政府失灵

“经济人”假设是新古典经济理论的一个基本假设。亚当·斯密在《国富论》一书中明确提出“经济人”的概念。他指出：“人类几乎随时随地需要同胞的协助，想要仅仅依赖他人的恩惠，那是一定不行的。如果他能够刺激他们的利己心，使有利于他，并告诉他们，给他做事，是对他们自己有利的，他要达到目的就容易多了”[①]。在经济社会中，每个人都在追求自身利益或效用的最大化，政府官员作为社会普通公众的一员，自然也有利己主义的倾向。

(1)政府官员行为目标与公共利益之间存在差异

政府作为社会公共利益的代表，其行为目标是与社会公共利益一致的。但政府也不是一个超脱现实社会经济利益关系的万能神灵之手，它由各个机构组成，各个机构又是由各层官员组成，政策的制定、实施，政府职能的行使及政府的有效运作都要靠具体的个人来完成，这些人都有自己的行为目标，这些行为目标并不完全与社会公共利益一致。正如公共选择理论认为，一个人从私人部门进入公共机构后，其行为动机不可能会从追逐私利转变为追逐公利。有些官员在进行政府活动时会不顾公共利益，追逐个人利益，这也就导致了腐败的产生。因此，政府本身就不是一个没有自身利益的超利益组织，而是将政府官员的利益内在化为政府利益的组织。

(2)寻租活动

所谓寻租，就是用较低的贿赂成本获取较高的收益或超额利润。“寻租是个人或厂商投入精力以获得租金，或从政府那里获得其他好处的行为”[②]。租金是指生产要素所有者得到的高于该要素用于其他用途所获得的收益。寻租是对人为产生的租金的追求活动，具

① [美]亚当·斯密. 国民财富的性质和原因的研究(上卷)[M]. 北京：商务印书馆，1972：13-14.

② [美]约瑟夫·斯蒂格利茨. 经济学(下)[M]. 姚开建，刘凤良，吴汉洪，等译. 北京：中国人民大学出版社，1997：507-508.

有三个特点：租金是由于政府干预产生的，离开了政府干预及其所提供的垄断地位，租金便无从寻求；租金是非生产性的，只是利润分配的一种转移；这种转移是以相关生产者和消费者的损益为代价的。寻租活动往往表现为生产企业或利益集团通过游说政府获得某种特权、垄断或限制。政府的价格管制、特许权、关税和进口配额、政府订货等经济行为都会出现租金。生产企业或利益集团通过游说、行贿等合法或非法手段向政府提供租金。而政府官员为了满足自己的私利，会积极进行创租(rent creation)，向利益集团抽租(rent extraction)。创租是政府官员为实现个人私利而故意地制定或实施一些有利于企业获取非生产性利润的政策，人为制造租金以诱使企业进行寻租活动。抽租是指政府通过加强或取消政府管理来威胁要给企业造成成本损失，即以一种政治敲诈的形式向企业提出要求，迫使其转移部分既得利益和政府官员分享。寻租活动不仅易导致政府腐败，而且会使不同政府部门及官员争权夺利，影响政府声誉，妨碍公共政策的制定和执行，降低行政运转效率甚至危及政权稳定。

(3)利益集团的影响

利益集团(interest group)又称压力集团，通常被定义为“那些具有共同目标并试图对公共政策施加影响的个人组成的有组织的实体[①]。”按照乔治·斯蒂格勒的分析，一个特殊利益集团谋求政府管制的具体动机有四个：谋求政府直接的货币补贴；要求政府帮助控制新竞争者进入；谋求国家能够影响它的替代物和补充物进行干预；谋求国家对价格的管制[②]。这些动机促使利益集团采取游说、直接贿赂等手段向政府官员施加压力，影响政府决策过程，从而使政府决策向利益集团倾斜，为他们的利益服务，而不是为社会公众利益服务。

3.4.2 政府失灵的矫正

市场不是万能的，政府在矫正市场失灵时也遇到了低效或无效状态，所以选择市场还是政府？在两者之间简单地做出选择是困难的。“选择越倾向于市场，其体制就会面临更多导致市场缺陷的危险；选择越倾向于非市场，其体制就会面临更多导致非市场缺陷的危险”[③]。因此还是应该坚持市场机制对资源配置的基础性地位的同时，提高政府干预经济的效率，对政府失灵进行一定的矫正，最终达到市场与政府协调发挥作用，共同配置社会资源的目的。那么，针对政府失灵，我们应该从何做起呢？经济学家们探讨了如下的方法。

1. 正确认识和把握市场与政府的关系

首先，需要从思想认识上正确把握市场与政府的关系，市场出现秩序混乱、垄断、外

---

① Jeffrey M. Berry. The Interest Group Society[M]. Glenview III：Scott，Foresman，1989：4.

② [美]乔治·斯蒂格勒. 产业组织和政府管制[M]. 潘振民，译. 上海：上海人民出版社，1996：212-215.

③ [美]查尔斯·沃尔夫. 市场或政府——权衡两种不完善的选择[M]. 谢旭，译. 北京：中国发展出版社，1994：149.

部性等问题，需要政府介入进行调整，但政府也不是万能的，也有其局限性，不可能解决市场所有解决不了的问题，事实上，在许多情况下，市场机制解决不了的问题，政府也不一定能解决，即使能解决也不一定比市场解决得更有效率。在政府与市场的选择问题上，要各取所长，共同发挥作用，既要看到政府能够通过立法和行政手段以及各种解决政策，改善和扩大市场作用，如建立和保持市场竞争秩序、提供公共产品等；也应认识到市场对政府起到的积极作用，如外包与竞价机制能够提高政府的效率等。作为经济协调方式，政府和市场是一对矛盾，既相互对立又相辅相成。政府与市场并非在所有领域都是非此即彼的关系，在许多场合两者是相互补充的。经济运行中的许多问题，无论是宏观领域中的问题，还是微观领域中的问题，都需要政府与市场相互配合才能解决。不应当将二者的功能固定化、公式化，而要根据社会经济发展和客观条件的变化，审时度势，不断调整二者关系，实现市场与政府的有效功能组合。

2. 在政府干预和市场调节之间做出恰当选择

在实际的经济生活中，人们往往注重政府干预的效果，而对其付出的成本却考虑较少，这其实造成了一定的资源浪费，政府干预从本质上说也是一种经济行为，政府干预只有在收益高于成本时才是合理的。因此在使用政府干预政策时，应当遵循成本—效益分析原则，以确定是否存在政府失灵。如果存在政府失灵，则须对政府失灵和市场失灵的成本效益进行比较分析，然后在政府干预和市场机制自发地发挥作用间做出正确的选择。一旦政府干预失灵，则可利用市场机制来纠正政府失灵。戴维·L. 韦默(David L. Weimer)和艾丹·R. 维宁(Aidan R. Vining)在《政策分析——理论与实践》一书中提出了利用市场机制来纠正“政府失灵”的三种方法①：

(1)开放市场

开放市场也就是在不存在固有市场失灵的场合，让市场充分发挥其作用。主要措施有：①放松管制。时间证明，在竞争性行业中，政府管制不仅会导致经济低效率，而且容易产生政府失灵特别是寻租行为，因此放松管制可以提高效率，减少政府失灵尤其是寻租的发生。②合法化。合法化指的是消除犯罪惩罚以解放市场，它以变革中的生活观念为基础。在这里非犯罪行为被鼓吹为合法化的部分形式，如犯罪惩罚用法律规定的罚款来取代。③私有化。即非国有化(国有企业出售给私营部门)和非垄断化(对于阻止私营企业同政府或国有企业竞争的各种限制，政府放宽或消除这些限制)。

(2)促进市场

促进市场即通过确立现存物品的产权或者创造新的有销路的物品来促使市场运行这样一种过程。前者是要确定限制新产权政治竞争的分配机制；后者是形成可交易的许可证制度。

---

① [美]戴维·L. 韦默，[加]艾丹·R. 维宁. 政策分析——理论与实践[M]. 戴星翼，董骁，张宏艳，译. 上海：上海译文出版社，2003：189-190.

(3)模拟市场

模拟市场即在市场不能有效起作用的场合，政府通过模拟市场过程来提供某些公共物品及服务，尤其是通过拍卖，提供公共物品的权利。拍卖被广泛地用于对公共自然资源的权利分配，在政府必须分配稀缺资源的场合，拍卖也许是最有用的分配工具。

3. 合理界定政府作用的有效性边界

合理界定政府作用的有效性边界是一项复杂的工程，需要考虑多方面的因素，但是界定政府作用的有效性边界是一件有意义的事情，这相当于是再次清晰界定了政府职能的边界，使其与市场的功能更易区分出来。

①在资源配置领域，政府应当运用法律、经济和行政手段确保市场主体能够在公平的环境下竞争，维持正常的市场秩序。政府作为宏观经济调控者不参与微观经济的活动，只是起到监管作用。而针对存在外部效应的行业或企业，政府也应当给予一定的管理。面对市场正外部效应时，对于能够明确定义受益主体的准公共物品领域的生产和供给，政府的任务是完善收费制度，形成适度竞争的供给格局；对于受益范围具有全局性特征的公共物品，要以实施政府行为为主。面对市场负外部效应时，凡是能够明确界定外部负效应的受害者和获益者并涉及当事人相对少的领域时，政府应当合理界定产权、建立承担后果的法律规范，基本上不实施直接的限制和禁止行为。凡是负外部效应的涉及面广、不能明确具体利害人的领域，政府应实施直接的限制和禁止行为。而那些具有战略意义和高风险的产业，政府应积极加以影响，把政府投资和引导民间企业投资结合起来。

②在收入分配领域，政府的作用是调节收入分配，防止两极分化，缩小贫富差距，保障劳动者的权益，实现公平的目标。在收入的初次分配、再分配与第三次分配中政府均能发挥一定的作用保障公平性。比如在初次分配中，通过法律手段保障劳动者权益，在再分配中，运用政府转移支付和税收机制等缩小贫富差距，建立全面、系统、适度、公平和有效的社会保障体系；在第三次分配中，建立、完善慈善事业机制，促使富裕阶层在自愿的基础上拿出自己的部分财富，帮助贫困阶层改善生活、教育和医疗的条件。

③在经济稳定领域，政府应承担全部责任。保持宏观经济的稳定，需要政府综合运用财政政策与货币政策手段，对社会总需求进行调节，从而达到社会供求平衡。同时，必要的产业政策、投资政策等也是必要的。总之，为了保持经济的稳定，政府应综合运用多种政策手段进行调控。

4. 提高政府决策的科学化程度

政府干预经济是通过多种政策工具实现的，政府决策的过程与结果直接影响着政府干预经济的效果。由于政府决策存在时滞问题，提高政府决策的科学化程度显得尤为重要。政府决策是一个十分复杂的过程，存在着许多制约因素，使得政府难以制定并实施好的或合理的公共政策，导致政府决策失误。这非但不能起到补充市场机制的作用，反而加剧了市场失灵，带来巨大的资源浪费及社会灾难。因此，为减少政府失灵的产生，必须改善政府决策系统，提高公共政策的科学质量，通过将公共政策的制定和执行纳入规范化轨道，提高政府决策的科学化程度。可采取的措施如下：

①在议程设定阶段，应注重对市场信息的收集与分析，利用大数据等现代科学技术加强对宏观经济走势的监测、预报和分析，密切跟踪市场经济运行态势，发现需要进行完善或制定政策时，能使该议题迅速通过“政策窗口”进入政策制定程序。

②在方案抉择阶段，要根据市场经济的内在要求和客观规律，建立科学经济决策程序及与之相一致的决策系统，特别是建立经济决策的可行性研究和协调制度，以及相对独立的信息、调研、咨询三位一体的决策服务体系。确保抉择方案更加高效、准确，避免拖沓与拍脑门决策。

③在政策执行之后，还需要建立健全政府经济决策的评估、反馈制度，以追踪了解决策事项落实情况，积累经验，同时及时调整政策，使其适应不断发展的经济现状需要。

④在决策的全过程中，需要建立经济决策责任机制，这样“责任到人”的机制能够更有效率地解决问题，不至于出现错误时，没有任何一个人承担责任，互相推诿。因而也就需要提高政府决策者的素质，增强他们对于宏观经济市场的认知和把握，做出正确的决策。

5. 提高政府机构的效率

提高政府机构的效率在很大程度上能够弥补政府失灵。主要是可以采取以下几方面的改进措施：

①在政府机构内部引入竞争机制。就像政府可以弥补市场失灵一样，市场也可以改善政府的功能。如查尔斯·沃尔夫(Charles Wolf)所指出的：“正如新制定的政府政策以及旧政策的变化可以用来改善市场功能一样，市场变动和动力同样可以用来改善政府——‘非市场’的功能。换句话说，通过在政府管理中注入一些市场因素，可以缩小非市场缺陷的影响范围”[①]。比如，设置两个或两个以上的机构来提供相同的公共物品或服务，使这些机构之间展开竞争而增进效率(城市供水系统、公交系统就可以采取这种办法)；建立政府部门与企业之间的伙伴关系，将某些公共物品和服务的生产和提供承包给私人生产者(垃圾清运、消防、邮政就可以承包给私人企业)，企业在履行了政府所期望的特定职能、提供了特定社会服务后，赢得利润，也比政府直接提供更具效率；制定优惠政策，鼓励和吸引私人资本投资过去由政府包揽的事业，如中小学教育、社会保险和保障事业等。

②引入利润动机。在政府内部引入激励机制，允许政府部门对节省成本的财政剩余具有某种自主处置权。具体操作如下：高层官员直接分享成本节余，中层管理者的晋升与成本节约挂钩；根据官员的成绩给予事后的奖励；允许政府机构负责人对预算节余的有限度的自由支配权。当然，这种利润动机容易造成虚假的或损害公共利益的节余，为此必须与加强竞争机制相配套，加强监督。

③对政府的税收和支出加以约束。政府扩张的集中表现是政府行政经费或公共开支的扩大趋势，政府活动支出依赖于税收，因此要对税收和支出加以约束，限制政府行为框

① [美]查尔斯·沃尔夫. 市场或政府——权衡两种不完善的选择[M]. 谢旭，译. 北京：中国发展出版社，1994：114.

架，抑制政府过度增长或机构膨胀。

④进行地方分权。地方分权是指将政府的某些职能从中央政府下放到地方政府，如果外部效应不显著，将公共产品提供的职责交给地方政府会在一定程度上提高效率。这是因为在较小范围内，人们投票的“搭便车”行为不会那么严重；并且与中央政府相比，地方政府更靠近消费者，其提供的公共物品更符合当地民众偏好；地方政府间的竞争也可以使其更有效地提供公共物品。

6. 以法律制度规范政府行为

规范政府干预经济的行为，首先要进行立宪改革。也就是通过加强宪政制度来约束公共权力，实现公共权力的规范化运作。宪法是国家最高法律，任何其他法律不得与之抵触，因此，具体法、政府的条例、党派的规章等在任何时候都不得违背宪法。接着要在具体法中明确规定政府干预主体的资格认定，干预的范围、层次、方式、程序、力度等，使政府行为都能做到有法可依。同时还需要将政府干预经济的职能以立法形式予以确立和规范，使其更加正式。最后，要以法律形式规定不同监督主体对政府行为的监督权力、监督方式及处理结果，培育廉洁的政治组织，提高政府机构的效率。

7. 不断改革和完善政府体制

不断改革和完善政府体制是社会发展的要求，也是弥补市场失灵的要求。在这一方面，必须做到如下几点：

①建立权力制衡机制。也就是说，组织的权力要相互制约(如执行权和监督权要相对分离，不能自己执行自己监督)，权力与责任要相互配备(权力与责任对等，有多大权力就承担多大责任)。

②完善民主管理制度，使公民更多地参与到政治生活中来。针对阿罗不可能定理所描述的社会福利函数的不存在性、互投赞成票给利益集团带来的巨大好处等弊端，公共选择理论主张改革现有的西方民主政体，完善表达民主的方式，如采用绝对多数而不是简单多数的投票规则，这样改革选择的结果就能符合更多人的偏好。在实际生活中，一方面，应该通过网站、微博、微信等多媒体渠道听取民众的意见，与民众进行互动；另一方面，通过听证会、座谈等实际面对面的交谈，切实了解民众的想法，为社会公众谋利益。

③建立公益性活动的效果评价机制，阻止少数人或少数利益集团以公益事业谋取私利。每一项公益活动都要制定明确的目标，实施后对效果进行全面评价，如果实施结果偏离了目标，要有有效的终止机制。

④强化反腐败机制，对公权私用的腐败行为及时进行惩处。

⑤建立人才竞争机制，把高素质人才吸引到政府中来，建立精干、高效、廉洁的政府，为避免政府失灵提供组织保证。

最后，应该指出，政府失灵的矫正也是相对的。事实上，政府失灵与市场失灵一样，不可能完全消除，矫正的结果又会产生一些新的问题。因而需要在不同经济发展状况下寻求市场与政府不同的组合，从两大主体入手，配置社会资源，提高效率才是最有效的。

第 4 章

公共选择与政府决策

市场失灵为政府干预经济提供了合理性，但是“公共选择学说的贡献证明，市场的缺陷并不是把问题转交给政府去处理的充分理由。”[①]公共选择理论产生于20世纪40年代末，在60年代末70年代初成为一种学术思潮。公共选择理论是经济学和政治性交叉融合而产生的一种理论，“它从经济学家的工具和方法大量应用于集体或非市场决策而产生”[②]。丹尼斯·缪勒将这一理论界定为“对非市场决策的经济学研究，或者可以把它定义为应用经济学去研究政治学”。[③] 公共选择理论认为，人类社会由两个市场组成——经济市场和政治市场，个人在这两个市场之中的行为动机没有什么不同，也没有理由认为同一个人仅仅因为经济领域和政治领域的差异而被不同的动机所支配，他们都是追求自身利益最大化的个人。

4.1 私人选择与公共选择

“万类霜天竞自由”的社会，只要机会不止一次，我们就都面临着选择的问题。“选择

① [美]詹姆斯·M. 布坎南. 自由、市场和国家——20世纪80年代的政治经济学[M]. 吴良健，等译. 北京：北京经济学院出版社，1988：282.

② [美]詹姆斯·M. 布坎南. 自由、市场和国家——20世纪80年代的政治经济学[M]. 吴良健，等译. 北京：北京经济学院出版社，1988：18.

③ [美]丹尼斯·C. 缪勒. 公共选择理论[M]. 韩旭，等译. 北京：中国社会科学出版社，2010：1.

不仅被指向某种目的或者目标的达成，决策单位还必须能够采取那种保证目标达成的行动。”[①]但实际上，纷繁复杂的选择会因为个人是站在政治舞台上，还是立足于经济市场中而有所不同。公共选择理论认为，经济市场和政治市场共同构成人类社会的基础。经济和政治领域的划分也决定了个体在选择什么、如何选择以及选择结果等多方面存在诸多差异，由此也带来了市场中的选择和政治中的选择的划分，即所谓私人选择和公共选择。但是有一点是确定的，即参与私人选择和公共选择的个人并不会因为经济和政治的二元划分而出现“在山泉水清，出山泉水浊”的对立，而一以贯之的都是理性而自利的个人，所追求的也都是自身效用最大化。换句话说，没有理由相信一个在日常生活中追求私利的公务人员会在工作的时间里急公好义而一心为公。在公共选择的世界里，我们把个体在经济、政治两方面的行为纳入到一个统一的分析框架或理论模式之中，认为经济人和政治人在本质上是同一个人，即都是趋利避害的经济人。

4.1.1 私人选择与公共选择

1. 私人选择

私人选择是指理性的个人在效用最大化这一原则的引导下，自由决定各种经济行为的过程。在这一过程中，企业采用成本最低的生产技术(如何生产)，生产那些利润最高的商品(生产什么)，消费则取决于个人如何决策去花费他们的收入(为谁生产)。[②] 现代经济学假定，普通的个人能够按等级排列或安排摆在他面前的货物与服务的全部可供选择的组合，而且这种排列是可传递的。在个人选“更多”而不是“更少”并且始终一贯地进行他的选择时，个人的行为就是“理性的”。[③] 理性行动要求接受某个目的，也要求有能力在各种将通向目标达成的取舍中做出选择。在私人选择中，个人行动与这种行动结果之间，通常存在着一一对应的关系。哪怕人们已经认识到市场选择是在面临着各种各样的不确定性情况下做出的，这一点也仍然是真的。[④]

私人选择的对象通常是私人产品，产品交换时利益边界比较清晰，其特点是通过自愿的市场交换，可以形成一个完全反映消费者偏好的市场价格，并且在这样一个价格水平下产品能够有效率地、足量地生产出来。由于私人选择基本上是通过自愿的市场交换自主地完成的，因此进行私人选择的决策行为又被称为市场决策。

---

① [美]詹姆斯·M. 布坎南，戈登·塔洛克. 同意的计算——立宪民主的逻辑基础[M]. 陈光金，译. 北京：中国社会科学出版社，2000：34.

② [美]保罗·萨缪尔森，威廉·诺德豪斯. 经济学[M]. 萧琛，译. 北京：人民邮电出版社，2008：7.

③ [美]詹姆斯·M. 布坎南，戈登·塔洛克. 同意的计算——立宪民主的逻辑基础[M]. 陈光金，译. 北京：中国社会科学出版社，2000：36.

④ [美]詹姆斯·M. 布坎南，戈登·塔洛克. 同意的计算——立宪民主的逻辑基础[M]. 陈光金，译. 北京：中国社会科学出版社，2000：40.

2. 公共选择

公共选择是通过民主政治程序来揭示选民对公共产品数量、质量及弥补其生产成本的税收的偏好，它是一个把私人选择转化为集体选择的过程或机制，是对资源配置的非市场决策。

公共选择实际上是一种政治过程。作为一种政治过程，公共选择有着不同的方面，要经过立宪、立法或议会、行政和司法三个阶段。① 在这三个阶段，公共选择的内容分别体现出层次上的不同。其一，在立宪阶段，公共选择要决定公共产品的决定规则，即偏好加总或者税收负担的决定规则的确定，例如，是全体一致，还是少数服从多数；是直接决定，即全民公决，还是间接决定，即由议会或立法机构决定。其二，在立法或议会阶段，公共选择的主要内容是，通过立法程序，讨论表决各种议案，决定社会所需求和政府所提供的公共产品数量。其三，在行政和司法阶段，公共选择的内容是将立法机构通过的法案付诸实施，由政府行政机构组织生产和提供公共产品。

3. 公共选择与私人选择的区别

私人选择和公共选择基本上概括了个人的全部选择，前者概括了个人在市场中的个人活动，后者概括了个人在政治中的集体活动。两种选择在决策程序、决策规则、决策特点等诸多方面存在差异。具体而言，二者的不同特点如表 4-1 所示。

表 4-1　公共选择与私人选择的区别②

区别项目	公共选择 （非市场决策/集体决策）	私人决策 （市场决策）
决策涉及的资源配置领域	公共产品	私人产品
决策过程/程序	政治过程/民主政治程序	市场过程/市场程序
决策的工具	政治选票	货币选票
决策的原则特点	带有一定的强制性	自愿原则
个人消费需求的满足程度	消费量与需求量可能不相等	消费量＝需求量
个人选择行为与结果的关系	没有直接关系	有直接关系
个人消费—支出关系的特点	不存在一一对应的消费—支出关系，只存在总税收与总公共开支间的调整关系	存在一一对应的消费—支出关系

① 文建东. 公共选择学派[M]. 武汉：武汉出版社，1996：10.

② 郭小聪. 政府经济学[M]. 北京：中国人民大学出版社，2015：154.

续表

区别项目	公共选择 （非市场决策/集体决策）	私人决策 （市场决策）
供求双方的决策影响力	供给方：政府机构 需求方：选民 供给方（政府机构）可能拥有更多的影响决策的权力	供给方：厂商 需求方：消费者 双方基本上拥有同等的决策权力
决策的调整过程	较缓慢	及时迅速

4.1.2 公共选择的主体与影响因素

在公共选择论理论看来，选民、政治家、利益集团、官僚等都是公共选择的主体，不同规则对应下的成本收益分析构成了他们行动的动力。公共选择是在一定的投票规则下进行的，如果没有这些规则，民主政治将会出现混乱。在政治市场的选择中，投票规则是个人偏好与集体选择结果之间的桥梁。① 除了投票规则，决策机制和成本约束等都会影响公共选择。本小节对公共选择的主体及其影响因素做出简单介绍，关于各种主体在不同的体制下的互动等更多的分析将在“政府决策与公共选择机制”一节中做出阐述。

1. 公共选择的主体

（1）公共选择中的选民

在私人部门或经济市场上，人们通过“货币投票”来表达他们对于商品和服务的偏好；在公共部门或政治领域中，人们进行“民主投票”来表示他们对于公共物品的偏好。投票人在做出决定时考虑的利益是从政府活动中得到的效用流。给定若干相互排斥的可选择的方案，其他情况不变，那么一个理性人总是选择给他提供最大效用的一个方案。② 市场竞争和选举竞争分别存在于经济市场和政治市场，理性的个人通过竞争来达到个人利益的最大化。在民主社会，政府的权力来源于人民，选民的行为对政治决策过程有着重要的影响。

（2）公共选择中的政治家

公共选择中的政治家指经由选举产生的诸如议员、总统等从政者。公共选择理论认为，政治家是利己主义的，同时也不排除利他主义行为的存在。利己主义的政治家追求“选票最大化”从而当选或连任，为此，他们必须和大多数选民在立场上保持一致，制定或实行反映大多数人意愿的政策。从这一方面来讲，政治家绝不是为实施某些特定的政策而谋求执政，他们唯一的目标只是获得执政本身的报酬，不是为了赢得选举而制定政策，而

① 黄新华．当代西方新政治经济学[M]．上海：上海人民出版社，2008：80．

② [美]安东尼·唐斯．民主的经济理论[M]．姚洋，等译．上海：上海人民出版社，2005：33．

非为了制定政策而赢得选举。[①] 这就是所谓的纯政治家。在公共选择理论看来，纯粹的政治家完全类同于企业家：政治家争取选票正如企业家追求利润；政治家制定政策进行立法，正如企业家生产产品；政治家不是为了政策自身而制定政策，也正如企业家不是为了产品本身而生产产品。政治生活中，一言兴丧者少，空谈误国者多，但也存在着有抱负的政治家，他们引导少数人之贪婪和多数人之愤怒，将之变为推动社会发展的合力。这种政治家具有一定的政治信念和道德感，他们认为公共物品是民众应得的。与此同时，追求权力、金钱、声望的政治家也广泛存在。

(3)公共选择中的官僚

在公共选择理论看来，官僚通称为政府雇员或公共雇员，他们由当选政治家任命而不是投票人选举。官僚是政治舞台上一个特殊的角色，呈现出既不同于政治家也不同于选民和企业的特征。首先，因为官僚不是经投票人选举产生而是由政治家任命的。所以，官僚通常只对任命他的政府机关和政治家负责，而不直接对选民负责。但是，选民可以通过社会舆论，也可以通过对政党或政府的影响来对官僚施加影响。其次，官僚队伍相对稳定。西方文官制度建立以后，官僚大都由考试进入政府而不受政府更迭影响，这有助于政府工作保持连续性和稳定性，以及确保长远公共利益的被关注和实现。可以说，官僚的存在是政府能够连续运作的必要条件。再次，政治家只有通过各项具体的规章制度和政策方案的实施才能实现其政治主张。大多数情况下，政治家无法规定这些法案具体实施的每个细节，有时政治家的决策只是做一个笼统甚至含糊的规定，所以，具体执行指令的官僚在不同程度上拥有自行决策的权力。最后，官僚在一定程度上可以左右政治决策并最终达成实际的政治均衡。在公共选择的过程中，公共产品的需求是由立法决策过程决定的，而公共产品的供给是由官僚队伍来组织和执行的。官僚可以凭借其信息优势、管理技能和专业知识来影响政治家的决策。

(4)公共选择中的利益集团

组成集团、组织或阶级等也是个人实现对公共物品或政治需求的有效手段。利益集体又称压力集团，指在利益多元化的社会中，具有相似观点或利益要求的人们组成的，并企图通过参与政治过程，影响公共政策实现或维护其利益的社会团体。[②] 利益集团为促进其成员的共同利益而参与政治。它可以通过如下方式达到目的：向候选人提供这种共同利益的有关信息，投票给那些承诺当选后支持集团利益的候选人，以及向候选人提供用于赢得竞选的资金。在某种意义上，利益集团和当选议员、任命官员形成了一个“铁三角”：议员批准项目，官僚实施项目，特殊利益集团则从中获益。

2. 公共选择的影响因素

公共选择涉及投票者将自己对公共产品的偏好反映出去的途径。一般而言，反映的途

① [美]安东尼·唐斯. 民主的经济理论[M]. 姚洋，等译. 上海：上海人民出版社，2005：25.

② 陈振明. 政治学[M]. 北京：中国社会科学出版社，2004：234.

径主要有四种：①通过投票表达；②通过发言表达，或者是书面表达；③通过进入或退出来表达；④通过反叛表达。[①] 公共物品的供给不是根据个人偏好而是集体偏好决定的，是非市场决策的结果，个人的偏好通过政治程序转换成集体行动。公共选择受多种因素影响，主要有投票规则、决策体制和约束条件等。

(1)投票规则

在政治市场的选择中，投票规则是个人偏好与集体选择结果之间的桥梁。不同的投票规则不仅影响到集体选择的结果，而且会影响到个人偏好的满足程度。投票规则主要有以下几类：

①全体一致规则。指一项集体行动方案(政治决策)只有在所有参与者都同意，或者至少没有一个人反对的前提下才能获得通过的一种投票规则。

②多数投票规则。指一项集体行动方案(政治决策)须由参与者中超过半数或半数以上的认可才能实施的一种投票方式，包括简单多数规则(赞成票超过投票人二分之一以上者)和比例多数规则(赞成票须达到一个相当大的比例如三分之二或五分之四才算通过)。

③加权投票规则。根据利益差别，将参与成员进行重要性程度分类，然后根据这种分类分配票数，相对重要者，拥有的票数就多，否则就较少。

④否决投票规则。先让参与投票的每个人提出自己认为可供选择的一整套建议或行动方案，汇总之后每个人否决掉自己最不喜欢的那些方案的一种投票规则。

⑤需求显示法。要求参与者说明在其他条件相同的情况下，愿意付出多少代价以保证集体选择是自己可以接受的。

(2)决策体制

个人偏好通过政治程序转化为集体行动，民主体制下的公共物品需求决定有两种形式：直接民主制和代议民主制。在直接民主制的体制下，个人可以通过投票直接表明自己的偏好——对某项决策表示赞同或反对。直接民主制这种具体决策形式可以在一些国家的城邦议会中找到，也可以在一些小团体和俱乐部，如农民合作社、董事会的决策程序中找到。在代议民主制下，公共物品的需求量由投票人或选民先选举代表，如议员，然后由民选代表决定。

在直接民主制下，个人同时兼备公共产品的需求者和供给者两个身份。但是，在代议民主制下，公共产品的需求者与攻击者被区分开来，选民(消费者)、企业、利益集团是公共产品的需求者，他们愿意为此支付一定的价格；而政府官员们则是公共产品的供给者，他们由被选举出来的代表(政治家)和由任命产生的官僚(政治代理人)组成。不同决策体制下的个人选择范围、对决策结果的影响方式和影响力都有不同，由此做出的公共选择也存在差异。

(3)约束条件

约束条件是指制约公共选择者偏好、支付能力、公共产品供给方式与规模等一系列的

① 文建东．公共选择学派[M]．武汉：武汉出版社，1996：10.

限制条件。公共选择理论坚持理性原则的方法论，认为个人在公共选择活动中，追求的是某种最大个人利益，或者是追求某种值得追求的目标或者有价值的东西，可能是净财富，还可能是社会地位、名誉等其他形式的效用。理性的公共选择者追求的是最大个人效用，每个人都面临着不同的效用函数，政治过程正是要把不同的需要加以调和。

约束条件包括来自集体的约束和来自个体的约束。以选民为例，来自集体的约束指的是，公共选择的对象通常是公共物品或公共服务的供给方式与规模，而他们的供给是需要费用的。例如，多办公立学校可以满足更多人受教育的要求，但是需要经费聘请教师、兴建校舍、购买设备等。这不仅受政府经济状况的制约，也受选民经济状况的制约，因为民主政体下的国家开支主要是通过税收来解决的。来自个体的约束是指个人偏好与支付能力大小形成的约束。

4.2 政府决策与公共选择机制

公共选择理论分析的是与经济相关的政治行为。政治行为是围绕着各种形式的政策措施的讨论、决定与实施而展开的，这些政策措施，要么体现在议会议案之中，要么体现在行政决策之中。但从实质上看，所有议案或决策，其内容都是有关公共物品的。因此，政治行为涉及公共物品的提供，而公共物品的提供又由对它的供给和需求共同决定。公共产品需求是指个体对它的需求，表面上看，公共产品支出水平是政府决策的结果，实际上，公共选择仍是每个具体的个人做出的选择。但是公共物品的需求各不相同，但公共物品的生产和消费却是统一的，无论个人需求量是多少，都一视同仁地被提供相同的公共产品，如同样的马路、同样的环境保护、同样的警察服务等。那么，公共物品的社会需求是如何从不同的个人需求中决定出来的呢?

如 4.1 节所述，民主体制下的公共物品需求决定有两种形式：直接民主制和代议民主制。公共选择理论认为，集体行动是个体在选择集体而非经由个人来实现目的时的行动，个人偏好通过政治程序转化为集体行动，政府则是允许这样的集体行动发生的诸过程之集合或机器。相应的，公共选择学派视阈下的政府决策有直接决策和间接决策两种。

4.2.1 直接民主制下的政府决策机制

直接民主决策机制是指全体公民直接投票，参与公共决策，并以投票结果作为最终选择的一种决策制度。在民主体制下，公共物品需求的直接决定，无一例外都要通过投票进行，在不同的阶段针对不同的公共物品需求议案，有着不同的投票规则。

1. 全体一致规则

全体一致规则指一项集体行动方案(政治决策)只有在所有参与者都同意，或者至少没有一个人反对的前提下才能获得通过的一种投票规则。个体是公共物品议案决策的利益相关者——每一项提供公共物品议案的实施都既能给当事人带来利益，同时又因要征税筹资，从而给当事人招致成本。所以，每一位当事人都会慎重比较该议案可能带给自己的成本与获利，否定于己不利的议案而赞成对自己有利或者至少是不损害自己利益的议案，因此，“提供公共物品的明显的投票规则似乎应是全体一致同意”①。如果按照全体一致规则，就可照顾每一个当事人的利益，不使任何一人受损而使至少一人受益，因此，全体一致规则可以达到帕累托最优的状态。经济市场上的完全竞争对应着政治市场上的一致同意。

(1)全体一致规则与帕累托最优

全体一致规则能实现资源配置的帕累托效率，首先由维克塞尔(Knut Wicksell)在他的《公平赋税的新原理》一文中加以论述，后来布坎南和塔洛克在《同意的计算》中加以发挥。

瑞典经济学家埃里克·林达尔(Erik Lindahl)在维克塞尔“新税收原理”②的基础上建立了林达尔均衡③，这是一种通过一致同意规则决定公共产品提供以实现效率的制度，该制度尽可能努力模仿在提供私人产品中的作用方式，建立起一个类似于私人产品竞争性均衡的公共产品的均衡模型。在私人产品市场上，所有的消费者们面临着相同的价格，有着不同的需求量，市场上的私人产品供给数量等于所有消费者的需求量之和，私人产品的市场均衡是由需求曲线和供给曲线的交点描述。而林达尔认为在公共产品市场上，虽然公共产品一旦被提供出来以后，所有的消费者都必须面临着相同的公共产品数量，但是每个人对公共产品的需求量不同，而且消费者所购买的公共产品数量可以根据自己的意愿确定相应的价格，而非取决于某些政治选择机制和强制性税收。

图 4-1 描述了林达尔均衡的形成过程。假设一个社会是由甲和乙两个人构成的，他们都能准确表达自己的偏好，而且为了防止决策的先后次序带来的投机行为，假定公共产品的产出水平与甲和乙各自负担的成本份额的方案是同时决定的。图 4-1(a)和图 4-1(b)描述的是当甲或乙在面临某个税收价格(P_1 或 P_2)时对公共产品的需求数量为 G^*。图 4-1(c)的集体需求曲线是由图 4-1(a)和图 4-1(b)所示的需求曲线纵向相加而得，林达尔均衡出现在该曲线和供给曲线的交点上，在图 4-1(c)中，当甲和乙都愿意投票赞成相同的公共产品数量 G^* 时，甲和乙分别愿意承担的税收价格为 P_1 和 P_2。

① [美]丹尼斯·C. 缪勒. 公共选择理论[M]. 韩旭，等译. 北京：中国社会科学出版社，2010：75.

② WICKSELL K. A new Principle of just taxation (1896) [M]. MUSGRAVERA, PEACOCK AT. Classic in the Theory of Public Finance. New York: St. Martin's Press, 1958: 72-118.

③ LINDAHL E. Just Taxation: A Positive Solution (1919) [M]. MUSGRAVERA, PEACOCK AT. Classic in the Theory of Public Finance. New York: St. Martin's Press, 1958: 119-136.

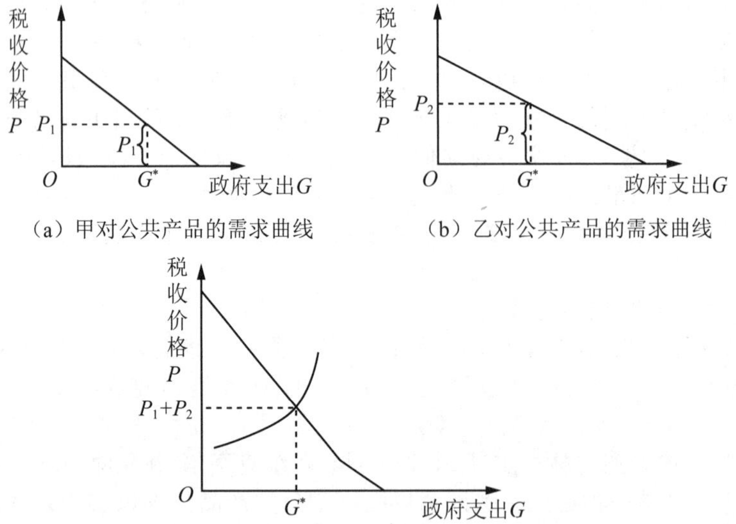

(a) 甲对公共产品的需求曲线

(b) 乙对公共产品的需求曲线

(c) 公共物品的集体需求曲线

图 4-1　林达尔均衡①

林达尔均衡是帕累托有效的。假定甲和乙给定一个初始收入，他们的效用水平由所消费的私人产品 X 和公共产品 G 决定。其中，私人产品的价格为 P_X，公共产品的价格为 P_G，由甲和乙支付的税收价格 P_1 和 P_2 共同融资，那么，由此可得：

$$\mathrm{MSR}_{GX}^{甲}=P_1/P_X$$

$$\mathrm{MSR}_{GX}^{乙}=P_2/P_X$$

$$\mathrm{MSR}_{GX}^{甲}+\mathrm{MSR}_{GX}^{乙}=P_1/P_X+P_2/P_X=(P_1+P_2)/P_X=P_G/P_X=\mathrm{MRT}_{GX}$$

由此可得，所有人(甲和乙)的边际替代率之和等于边际转换率，说明以这种方式确定的公共产品的供给是有效率的，林达尔均衡是符合帕累托效率条件的。所以，实行一票否决制的全体一致规则满足的是所有投票人的偏好，按照该规则决定提供公共物品的议案就可以照顾到每一个当事人的利益，如果没有人受损就不会有人受益，从而达到帕累托最优。

(2)全体一致规则的实现途径

探讨了全体一致规则的帕累托效率之后，我们要考虑的是如何才能实现这种全体一致。设想有一个无偏公正的观察者，由他按照既定规则来主持投票，并根据其在各轮投票中收集到的投票人所反馈的信息不断地修改议案，而后进行下一轮投票，直至达成一致意

① [美]约瑟夫·E. 斯蒂格利茨. 公共部门经济学[M]. 郭庆旺，等译. 北京：中国人民大学出版社，2005：148.

见。主要有三种方法可以实现这一公共选择过程。

第一种方法是由林达尔设计的公共产品提供的决策程序。观察者给每个人分配一个税收价格，投票人根据自己的偏好和收入预算，提出一个在该税价格下最满意的公共产品需求量，而后如实地告诉观察者。如果不同的投票人提出的公共产品数量不相等，观察者就要继续调整税收价格，投票人也据此不断调整并披露自己对公共产品的需求量。这个过程将一直持续下去，直到在一组税收价格下，所有人对公共产品的需求都相同。至此，该税收价格结构与公共产品需求所构成的议案就获得所有投票人的一致同意，实现林达尔均衡。

第二种方法是由观察者提出一个初始的公共产品数量，投票人向观察者报告自己在该数量下愿意承担的税收份额。如果投票人提出的税收价格总和等于提供该公共产品所需的成本，那么投票过程结束，否则，观察者将不断地修改待提供的公共产品数量，投票人也据此报告新的税收价格，投票过程将一直持续到总税收与总成本相等为止。这种方法同第一种方法正好相反，但得出的结果都符合帕累托最优，并且是唯一的。

第三种方法是由观察者提出一个议案，包括每个投票人必须支付的税收价格和一个公共产品数量。如果所有的投票人都愿意接受这个共同分担公共产品成本的建议，那么该议案就变成现时的决策。若得不到一致同意就进行修改，观察者会提出一个新的税收份额——公共产品数量组合对，直到一致赞同，形成全体一致同意的社会选择。这种方法导致的结果不是唯一的，会产生多种可能的组合。某个结果的产生不仅依赖于初始禀赋和个人偏好，还有赖于决策过程中提出的具体的税收价格——公共产品数量组合的集合和序列。但是，每一个结果也都符合帕累托最优，只是没有额外的评判标准是无法对这些结果进行比较的。

(3)全体一致规则的不足

全体一致规则是唯一能确定的导致满足帕累托条件的公共产品数量和税额的选举规则。维克塞尔以及后来的布坎南和塔洛克都对此给予认可。对全体一致规则有两种主要的批评。第一，这种规则的决策成本太高。摸索式的寻找需求曲线上的一个点可能需要相当长的时间，特别是在各成员的偏好不相同的大型社区里，社区成员在寻找一组帕累托最优赋税额时所造成的时间损失会超过一些人的所得，这些人只要不缴税，其所得将超过公共产品给他们带来的净收益。一个人如果不确定在不一致规则下他是否受到“剥削”，那么他很有可能更愿意选择这种不一致规则，而不愿花时间去要求一致性通过。① 因此，这一规则仅仅在较小范围内的集体行动中才是可能被采用的。第二，这一规则会鼓励策略性行为。全体一致规则假定所有的投票人都能如实地表达自己的偏好，诚实投票，但显然这是不现实的。公共产品的属性决定了投票人有隐瞒其真实偏好和搭便车的动机，采取使自己尽可能获得更大收益而承担较少成本的策略性行为，尽管这要冒完全不提供公共产品或公

① ［美］丹尼斯·C. 缪勒. 公共选择理论[M]. 韩旭，等译. 北京：中国社会科学出版社，2010：81.

共产品的供给量小于最优数量的风险。即使策略性行为不能无限制地阻挠一致性的集体决策，最终达成的结果也要取决于他们的讨价还价能力和对风险的偏好。[①] 所以，全体一致规则下的策略性行为会延迟协议的达成，甚至妨碍协议的最终达成。

2. 多数通过规则

多数通过规则指一项集体行动方案(政治决策)须由参与者中超过半数或半数以上的认可才能实施的一种投票方式，包括简单多数规则(赞成票超过投票人二分之一以上者)和比例多数规则(赞成票须达到一个相当大的比例，如三分之二或五分之四才算通过)。全体一致规则的决策成本太高，绝大多数观察家，包括像维克塞尔、布坎南和塔洛克这类最倾向于全体一致规则的人，也都认为其成本非常大，以至这种全体一致规则成为不可能。[②] 他们和其他公共选择学者都主张在多数情况下退而求其次，采取多数通过的决策规则。但是，假如一项决策不需要经过全体社会成员的一致同意就能决定，那么应该有多大比例的人同意才合适呢？这个比例的确定就涉及如何确定最优多数的问题。然而，多数通过规则是否又是完美无缺的呢？

(1)最优多数(The Optimal Majority)

使用多数通过规则对议案进行表决意味着少数人被“强迫”消费并非他所满意的公共物品，其利益会受到损害。如果说一个议案经过重新修订就能保证获得一致性通过，那么，用非全体一致规则通过该议案就会给那些因此遭受利益损失的人招致成本。个人在非全体一致规则下的实际效用水平与在全体一致规则下应达到的效用水平之间的差额被称为这种决策规则的“外在成本”(External Costs)[③]。虽然全体一致规则可以避免外在成本，但如前文所述，全体一致规则的决策存在极高的决策成本，比如用以向不熟悉议案价值的人说明议案利益的性质的时间，用以讨论、修改、表决以寻求一个有利于所有人的议案所需时间和精力，以及因投票人的策略性行为而耗费的资源等。也就是说，一项有关公共产品提供的议案，若是由个人独裁，那么决策成本小而外在成本大；若是经由全体一致规则决策，那么决策成本最大而外在成本最小。因此，当一项议案有人反对，要确定到底由多少人同意才合适的问题时，需要在非全体一致规则的外在成本和全体一致规则的时间成本之间进行权衡取舍。所谓最优投票规则，指的就是在考虑到投票成本后设计出的能产生最大净收益的规则。

如图 4-2 所示，横轴表示通过一个议案所需的人数，纵轴表示一个具体的集体决策的成本，曲线 C 是外在成本函数，表示在多数通过规则下通过一个有人反对的议案所造成的预期效用损失，曲线 D 是决策成本函数，是为争取议案通过所需的多数而导致的决策时间成本描绘成所需多数规模的函数。当通过一个议案所需的外在成本和时间成本之和达到最

---

① [美]丹尼斯・C. 缪勒. 公共选择理论[M]. 韩旭，等译. 北京：中国社会科学出版社，2010：83.

② [美]丹尼斯・C. 缪勒. 公共选择理论[M]. 韩旭，等译. 北京：中国社会科学出版社，2010：84.

③ [美]詹姆斯・M. 布坎南，戈登・塔洛克. 同意的计算——立宪民主的逻辑基础[M]. 陈光金，译. 北京：中国社会科学出版社，2000：93-95.

小值时，即在 C、D 两条曲线纵向相加的最低点处，实现了最优多数。也就是说，在给定这些成本曲线的条件下，通过议案的最优多数是 K/N，在这个比例上，为了再争取一个人支持而对议案重新修订所获得的预期效用恰好等于这样做带来的预期的时间损失。①

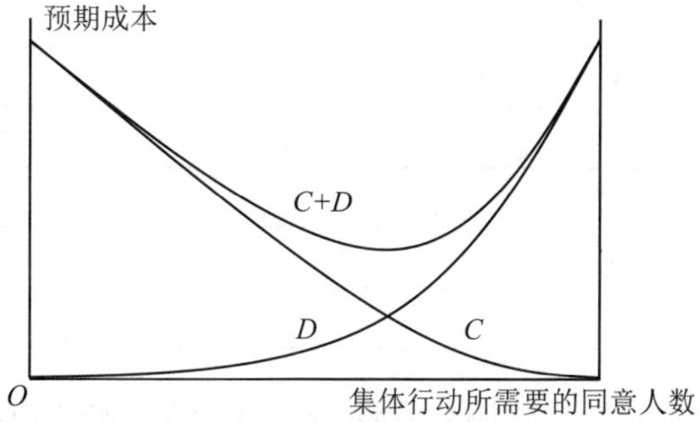

图 4-2　选择最优多数②

当然，最优多数并不是唯一的，议案性质、决定议案的社区规模、议案的信息成本和投票人偏好的差异性等因素都会影响到最优多数所需确定的集体行动的最少同意人数。一般而言，社区规模越大，一个议案的通过给持反对意见的投票人招致的成本越小；信息成本越高，投票人的偏好存在的差异越大，最优多数所要求的同意人数占社区规模的比例相对要小些。例如，纯私人物品只需个人同意即可，而在涉及根本性问题，比如讨论宪法时，布坎南就主张尽量使用一致同意规则，至少应使用尽可能多的多数决定规则。而且，如果一个人的喜好总是显得与众不同，自然会希望多数通过规则的这个多数是个更大比例的多数，而一个分秒必争，时间成本较高的人却希望这个多数是个数值较小的比例。

(2)投票悖论

多数通过规则中的简单多数票规则又称为过半数规则，指的是一项议案或决策的通过，只需得到超过全体投票人半数以上的赞成票即可。比例多数票规则则要求赞成票占高于半数以上的相当大的比例，议案或决策才能获得通过。这种比例多数票规则又可以分为 2/3 多数制、3/4 多数制和 4/5 多数制等。在大多数西方国家的立法机构、俱乐部和委员会中，通行的都是多数票规则。按照多数票规则进行集体选择就有真正的民主吗？

早在 18 世纪 80 年代，法国社会学家孔多塞和博尔塔(Jean Charles de Borda)就观察到多数票规则的一个重要特性——它不能在多个备选方案中达成均衡而在各种选择之间循环。这种现象被称为投票悖论(the Paradox of Voting)或孔多塞悖论(Condorcet's Paradox)。我们用下面的例子来说明孔多塞的发现。

---

① [美]丹尼斯·C. 缪勒. 公共选择理论[M]. 韩旭，等译. 北京：中国社会科学出版社，2010：85.

② [美]詹姆斯·M. 布坎南，戈登·塔洛克. 同意的计算——立宪民主的逻辑基础[M]. 陈光金，译. 北京：中国社会科学出版社，2000：101.

设有投票人甲、乙、丙，待决定的议案为 A、B、C，分别代表 0、100 万和 500 万的国防开支量。偏好顺序如表 4-2 所示。在这三种议案中，三个人的偏好用不等号表示①。

表 4-2 投票悖论

偏好 / 投票人	议 案						
	A		B		C		A
甲		>		>		<	
乙		>		<		>	
丙		<		>		>	
社会		>		>		>	

由于存在三个待定的议案，所以按照简单多数规则只能采取两两对决的方式，否则可能没有议案可以获得半数以上的赞成票。具体来说就是每次提交一对议案付诸投票，过半数者胜出并参加下一轮角逐，能击败所有其他议案的议案成为社会选择的最终结果。那么，这样能否排出一个稳定的集体偏好顺序呢？由表 4-2 所列的投票人偏好排序情况可以发现，假如第一轮表决是在议案 A 和 B 之间进行投票，A 胜出；第二轮表决在议案 A 和 C 之间进行投票，C 胜出；第三轮表决在议案 B 和 C 之间进行投票，B 胜出；第四轮表决在议案 A 和 B 之间进行投票，A 胜出……投票将如此循环往复进行下去，没有赢家，没有尽头。在这种多数票规则下，投票可能不具有稳定一致的均衡结果的现象被称为投票悖论，或者循环投票悖论(Paradox of Cyclical Voting)。

为了避免循环投票，民主社会常常按照投票顺序进行决策。具体的做法是率先进行两两对决的议案，只有胜者才有资格进入下一轮的角逐，而失利者则被淘汰出局，不再成为预表决方案。接上例，假如第一轮表决是在议案 A 和 B 之间进行投票，A 胜出，B 被淘汰；第二轮表决在议案 A 和 C 之间进行投票，C 胜出，投票过程结束，议案 C 是社会选择的结果。但是，假如第一轮表决先在议案 B 和 C 之间进行投票，则 B 胜出，C 被淘汰；第二轮表决只能在议案 A 和 B 之间进行投票，A 胜出，投票结束，最终获胜者为 A。可以发现，尽管三个人的偏好没有任何的改变，表决的结果也是唯一的，但是，投票顺序的改变却使社会选择的结局完全不同。显然，在这里，议程控制(Agenda Manipulation)即投票顺序的安排是非常重要的。可是，这将刺激人们采取策略性行为，即“当一个从个人偏好推导社会选择的机制建立以后，个人将发现，从理性的观点来看，不真实地表达他们的偏好将是有利可图的”②。假如甲、乙、丙都知道投票规则采取的是淘汰制，也了解投票顺序，那么在投票过程中他们就会采取策略性行为，而不愿表露真实的偏好。继续接上例

① 用“>”表示偏好，如“A>B”表示的是，对投票人而言，议案 A 胜过议案 B。

② [美]肯尼斯·阿罗. 社会选择与个人价值[M]. 陈志武，等译. 成都：四川人民出版社，1987：3.

进行分析，在第一轮表决过程中，由于甲知道，如果它支持议案 A，A 就会胜出，但在接下来的最终对决中，A 是会失利的，而 C 才是最终的获胜者。对于甲来说，选择议案 C 倒不如选择议案 B。考虑到这个最终的均衡结果，甲就有可能在第一轮投票中支持议案 B 而非议案 A，即使他更偏好 A，因为只有这样，才会让 B 在第二轮的投票中与 C 对决并获胜。

(3)阿罗不可能定理

如前所述，多数票规则往往导致投票循环，投票顺序也有可能被人为操纵，引致策略性行为。那么，是否存在一个理想的政治机制，可以解决多数票规则所面临的这一困境呢？肯尼斯·约瑟夫·阿罗(Kenneth Joseph Arrow)对此进行了研究，他得出的结论是："如果我们排除效用的人际间比较的可能性，那么令人满意且又相当广泛的个体排序组都有定义，把个体偏好集结成社会偏好的仅有方法要么是强加的，要么就是独裁性的。"[①]其指的是，不存在一种能够把个人对 N 种备选方案的偏好次序转化成社会偏好次序，并且能准确表达社会全体成员的各种各样的个人偏好的社会选择机制。此即为"阿罗不可能定理"(Arrow's Impossibility Theorem)或"阿罗悖论"(Arrow Paradox)。通过对有关社会选择的两个公理和民主社会所需要的五个条件的分析，阿罗得出了他的结论。[②③]

阿罗提出的社会选择的两个公理如下。

公理一：连贯性。即对于所有的选项 X 和 Y，一定有 $X \geqslant Y$ 或 $Y \geqslant X$。

公理二：传递性。即对于所有的选项 X、Y、Z，如果有 $X \geqslant Y$，$Y \geqslant Z$，则有 $X \geqslant Z$。

这两个公理与理性人假设是一致的，它们也是社会福利函数建立的基础。根据这两个公理，对于任何既定的各种各样的个人偏好，社会选择规则必须产生出一种连贯的和可传递的社会偏好次序。

阿罗认为，民主主义必须满足下列五个条件。

条件一：个人偏好排序的普遍相容性。

如果给出每一个人的偏好排序，社会福利函数可以给出一个真实的社会排序。这个条件说明，个人如何选择他的偏好排序是无关紧要的，个人面临一组选择方案时，可以按照自己的意愿排列偏好次序。

条件二：社会评价与个人评价正相关。

假定有 n 个人在 X 和 Y 中做出选择，如果其中多数人选择 $X>Y$，少数人选择 $X<Y$ 时，按照多数通过规则进行表决的结果(即社会选择)必然是 $X>Y$；这时如果少数人中的一个人改变偏好次序，也选择 $X>Y$，社会选择的结果不变，依然是 $X>Y$。

---

① [美]肯尼斯·阿罗．社会选择与个人价值[M]．陈志武，等译．成都：四川人民出版社，1987：110.

② [美]肯尼斯·阿罗．社会选择与个人价值[M]．陈志武，等译．成都：四川人民出版社，1987：20-60.

③ 方福前．公共选择理论[M]．北京：中国人民大学出版社，2000：56-60.

条件三：不相关选择对象的独立性。

在一组可选择的社会状态方面所进行的社会选择仅仅依赖于关于这些可选择对象的个人偏好次序，而不依赖于其他任何东西。例如，如果在 X 和 Y 之间进行选择，X 和 W 之间的关系发生变化，这种变化对 X 和 Y 的偏好次序不相关。同样，如果可选择状态 W 和 Z 之间的关系发生变化，则同样也不影响 X 和 Y 的偏好次序。不相关选择是不依赖于议事日程(投票程序)的选择。

上面的条件一是说，如果环境变化而个人偏好次序不变，那么所做的各种选择之间应存在某种一致性。条件二和条件三是说，如果环境固定不变，某些特殊类型的个人评价发生改变时，所做的各种选择应有某种一致性。

条件四：社会福利的函数不应是强加的。

社会偏好次序必须按这样一种方式产生：这种偏好次序是从包括所有逻辑上可能的个人偏好次序的范围中推演出来的。就是说，我们不希望通过限制个人偏好次序的范围来获得社会偏好次序，或者说，社会福利函数不应该是强加的。

条件四表达了“自由选择”的思想，所有的社会选择都由个人意愿来确定。条件二(保证社会选择的结果与个人意愿相一致)和条件四共同表达了人民主权的思想。

条件五：非独裁性。

不存在这样的情况：对于所有的可选择状态 X 和 Y，如果一种特殊的个人严格地宁要 X 而不要 Y，那么，社会将会严格地宁要 X 而不要 Y，而无视其他个人的偏好。

这个条件是说，社会偏好次序不受某些个人的偏好所左右，任何个人不能把他的偏好强加为社会偏好。

阿罗认为，任何投票规则或选择程序必须同时满足上述两个公理和五个条件，才能把个人偏好次序转换成社会偏好次序或集体偏好次序。但事实上，它们不可能同时都得到满足。因此，不存在任何一种可能把个人偏好总和为理想的社会偏好的政治机制或集体决策规则。

阿罗把他的这一结论表述为“一般可能性定理”：如果社会中的各个成员至少能自由地对三个备选对象以任何方式进行排序，那么满足条件二和条件三并且能满足公理一和公理二的社会排序的任何一个福利函数必定要么是强加的，要么是独裁性的。“如果对个体排序的实质不做任何预先假设，那么没有任何表决方法能排斥掉投票悖论。复数投票法不能，任何比例代表制也不能，无论方法多么复杂，排除这种悖论都是不可能的。同样的，市场机制也不能产生一合理的社会选择。”①

---

① [美]肯尼斯·阿罗．社会选择与个人价值[M]．陈志武，等译．成都：四川人民出版社，1987：110．

(4)投票悖论的消除[①][②]

不少西方学者批评阿罗提出的条件过于苛刻，一些人认为阿罗悖论不具有经验上的相关性，他们试图通过放松阿罗所设的条件来求解阿罗悖论。

①表决程序安排

关于表决程序的安排，主要有确定投票程序、博尔达计票法和淘汰程序三种方法。

在多数通过规则下，如果首先确定一个投票(或表决)程序，集体选择将会获得确定的结果，投票循环将不再发生。在上述投票悖论的例子中，A、B、C 三种议案会因不同的两两比较顺序而产生不同的结果，最终那种议案的胜出则取决于表决程序安排——确定投票程序的权力常常就是决定投票结果的权力。

另一种打破投票循环的程序安排被称作博尔达计票法，也叫“序数程序法”。在这种程序安排下，每一个投票人首先按照自己的偏好次序来排列各种备选方案，然后按照偏好次序对不同的备选方案进行计数，最后根据一定的投票程序将每个投票人对同一个方案的偏好加总起来，得票数最多的方案获胜。例如，有 M 个人对 N 个备选方案进行表决，每个人对这 N 种方案的偏好次序是不同的，排在第一位的方案给它计为 N 点，排在第二位的方案计为 $N-1$ 点，排在第三位的方案计为 $N-2$ 点，依此类推，排在最后的方案计为 1 点。通过加总 M 个人分别对 N 个方案的偏好点数，获得点数最多的方案就是获胜者。

还有一种打破投票循环的程序安排称作“淘汰程序”。这种程序安排是：如果要在 N 种方案中进行选择，先在每一轮两两比较中都淘汰掉得票最少的方案，获胜的方案再同剩下的方案进行角逐，最后剩下的方案就是获胜者。

②建立单峰偏好

早在 1958 年，针对孔多塞的投票悖论，邓肯·布莱克(Duncan Black)在他的《委员会和选举理论》一书中提出，通过适当限制个人偏好以适应某种特殊模式，很可能产生一种均衡的投票结果。[③] 这种由布莱克强加给个人偏好的特殊模式就是这些人具有单峰偏好(Single-Peaked Preferences)。所谓单峰偏好，是指投票人在一组按某种标准排列的备选方案中，有一个最为偏好的方案，而从这个理想方案向任何方向的偏离，其偏好程度或效用都是递减的。如果一个人具有双峰或多峰偏好，则他从最为偏好的方案偏离，其偏好程度或效用会下降，但之后会上升。

布莱克指出，虽然对同一组方案各个人的单峰偏好是不同的，但是只要投票人的偏好都是单峰值的，简单多数票规则一定可以产生出唯一的均衡解，这个均衡解和中间投票人的第一偏好正好一致，即中间投票人偏好的议案或公共物品会被通过。布莱克的这一观点后来也被称为单峰偏好理论和中间投票人定理(the median voter theorem)，也称作“布莱

① [美]丹尼斯·C. 缪勒. 公共选择理论[M]. 韩旭，等译. 北京：中国社会科学出版社，2010：163-200.

② 方福前. 公共选择理论[M]. 北京：中国人民大学出版社，2000：61-67.

③ 方福前. 公共选择理论[M]. 北京：中国人民大学出版社，2000：63.

克定理”。①

用图 4-3 来表示表 4-2 中的个人偏好顺序。由于投票人乙的偏好是双峰的，所以导致了投票循环的出现。那么，如果对乙的偏好进行一定的修改，即将乙的偏好改为单峰的，投票循环是否会消失呢?

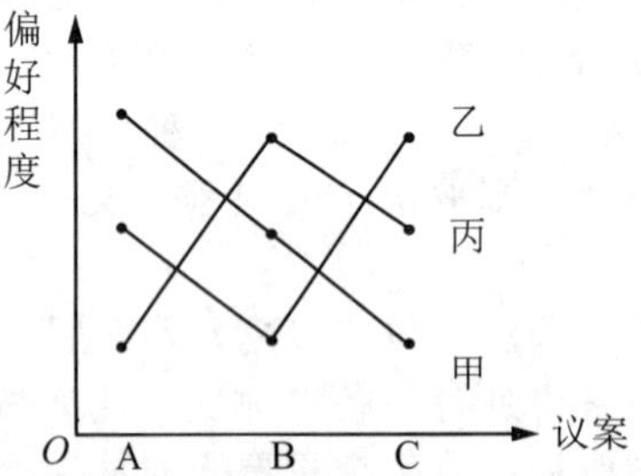

图 4-3 产生投票悖论的个人偏好顺序图

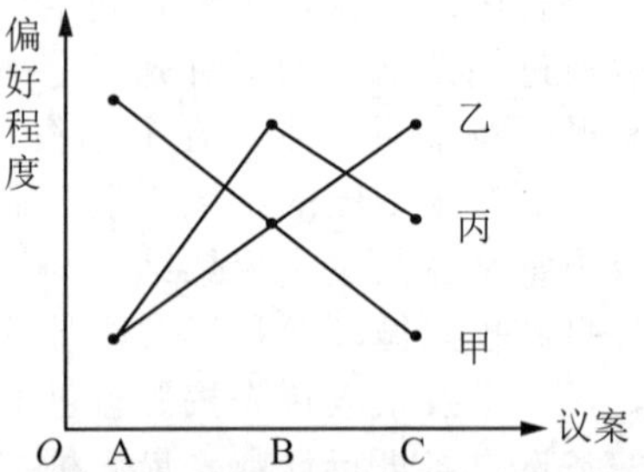

图 4-4 产生均衡结果的个人偏好顺序图

将上面投票人乙的个人偏好顺序作一些调整，调整后的结果如表 4-3 所示，图 4-4 反映的是表 4-3 的偏好顺序。此时，甲、乙、丙三个投票人都表现出单峰偏好，其投票结果是唯一和稳定的，为议案 B。单峰偏好理论得以验证。

现在假定面临的是一个单维社会决策问题，即只有一种公共物品 G。现在的问题是对各种可选择的结果，即公共物品 G 的数量进行选择。由图 4-5 可知，G^* 是满足众人需求的最好结果，它与图 4-5(b)中的序数效用指数相对应。这和图 4-5(a)的约束条件下的效用最大化是等价的。

表 4-3 调整后的投票人偏好排序表

偏好 / 投票人	议案						
	A		B		C		A
甲		>		>		<	
乙		>		<		>	
丙		<		>		>	
社会		<		>		>	

在图 4-6 中，五个投票人对公共物品的数量进行表决，这五个人的偏好都是单峰的，分别是从 V_1 到 V_5，最终选择公共物品数量将是 m，即中间投票人 V_3 所偏好的数量。因此，当所有投票者的偏好都是单峰时，多数票规则就会产生一个均衡的结果，循环就会消

① Duncan. Black On the Rationale of Group Decision-making [J]. Journal of Political Economy, 1948, 56(1): 23-34.

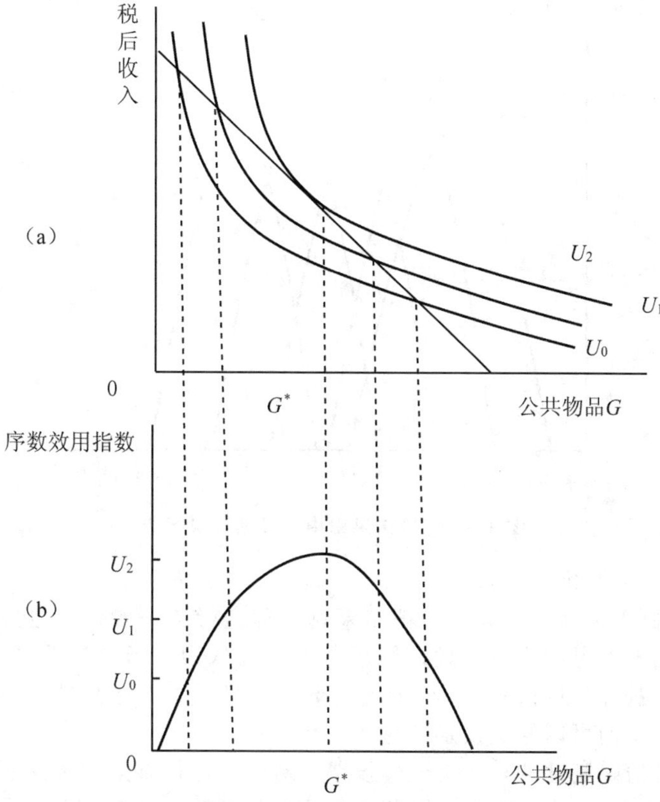

图 4-5　单峰偏好次序的推导①

失。这个均衡点就是中间投票人的峰值偏好。中间投票人指的就是这样一种投票者，其最偏好的结果处于所有投票者最偏好结果的中间状态。如果在一个多数决策模型中，个人偏好都是单峰的，则反映中间投票人意愿的那种政策最终会获胜，因为选择该政策不仅使中间投票人获益最大，也使其他人损失最小。②

也就是说，由于有一半的投票人比中间投票人偏好更少的公共产品数量，而有另一半投票人偏好更多的公共产品数量，倘若将中间投票人最偏好的议案与任何公共产品数量多于他的议案放在一起两两对决，那么，中间投票人和所有希望公共产品数量少于中间投票人最偏好的数量的投票人都会选择支持中间投票人，反之亦然。在这种情况下，多数投票

① 方福前. 公共选择理论[M]. 北京：中国人民大学出版社，2000：65.

② [美]安东尼·唐斯. 民主的经济理论[M]. 姚洋，等译. 上海：上海人民出版社，2005：106-131.

的结果对应于中间投票人的偏好。

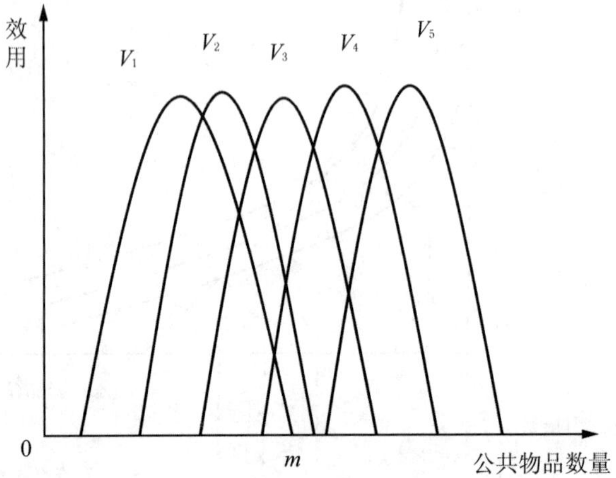

图 4-6　选择结果由中间投票人决定①

③阿玛蒂亚·森的“价值极限定理”②

阿玛蒂亚·森(Amartya. K. Sen)把布莱克定理进行了一般化，他提出，通过放松阿罗的条件可以使阿罗不可能定理失效。阿玛蒂亚·森认为，当参与投票的人数为奇数时，如果这些投票者的选择是价值限制(value restriction)性质的，则阿罗的条件二至条件五即可满足可传递性，从而可以避免投票悖论。

所谓选择是价值限制性的，是指全体投票人对一组选择方案中都同意其中的一个方案不是最优方案。例如，在表 4-3 中，如果三个投票人都不认为 A 方案是最优的，就得到了表 4-4。

表 4-4　投票悖论的消除

偏好 / 投票人	议案						
	A		B		C		A
甲		<		>		<	
乙		<		<		>	
丙		<		>		>	

根据三个人对三种方案的偏好次序排列，在 A、B 两种方案中进行投票时，B 以全票

① [美]丹尼斯·C. 缪勒. 公共选择理论[M]. 韩旭，等译. 北京：中国社会科学出版社，2010：97.

② 方福前. 公共选择理论[M]. 北京：中国人民大学出版社，2000：66.

获胜；在 B、C 两种方案中进行投票时，B 以 2∶1 获胜；在 C、A 两种方案进行表决时，C 以 2∶1 获胜。由于 B>C>A，B 以多数票获胜，投票悖论消失。森的上述结论可被一般化：在任意三个备选方案中，全体投票人对其中的一个方案达成一致意见，投票悖论可以消除。这可以有三种选择模式：全体投票人都同意其中的一个方案不是“最优的”；全体投票人都同意其中的一个方案不是“次优的”；全体投票人都同意其中的一个方案不是“最差的”。

④需求—显示过程

这种规则不要求投票者在各种方案中取舍，以赞同或反对的方式来进行表决，而要求参与者说明在其他条件相同的情况下，愿意支付出多少代价以保证集体选择是自己可以接受的。

假设由三人组成委员会，他们的偏好由表 4-5 给出，投票者 A 有望从议案 P 的获胜中得到 30 元的利益，投票者 C 可得 20 元的利益，而投票者 B 赞同议案 S 并得到 40 元的利益。选举胜者的过程是首先要求三个投票者公布他们的预期利益数额，然后对他们投票支持的议案所获得的预期数额进行加总，其数额最大者即为胜者。在前面这个例子中，胜者为 P，因为它获得投票者 A 和 C 的预期数额为 50 元，而 S 只获得投票者 B 仅为 40 元的利益。

表 4-5　需求—显示过程

偏好 / 投票人	议　案		
	P	S	税
A	30		20
B		40	0
C	20		10
合计	50	40	30

根据投票者的反应和他们对于最终结果产生的影响来向他们征收一定的税款，从而引导投票者显示他们的真实偏好。税款的计算方式如下：把各议案的其他所有投票者的数额加总，然后把被讨论者的数额加总到该议案数额中去，再与另一个议案总额相比较，看是否改变了结果。如果结果没变，他也无须缴税；如果结果变了，他就要付税，其所付的税款额等于另一个议案将获胜的预期净收益减去他的预期数额。因此，只有当投票者的选票对改变结果有决定性作用时，他才需要付款，他所付的税款并不是他自己公布的数额，而是其他投票者在两个议案上宣布的投票差额。表 4-5 最后一列数字就是三个投票者的纳税额。去掉 A 的数额，支持议案 S 的就有 40 元，支持议案 P 的有 20 元。可见，A 在决定结果时具有决定性作用，并给其他两个投票者强加了 20 元的净成本，而这就是 A 的纳税额。同理，B 不用纳税，因为其对结果没有影响，C 的纳税额为 10 元。与此同时，随着选民数量的增加，需求—显示过程下的税额将随之减少。①

① 丹尼斯·C. 缪勒. 公共选择理论[M]. 韩旭，等译. 北京：中国社会科学出版社，2010：179.

⑤否决投票

否决投票是首先让参与投票的每个人提出自己认为可供选择的一整套建议或行动方案，汇总之后每个人否决掉自己最不喜欢的方案的一种投票规则。该过程分两步。

首先，每个委员会成员对委员会过程结果给出一个议案。这些议案可以是一种公共物品的数量和对该公共物品融资的税收公式，也可以是伴有公式的公共物品数量的一个完整向量。共有 $n+1$ 个议案促成的集合，包括 n 个委员会成员提出的 n 个议案外加一个维持现状议案。然后，由一个随机过程来确定否决投票顺序，并把顺序告知全体成员。排在第一位的成员开始从 $n+1$ 个议案的集合中否决掉一个议案，第二个否决投票者再从余下的 n 个议案中去掉一个议案，直到 n 个成员都否决了一个议案，则没有被否决的那个议案就是获胜者。

但是这种规则的缺点也是显而易见的：否决投票规则实施的可行性，要求所有参与集体行动的个体，在利益与兴趣上存在某种共同性。当参与集体行动的个体存在着较大的利益冲突时，实行这种规则就很难做出最终决策，所有备选方案可能最终都将被否决。此外，随着参与投票的人数增多，参与的积极性也会下降。而且，这种投票规则也容易受到联盟的损害。例如，在三个人参加的投票活动中，如果其中两个人达成协议，那么这两个人可以提出相同的议案，而那个被排斥的成员只能对议案中的一个投否决票，而另一个议案将获胜。

4.2.2 代议民主制下的政府决策机制

在选民人数和议案数目都很多的情况下，直接民主制就面临着组织成本较高、过程较复杂、耗时太久而不利于对选举局势的控制。这也决定了直接民主决策机制只能在有限的范围内使用，更多时候则需要以某种方式选取代理人，也就是要采取间接民主决策机制。于是，“主席问题”便是要挑选某些人来表达该政治体的大多数成员可能持有的观点。[①] 当前，运用最为广泛的间接民主方式为代议民主制。

在现代西方民主制度下，代议民主制(representative democracy，简称“代议制”)是集体决策的另一种方式。与直接民主制不同，代议制下的选民并不直接对候选人、政府议案或公共政策进行投票表决，而是选举少数人作为代表，由这些代表来决定所需采取的集体行动。代议制是一种间接民主方式，代议制的出现使间接选举成为政治选举的主要方式。

在代议民主制中，选民选择代表，代表选择政策。虽然选民和代表的行为受到不同因素的影响，但是他们的目标和特点都将对决策结果产生重要影响。因此，了解和分析选民在选举代表中的行为，代表在竞选期间及当选后的行为，以及代议民主制下结果的特征，对于把握代议民主制下公共选择的运行规律是非常有必要的。

---

① [美]丹尼斯·C. 缪勒. 公共选择理论[M]. 韩旭，等译. 北京：中国社会科学出版社，2010：252.

1. 选民

投票人或选民类似于市场过程中的消费者，消费者利用货币选票获得市场物品，投票人则利用选票、游说、政治捐款和组织技巧来获得政治物品。选民选择代表，不仅基于感觉到的代表在特定问题上的立场，而且基于第二阶段的决策如何影响代表立场与政策结果之间的关系。

政治市场上的选民行为由四个部分构成：目标、备选方案、约束条件以及投票规则和程序。① 选民是理性的，他参与投票的目的是为了通过参与政治获得预期效用最大化，这就是唐斯的"理性投票人假说"。选民的自利特性决定了他们会选择对自己最有利的方案或候选人，当个体利益与团体利益发生冲突时，选民便会优先满足个人的利益，这完全不同于"先国家，再集体，后个人"的选择顺序。备选方案是选民进行成本收益分析的基础。约束条件包括来自个体的约束和来自集体的约束两方面。对于选民而言，是否投票取决于成本与预期收益的分析，投票给谁取决于选民掌握的信息，如何投票则受投票规则的影响。

三个因素会影响到选民的选择行为所导致的公共选择的结果：信息不完备问题、损失的公共性以及选择结果的强制性。② 在公共选择过程中，选民通常并不能准确完全地了解被选择者(议员和总统等)的个人情况，如实际能力、当选后新政及其效果，尤其是对选民自身利益的影响，而只能通过带有明显的政治宣传色彩甚至具有欺骗性的大众传媒渠道。此外，候选人当选前后往往也会产生不一致的行为，因其追求自身利益最大化的方式也因环境的变化而不同。公共选择的后果及其损失由公众分担，对个体的影响往往不够明显，选民往往表现出重视近期利益而忽略远期利益——这正是经济人的性质的表现之一，所以选民显示对现行结果不满的激励也不足。多数制规则下的公共选择带来的结果是少数选民要接受多数人的选择，即使这种选择被少数选民投票抵制。

选民为什么要去投票呢？选民的投票行为又受到哪些因素的制约呢？根据理性投票人假说，决定选民是否去投票站投票的因素主要有以下四个方面③：

①自己亲自投票的重要性。一方面出于选民对投票这一行为对自身意义的考量，另一方面也指选民对自己投票与选举结果之间的联系，在两个候选人势均力敌时选民往往做出这样的判断。

②政党政纲所带来的效用预期。选举过程中，每个政党都要提出自己的施政纲领和政策主张，选民会对每个政党的纲领和政策给自己带来的效用大小进行预期，他往往对能给他带来最大的预期效用或最大的预期效用差的那个政党投赞成票。

假定在 t 时期同一国家(或地区)的选举中是两党(A，B)竞争，选民从当选执政党时期($t+1$)的预期效用为 $E(U)$，则对两党行动的预期效用差

---

① 汪翔，钱南. 公共选择理论导论[M]. 上海：上海人民出版社，1993：44-47.

② 黄新华. 当代西方新政治经济学[M]. 上海：上海人民出版社，2008：28-29.

③ 方福前. 公共选择理论[M]. 北京：中国人民大学出版社，2000：80-82.

$$S=E(U_{t+1}^{A})-E(U_{t-1}^{B})$$

若$S>0$，选民投执政党A的票；若$S<0$，选民投政党B的票；若$S=0$，选民将投弃权票。在新一届选举中，面对执政党与在野党的竞争，选民主要是根据对执政党政绩的评价——执政党在党政期间给选民带来的利益与选民预期获得的效用的比较，来决定是否继续投执政党的票。

③投票成本。投票成本是指选民参与投票所耗费的费用，如收集有关候选人、政党纲领和政策、出门投票所耗费的时间、精力和费用支出。

④投票的长期利益。民主制度要靠广大选民的积极参与来维持，选民依靠民主制度来行使民主权利，进行公共选择，享受民主利益。选民参与投票可获得长期利益。

在唐斯等人研究的基础上，赖克(Riker)和奥德舒克(Ordeshook)进一步研究了选民的目标函数。① 这一目标函数表述为：

$$R=BP-C$$

其中，R表示选民参加投票的净收益(效用)；B表示选民所偏好的候选人或政党获胜之后给他带来的收益增量；P表示选民的投票及其决定作用的概率，$0\leqslant P\leqslant 1$；C表示投票成本。若$R>0$，选民就会去投票；若$R\leqslant 0$，他就会弃权。

事实上，在选举中，合法选民人数和参与选举的选民人数都非常多，这就使得P的数值非常小。美国，P值大约是10^{-8}。通常情况下，$C>0$，所以要使得$R>0$，B的数值必须是一个异常大的数，但这并不大可能。结果是，R通常是负数。在权衡损益之后，没有选民会去投票，选民的理性行为势必导致“无知”的结果：选民将不去收集信息，保持对政治、政党、候选人的无知，即唐斯所谓的“理性无知”。

事实上，政治生活中还是存在着众多的投票现象，这又作何解释呢？赖克和奥德舒克进一步对模型进行了修正，将参与投票获得政治上的满足感或政治利益(D)纳入进其模型。包含在D中的因素有伦理上的满足感、效忠政治制度的满足感、实现党派偏好的满足感等。于是，选民目标函数就进一步表述为：

$$R=BP-C+D$$

麦克林应用“善行利他主义”和“参与利他主义”②的划分，将利他主义纳入理性行为中，解释了唐斯留下的命题。选民之所以参见投票是因为：我个人与所有的其他人都能获得预期收益，因而尽管概率问题还存在，但预期收益还是大大增加，这就是善行利他主义；即使我的投票具有决定性意义的作用极小，但是我乐于参与投票，愿尽绵薄之力，此即参与利他主义。善行利他主义与利己主义一起体现于模型中的收益项之中，参与利他主

---

① William H. Riker, Peter. C. Ordeshook. A Theory of the Calculus of Voting[J]. American Political Science Review, 1968, 62(1): 25-42.

② 善行利他主义是指，我的幸福或效用是其他人幸福或效用的增函数，即他人越幸福效用越大，我的越幸福效用也越大；参与式利他主义是指，我自己的幸福或效用是我付出的东西的增函数，这表现为个人的责任感，即我付出的越多则效用越大越幸福。

义则体现在投票的附带效益 D 中。因此，唐斯把投票理性化的努力在新理性行为中变为现实，这种理性行为包含着一种利己主义和两种利他主义，既可以说明有些选民投票是理性的，也可以说明另一些选民不投票同样是理性的。①

在唐斯模型的基础上，一些学者对投票人行为从理论与经验上做了进一步分析，得出一些更详尽的讨论：选民越多，则投票率越低；选民越一边倒，投票率越低；选举越不重要，投票率越低；候选人观点越相近，投票率越低；信息越易得，投票率越高；选民越有参与感与责任心，投票率越高。

2. 政党政治

在公共选择理论中，政党是指通过合法的方式在大选中获得政权、统治政府的人的联合体；政治家是其所在的政党的领袖或代表(议员、总统和首相等)，政治家的动机和行为与其所代表的政党的动机和行为是一致的；选民是从政党的政治纲领和政府的政策实施过程中获得利益的人。② 政治市场上，政党的动机是什么？政党又是如何行动的呢？

个人从事经济活动的内在动力源于对自身利益的追求。那么，政治市场上的政党或者政治家的活动目标是否是为了使“社会利益”最大化呢？公共选择理论不认为是这样，“对‘社会福利’不能孤立的加以定义，因为它不能独立存在”③，只有个体是选择和行动的唯一和最终的实体。一个集体或社会从来不会有真正意义上的选择行为，也不会对某种目标采取最大化的努力。④ 为数众多的个体难以形成相同的观点，甚至不同个体间存在着相互冲突的利益。那么，政治市场上的政党行动又是受何种动机支配的呢？

(1)政党的动机

在《民主的经济理论》一书中，唐斯指出，一个政党是由一些谋求通过在选举中赢得公职来控制国家机器的个人组成的一个团队，其在劳动分工中的功能是：一旦取得政权便制定和实施政府政策。然而，其成员所追求的则是来自执政的收入、名望和权力。这样，执行他们的社会功能对于他们就仅仅是实现他们的抱负的一种手段。“既然不当选就不能得到任何官职的附属物，每一政党的主要目标便是赢得选举。这样，她的所有行动都是以选票最大化为目的，而政策仅仅被视为达到这一目的的手段”。⑤ 政党不能确定特定的政策将会如何影响政治支持率，因为她事先也难以明确哪些集团和个人会从其纲领和政策中获益，也很难了解其他党派的纲领和政策所能获得的支持，所以政党需要处理多种不确定性。唐斯得出的结论是，政党在其决策中一般将遵循多数原则(majority principle)：政党所追求的只是能为其赢得更多选票而不是失去更多选票的那些政策。而且，政党推行这些

---

① 文建东. 公共选择学派[M]. 武汉：武汉出版社，1996：71-72.

② 方福前. 公共选择理论[M]. 北京：中国人民大学出版社，2000：76.

③ [澳]杰弗瑞·布伦南，[美]詹姆斯·M. 布坎南. 宪政经济学[M]. 冯克利，等译. 北京：中国社会科学出版社，2004：26.

④ 黄新华. 当代西方新政治经济学[M]. 上海：上海人民出版社，2008：42.

⑤ [美]安东尼·唐斯. 民主的经济理论[M]. 姚洋，等译. 上海：上海人民出版社，2005：31.

政策直至达到这样一点，在这一点，由这些政策获益的这些人的选票的边际收益等于由这项政策而遭受损害的这些人的选票的边际损失。政治支持最大化和利润最大化服从同样的原则。①

(2)政党的目标函数②③

在唐斯假设的基础上，有多位学者进一步研究了政党的目标函数。艾纳森(Aranson)、赫里奇(Hinich)和奥德舒克(Ordeshook)进一步认为，政党的目标函数是多种多样的而非只是单一形式。他们同意唐斯关于政党的最终目标是为了在选举中获胜的假说，但是他们认为，当候选人的数量和选举环境不同时，政党的目标函数会有不同的形式。

①追求得票数量最大化

在竞争对手众多的场合，或在对竞争对手的情况知之甚少的场合，每个政党追求的是尽可能多的选票。

如果用 Q_i 表示政党 i 的得票数，其纲领或政策为 P，预期的得票数为 V_i，那么，目标函数可以表示如下：

$$Q_i = V_i(P)$$

②追求得票差额最大化

在两党竞争的场合，总选票数在两党之间的分配呈现此消彼长的变化，一个政党获得的选票越多，其竞争对手获得的选票就越少，该政党获胜的可能性就越大。因此，在这种场合，每个政党追求的目标是使自己获得的选票与竞争对手获得的选票之间的差额最大化。

如果用 Φ_i 表示政党 i 的得票差额，其竞争对手 j 的得票数为 V_j，那么，政党 i 的目标函数可以写作：

$$\Phi_i = V_i(P) - V_j(P), \ j \neq i$$

③追求得票率最大化

在实行比例代表制和比例多数制的选举中，一个政党所获得的选票在总选票中所占的比例越高，其获胜的可能性就越大，因此，在这种场合，该政党追求的目标是得票率最大化。

如果用 R_i 表示政党 i 的得票率，参与竞争的政党有 n 个，每个政党的得票数为 V_j，政党 i 的目标函数可以写作：

$$R_i = V_i(P) / \sum_{i=1}^{n} V_j(P), j = 1, 2, \cdots, n$$

① 方福前. 公共选择理论[M]. 北京：中国人民大学出版社，2000：78.

② ARANSON PH，HINICH MJ，ORDESHOOKPC. Election Goals and Strategies：Equivalent and Nonequivalent Candidate Objectives[J]. American Political Science Review，1974，68(1)：135-152.

③ 方福前. 公共选择理论[M]. 北京：中国人民大学出版社，2000：78-80.

④追求得票率超过一定标准的概率最大化

当一个政党在竞选中的实力不强或感到自己与竞争对手相比有某种劣势时，最优选择是使得票率超过一定标准的概率(可能性)最大化。

令政党i的目标函数为G_i，其获得选票的概率为F，获得选票的最低标准为μ_i，则

$$G_i = F[V_i(P)/\sum_{i=1}^{n}V_j(P) \geqslant \mu_i]$$

⑤追求得票差额超过一定标准的概率最大化

在众多竞争对手中，如果只有两个实力最强、势均力敌的竞争者，那么这两大竞争对手中的任何一个所追求的目标都将是他的得票差额(与那个势均力敌的对手相比)超过一定标准的概率最大化。在这种场合，这个概率越大，他战胜那个势均力敌的对手的把握也就越大。

令政党i的目标函数为G_i，那个势均力敌的对手得票数为V_i，则

$$G_i = F[V_i(P) - V_j(P) \geqslant \mu_i], j \neq i$$

⑥追求得票数超过一定标准的概率最大化

在众多竞争者中，实力较弱的政党在本次选举中取胜的可能性较小，为了从长计议，稳定自己的支持者的数量，争取在下次或以后的竞选中获胜，往往追求的是使自己的得票数超过一定标准的概率最大化。

在这种场合下，实力较弱的政党i追求的目标是：

$$G_i = F[V_i(P) \geqslant \mu_i]$$

由上可见，艾纳森、赫里奇和奥德舒克把唐斯的假说进行了一般化，唐斯假说现在只是上述六种情况的一种。

(3)两党竞争

如果每个选区只选一名代表，一般总会出现两党民主制。两党民主制的性质与选民的投票行为有一定联系。选民是否投票取决于候选人的立场与自己立场的接近程度：如果候选人立场越偏离自己的立场，就越有可能不投票，此即疏远效应；如果候选人之间立场越近越无差异，也就越不去投票，此为无差异效应。① 两党民主制的性质还取决于选民偏好的分布情况和候选人观点的维度问题。②③

①选民偏好呈正态分布

如果选民对候选人观点的偏好呈正态分布，即如图4-7所示的单峰对称分布，候选人立场的中位数与众数重合(即中间投票人的观点也就是大多数人的观点)，则这时中间投票人定理成立。也就是说，位于中间立场即位于中数及众数的政党会得到过半数选票，因为其所持的立场代表了中间投票人。只要所有选民都投票，位于某个候选人的立场和处在自

① 文建东. 公共选择学派[M]. 武汉：武汉出版社，1996：60.

② [美]丹尼斯·C. 缪勒. 公共选择理论[M]. 北京：中国社会科学出版社，2010：235-258.

③ 文建东. 公共选择学派[M]. 武汉：武汉出版社，1996：61-64.

己一边，但靠近另一候选人的最远端点之间的投票者会“落入圈套”，支持前一候选人。于是，一个候选人可以“追逐”其他候选人的选票，其方式是“侵入别人的领地”，而且二者都移向中间位置。这种中间投票人定理所表现的性质促使两位候选人向中间立场靠拢而又互相接近。尽管这种向中间立场靠近会因候选人远离极端的选民而使之弃权，也因候选人观点接近而使另一些选民弃权，但位于中数与众数或位于中间立场的候选人还是会当选。原因在于，候选人互相靠近时，双方都会因选民弃权而损失相同的票数，但候选人向中间立场靠近时，得到的选票多于因选民弃权而失去的选票。

选民弃权的两个合理假设是：①各候选人位置可能靠得太近，从而让投票变得没有价值(无差异)；②位置最近的候选人对于选民来说仍然很遥远，从而让投票变得没有吸引力(疏远)。假设 P_j 是政党 j 的政治纲领，P_i^* 是选民 i 的理想点(政治纲领)，而 $U_i(P_j)$ 是选民 i 从 j 中获得的效用；于是就能够正式定义无差异和疏远。

无差异：当且仅当 $|U_i(P_1)-U_i(P_2)|>e_i$，($e_i>0$)时，选民 i 会投票。

疏远：当且仅当存在某种 $\delta_i>0$，使得$[U_i(P^*)-U_i(P_j)]<\delta_i$，(j=1 或 2)时，选民 i 会投票。

在图 4-7 中，M 作为中位数，代表了中间投票人的立场；作为众数，它表明以它为最佳立场的投票人最多。显然，当不存在疏远效应和无差异效应时，以 M 为立场的政党总能获得过半数票。

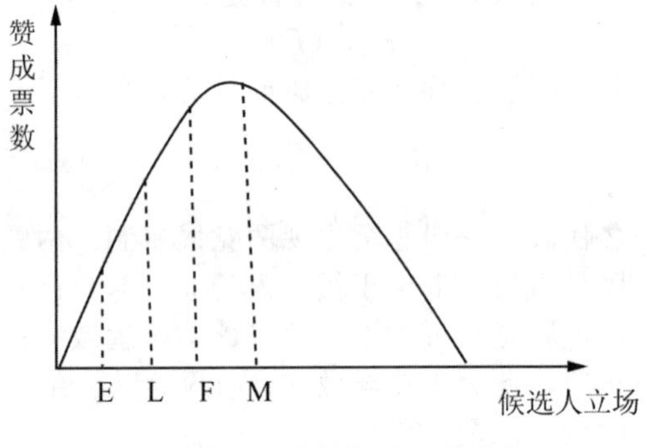

图 4-7　投票人偏好呈正态分布

即使考虑疏远效应和无差异效应，中间投票人定理还是成立。这里只考虑疏远效应。对于左派候选人 L 而言，与 M 相比，只能获得 E 到 F 这段距离的选票。这是因为，比 E 更左的投票人因 L 离自己立场太远而不愿投票，尽管 L 比 M 更接近自己的立场，这就是疏远效应；而比 F 更右的投票人或者去投 M 的票，或者因 L 和 M 离自己的立场太远而谁得票也不投。如果设 FM=EL=LF，那么当 L 的立场由左变右的变到 F 的立场，所获赞成票将在 LM 之间，因为他新增了 FM 间的赞成票，失去了 EL 之间的选票。从图 4-7 可见，EL 间的赞成票明显少于 FM 之间的赞成票，因此，当 L 立场变至 M 这一中间立场时，所获赞成票达到最多。因此，如果候选人在 M 立场上，即代表中间投票人利益就一定能当选。

②选民偏好不对称

如果投票人偏好是单峰但不对称分布，即中位数与众数不一致，此时离众数位置近的候选人将获得多数票，候选人的立场将竭力向众数靠近。如图 4-8 所示，X 为众数，M 为中位数，设候选人与投票人立场的差距达一定程度时投票人弃权，那么 M 只能获得 LR 之间的选票。再设 XL＝LM＝MR，则当候选人 M 立场左移至 L 时，会因选民弃权而损失 MR 之间的选票，同时因与左边选民靠近增得票数为 XL 之间的选票。显然，候选人从中位数向众数左移时得到的票数多于失去的票数。但是，当众数离开中位数越远时，或众数越小时，或疏远效应越低(即投票人不大会因为自己与候选人立场疏远而弃权)时，争取获胜的候选人越会偏离众数，为重众数与中位数之间。

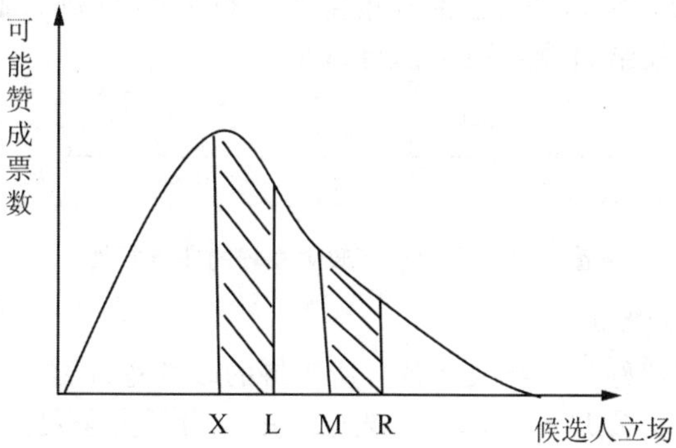

图 4-8　投票人偏好呈单峰不对称

③选民偏好呈双峰状态

如果人们的偏好呈双众数对称分布，则候选人表现出来的立场呈现出不确定性。只有在疏远化极弱时，中数表示的候选人立场才有可能获得更多的选票，从而吸引候选人的观点向中位数即中间投票人立场靠拢，如图 4-9 所示。

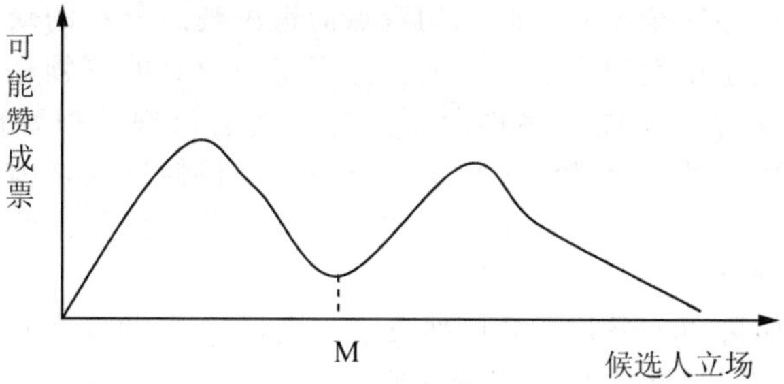

图 4-9　投票人偏好呈双峰分布

在多党制下，政党提出的政策主张一般不存在趋同的可能。如果一个政党要向中间投票人靠拢就必须放弃原来的极端立场，这样做虽然可以获得新的选票，但是也会失去原有的选民，从而诱致其他政党的侵占，尤其是一些不以争取执政地位，仅以制约执政党的小党乘虚而入。另外，在多党制下，处于少数派地位的政党可以通过与其他政党结盟以争取在竞选中获胜，而党派间之所以能结盟，一般是因为具有相近的意识形态或政策主张。可是，如果为了迎合潜在盟友的偏好而调整自己的政策立场，就会给选民以价值取向易变的坏印象，而且政策的调整通常会给原有的支持者带来利益的损害，这样会影响到选民对该政党的信任和支持。

如图4-10所示，假定A、B、C三个政党分别持左、中、右三个不同的政策立场，每个选民会将票投给与自己偏好最接近的政党。因此，B党最初可以获得选民甲的支持；但当B党为了和C党结成联盟，将自己的政策主张调整至点M处，而选民甲若早已预料到这个结果，就不会将票投给B党，而是投给A党。

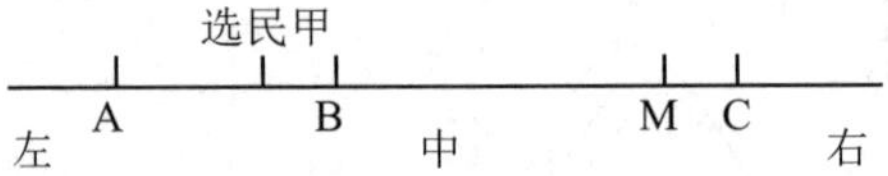

图4-10　多党制下政党立场的非连贯性

(4)党纲与公共产品需求[①]

投票人的公共产品偏好集中反映在各自所支持的政党竞选纲领和施政纲领之中，政党的纲领实际上就是一揽子公共产品。在竞选过程中，为了力争更多选票，取得竞选胜利，政党必须在竞选纲领里允诺为大多数选民提供他们所希望的公共产品。至于这些公共产品的内容如何，就取决于竞选纲领是单维度还是多维度，选民的偏好是单峰值还是多峰值，是正态分布还是非正态分布。

如果政党的竞选纲领所含公共物品是单维度的，选民的偏好呈单峰正态分布，竞选人为两个，则竞选结果符合中间投票人定理：观点与中间投票人一致的候选人获胜。由于这个缘故，政治家会竭力使自己的观点向中间靠近。但实际上，选民的偏好并非正态分布，此时中间投票人定理就不完全成立，政党的观点向选民观点分布的众数靠拢，即向大多数人所持的观点但不一定是中间观点靠拢。而且，现实中政党的纲领是多维度的，包含着多种议题或公共产品，偏好也可能呈多峰分布。这样就会出现互投赞成票、相互捧场的局面：每一阶层都只考虑一些关键性议题而决定支持哪一位候选人，因而任何一群选民都有可能联合起来支持同一个候选人，这也就造成了循环投票现象的出现，导致竞选结果的不确定与不稳定。

如表4-6所示，如果两个公共产品单独决定，则议案A和议案C会获胜。但如果结成一个二维议案同时决定，则出现相互捧场现象，例如X会支持乙产品中的D以换取Y对

① 文建东. 公共选择学派[M]. 武汉：武汉出版社，1996：56.

甲产品中 B 的支持，即共同支持政纲为 B 和 D 的政党；接着 Z 又提供更为优惠的条件与 Y 共同支持政纲为 A 和 D 的候选人，而后政纲 A 和 D 又会被政纲 A 和 C 击败，而政纲 A 和 C 又会被政纲 B 和 D 击败，这样就出现循环。也就是说，每一个政党都不能制定一个能击败所有其他政纲的多维度政纲。不过，循环不可能出现在一个一次性选举中，而只会出现在多届选举中。这样，各政党在制定政纲时就会有策略性行为。

表 4-6　党纲与公共产品需求关系①

投票者		X	Y	Z
公共产品甲	议案 A	10	60	80
	议案 B	90	40	20
公共产品乙	议案 C	60	10	60
	议案 D	40	90	40
政纲	政纲 A 和 C	70	70	140
	政纲 B 和 D	130	130	60
	政纲 A 和 D	50	450	120
	政纲 B 和 C	150	50	80

注：X、Y、Z 分别为投票者，数字代表净效用。

3. 利益集团

个人对公共产品的需求既可以通过投票和选举来实现，也可以通过其他途径来实现，如集团、组织和阶级。利益集团可以由普通公民、非营利组织、公共部门组织组成，也可以由逐利的厂商组成。不同的利益集团在其规模、权力和政治倾向等方面存在明显的差别。

在现实的公共政策过程中，利益集团的力量是很大的，对公共政策的影响也是双面的。如果利益集团关心的是他人或全社会成员的利益，那么他的活动就有助于民意的表达或有助于社会成员在更深层次上参与民主进程。例如，环境保护协会等类似的利益集团进行的活动普遍具有公益性质，对相关政策的制定产生积极的影响。而且，利益集团对公共政策的制定可以起到监督的作用，不同利益集团之间还可以起到互相制衡的作用。此时的利益集团所起到的是积极的作用。但是，如果利益集团关心的只是自身的私利，尤其是经济方面的私利，若政府机构受到这类利益集团的控制，少数特殊利益集团的利益因而得到不成比例的满足，政府就会越来越丧失公共利益代表的身份。这样的利益集团必然会给公共政策带来负面的影响，主要是：①利益集团操纵政策可能导致不公平的结果；②利益集团操纵政策可能导致权力寻租；③利益集团操纵政策可能导致难以实现资源的有效配置；

① 文建东. 公共选择学派[M]. 武汉：武汉出版社，1996：57.

④利益集团操纵政策可能导致决策迟缓。

为什么会存在利益集团，特别是当公民可以搭便车的情况下，为什么还需要有利益集团呢？传统的利益集团理论认为，集团(或组织)的存在是为了增进其成员的利益，有共同利益的个人或企业组成的集团通常总是具有进一步增进这种共同利益的倾向，个人可以通过代表其利益的集团来实现或增进这种共同利益的倾向。这种有共同利益的个人所组成的集团谋求的是集团的共同利益，这实际上是“个人行动的目的是追求他自身利益最大化”这一命题的推广。集团的存在是为了谋求个人不能通过他的纯粹个人行动来增进的那一部分利益。

奥尔森不同意传统利益集团理论。在《集体行动的逻辑》一书中，认为“从理性的和寻求自身利益出发采取行动的这一前提可以逻辑地推出集团会从自身利益出发采取行动，这种观念事实上是不正确的。如果一个集团的所有人在实现了集团目标后都能获利，由此也不能推出他们会采取行动以实现那一目标，即使他们都是理性的和寻求自我利益的……实际上，除非一个集团中人数很少，或者除非存在强制或其他某些特殊手段以使个人按照他们的共同利益行事，有理性的、寻求自我利益的个人不会采取行动以实现他们共同的或集团的利益。”①

产生这种结果的原因是，集团或组织的基本功能是向其全体成员提供不可分的、普遍的利益，而这种利益是具有非排他性的公共产品或集体产品。利益共有意味着行动的利益大家共享，而成本则由行动者个人承担。由此，集团规模大小与其成员的个人行为和集团行动密切相关。

奥尔森认为，就集团行动的效果而言，对于提供的公共产品接近最优水平或增进集团利益来说，小集团比大集团更有效。根据获取集体物品所需的成本与分配给集团成员的利益的关系，以及集团成员对这种关系的认知程度，奥尔森得出了这样的结论。他认为，大集团或潜在集团不会受到激励为获取集体物品而采取行动，因为不管集体物品对集团整体来说多么珍贵，它不能给个体成员任何激励，使他们承担实现潜在集团利益所需的组织成本，或以任何其他方式承担必要的集体行动的成本。②

大集团的行动并不是依靠它所提供的集体利益来获取其成员的支持，而是通过采用“选择性激励”的手段来驱使单个成员采取有利于集体的行动。这里的选择性激励的手段是指集团或组织有权根据其成员有无贡献来决定是否向他提供集体利益。选择性激励手段既可以是积极的，也可以是消极的。有选择性的刺激手段的集团能比没有这种手段的集团更容易、更有效地组织集体行动。

但是现实中，为什么还会有大量的人愿意参加集体行动，愿意牺牲，甚至可以搭便车的时候还愿意为集体做贡献呢？罗伯特·萨利兹伯里等人提出政治企业家模型③。他们把

---

① [美]曼瑟尔·奥尔森. 集体行动的逻辑[M]. 陈郁，等译. 上海：上海人民出版社，1995：2.

② [美]曼瑟尔·奥尔森. 集体行动的逻辑[M]. 陈郁，等译. 上海：上海人民出版社，1995：41.

③ SALISBURY R H, An Exchange Theory of Interest Groups[J]. Midwest Journal of Political Science, 1969, 13(1): 1-32.

利益集团的组织者看作政治企业家，这种政治企业家一方面愿意为集体行动负担所必要的成本，另一方面期望从集体行动中获得利润和收益。政治企业家把集团提供给成员的利益区分为物质利益和非物质利益，他们认为，这种政治企业家在集体行动中有阻止单个成员搭便车的能力。

4. 寻租

政治活动与经济活动密不可分，政治过程中的权力因素总是有可能直接介入经济活动中去，干预经济当事人的交易，这就带来了借助政治权力谋求个人最大利益的寻租行为。寻租指“那些本当可以用于价值生产活动的资源被用于只不过是为了决定分配结果的竞争”①。而所谓的租或租金，指的是支付给生产要素所有者的报酬中，超过要素在任何可替代用途上所能得到的报酬的那一部分。寻租可以分为如下几种：①为了获得垄断地位而进行的寻租，例如争取政府对未管制的行业加以管制；②为维持已获得的垄断地位而进行的寻租，也称为“护租”；③为防止他人寻租有可能对自己造成损害而进行的寻租，如烟草行业想方设法防止政府在他人游说下对本行业征税或增税，以维持高额税后利润。这实际上是一种“反寻租”，一般也叫“避租”。寻租赖以存在的前提是权力对市场交易活动的介入，这被看成“看不见的脚”对市场的践踏，这对应于价格和利己主义作为“看不见的手”对市场的引导与适当而正确的政府干预作为“看得见的手”对市场的调节。② 租金无处不在，哪里有垄断、特权和管制，哪里就存在租金；哪里有信息和流动性不对称阻碍资源流动，哪里就存在租金。而哪里有租金存在，哪里就有寻租活动存在。

塔洛克最早对寻租做了系统的探讨，第一个使用“寻租”来描述此种活动的则是克鲁格(Anne O. Krueger)。③

图 4-11 描绘了一种垄断产品的需求表。如果垄断者索取垄断价格 P_m 而不是竞争价格 P_c，那么表示垄断租金的矩形 R 就被创建出来了，在该垄断产品的产量中失去的消费者剩余用福利三角形 L 表示，这种消费者剩余在完全竞争条件下本来可以被生产出来，可是垄断者现在并没有提供。传统经济理论习惯于把 L 看作因垄断而损失的效率的衡量标准，而把 R 看作一种纯粹的从垄断产品或服务的消费者流向其生产者的收入再分配。寻租理论认为，垄断确实能提高价格，增加垄断者利润，使之获得超额利润即经济租金。但是，为获取此租金，厂商必须向政府开展各种公关活动，或向国会议员进行院外游说，以争取由政府确定的垄断权，或让国会帮助建立垄断地位。各种寻租活动都需要投入资源，而这些资源的投入却不增加产量，因而是被浪费了的。布坎南辨别出三种对社会来说是浪费的寻租

① TOLLISON R D, CONGLETON R D. The Economic analysis of rent-seeking[M]. Vermont: Edward Elgar Publishing Company, 1995: 371.

② 文建东. 公共选择学派[M]. 武汉：武汉出版社，1996：80.

③ [美]丹尼斯·C. 缪勒. 公共选择理论[M]. 韩旭，等译. 北京：中国社会科学出版社，2010：366-382.

支出[①]：①潜在的垄断者谋求垄断地位所付出的努力和支出；②政府官员获得或回应潜在接受者的支出的努力；③作为寻租活动的结果，垄断者或政府自身所导致的第三方扭曲。与此同时，寻租理论认为，贿赂本身不被认为是社会浪费，而贿赂过程中的社会浪费在于从事贿赂时的交易成本，院外活动家的报酬，以及官僚为争夺晋升以使其处于收取贿赂地位时所浪费的时间和金钱。[②]

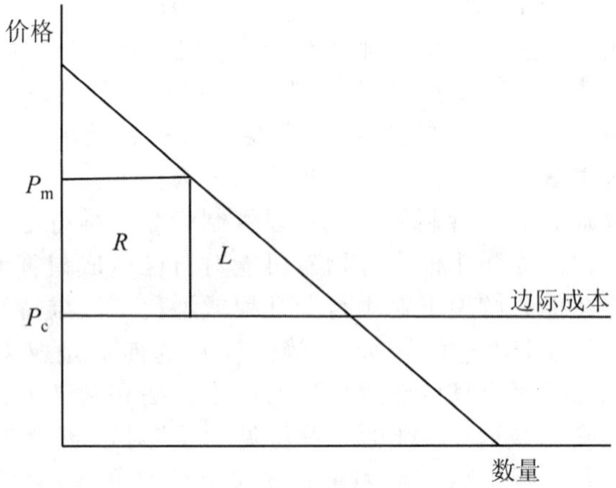

图 4-11 寻租情况下垄断的社会成本

寻租不仅造成浪费，也会引起收入的重新分配。在寻租活动中，受到损失的是消费者、不成功的寻租者以及受害厂商。寻租的受益者除了成功的寻租者外，还包括政府或政府官员和有特殊寻租才能的人，如律师、经济学家和院外活动家。如果寻租以公开招标的形式出现，政府出售它用许可证建立的垄断特权，则收入会从消费者手中经寻租成功的垄断者之后部分或全部地转向政府手中。如果存在贿赂，则寻租使收入转向政府官员手中。此外，由于寻租对有特殊寻租专长者的需求，则有特殊寻租专长的律师、经济学家、院外活动家或公关人员可获得比没有寻租活动时在其他行业就职能获得更多的收入，故寻租亦可引起收入由消费者手中转至从业于寻租活动的人手中。

在寻租社会中，政府及其官员在寻租过程中未必都是被动的角色，而是可以充当主动者，他们不仅仅是面对私人竞争性的需求，而且是进行财富再分配的经济人，政治家也有其自身的需求，政治家自己积极地寻求选票，竞选捐款和其他形式的报酬，并通过协议从私人那里获得商品或服务的供给，这些供给是根据政治家的需求来体用的。政治家为了满足自己的需求，一方面积极地进行创租，另一方面利用各种途径向私人或利益集团进行抽

① BUCHANAN M J，TOLLISON R D，TULLOCK G. Toward a theory of the rent-seeking society [J]. Southern Economic Journal，1982，48(3)：823.

② 丹尼斯·C. 缪勒. 公共选择理论[M]. 韩旭，等译. 北京：中国社会科学出版社，2010：368.

租。前者指政府官员利用政府干预的方法来增加企业的利润，人为创造租金，诱使企业向他们提供利益作为得到租金的条件；后者指政府官员故意提出某项会使企业利益受损的政策作威胁，迫使企业割让一部分既得利益给政府官员。

2000 年，在由塔洛克、什尔登(Arthur Selden)和布雷迪(Gordon L. Brady)共同撰写的《政府失灵：公共选择的初探》一书中，三位学者进一步深化对寻租理论的研究[①]：①寻租被认为是资源的使用是为另外一些人获取资金，而这些资金的来源是一些会产生负的社会价值的活动。例如，如果美国的汽车产业资源投资在说服政府对韩国车课征一项进口关税上，这将对各个国家的公民造成不利影响。因此，汽车公司能够获利，资源的投资却是寻租。②寻租的真正成本来自于对投票过程的扭曲，投票过程的扭曲使选民承担的成本表面上看起来相当小，但是实际上成本非常庞大，因为扭曲的投票(如互投赞成票)使得选民必须支付隐含在投票交易中的所有成本。③寻租造成的间接损失大于直接损害。“要解释社会的停滞，比寻租的直接成本更为重要的是，寻租把社会中大部分聪明而有精力的人吸引到没有社会产出的活动，甚至是负的社会生产活动的活动中。”④在大部分情况下，当代社会的寻租获益者是操纵政府变得很富有而身处政府之外的人，而非政府官员。在很多情况下，寻租所获得的收益是广为分散的。⑤存在大量的被隐藏和掩饰的寻租行为。这些隐藏和掩饰可能以各种形式进行，包括失败的竞标、弃置的企业、未在地图上标注的荒地，以及那些受到威胁但没有真正启动的公共政策。

5. 官僚制

作为政策执行者的官僚绝不是单纯地解释和被动的履行选民及其代表的意愿，而是可以利用自身的特点和优势影响公共决策，使决策的结果更符合自己的目标。在唐斯看来，不同类型的官僚具有不同的目标集合，主要包括两方面：①作为职业主义者，希望获得权力、金钱收入、声望、便利、精通工作的自豪感、地位和安全感等；②作为父爱主义者，对服务于公共事业的渴望和对特定行动计划的承诺。[②] 尼斯坎南(William A. Niskanen)列举了官僚的可能目标：工资、职位津贴、公众声望、权力、庇护、机关产品、变革的难易度，以及轻松地管理机关，分析之后得出的结论是除了最后两个目标外都与预算水平有正向且单调的关联。[③]

尼斯坎南指出，官僚的经济人本性是官僚不顾公共利益追求个人利益的主观原因，议会与官僚机构组成的公共物品生产与消费的供需关系所具有的双边垄断性质，则为官僚实现其预算最大化愿望、追求私利奠定了坚实的客观基础。官僚与议会之间的权力关系表现为一种双边垄断关系：议会作为民选机构，代表了全体选民对公共物品的需求，是公共物品的唯一买家；官僚机构执行立法的过程就是实际生产公共物品的过程，它是公共物品唯

---

① 黄新华. 当代西方新政治经济学[M]. 上海：上海人民出版社，2008：67.

② [美]安东尼·唐斯. 官僚制内幕[M]. 郭小聪，等译. 北京：中国人民大学出版社，2006：89.

③ [美]威廉姆·A. 尼斯坎南. 官僚制与公共经济学[M]. 王浦劬，等译. 北京：中国青年出版社，2004：37.

一的提供者。在这种垄断关系中，由于官僚与政治家掌握的公共物品的生产信息的不对称，这种垄断关系是不平衡的。这种不平衡导致了官僚机构占有优势，使其能够获得所希望的最大预算。因为作为公共物品的唯一供应者，官僚了解公共物品真实的生产成本。在与议会就预算(公共物品的需求价格)进行讨价还价的过程中，官僚了解议会的偏好(需求曲线)，而议会无法获取有关生产成本的准确信息，因而官僚可以提出高于实际生产成本的预算标准。换言之，官僚机构凭借生产公共物品的垄断地位获取了在公共决策中的优势，而使公共物品的生产量相对于社会需求过剩，而且在需求约束下，存在的财政节余不能据为己有，只能浪费性地使用掉，因而缺乏生产效率。

与此同时，在官僚、政治家和选民之间形成了三角博弈：官僚为了自身利益的最大化，将从政治家那里寻求预算规模最大化；而政治家为了获得政治支持或选票最大化，将尽可能扩大预算规模以便满足选民的需要，只要这种预算规模不是大到把选民闹翻。于是就出现了这样的结果：一方面，政治家对拨出使产量最大化的预算感兴趣，因为这将有助于保证他再次当选。另一方面，官僚希望最大化他的决算规模，因为这为他提供了使其效用最大化的资源。①

从官僚的经济人性质，以及他们在政治市场上追求自身利益最大化的行为中，公共选择理论得出了如下结论②：①官僚越多，“官僚敛取物”有可能增加得越多。因为官僚们有直接的理由和更便利的地位，来进行比其他公民阶层更广泛、更有效的政治活动，结果政府开支、官僚机构、官僚人数就越有可能增加。②官僚已经成为现代国家的核心。民选的政治家只能对政策作出原则的、抽象的决定，政策的解释和执行则完全操纵在官僚手中，而且这种解释往往是发展性的、甚至是曲解性的。官僚日益脱离或超越了议会和行政领导的控制，成为独立的准行政、立法和司法机构。

4.2.3 政府决策的内生缺陷

西方传统的经济学和政治学认为，政府是由一些追求社会福利或公共利益最大化的政治家统治的，这些政治家如同慈善家一样，是乐善好施而超越个人主义的，一心为人民谋福利。公共选择理论对此持怀疑态度。“首先，什么东西能保证政府做出的决定确实是最符合集体偏好的结构？其次，有什么东西能保证——即使这些决定是好的，是最符合公共利益的——政府行动的结果确实符合立法者的意愿？政府并不是神造的产物，她并没有无所不在和正确无误的天赋。”③

公共选择理论则认为，面对社会成员的不同偏好和不同利益集团的压力，政府不可能计算出社会福利函数的最优解。政府机构的组成人员和其他社会机构的组成人员一样，都

① 方福前. 公共选择理论[M]. 北京：中国人民大学出版社，2000：151.

② 黄新华. 当代西方新政治经济学[M]. 上海：上海人民出版社，2008：37.

③ [法]亨利·勒帕日. 美国新自由主义经济学[M]. 李燕生，译. 北京：北京大学出版社，1985：121.

是由具有个人动机和个人利益的个人所组成的，而由这些个人组成的政府必然要把个人利益带进政府和政府决策之中。由此，政府决策存在诸多内在缺陷。

1. 非全体一致的决策——没有代表性的政府

布坎南强调，无论是在集体活动还是私人活动、在市场活动还是政治活动中，个人都是最终的决策者、选择者与行动者，而不管产生总体结果的过程与结构有多复杂。“集体行动被看成是个人在选择通过集体而不是经由个人来实现目的时的个人活动，政府被视为不过是一系列过程，以一种允许上述活动产生的机构”。这就是说，集体与集体行动是由个人和个人行动构成的，只有个人在选择和行动，而集体既不选择也不行动，虽然在选择与行动时的相互作用借助于特定的集体组织结构而产生了无意的加总效果，但这一结果仍由个人承担。① 市场中的个人既直接承担个人行动的后果，又承担宏观后果；政治市场中的个人不承担单独个人行动后果而只承担集体行动后果。

既然个人是集体中最基本的行动主体，则集体状况改善与否，或个人通过集体进行的行动所产生的总体后果的好坏，也只能由个人评价，其标准应该是全体一致规则。但是，正如前述的分析，全体一致规则面临着高昂的决策成本，在某种程度上，这一规则也会鼓励策略性行为。现实中，多数通过规则被采用，这种情况下某些人的利益有可能因为委员会的决策而受到损害，维克塞尔的强迫少数人的情形就会发生——维克塞尔的“强迫”指强迫个人服从集体的决策从而使个人对公共物品支付超过其从公共物品获得的收益。② 民主制度下的公共选择，如立法、政策法案，往往体现的是财力雄厚的极少数人或利益集团的利益和偏好，并不能代表选民的利益和愿望。在公共政策的制定和执行中，“利益集团的斗争使公共政策表现为一种平衡……利益集团都抓住了对‘公平’难以界定的这一难题，并为自己所利用”。③

如果不存在对国家政策决策简单多数规则的额外限制，那么政治决策的后果将很容易预见：一个最低有效多数联盟将击败少数联盟，并在牺牲少数人利益的基础上获得净收益。政治决策过程将形成两大集团，一个是占全体成员50%以上的多数获利集团，另一个是低于50%的少数受限集团。这样就出现了多数获利集团中个人边际收益大于社会边际收益或个人边际成本小于社会边际成本的结果。这类似于导致市场失灵的外部效应问题。而民主决策的外部效应问题是任何一个少于全体一致规则下不可避免的结果。

2. 政策变革的预期——没有可信性的政府

在任何具有大量投票人的系统中，由于选民人数太多，很难直接召集，所以民主是代议的而不是直接的。直接民主制和间接民主制的本质区别在于，在后一种情形中，选举人通过

---

① 文建东．公共选择学派[M]．武汉：武汉出版社，1996：18.

② [美]丹尼斯·C. 缪勒．公共选择理论[M]．韩旭，等译．北京：中国社会科学出版社，2010：83-84.

③ [美]托马斯·戴伊．理解公共政策[M]．谢明，译．北京：中国人民大学出版社，2011：166-167.

某种机制，选择那些并不具有完全偏好的代理人来为他们选择政策。因此，他们是将政策的决定权委派给代表，而代表是否会选择选民所喜欢的政策，既取决于代表的偏好，也取决于选民对代表的激励。① 换言之，在代议民主制中，选民选择代表，代表选择政策。在这里，最终选择政策的代表并不具有他们所代表的选民的全部偏好。因此，人们需要从两个阶段(对代表的选择以及这些代表对政策的选择)来考虑决策，以及这些决策将如何相互作用。

不论是直接民主制还是代议民主制，民主决策的一个突出问题是潜在的时间不一致性，多数人的偏好会随着时间而变化。“我们不是经常看到政治家宣布将来要执行某项具体的政策，但是到了该执行整项政策的时候，他们又改变了行动吗？他们用将来行动的诺言与现在看得见的利益(如支持竞选)做交易，却没有履行这项交易中他们一方的责任。”② 当然，制度安排如法律约束、社会规范、合理的授权和声誉约束都能在某种程度上提高政策的可信性。与此同时，非政治原因，如知识和专门技能的匮乏、最优等待和非理性也会导致宣布的政策难以施行。但更多情况下，政策变革未付诸实施的原因是政治方面的，以管制“俘虏”理论(the captured theory of regulation)为例，我们来分析政府是如何被其他团体所“俘虏”的。

斯蒂格勒用新古典的假设和分析方法，分析了政府管制产生的原因，提出了“俘虏”理论。他首先假设国家的权力或强制力是一种资源。他在《经济管制理论》一文中开宗明义地指出：“国家——国家机器的权力——对社会中的每一个行业来说，都是一种潜在的资源或潜在的威胁”。③ 他的另一个假设是理性人假设。每个利益集团都会选择最大化自身利益的行动，利益集团为了使自身的利益最大化，会设法利用国家权力来为本集团谋取利益。而且，政治制度也假定是理性设计和理性使用的，也就是说，假定政治制度是满足社会成员的恰当工具。

供求分析法可以用来分析管制的产生。④ 由于利用公共资源和国家权力可以提高经济集团的经济地位，于是产生了对管制的需求。而管制的供给则产生于民主过程。哪些行业被管制，管制会采取何种具体的形式，都是由管制的供给和对管制的需求相互作用决定的。因此，斯蒂格勒认为，管制本质上是利益集团利用国家权力将社会资源从利益集团向本集团转移的一种工具。“管制作为一种规则被某个行业所获得，它也就按照这个行业的利益来设计并运行”。管制限制了被管制行业的进入，提高了这个行业现有企业的价格和利润。所以，从管制中获益的利益集团为了阻止竞争者进入和保持高利润会积极地去游说政府，以求管制被保持下去。利益集团为了保护自己的利益也会寻求国家权力的支持以组

---

① 黄新华. 当代西方新政治经济学[M]. 上海：上海人民出版社，2008：113.

② [美]阿伦·德雷泽. 宏观经济学中的政治经济学[M]. 杜两省，等译. 北京：经济科学出版社，2003：96.

③ STIGLER G J. The Theory of Economic Regulation [J]. Bell Journal of Economics & Management Science，1971，2(1)：3-21.

④ 方福前. 公共选择理论[M]. 北京：中国人民大学出版社，2000：217.

织前一个集团的寻租行为，这就出现了寻租竞争，也就增加了社会的立法成本。寻租竞争的结果即什么样的立法被通过，取决于寻租竞争中利益相反的两个集团的力量对比。生产者获得了对自己有利的立法，管制具有反竞争性，这种管制或立法不会增进社会福利，立法者或管制者被生产者"俘虏"。

3. 政府失灵的产生——没有效率的政府

考虑到市场失灵，即"为取得有效的市场解决办法所需要的条件不存在，或者以这样或那样的方式相抵触"[①]，一个可行的办法是政府干预市场的配置职能，纠正市场失灵或采用政策弥补其效果。公共选择理论将检查市场经济的缺陷和不足的方法不变地用以研究政府活动之后，发现了政府失灵即政府行动不能改善经济效率或把收入再分配给不合适的人。它们提供公共物品也难以做到高效，尤其是出现提供过剩公共物品和成本增加现象。

根据公共选择和政策分析学者的观点，导致政府提供公共物品低效率尤其是官僚机构低效率的主要因素有[②]：①公共物品的估价或评价上的困难；②公共机构尤其是政府部门垄断了公共物品的供给，缺乏竞争机制；③政府机构及官员缺乏追求利润的动机；④监督机制的缺陷。

官僚机构提供公共物品所追求的是社会效益而非经济效益，社会效益的衡量缺乏准确的标准和可靠的估算方法及技术；同时，要合理确定社会对某一类公共物品需求的数量，提供公共物品的政府机构的规模以及对这些机构绩效的评估是困难的，甚至是不可能的。按照沃尔夫的说法，并没有一个公式能够说明政府活动的产出的必要和最小的限度，也没有简单而一致的标准可以用来准确衡量"非市场"规模的大小。[③]

提供公共物品的政府各个部门之间缺乏竞争，过度的自由使得政府官员缺乏使用对低成本的积极性，反而有可能过度投资，生产出超过需要的公共物品，不适当地扩大机构规模、增加公职人员、提高薪金和办公费用，造成不必要的浪费。缺乏利润观念的政府部门往往支付了超过社会本应该支付的成本，从而扭曲了社会效率。作为被监督者的官员比作为监督者的立法者和选民拥有更多的关于公共物品及服务方面尤其是成本、价格的信息。这样，监督者完全可能受被监督者所操纵，后者有可能制定并实施某些有利于自身利益而损害公共利益的公共政策。

4. 宏观经济的波动——没有长期考量的政府

"凯恩斯"革命的影响在使国家走上全面干预经济生活的道路的同时，导致了一个规模预算和干预范围日益膨胀的政府，尤其是当赤字哲学的逻辑成功地取代了传统的预算平衡

---

① ［英］C. V. 布朗，P. M. 杰克逊. 公共部门经济学［M］. 郭庆旺，等译. 北京：中国人民大学出版社，2000：24.

② 陈振明. 非市场缺陷的政治经济学分析——公共选择和政策分析学者的政府失败论［J］. 中国社会科学，1998(6).

③ 陈振明. 非市场缺陷的政治经济学分析——公共选择和政策分析学者的政府失败论［J］. 中国社会科学，1998(6).

原则后，国家的支出规模越加不可控制，经常性巨额赤字使得西方国家的经济长期陷于通货膨胀不断恶化的困境。① 在《赤字中的民主》一书中，布坎南指出，当代西方国家政府规模的迅速膨胀和严重的通过膨胀问题，是国家失去应有的立宪之后必然的社会经济后果，它既暴露了凯恩斯主义国家干预理论的内在缺陷，也暴露了西方民主政治固有的弱点。

在现代民主政体下，当选的政治领袖们必须经常性的面临着选举。竞选的压力和政治竞争的间断性必然导致政治决策上的"近视"或目光短浅，政治家往往重视的是眼前的地位和未来的选票，很少看重国民的未来利益。一些学者的研究提供了在美国使用转移支付赢得选举的大量例证，一些学者用加拿大三十多年的数据证明了选举造成总支出的增加，在选举年度，财政赤字也增加了……政府也赶在正好选举之前加快印钞机的证据的寓意含糊不清，但还是倾向于在选举前机会主义地增加通常是用 M1 测度的货币供给。②

政治上的目光短浅势必导致政府采用短期内见效的政策方案，回避那种"前人栽树，后人乘凉"的举动，由此"政治的经济周期"(political business cycle)更倾向于出现。如图 4-12 所示即为诺德豪斯最优的政治的经济周期。政治家为了赢得选举，往往在竞选中向选民承诺当选后诸如降低失业率、扩大社会福利的措施。但一旦当选，面对庞大的政府开支、大量的财

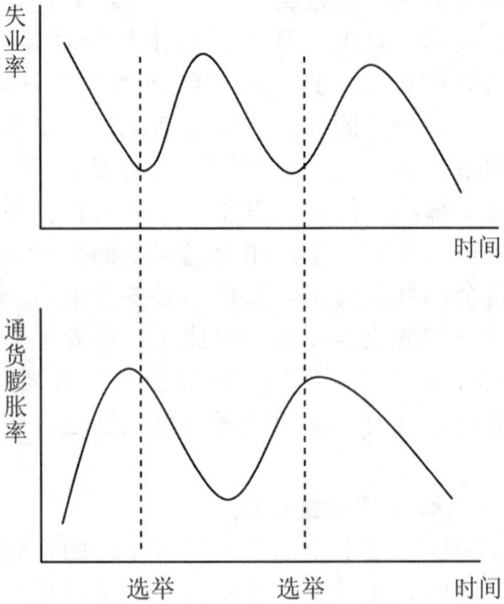

图 4-12 诺德豪斯最优的政治的经济周期③

① 胡代光. 西方经济学说的演变及其影响[M]. 北京：北京大学出版社，1998：450.

② [美]丹尼斯·C. 缪勒. 公共选择理论[M]. 韩旭，等译. 北京：中国社会科学出版社，2010：483-484.

③ 方福前. 公共选择理论[M]. 北京：中国人民大学出版社，2000：200.

政赤字、巨额的政府债务和通货膨胀压力，政治家往往又倾向于通过削减开支、提高失业率为代价抑制通胀预期。下一次大选临近时，故技又被重施……在这种周期性的失业和通货膨胀交替过程中，由于预期的作用，长期的通货膨胀率提高了。也就是说，短期的菲利普斯曲线是向右下方倾斜的，而长期的菲利普斯曲线则是垂直的。

5. 政府规模的增长——没有节制的政府

西方主流经济学一般把第二次世界大战结束以来的政府规模增长归因于政府长期推行凯恩斯主义国家干预政策和福利国家发展的结果。随着国家干预的广度和深度的扩大，政府的预算规模必然扩大，而福利国家的维持和发展则需要政府投入越来越多的钱。公共选择理论则主要通过考察制度的特征、政府预算决策过程中政治家和官员的行为、关系来说明政府规模(预算)不断膨胀的原因。

丹尼斯·缪勒将政府规模的六种起源解释概括进两种不同的观念之中。第一种观念是古典的民主国家理论的解释，包括政府是公共物品的提供者和外部效应的消除者、政府是收入和财富的再分配者、利益集团导致政府扩张。第二种观念把国家置于民众之上，认为是政府中的个人的偏好起着决定作用，这一解释包括官僚机构导致政府扩张、财政幻觉导致政府扩张、税收弹性导致政府扩张。①

在布坎南看来，预算盈余和民主政治是不相容的。因为预算盈余要求有实际税率的提高和公共开支的减少，或者是二者的某种结合。但是，预算盈余的产生或增加都将把其直接成本和现期成本加到一部分或全部选民头上。如果税收增加了，一部分选民的可支配收入就会减少；如果公共开支减少了，一部分公共产品的现期受益人的利益就会受到损害。因此，从其直接结果来看，预算盈余的政策只会使至少一部分选民成为受害者，而没有受益者。政治家为了获得最大化的政治支持率，宁愿通过借债来扩大政府开支，而不会通过加税来扩大开支，更不会减少政府开支。这就使得政府规模扩大与财政赤字的增长齐头并进。

4.3 民主与宪法的经济学

公共选择理论认为，政治是一种以集体决策的形式实现个体目标的手段，是个体间为维护和促进各自利益而自愿签约的过程，因而国家是作为一种社会契约的产物而出现的。但是这种契约是一种可以不断调整和改变“约定”的过程，并始终以促进每个社会成员的利益为基准。人们进行公共选择、开展集体活动、确定公共物品的需求与供给，都是在一套规则体系约束下完成的。这一套规则体系是根本性的，具有相对固定持久的特征，因而实

① [美]丹尼斯·C. 缪勒. 公共选择理论[M]. 韩旭，等译. 北京：中国社会科学出版社，2010：548-573.

际上就是宪法。宪法应在具体集体活动之前制定，公共选择理论给出了宪政改革的程序性标准——一致同意规则。

人们在立宪阶段根据全体一致规则缔结的宪法契约应受到后立宪阶段政府的遵守，并用来制约政府行为和政治过程。政府的任务是保护每一个社会成员的自由和权利不受侵犯，防止任何人通过使用暴力、偷窃或诈骗手段获取财富，消除各种形式的掠夺和强制。公共选择理论认为，政治家和官员有一种"自然的"倾向和动力去扩张政府行动的范围和规模，去追求自身的利益和利益集团的特殊目标。现行宪法不能有效地控制政治家和官员利用决策程序来对他人进行掠夺。于是，布坎南等人提出，改变这种宪法约束失灵和限制这种超过公众需要的政府扩张的根本途径是进行宪法改革，通过改革来对政府权力施加宪法约束。

4.3.1 公共选择的民主基础

1. 集体选择需要政府的原因

集体行动需要"政府"这一强制性组织的原因在于政府在实现资源配置效率、促进社会再分配和完善有益品分配领域可以有所作为。

首先，从实际社会经济运行的角度来看，社会的正常运转需要大量公共物品的供给和生产，但是由于公共物品的特性、机会主义倾向和外部性的存在，没有政府的私人活动不可避免地存在公共物品供给不足的问题。除了各种有形公共物品，在萨缪尔森看来，产权制度和实施产权的程序是一种公共物品，即"每个人的消费不会减少任一其他人对这种物品的消费"。[①] "一旦脱离霍布斯式无政府主义状态，就会产生集体选择的问题，且这些问题是与可识别的集体和社区的存在联系在一起的。"[②]公共物品的提供需要政府组织集体行动，集体行动产生的政治过程将每个人分散的私人选择转化为公共选择。与此同时，政府决定生产公共物品的数量、结构与生产方式也必须诉诸公共选择过程。

在经济学和公共选择中，配置效率和再分配之间的区别是根本性的。"在公共物品的配置中，以一种政治过程分配集体行动的利益之问题比私人物品的配置中以一种市场交换分配利益的问题更清晰。极有可能，这种问题和其他分配问题会占据政治过程的主导地位"。[③] 个人之所以自愿以某种方式参与收入再分配可能基于各种不同的动机，丹尼斯·缪勒归纳了四种关于再分配动机的假设：视再分配为保险、视再分配为公共产品、再分配以满足公平准则和再分配以提高配置效率。[④]

---

① SAMUELSON P A. The Pure Theory of Public Expenditure[J]. Review of Economics & Statistics, 1954, 36(4): 387-389.

② [美]丹尼斯·C. 缪勒. 公共选择理论[M]. 韩旭，等译. 北京：中国社会科学出版社，2010：13.

③ [美]丹尼斯·C. 缪勒. 公共选择理论[M]. 韩旭，等译. 北京：中国社会科学出版社，2010：50.

④ [美]丹尼斯·C. 缪勒. 公共选择理论[M]. 韩旭，等译，北京：中国社会科学出版社，2010：50-58.

最后，市场作为资源配置决定性手段的重要依据之一是假定消费者会对所需商品和服务做出明智选择，所以应提倡消费者主权，即市场经济要求充分尊重人们的选择。但是，个人对商品和服务的评价与商品和服务自身的价值之间是有差别的，典型的即为“对消费者有益但由于消费者的无知而消费不足”①的有益品。如教育领域的私人选择，一者可能会使经济条件较差的家庭被拒于教育之门外，二者也会有家庭因对教育的认识不足而不愿让孩子接受教育。从社会的角度来看，有必要采用某种方式来对这种情况进行干预，这就意味着公共利益以及由此而产生的公共需要是由社会上的所有个人通过协议来确定的，即有益品主要由国家提供，通过制定干预个人偏好的政策而提高其生产。②

2. 公共选择与民主政治

在公共选择的世界里，个人被看成政治决策的最初制定者与决策成果的最终承担者。从规范角度看，应最大限度地维护个人自由。由于个人效用只能由个人判断，其他人不能确知，因此，一切活动都应建立在个人同意的基础上。在宪法或法律授权的政府或国家权力的行使中，政治设施必然以政治实体中的全体成员政治上的平等为特色，至少从最后的事前估计意义上说是如此。这个条件不一定能保证集体选择中每个人完全具有同等分量。这个条件也不能保证某些人或团体不受集体的公然的强迫性压力。这里需要的是所有人在集体选择的整个模式或次序中占有平等的政治影响，具体地说，就是要使选举权人人都有，政治上的代理人要在某些有规则的基础上轮流担任，避免草率匆促的分散的集体选择。③

如果我们认为实现和保障公共利益是政府存在的基本目标，那么在如何确保政府服从这一目标方面，一直存在两种根本冲突的观点或制度。一种是以精英政治理论为依托的君主政治(一人政治)或寡头政治(少数人政治)，另一种则是以大众政治理论为依托的民主政治(多数人政治)。但人类社会发展到 21 世纪，无论是理论研究还是历史经验，都已证明了唯有民众才是公共利益的最可靠的监护人，民众必须能够有效地控制、监督政府，并能够最终决定国家和社会的重大议题，才能迫使政府始终不渝地服从公共利益的目标，为公共利益服务，为民众服务。如果我们承认“理性人”的假设与现实人性基本符合，那么把公共利益的实现完全寄望于少数人的善意和良心就是缺乏根据的。民主政治之所以能成为确保政府行为与公共利益保持一致的最重要制度，不是通过改造人性使然(事实上既不可能也不需要改造人性)，而只是通过选举和连任的压力，迫使同样是“理性人”的政府官员做出“理性选择”：他们只有通过勤奋工作、忠诚服务来追求公共利益的最大化，才能够赢得

① MUSGRAVE R A. The Theory of Public Finance：A study in Public Economy[M]. New York：McGraw Hill，1959：13-15.

② MUSGRAVE R A. A Multiple Theory of Budget Determination[J]. Finanzarchiv，1956，17(3)：333-343.

③ [美]詹姆斯·M. 布坎南. 自由、市场与国家——80 年代的政治经济学[M]. 吴良健，等译. 北京：北京经济学院出版社，1988：250.

选民的支持，进而实现其个人利益的最大化。[①] 也正因为如此，民主政治的发展成了不可阻挡的历史趋势。对此，托克维尔做了非常精彩而又生动的描述："人民生活中发生的各种事件，到处都在促进民主。所有的人，不管他们是自愿帮助民主获胜，还是无意之中为民主效劳；不管他们是自身为民主而奋斗，还是自称是民主的敌人，都为民主尽到了自己的力量。所有的人都汇合在一起，协同行动，归于一途。有的人身不由己，有的人不知不觉，全都成为上帝手中的驯服工具。因此，身份平等的逐渐发展，是事所必至，天意使然。"[②]

4.3.2 宪法的经济学解释

公共选择理论的逻辑起点是公共物品、外部性和再分配理论，这些理论解释了集体选择和集体行动存在的原因。公共选择理论把经济市场和政治市场上的行为人都看作经济人，把政治过程和经济过程等量齐观，都看作一种交易过程。通过对现行制度下的经济—政治过程分析，得出政府失灵的结论。为纠正政府失灵，重新确立一套经济和政治活动的宪法规则，进行宪法改革，也就开始了宪法规则和宪法经济学的探索。"宪法的经济分析试图去解释约束经济和政治代理人选择与行动的法律—制度—宪法规则，选择组合的运转性质，解释被制定出来的限定经济和政治代理人的普通选择的规则"。[③]

宪法经济学(Constitutional Economics，又称"宪法政治经济学")，是20世纪70年代兴起的，由公共选择理论衍生出来的一个研究领域。布坎南把宪法经济学看作公共选择理论发展的高级阶段。布坎南在其学术生涯中致力于提出、发展宪法经济学。早在1962年，在与塔洛克合著的《同意的计算》一书中，布坎南就提出了宪法规则和宪制政府问题，并提出了宪法的一般经济理论。在20世纪70年代之后，布坎南又发表了诸如《自由的限度：在无政府状态和利维坦之间》(1975)、《征税的权力：财政宪法的分析基础》(1980)、《规则的理由：宪法政治经济学》(1985)、《宪法经济学探讨》(1989)等著作，系统地论述了宪法经济学。布坎南认为，宪法经济学是这样一种研究计划：直接研究规则的运行性质，个人在其中相互作用的制度，以及这些规则和制度被选择的过程或规则和制度的产生。这个研究计划与主流经济学的不同之处在于强调约束条件的选择，它与传统的政治科学的区别是在于强调个人相互作用的合作而不是对抗。方法论上的个人主义和理性选择被看作这个研究计划的核心内容。[④]

---

① 张千帆，等. 宪政、法治与经济发展[M]. 北京：北京大学出版社，2004：139.

② [法]托克维尔. 论美国的民主(上卷)[M]. 董果良，译. 北京：商务印书馆，1988：7.

③ [美]詹姆斯·M. 布坎南. 宪政的经济学阐释[M]. 贾文华，等译. 北京：中国社会科学出版社，2012：49.

④ BUCHANAN J M. The domain of constitutional economics [J]. Constitutional Political Economy，1990，1(1)：1.

1. 公正的社会契约

在 1986 年 12 月 8 日诺贝尔经济学奖的授奖仪式上，布坎南作了题为《经济政策的宪法》的演讲，这篇演讲概括了公共选择理论和宪法经济学的主要思想。在这篇演讲中，布坎南提到了维克塞尔和罗尔斯两位思想家对他的重大影响。他在谈到他的立宪主义与罗尔斯的契约主义的关系时强调："我自己的理论方法与人们熟知的约翰·罗尔斯的结构相类似，罗尔斯利用无知之幕和公平标准来推导出在选择一种政治宪法前由观念上的一致同意所产生的正义原则。"①罗尔斯的理论对决策过程或背景的强调，与对决策结果的重视程度相比，如果不能说更多，至少也是一样多。其目的就是为了构造一系列公平的制度确保集体决策得以实施。② 在理解宪法经济学之前，有必要了解罗尔斯的契约理论。

和其他契约论者一样，罗尔斯将宪法看作公民为了建立政府制度而签订的一种契约，社会则是由一些为获取共同利益的个人组成的联合体。这些个人在他们的相互关系中都承认某些行为规范具有约束力，并且使自己的大部分行为都遵守这些规范。社会合作使得所有的人都有可能过上一种比仅靠自己努力独自生存更好的生活，但是另一方面又存在着难以避免的利益冲突。于是就产生了一系列指导恰当分配份额契约的社会正义原则，"他们提供了一种在社会的基本制度中分配权利和义务的办法，确定了社会合作的利益和负担的适当分配。"③

个人的生活前景既决定于政治体制和经济社会条件，也取决于他出生伊始的社会地位和自然禀赋。社会制度使得某些人的出发点比另一些人更为有利。这类不平等是个人无法选择的，是一种特别深刻的不平等。它们不仅涉及面广，而且影响着人们生活的最初机会。这些在任何社会的基本结构中都可能存在的不平等就是正义原则的最初应用对象。这些正义原则调节着对政治宪法和主要的经济、社会体制的选择，从全社会的层面来处理这种初始出发点的不平等，着力排除社会历史和自然方面的偶然因素对人们生活前景的影响。罗尔斯进一步认为，一般的正义观是：所有的社会基本价值(又称作"基本善")——自由和机会、收入和财富、自尊的基础，都要平等地分配，除非对其一种价值或所有价值的一种不平等分配合乎每一个人的利益。他提出正义的两个原则。④⑤

原则一：每个人对最广泛的基本自由都应拥有平等的权利，这种最广泛的基本自由是与他人的类似的自由相容的。

---

① BUCHANAN J M. The Constitution of Economic Policy[J]. The American Economic Review, 1987, 77(3): 249.

② [美]丹尼斯·C. 缪勒. 公共选择理论[M]. 韩旭，等译. 北京：中国社会科学出版社，2010：651.

③ [美]罗尔斯. 正义论[M]. 何怀宏，等译. 北京：中国社会科学出版社，1988：2-3.

④ [美]罗尔斯. 正义论[M]. 何怀宏，等译. 北京：中国社会科学出版社，1988：292.

⑤ 此处选自方福前根据原文改译表述，见方福前. 公共选择理论[M]. 北京：中国人民大学出版社，2000：222.

原则二：应对社会和经济的不平等做出这样的安排，以便使二者：①与合理的储蓄原则相一致，使处于最不利地位的人获得最大利益；②与机会公平和平等相联系，使职务和地位向所有人开放。

原则一称作“平等的自由原则”，原则二分别称为“差别原则”和“机会平等原则”。原则一涉及公民的政治权利，原则二涉及公民的社会利益和经济利益。两个原则界定了社会的基本结构。两个正义原则的优先顺序为：

第一优先规则——平等的自由优先，自由只能为了自由的缘故而被限制。

第二优先原则——正义对效率和福利优先，即原则二优先于效率原则和追求利益最大化的原则，其中机会平等原则又优先于差别原则。

罗尔斯从处于最不利地位的人(最少受惠者)的角度出发来看待和处理不平等，通过给最少受惠者最大的利益补偿，使所有的成员都处于一种平等的地位。他用“基本物品”——权利与自由、能力与机会、收入与财富，而不是效用指数来定理福利水平。适用于社会基本结构的正义原则正是原初契约的目标。这些原则是那些想促进他们自己的利益的自由和有理性的人将在一种平等的最初状态中接受的，以此来确定他们联合的基本条件。这些原则将调节所有进一步的契约，制定各种可行的社会合作和政府形式。这种看待正义原则的方式称为作为公平的争议(justice as fairness)。[①] 罗尔斯更关注做出决策过程的过程，罗尔斯的正义论是一种“过程论”而不是“目的论”，如果他的正义论有什么目的，那就是他要制定出一组能进行集体选择的正义原则。罗尔斯提出了一个四阶段序列的理论来简化正义原则的应用过程。[②] 这四个阶段是人们从原初状态[③]开始到实现应用正义原则所经历的依次相关联的几个阶段。

第一阶段：人们处于原初状态，在无知之幕(veil of ignorance)后面选择正义的两个原则。

第二阶段：立宪。一部理想的、正义的宪法应当是一个旨在确保产生结果的正义程序，这个程序是正义宪法所控制的政治过程，这个结果应是被规制的法规主体。宪法必须规定平等的公民权的各种自由并保护这些自由，这些自由包括良心自由、思想自由、个人自由和平等的政治权力。

第三阶段：立法。社会、经济政策的目的是在公正的机会均等和维持平等自由的条件下，最大限度地提高最少受惠者的长远期望。

第四阶段：行政和司法。行政官员和法官将前一阶段制定的规范运用于具体的案例，公民则普遍遵循这些规范。

---

① [美]罗尔斯. 正义论[M]. 何怀宏，等译. 北京：中国社会科学出版社，1988：9.

② 方福前. 公共选择理论[M]. 北京：中国人民大学出版社，2000：224-225.

③ 原初状态的特征是：第一，没有一个人知道他在社会中的地位，无论出身、阶级、资质或运气等，此即为无知之幕(veil of ignorance)。第二，每个人都是理性的个人。

2. 布坎南的宪制理论①

布坎南区分了两种法——高级法(the higher law)和普通法(ordinary laws)，由此就划分了立法的两个阶段或两个层次的立法机构。“宪法”是高级法，确定了制定普通法的规则。制定宪法后的博弈称为“后宪法”(post-constitution)。因此，公共选择就有两个完全不同的阶段或层次，二者具有不同的特征。首先是对规则本身进行选择，这种选择可以称作“宪法选择”。其次是在界定这种博弈的规则范围内对不同的博弈策略进行选择，也就是“后宪法选择”。宪法经济学研究规则、规则如何运行以及应当如何选择规则。所以，布坎南认为，宪法经济学的研究层次要高于主流经济学。布坎南宪法经济学的主要观点综述如下：

(1)规则决定政策

任何一项政策都是在一定规则下做出的，政策本身的好坏和好的政策能否出台取决于决策规则。不同的决策规则会带来不同的决策结果和性质不同的政策。经济政策的好坏不取决于经济学家和政治家的行为，而取决于制定政策的规则。货币制度比货币政策重要，税收制度比税收政策重要，公正的决策规则比“圣君贤相”重要。经济学家的任务不是向政治家提供政策建议，而是关注政治决策的结构。

(2)选择规则的标准为全体一致规则

规则是至关重要的，决策规则的标准自然就是全体一致规则或维克赛尔标准。因为有了一致同意，才能产生良好的社会秩序，才能产生互利的交易，才能保证个人的自由与权利不受他人侵犯，才能防止一部分人对另一部分人的强制和掠夺。如果人们一致同意选择某种规则，那么就意味着这种规则比原有的规则更有效率。布坎南认同罗尔斯关于存在使所有人都一致同意的决策规则，无知之幕下的宪法选择会形成一个公正的结果。

(3)过程比结果更重要

公共选择理论试图描述不同的个人利益如何通过自愿的交易过程得到协调。这是一种有关社会秩序和社会中人们相互作用的理论。这种理论不是关注人们的行为相互作用的结果，而是集中注意人们行为的相互作用过程以及人们的相互作用赖以发生的社会制度的基础，即集体选择的制度结构和程序。布坎南等人认为，一种选择或活动是否有效率，应从选择或活动的过程来检验，不应该根据其结果来评判。检验是否有效率的标准是看这个过程是否是自愿交易的过程，它距离全体一致有多远。

(4)政府失灵的根源是宪法约束失灵

西方现行的宪法制度是在 19 世纪根据适合产业革命初期的政治技术条件设计的，现在已不能对政府行为形成有效的约束，因而导致政府失灵。掌握政府权力的人凌驾于他人之上，掠夺他人；政府活动排挤了个人自由交易；平等关系变成了主仆关系，自由变成了奴役。结果是社会总量减少了，分配状况恶化了。

① 方福前. 公共选择理论[M]. 北京：中国人民大学出版社，2000：225-230.

(5)改革的重点是宪法改革

政治活动和经济活动都是在一定的规则下进行的，政治腐败、效率低下和不平等都能从制度规则上找到原因。因此，要改善政治和经济，必须改革规则。宪法经济学认为，改革的努力应当放在那些约束决策或政策制定的规则上，而不是放在通过对行为人的行为施加影响来改变预期结果上。由于宪法是根本性的规则，因此改革的最高阶段是宪法改革。是制定政策的宪法而不是政策本身成为改革的对象。宪法的目的是制约政府与个人，防止各种形式的掠夺行为。宪法约束可以形成一种宪法秩序，出现有秩序的社会、组织和活动，从而为自由交易和个人自由提供保证。

博弈规则的改革和博弈策略的改革结果是不同的。博弈规则的改革可能符合所有当事人的潜在利益，而博弈策略的改革只是在既定的规则范围内有利于某些当事人。

(6)判断政治—法律—制度符合"契约论"的准则①

个人和公共代理人的行动受到法律尤其是宪法规则的约束。在宪法范围内，政治组织中的所有成员都有平等进入决策机构的机会，在作出集体决策的过程中都有平等的分量。在宪法范围内的集体行动和改革宪法的集体行动之间必须明确划分一条公认的界限，前者可以采取多数票规则，后者必须使用全体一致规则。

4.3.3 对政治行动的约束

政治家和官员有扩张政府行动范围和规模的倾向和动力，而政府规模迅速膨胀和严重的通货膨胀问题导致了政治生活的混乱。那么，"如何才能恢复政治秩序的道德基础？政治制度和机构如何才能获得对于其运行是必不可少的尊敬？"②布坎南认为，宪法制度是影响政治决策的方式和行为的根本制度。因此，只有通过宪法改革制度才能有效约束政府的权力和政府活动的无效率扩张。他写道："只有政治、集体、政府或国家活动的范围受到可强制执行宪法的约束，方可阻止此种过分的扩展……除非对政治可能超越运用的活动范围加以限制，否则人们对民主选择程序本身的支持看起来不会很积极。"③他主张用一种宪法民主④(constitutional democracy)政治来取代美国等西方国家现行的民主政治。

为了实现宪法民主，布坎南提出的宪法设计的基本思路是：在维持秩序方面，政府的活动是合法的；在规定和控制纯私人的行为和私人选择方面，政府的行动是非法的；而介

① [美]詹姆斯·M. 布坎南. 自由、市场与国家——80年代的政治经济学[M]. 吴良健，等译. 北京：北京经济学院出版社，1989：250-251.

② [美]詹姆斯·M. 布坎南，理查德·A. 马斯格雷夫. 公共财政与公共选择：两种截然不同的国家观[M]. 类承曜，译. 北京：中国财政经济出版社，2000：155.

③ [美]詹姆斯·M. 布坎南. 自由、市场和国家——80年代的政治经济学[M]. 吴良健，等译. 北京：北京经济学院出版社，1988：260.

④ 之所以要在"民主"前面加上"宪法"一词，是因为"民主"一词可以用来描述结构、目的和作用十分不同的政治，而"宪法民主"则是作为独一无二合乎理想的人们相互交易的政治秩序而出现的。

于两者之间的活动，由于市场的作用不能理想地对其加以处理，政府必须接入，但这方面的政府行动必须根据其预期成本和预期收益来加以慎重选择。[①] 布坎南不是一个无政府主义者，他反对的是过多的和不恰当的政府干预，反对的是超出宪法允许范围内的或不受宪法约束的政府干预。

布坎南区分了三种不同层次的集体行动：①执行现行宪法的行动，即“保护性国家”或“最低限度国家”；②在宪法范围内进行集体行动的活动，包括制定普通法，提供公共物品等，即所谓“生产性国家”的活动；③修改宪法的活动。美国在 20 世纪 80 年代中期的混乱是由于政府混淆了三个不同层次的活动，与此同时，还给自己不当的行为披上合法的外衣。[②] 从西方国家的政治现实出发，布坎南阐述了国家理性重建的三个核心领域。

1. 修改多数裁定规则[③]

要对现行的多数裁定规则进行修正，在决定性的集体行动中实行超多数规则。如果决策成本能够被减少到可以忽略不计的比例上，那么理性的个人就总是会在政治决策最终做出以前，支持全体一致的规则。“然而，由于讨价还价的现有范围之故，为达成完全的一致，所必需的讨价还价和谈判成本可能非常高昂。如果这些成本据预期超过了可能被强加给潜在的受到损害的少数派的成本，那么面临立宪选择的个人也许会决定，允许按某种有限多数规则来进行集体行动。”[④]正是基于对外在成本和决策成本权衡的结果，在现实的民主社会里，政治决策通行的是多数裁定规则。但是，个人，不论是自己一个人还是在团体内部，在按照多数裁定规则的统治下，都可能遭受歧视。因为多数裁定为多数派以合法的形式掠夺少数派的收入和财富提供了便利条件。而且，它还容易导致政治家们之间的选票交易和互投赞成票。如此一来，有组织的利益集团和政治联盟便可从中大获其利，而政府的规模却日益膨胀，税收越来越高。因此，在《同意的计算》中，布坎南和塔洛克呼吁以超多数规则代替多数裁定规则，至少在意义重大的、决定性的集体行动中应遵循超多数规则(该规则的极端就是全体一致)。从社会净值的角度看，这种转变将提高集体行动的效率，而不是降低集体行动的效率。因为在可以接受的决策成本范围内，决策规则越接近全体一致，一种获准的方案的受益者就越多，政治家被引向满足更多选民利益的压力就越大。

2. 税收制度改革

税收制度改革主要从立宪的角度说明什么样的财政体制是合理的。其基本观点是，财政体制的税收与支出两方面应采取不同的决策方法。公共支出，包括构成与规模的决策，

---

① 方福前. 公共选择理论[M]. 北京：中国人民大学出版社，2000：233.

② [美]詹姆斯·M. 布坎南. 自由、市场与国家——80 年代的政治经济学[M]. 吴良健，等译. 北京：北京经济学院出版社，1989：244-245.

③ 黄新华. 当代西方新政治经济学[M]. 上海：上海人民出版社，2008：54-55.

④ [美]詹姆斯·M. 布坎南，戈登·塔洛克. 同意的计算——立宪民主的逻辑基础[M]. 陈光金，译. 北京：中国社会科学出版社，2000：101.

要在财政决策的日常运行过程中作出，而税收结构与水平的决策要先于支出结构，在日常运行过程之前的立宪阶段作出，一旦确定，就应相对稳定，能够为今后的所有公共支出内容与数量筹资，因而财政立宪主要是指税收立宪。

公共支出与税收决策的这种区别起因于其各自不同的性质：公共支出是不可分的，其规模与构成一旦确定，所有的人都同等共享；而税收则是完全可分的，要在不同阶层、团体和个人之间分摊。税制及其变动的集体决策成本极高，不可能经常决策。税制在立宪阶段的预先决定和宣布，有助于给纳税人在后立宪阶段的经济活动提供一个稳定的环境，纳税人在既定税制下根据自身情况预期未来、作出判断、调整行为，也防止了一些人联合起来利用税收决策剥削他人的可能，从而有助于经济稳定。①

税制选择中的关键不在于什么样的税收合理，而在于决定税收结构的决策过程是否全面反映了被赋予相同权力的个人的偏好和价值。从这个意义上说，税制选择必须以不确定性为前提在立宪阶段确定。当一个人对自己未来经济地位无知时，他是不会赞成区别税制的，而合理公正的税制结构应包括通行税、累进税和间接税。

在预算原则上，布坎南主张保持预算平衡，并且要以宪法的形式确保其实现。“如果存在对总税收和总支出的有效限制，政府为了避开宪法的要求，就不得不做出非财政的选择……政府决策者——无论他们是谁——量入为出来改变政府的决策过程”②。如果试图保证预算平衡的实现，就必须设立一个具体细致的规则，这个规则可以起到一个特殊的调节机制的作用，一旦支出和税收的变化超出了平衡的界限，这个机制就会自动促使预算恢复平衡，以防止出现期预算决策的失误。更具体来说，这个规则包括调节税率、调节支出或二者同时进行。但是调节税率有利于公共部门而对私人经济不利，因而可取的方法应该是调节支出以适应既定的税收结构。这既可以有效抑制公共部门的扩张，同时也产生有利于私人部门的资源配置。

除了预算平衡，布坎南认为，上述这些约束政府财政权力的建议，都没有涉及政府的决策结构本身。限制政府财政权力的另一种十分不同的途径，是改变和限制产生政治结果的结构。因此，必须考虑对征税和开支的权力施以直接的宪法约束，对作出政治决策的程序或规则进行宪法变革，通过改变作出征税和开支决策的程序，建立一个更负责任的政府。

3. 建立货币宪法

如前所述，最好的政策是受宪法规则约束的政策，而这个规则应在制宪阶段经全体一致同意形成。货币政策同样如此，需要根本的规则，即货币宪法。那么，货币政策宪法的标准应该是什么呢？布坎南指出，不管讨论的级别是什么，货币政策最有意义的标准都是货币单位之间的可预期性，或者换一种说法，是绝对价格水平的可预期性，对绝对价格水

---

① 文建东．公共选择学派[M]．武汉：武汉出版社，1996：205-207.

② [澳]杰弗瑞·布伦南，[美]詹姆斯·M. 布坎南．宪政经济学[M]．冯克利，等译．北京：中国社会科学出版社，2004：234-237.

平的预期体现在价格指数上。[①] 不过，绝对价格水平的预期并不意味着相对价格水平的可预期性，在确保了绝对价格水平的可预期性之后，经济当事人对相对价格水平仍存在不确定性。

经济学家常常建议的是货币的稳定性，但布坎南认为“可能被提议的替代稳定性的预测性的最大优点在于它允许我们把和货币制度相关的难题和问题与那些所谓宏观经济变量产生特殊影响的货币政策功效相关的难题和问题区别开来”[②]。货币单位价值的可预期性有着货币稳定性所不可比拟的优点：可预期性要比稳定性更明确，更易于量化，从而也更易于操作；可预期性更容易取得广泛的一致意见，例如，主张通货膨胀的学者会反对货币稳定性，但会和主张稳定物价的人同时支持可预期性；可预期性是静态资源配置效率与动态经济增长得以实现的必要条件；可预期性使得货币宪法问题与具体货币管理问题得以分开，从而使货币宪法规则更为单一，更好通过。

既然确定了货币宪法是确保货币单位的价值或绝对价格水平的可预期性，如何实现这一目标呢？布坎南指出，把价格指数变动的预期纳入货币宪法之中，基本上有两种方法：①利用价格指数作为操作性标准指导政策变动；②设计一种私人决策系统，以使合意的货币可预期性自动地从系统日常运行中产生。这两种办法是互为替代的，布坎南分别称之为管理的货币体制与自发的货币体制，前者使用价格的可预期性作为工具形成一个指导政策的标准，后者则不使用明确的绝对价格水平或其他经济变量来指导货币政策。在自发货币体制中，需要设计一种商品标准作为货币单位的基础，其用货币单位表示的价格应牢牢固定其未来走向，以保证货币单位的可预期性。实际上，这两种方法的主旨都是：货币应按公开宣布并有法律保障的规则供给，不能随意变动，这样才能确保货币单位价值的可预期性。

在两种办法中，管理的货币体制是不可取的——它会引起货币价值的预期失误。自动的货币体制往往采取某种本位制，考虑到金本位制并非最好，布坎南认为最理想的自动货币体制是商品本位制。[③] 这个商品应代表经济中所有商品与劳务的生产情况，其价格应与绝对价格水平或价格指数同步变动。选定这样一个理想商品之后，为确保货币数量的可预期性，货币当局应随时准备按预先既定的价格买卖该商品。结果，经济就可在货币的可预期基础上运行，就可以利用竞争机制中分权的与非个人的力量，根据经济需要提供或回收货币。布坎南同时也指出，经济中不一定有最理想的作为本位的商品，但是存在着近似的理想商品与劳务。总之，货币宪法的主旨是，应利用人们事先全体一致同意并打算遵守的规则来约束货币政策，防止易引起混乱的频繁货币变动。

---

① [美]詹姆斯·M. 布坎南. 宪政的经济学阐释[M]. 贾文华，等译. 北京：中国社会科学出版社，2012：117-118.

② [美]詹姆斯·M. 布坎南. 宪政的经济学阐释[M]. 贾文华，等译. 北京：中国社会科学出版社，2012：114.

③ [美]詹姆斯·M. 布坎南. 宪政的经济学阐释[M]. 贾文华，等译. 北京：中国社会科学出版社，2012：121-127.

第 5 章

外部效应与政府规制

外部效应是无法在价格中得以反映的经济交易成本或收益，它贯穿于社会经济发展过程之中，并对资源配置效率形成一定影响。解决外部效应问题的主要路径是政府规制。政府规制是市场经济体制中，政府为了弥补市场失灵、提升市场效率和增进社会福利，对微观经济主体进行的规范和制约，“主要通过规制部门对特定产业和微观经济活动主体的进入、退出、价格、投资及涉及环境、安全、生命、健康等行为进行的监督与管理来实现。”①

5.1 外部效应的理论基础

外部效应具有强制性、不可消除性等特征。当外部效应存在时，私人的边际收益和边际成本将与社会的边际收益和边际成本出现差异，生产者和消费者所做出的决策会使资源配置发生错误的可能性大大提高，而政府规制是解决这一问题的主要手段之一。

5.1.1 外部效应的含义与特征

最早论及外部效应的是马歇尔，他在 1980 年写成的《经济学原理》一书中，用“外部经济”一词来指一个产品部门内部各厂商之间相互产生的一种积极的刺激和影响，但这些刺激和影响在生产成本中无法体现，反映在单个厂商的生产活动之外，所以称之为“外部经济”。在马歇尔思想的基础上，庇古进一步阐述了外部效应理论。他认为，生产厂商的边

① 谢地. 政府规制经济学[M]. 北京：高等教育出版社，2003：3.

际私人净产值和边际社会净产值的不一致现象，就是生产的外部效应。第二次世界大战后，尤其是 20 世纪 80 年代以来，随着人类社会经济活动领域的扩大，经济学家越来越多地关注外部效应问题的研究，并取得丰富的理论成果。

对于外部效应的定义，1962 年，布坎南和斯塔布尔宾在合作发表的题为《外部效应》的论文中，做出了较为明确的界定：只要某一个人的效用函数(或某一厂商的生产函数)所包含的变量是在另一个人(或厂商)的控制之下，即存在外部效应。可用公式表示为：

$$U^{A}=U^{B}\quad(X_1,\ X_2,\ \cdots,\ X_n,\ Y_1)$$

该公式表明，一个人(A)的效用，不仅受其所控制的 X_1，X_2，…，X_n 的影响，同时也会受到其他活动 Y_1 的影响，而 Y_1 又在第二个人(B)的控制之下，发生了外部效应。因此，简言之，所谓外部效应就是未在价格中得以反映的经济交易成本或收益。

当存在外部效应时，人们在进行经济活动决策中所依据的价格，既不能精确反映其全部的社会边际效益，也不能精确地反映其全部的社会边际成本。其原因在于，某种经济活动外部效应的存在，使得除交易双方之外的第三者(个人或厂商)受到了影响，而该第三者因此而获得的收益或付出的成本在交易双方的决策中未予考虑。其后果在于，依据失真的价格信号所做出的经济活动决策，会使得社会资源配置发生偏离，达不到帕累托效率所要求的最佳状态。

对于外部效应产生的原因，主要为市场机制论与所有制论这两种观点。市场机制论认为，外部效应的产生源于市场机制自身。市场经济的特征是，私有财产权极大地刺激人们为自身利益而从事各种经济活动；在私人经济活动中，厂商和消费者都是理性的经济人，以利润最大化或效用最大化为目标。厂商和消费者做出经济决策的依据是市场价格，而市场价格形成的基础往往是私人边际成本或私人边际收益，无论厂商还是消费者，都不会主动地基于社会边际成本或社会边际收益的考虑而做出经济决策，或者在技术上无法将生产和消费过程中产生的副作用纳入成本或收益之中。于是，当私人边际成本与社会边际成本不一致时，就会产生负外部效应；当私人边际收益和社会边际收益不一致时，就会产生正外部效应。所有制论认为，外部效应的产生源于产权的不清晰。这就是所谓的“公地悲剧”问题，即如果一种资源的所有权没有排他功能，那么就会导致公共资源的过度使用，最终使全体成员的利益受损，即产生负外部效应。所有制论强调，成本和收益的内部化必须以产权的确定为基础，如果产权不清晰，那会促使人们尽可能地无偿得益。①

尽管学者对外部效应的发生持不同看法，但对外部效应的基本特征却有着类似的归纳。具体来说，外部效应的基本特征可以分为：

①处于市场机制之外的独立性。如果有些行为对第三者带来影响，但影响可以通过价格或在价格中得以反映，那么这就不是外部效应。外部效应的影响是不通过市场机制发挥作用的，它不属于买者和卖者的关系范畴。换句话说，市场机制无力对产生外部效应的厂

① 朱柏铭. 公共经济学[M]. 杭州：浙江大学出版社，2002：111-112.

商给予惩罚或补偿。

②产生于决策范围之外并伴随决策产生。厂商的目标是追求利润最大化，其在制定决策时进行的成本—收益分析，只会考虑生产的私人成本而不是社会成本。这样，负的外部效应的生产者的产出水平将超过最优产出水平，也就是说，污染的发生，并不是因为把废物排放到环境中的总收益超过总成本，而是因为这样处理废物时收益超过了他所负担的那部分成本。即使是这样，厂商的决策动机也不是为了排污而生产，它只是生产过程中的伴随物，不是故意制造的效应。所以，外部效应是伴随着生产或消费而产生的某种副作用，它独立于市场机制之外，是市场机制容许生产者或消费者在做出决策时可以忽视的行为结果。①

③与受损者之间具有某种关联性。外部效应所产生的影响并不一定能明确表示出来，但它必定要有某种(正的或负的)福利意义。当受损者对外部效应漠不关心时，它就是不相关的，否则，它就是相关的。比如说，汽车排放尾气，如果你并不在意，则不能认为产生了外部效应。

④强制性。不管受害者是否同意，外部效应加在受害者身上具有强制性，如汽车排放的尾气。并且，这种强制性无法通过市场机制来解决。

⑤不能完全消除性。外部效应独立于市场机制之外，市场机制无法对负的外部效应制造者给予惩罚，政府干预的作用也只能是限制外部效应，而不可能完全消除。

5.1.2 外部效应的分类

外部效应从产生到影响作用的过程，存在发起者、承受者与结果三个关键要素。依据这三个要素，可以对外部效应进行不同划分：

1. 按外部效应的发起者分类

外部效应的发起者，可能是生产单位，也可能是消费单位。因此，根据发起者的不同，可以将外部效应分为：①消费的外部效应，即消费活动直接影响了其他经济主体生产或消费的福利。例如，一个人的效用水平可以因为他人的吸烟、高音喇叭而受损，也可以因邻居种植花草、美化环境而受益。②生产的外部效应，即生产活动直接影响了其他经济主体生产或消费的福利。例如，位于河流上游的化工厂排放的废水使位于下游的渔场受损，养蜂场得益于果园种植面积的扩大等。在生产的外部效应中，一个企业的生产直接影响了其他经济行为主体的福利。②

2. 按外部效应的承受者分类

外部效应的承受者，可能是消费者，也可能是生产者。按照外部效应的承受者不同，可以将外部效应区分为：①对消费者的外部效应，即给消费者带来某种影响。例如，某人

① 邹帆. 公共经济学[M]. 北京：中国农业出版社，2009：29.

② 李春根，廖清成. 公共经济学[M]. 武汉：华中科技大学出版社，2015：83.

在地铁上吸烟时，地铁上的其他乘客被动接受吸烟，此时乘客作为消费者承受了负的外部效应。②对生产者的外部效应，即给生产者带来某种影响。例如，养蜂者的蜜蜂增加了果园主的果子生产数量，果园主作为生产者接受了正的外部效应。①

3. 按外部效应的结果分类

从外部效应与经济效率的关系来看，外部效应的最基本划分方式是按结果进行分类。② 根据外部效应结果的不同，可以将外部效应分为外部正效应(positive externality)与外部负效应(negative externality)。

外部正效应，亦称为正的外部效应、外部效益或外部经济，指的是对交易双方之外的第三者所带来的未在价格中得以反映的经济效益，或者是指某些产品的社会效益大于其使用者价值的现象。在存在外部经济的情况下，无论是产品的买者，还是产品的卖者，都未在其决策中意识到他们之间的交易会给其他人或厂商带来益处。关于外部正效应的一个最突出的例子是消防设备的交易。很明显，一笔消防设备的交易，除了买卖双方可以从中得益之外，其他人也可以从火灾蔓延范围减小中得到好处(至少邻近的人或厂商会获益)。但消防设备买卖双方并未意识到这一点。他们的买卖决策并未加入其交易会减低第三者的财产损失风险这样一个因素。如果加入了这一因素，也就是说将外部效应考虑在内，在不能向第三者收取相应报偿的情况下，消防设备的消费量将肯定会因此出现不足。

在西方国家，典型的外部正效应的另一个例子是私人花园。对私人花园的所有者来说，它提供了一个令人赏心悦目的环境，但除此之外，社会其他人也因此而受益。因为，每个私人花园实际上就是个绿化地，它净化了空气，调节了地区的小气候。因此，除个人获益外，社会也获得了利益。正外部效应有时也表现为生产过程中的产业互补性。由于现代社会实行社会化大生产，因此，一个企业部门的发展会给其他部门创造相应的发展条件，这样一来，就产生了一种企业以外的社会效益。此外，外部正效应也表现在大多数的公共物品上。例如，某地政府修建了公路，交通条件的改善使得商品的运输更为方便，从而促进了该地区的发展。对于公路附近的居民来说，直接获得的利益是土地使用价值提高，租金变贵。一般来说，纯公共物品和准公共物品都存在外部正效应，正是由于这样，一些原来属于私人的行业才被社会转为公共部门，由过去的私人管理转为政府管理。

外部负效应，亦称为负的外部效应、外部成本或外部不经济，指的是对交易双方之外的第三者所带来的未在价格中得以反映的成本费用，或者说是指某一产品的社会成本大于生产者私人成本的现象。工业污染对人及其财产所带来的损害，是关于外部负效应的一个最突出的例子。工业污染在损害人们的身体健康，降低人们在财产以及资源价值上的负效用，已成为现代社会的共识。但是与带来工业污染有关的产品的生产者和购买者，显然是不会在其生产决策和消费决策中考虑那些因此而受损害的人们的利益的。也正因为如此，

① 李春根，廖清成．公共经济学[M]．武汉：华中科技大学出版社，2015：83．

② 黄新华．公共部门经济学[M]．厦门：厦门大学出版社，2013：93．

这类产品的生产往往是过多的，即这种产品会产生过度供给。

外部负效应有时也表现在产品的假冒以及资源的开采利用上。由于某些资源，如土地、矿产等具有不可再生性，其实际成本是很高的，但是从其生产者来说，他们是按开采的成本来付费，这样就形成了外部成本。这种外部成本，也表现为对森林产品等资源开发上。此外，由于生产假冒产品的成本较低，收益高，在政府不加干预的前提下，许多企业会相继生产和销售假冒伪劣产品。图5-1说明了具有外部成本的情形。在图5-1中，D为需求曲线，S为生产者边际成本曲线，S'为该产品的社会边际成本曲线，S'与S之间的垂直距离表示该产品的外部边际成本。

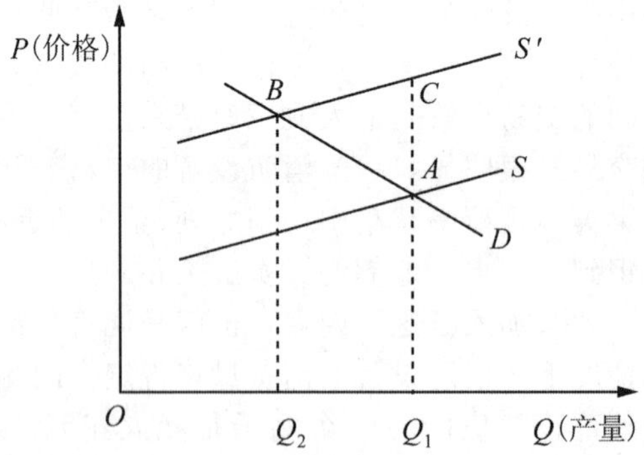

图5-1　外部成本与效率损失

在市场机制的自我调节中，生产者价格的供求均衡点应为A，相应的生产数量为Q_1。但从整个社会来看，该产品的最佳供求平衡点应当为B，相应的需求量为Q_2。因此，$Q_1—Q_2$部分的产量是无效率的，因此而造成的效率损失为$\triangle ABC$。所以说，在不加干预的条件下，对于那些有外部成本的产品而言，私人企业的竞争将会带来效率的损失。

当然，有必要指出的是，并非所有的对交易双方之外的第三者所带来的影响都可称作外部效应。那些对第三者所造成的可以通过价格或可以在价格中得以反映的影响，就不是外部效应。例如，如果一个人增加了摄影的爱好，那么这一爱好本身肯定会增加摄影器材的市场需求，从而抬高摄影器材的市场价格。毫无疑问，其他摄影爱好者会因摄影器材价格上扬而受损。但不能因此说由于这个人的摄影爱好的增加而给第三者带来了负的外部效应。产品价格上扬，仅仅说明这样一个事实，即该物品相对于人们的现实需求来说变得稀缺了。价格上扬的结果是一部分收入从购买者手中转移给生产者，并增加了生产该种产品的动力。同时，从资源配置的角度看，通过价格的提高也使得现有的产量处于合理状态。很明显，这样的影响不会导致资源配置的扭曲，当然也不在政府要采取措施加以矫正的效应范围之列。

4. 外部效应的复合分类

复合分类是将上述三种不同标准结合起来，对外部效应进行的交叉分类。对外部效应进行复合分类，可以有八种排列：

第一，消费活动产生正的消费外部效应——某个人或家庭因别人或家庭的消费活动而受益，如 A 的邻居 B 拥有一个美丽的花园，A 也会因此而享受到该花园的效益。此即为正的消费外部效应。

第二，消费活动产生正的生产外部效应——某厂商因某个人或家庭的消费活动而受益。如购买者偏好的变化增加了对厂商产品的需求。

第三，消费活动产生负的消费外部效应——某个人或家庭因别人或家庭的消费活动而受损。如 A 嫉妒 B 的较高生活水平，他会因此而遭受负的消费外部效应。

第四，消费活动产生负的生产外部效应——某厂商因某个人或家庭的消费活动而受损。如购买者偏好的改变减少了对厂商的产品需求。

第五，生产活动产生正的消费外部效应——某个人或家庭因某厂商的生产活动而受益。如由于采用新的技术，使得企业在追求最大利润时，以较低的价格出售质量较好的产品，消费者就会因此而受到正的外部效应。

第六，生产活动产生正的生产外部效应——某厂商因别的厂商的生产活动而受益。如一个养蜂者接近苹果园，他的养蜂活动便会有益于苹果园的主人。反过来，苹果园的扩大，也会给养蜂者带来好处。

第七，生产活动产生负的消费外部效应——某个人或家庭因某厂商的生产活动而受损。如厂商的活动造成了污染，便会对附近居民的健康带来有害影响。

第八，生产活动产生负的生产外部效应——某厂商因别的厂商的生产活动而受损。如设在湖边的纺织厂排出的污水，便有害于养鱼者的活动。

5.1.3　外部效应的影响与内部化

外部效应所形成的影响主要体现于资源配置效率之中，因为当外部效应存在时，私人的边际收益和边际成本将与社会的边际收益和边际成本出现差异，从而影响到资源配置的决策。只有当使用者的各种活动或决策能考虑实际的社会边际收益或成本时，才能实现外部效应的内在化。外部效应内在化主要有市场途径和政府途径。

1. 外部效应与资源配置效率

当外部效应存在时，私人的边际收益和边际成本将与社会的边际收益和边际成本出现差异。由于决定个人或厂商经济选择的是私人边际收益和私人边际成本，而不是社会边际收益和社会边际成本，因此，当个人或厂商仅从自身利益出发，而完全忽略外部效应带给他人或厂商的效益和成本时，其所做出的决策使资源配置发生错误的可能性会大大提高。

(1)外部负效应与资源配置效率

外部负效应最关键的问题，就是带有外部负效应的物品或劳务的价格，不能充分反映用于生产或提供该种物品或生产要素的社会边际成本。例如，由于污染环境，纸张的生产会给除纸张买卖双方之外的其他人或厂商造成损害。而无论买者或卖者都未核算其给第三者带来的这一成本。对此，西方经济学家用外部边际成本(Marginal External Cost,

MEC)来表示这种因增加一个单位的某种物品或劳务的产量而给第三者所带来的额外成本。外部边际成本是生产某一物品或提供某一劳务的社会边际成本的一部分，但它仍未在该物品或劳务的价格中得到反映。

以纸张生产为例，它之所以会带来外部负效应，是因为纸张生产所造成的污染物倾泻于河流，导致水资源的污染，从而降低水资源使用者可从中获得的效益，如减少可供捕捞的鱼量，妨碍人们可进行的诸如游泳、划船等各种形式的娱乐活动。对此，可区别三种情况来分析，即外部边际成本不变、外部边际成本递增和外部边际成本递减。

在外部成本不变的情况下，如图 5-2 所示，假定每吨纸的 MEC 为 10 美元，且固定不变，MEC 线与横轴平行。这就意味着，外部总成本(TEC)将随产量的增加而按照一个不变的比率，即每吨纸 10 美元的幅度增加。如图 5-3 所示，如果某一造纸厂的年产量为 40 吨，其外部边际成本为每吨 10 美元，外部总成本就将为 400 美元。这时，TEC 线是一条斜率为 $\Delta TEC / \Delta Q = MEC = 10$ 美元的直线(ΔTEC 是外部总成本的增量，ΔQ 为纸张产量的增量)。如果纸张年产量增加 1 倍，但 MEC 不变，那么，外部总成本也就随之增加 1 倍。

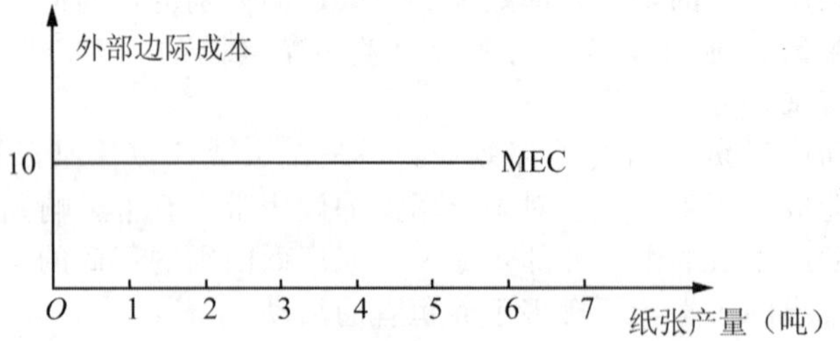

图 5-2　外部边际成本(MEC 不变的情况)

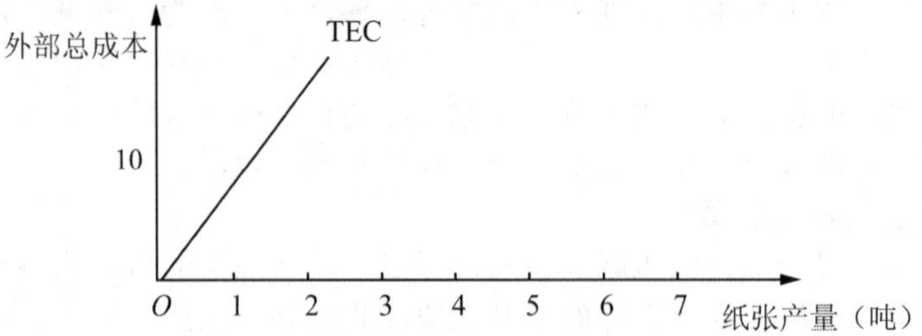

图 5-3　外部总成本(MEC 不变的情况)

外部边际成本递增的情况下，如图 5-4 所示，对第三者造成的外部边际损害递增，意味着较高的年产量水平比较低的年产量水平带来的边际损害更大。所以图 5-4 中的 MEC 线向右上方倾斜。在这种情况下，外部总成本将随产量的增加而按照一个递增的比率增加。

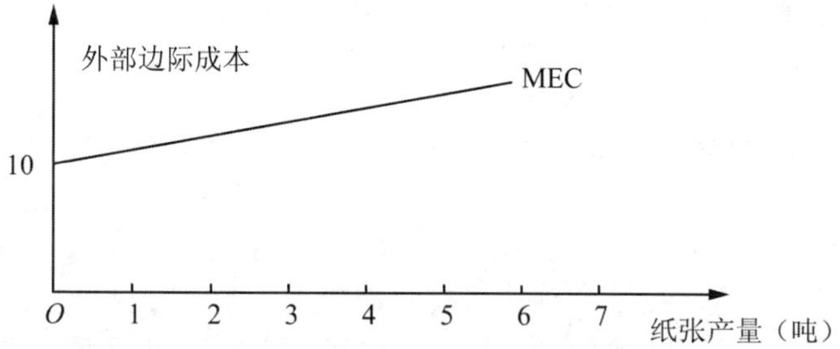

图 5-4　外部边际成本(MEC 递增的情况)

如图 5-5 中的 TEC 线所示，如果纸张年产量增加 1 倍，那么，对第三者造成的外部总成本增加将大于 1 倍。这也说明，纸张产量越增加，由此而产生的污染损害越严重。

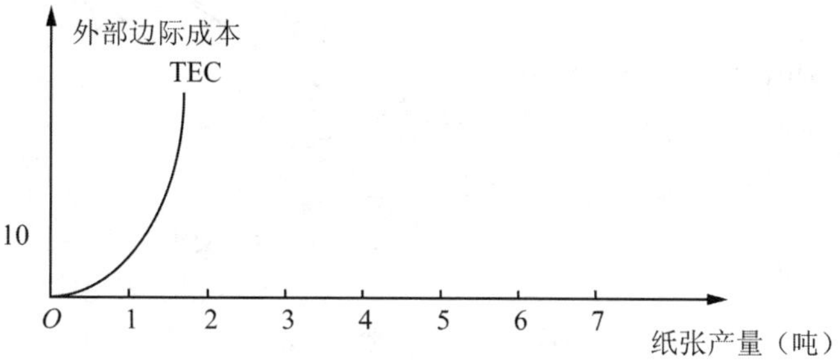

图 5-5　外部总成本(MEC 递增的情况)

再有一种情况是，外部边际成本随着产量的增加而趋于递减，并最终为零。但对于负的外部效应来说，这种情况发生的可能性一般减小。这是因为，外部边际成本的递减实际上意味着污染造成的总损害将按一个递减的比率增加；而在某一点之后，追加的污染不会带来进一步的损害。显而易见，污染损失不可能存在着一个最高限额。

运用外部边际成本的概念，可以解释外部负效应是如何导致资源配置的扭曲的。

现在假定造纸工业处在完全竞争的市场条件下，就是说，在纸张市场上，任何买者或卖者都不可能操纵价格。在图 5-6 中，需求曲线 D 和供给曲线 S 在 A 点相交，这一点决定的均衡价格和均衡产量分别为 100 美元和 5 万吨。从图中可以看出，需求曲线 D 代表购买者可以从纸张的消费中所得到的边际效益。为了简化起见，假定这条曲线所代表的也就是纸张的社会边际效益，即 $D=\text{MSB}$。供给曲线 S 代表厂商为生产每一追加单位的纸张所付出的边际成本。但是，这条曲线所代表的边际成本仅是私人边际成本，即 $S=\text{MPC}$，而未将生产每一追加单位纸张所发生的全部成本包括在内，也就是未计入外部边际成本 MEC。

再假定生产每吨纸张的外部边际成本为 10 美元，且固定不变，其变动趋势如图 5-6 所示。这 10 美元的外部边际成本显然未在生产者的产量决策中加以考虑，生产者所考虑的仅仅是其私人的边际成本。前面已经指出，除非私人边际成本与社会边际成本相一致，否则，依据私人边际成本做出产量决策肯定不是最佳的。

为了得到社会边际成本 MSC，私人边际成本 MPC 必须加上外部边际成本 MEC，即

$$\text{MPC}+\text{MEC}=\text{MSC}$$

这表明，在存在外部效应的情况下，物品或劳务的私人边际成本小于其社会边际成本。

要得到图 5-6 中的社会边际成本 MSC，可将 MPC 与 MEC(10 美元)相加，即 MPC＋10＝MSC。鉴于 MEC 固定不变，不随产量变动而变动，MPC 曲线应按相当于 10 美元的幅度向上平行移动至 MSC。也就是说，MSC 曲线与 MPC 曲线之间的垂直距离为 10 美元。如果 MEC 不是固定不变的，而是随产量的增加而递增，则 MSC 曲线与 MPC 之间的垂直距离将呈逐渐扩大状态。

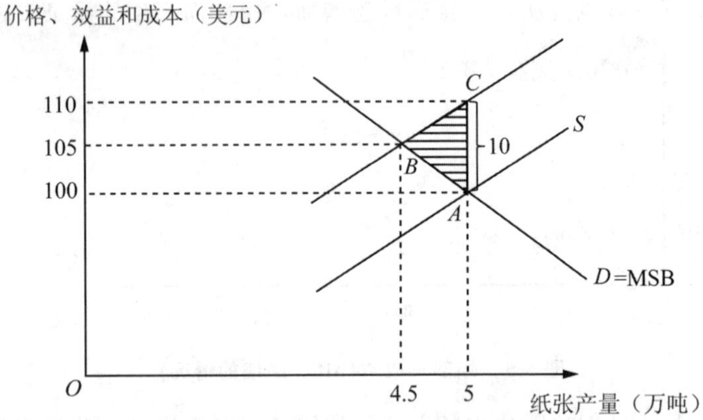

图 5-6　市场均衡、外部负效应与资源配置效率

现在来总结一下已经得出的分析结果。

如图 5-6 所示，不加干预的纸张市场的均衡在 *A* 点实现。在这一点上，

$$\text{MPC}=\text{MSB}$$

A 点所决定的产量水平显然不是最佳的。因为资源配置效率的实现条件应是 MSC＝MSB，而不是 MPC＝MSB。这就意味着，有效的均衡应在 *B* 点实现。在这一点上，包括了私人边际成本和外部边际成本在内的社会边际成本恰好同社会边际效益相等：

$$\text{MSC}=\text{MPC}+\text{MEC}=\text{MSB}$$

仍以纸张市场为例。*A* 点所决定的 5 万吨的年产量水平是缺乏效率的。因为在这一产量水平上，社会边际成本为每吨 110 美元(如点 *C* 所示)，而其社会边际效益只有每吨 100 美元(如点 *A* 所示)。纸张生产的社会边际成本大于其社会边际效益，其结果必然是纸张以高于最佳质量的水平在市场上出售。随着纸张年产量由 5 万吨减少到 4.5 万吨，即降至 *B* 点所决定的年产量水平，将会因此而获得相当于△*BCA* 面积大小的社会净效益。这时，纸张的价格也将由每吨 100 美元升至 105 美元，以促使消费者将年消费量从 5 万吨减少到

4.5 万吨。4.5 万吨即纸张的最佳产量水平。因为在这一产量水平上，纸张生产的社会边际成本恰好等于其社会边际效益。

从对外部负效应与资源配置的分析中可以得出的结论：外部负效应的存在，会影响资源配置，使物品的生产或销售呈现过多的状态。

(2)外部正效应与资源配置效率

同外部负效应类似，外部正效应最关键的问题，就是带有外部正效应的物品价格，不能充分反映该物品所能带来的社会边际效益。例如，用于预防传染病的疫苗接种，就是带来外部正效应的一个典型例子。一个明显的事实是，疫苗接种不仅会使被接种者本人减少感染病菌的可能，那些没有接种疫苗的人也可因此而减少接触感染病菌者的机会。以此类推，整个社会都可以从减少疾病传播的可能性中得益。再进一步，如果疾病能以这种方式得以根除，那么整个世界的人口都会成为某一批进行疫苗接种的受益者。对此，也可用外部边际效益(Marginal External Benefit，MEB)来表示这种因增加一个单位的某种物品的消费而给第三者所带来的额外的效益。疫苗接种的外部边际效益，就是给除疫苗接种者之外的其他人所带来的减少感染病菌可能性的好处。

外部边际效益的概念，可以用来解释外部正效应是如何导致资源配置的扭曲的。图 5-7 将疫苗接种服务置于竞争的市场上来考察。从图中看出，疫苗接种的需求曲线 D 和供给曲线 S 相交于 U 点，这一点所决定的均衡价格和均衡产量分别为 25 美元和 10 万人次。显而易见，10 万人次的疫苗接种量不是最有效率的。因为需求曲线 D 所反映的仅是消费者自身可从疫苗接种中获得的边际效益。也就是说，消费者的决策所依据的仅仅是 25 美元的私人边际效益，而未包括 20 美元的外部边际效益。这样一来，在 D 与代表疫苗接种的社会边际成本的供给曲线 S(为简化起见，这一例子假设提供疫苗接种的私人边际)相交点所决定的产量水平上，疫苗接种的实际社会边际效益(45 美元)超过私人边际效益(25 美元)。前面已经指出，只要社会边际效益和私人边际效益不一致，依据私人边际效益做出的产量决策肯定不是具有效率的。

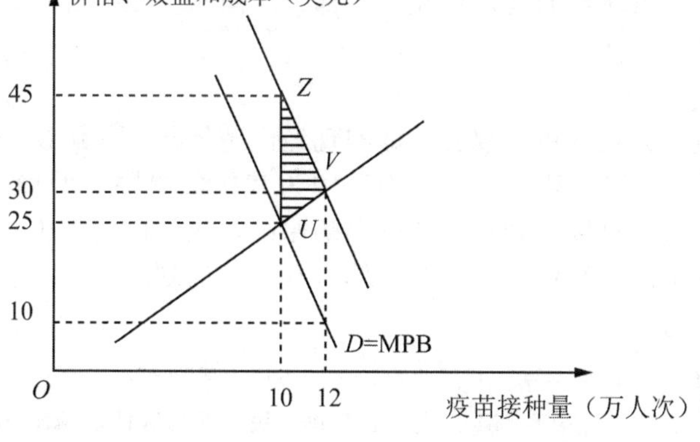

图 5-7　市场均衡、外部正效应与资源配置效率

社会边际效益(MSB)可通过将私人边际效益(MPB)同外部边际效益(MEB)相加而求出。即：

$$\mathrm{MPB}+\mathrm{MEB}=\mathrm{MSB}$$

这表明，在存在外部正效应的情况下，一种物品的私人边际效益要小于社会边际效益。

要得出图 5-7 中的社会边际效益，MPB 必须加上 MEB，MSB＝25 美元＋20 美元＝45 美元。这就是说，原来的 D＝MPB 线应当向右上方平行移动相当于 20 美元的垂直距离，并为 MPB＋MEB＝MSB 线所替代。MPB＋MEB＝MSB 线同 S＝MSC 线在 V 点相交，由此而决定疫苗接种量为 12 万人次。易于看出，这一产量水平是最佳产量水平。因为它满足实现效率的边际条件：在 V 点上，疫苗接种的社会边际效益恰好等于其社会边际成本，即

$$\mathrm{MPB}+\mathrm{MEB}=\mathrm{MSC}$$

随着疫苗接种量由 10 万人次增加到 12 万人次，社会将因此而获得相当于$\triangle UZV$面积大小的净效益。同时，向消费者收取的疫苗接种价格也将由原来的 25 美元降至 10 美元，以和疫苗接种的市场需求曲线上的 H 点相对应。在这一水平价格上，消费者对疫苗的需求量正是 12 万人次的最佳水平。

从外部正效应与资源配置效率分析中得出的结论是：外部正效应的存在，会影响资源配置，使物品的生产和销售呈现不足状态。

2. 外部效应内部化

当某种物品或劳务的私人边际收益或成本经过调整，使用者的各种活动或决策能考虑实际的社会边际收益或成本时，就实现了外部效应的内在化。外部效应内在化过程，也就是外部效应得到纠正，资源配置从不具有效率到具有效率的过程。①

(1)外部效应的市场机制

当外部效应存在时，市场机制导致了效率损失。然而，一些经济学家认为，只要创造市场失灵的必要条件，市场机制就可以克服外部效应问题。私人经济部门纠正外部效应的机制，主要表现在两个方面。②

①经济一体化

通过合并或重组的方式变更产权关系即实现经济一体化，是解决外部效应问题的更高级、更有效的形式。③ 比如，某一湖泊的渔民因为其权益界限不明确而产生"捕捞竞争"，造成"过度捕捞"后果时，可以本着自愿和平等的原则，成立由所有渔民共同出资参加的渔业生产共同体，把这个湖的渔业资源归共同体所有，有计划地进行放养、管理和捕捞。这

① 潘明星，韩丽华．政府经济学[M]．北京：中国人民大学出版社，2015：50.

② 潘明星，韩丽华．政府经济学[M]．北京：中国人民大学出版社，2015：51.

③ 李春根，廖清成．公共经济学[M]．武汉：华中科技大学出版社，2015：90.

样一来就消化了外部成本，达到了外部效应内在化的要求。类似的还有蜜蜂与果园主组成的共同体、科研技术推广部门与生产部门组成的共同体，农产品的生产和加工中的“公司+农户”共同体等。

②界定产权和科斯定理

新制度经济学的代表人物罗纳德·科斯认为外部效应并非不一定导致市场失灵，因为在产权明晰和交易费用为零的情况下，市场机制就能解决外部效应问题。即有关当事人可以通过谈判和协商来消除有害的外部效应，实现资源的有效配置。[①] 换言之，只要交易费用为零，那么无论交易的哪一方拥有产权，都能通过双方之间的谈判使资源配置达到帕累托最优状态，这就是科斯定理。

科斯定理认为政府仅仅通过设定资源使用的权利就可以使外部性内部化，一旦设定了资源使用的产权，利益相关者之间将既定的权利自由交换为现金支付将是有效率的，这一结果与利益相关者中谁被赋予了这种权利无关。[②]

例如，假定对一条河流只存在两种竞争性的用途：造纸业排放废物的场所和一处娱乐场所。假定造纸工厂和娱乐使用者对河流使用的既定权利进行交易的交易费用为零。在这种情况下，科斯定理认为，工厂有污染河流的权利或者娱乐使用者之间的讨价还价将使河流的娱乐用途和工业用途得到有效率的配合。调节税或其他费用并不是必需的。因为利益相关者对河流使用的竞争就会使外部效应内部化。

如果工厂获得了污染的权利，如娱乐使用者愿意支付，这个支付若大于减少污染而导致的利益损失，那么工厂就有动力减少污染。相反，如果娱乐使用者获得了使用无污染河流的权利，工厂愿意提供的支付超过了娱乐使用者从污染增加中所遭受的损失，那么娱乐使用者就会放弃部分权利。通过这种权利，政府给予接受这种权利的使用者一种有价资产，它可以交换其他使用者的现金支付。这种权利交换将导致资源的有效使用，条件是没有第三方受到政府所创造的这种权利的影响。

可以看出，科斯定理至少包含三个假设：一是产权是明晰的，因此外部性所造成的后果是确定的；二是产权可以自由交易，产权作为一种特殊商品进入流通，按照自愿原则进行交易；三是交易费用为零。但是，这三条假设在现实实践中难以实现，原因在于：一是要求产权明晰比较困难，有些权益是模糊的；二是科斯定理没有考虑分配问题，它假定对经济效率来说，谁付给谁报酬是无关紧要的，但实际上人们却经常强烈地感受到这些分配问题，如果人们为了不受污染，而向污染者交付费用，这被认为是不公平的；三是交易费用为零事实上不可能发生，任何交易都需要支付一定成本，如谈判费用、时间成本、执行费用等；四是存在着“搭便车”(Free Rider)问题，事实上，每个人都想成为搭便车者，这

① [美]罗纳德·科斯．企业、市场与法律[M]．上海：上海三联书店，1990：6.

② [美]大卫·海曼．公共财政：现代理论在政策中的应用[M]．北京：中国财政经济出版社，2001：101-102.

就使为每个人带来好处的市场交易不可能进行。所以，科斯定理的外部效应内部化途径受到许多质疑，“依靠市场解决外部性问题是存在障碍的”，需要考虑通过政府“公共政策的方式解决外部性问题”。①

(2)外部效应的政府规制

既然市场机制本身不能自动地达成资源配置的帕累托效率状态，那么，当外部效应没有通过市场机制反映出来时，就需要政府采用某些措施对市场机制的运行过程加以纠正，最主要的政府纠正与约束措施是规制手段。

①直接管制

直接管制是公共政策指明哪些行为是允许的，并明确对不服从管制的行为进行处罚。直接管制的方式主要为：一是制定技术标准，对于达不到标准的企业，限制审批或者勒令停产。如对于达不到污水排放标准的造纸厂、印染厂、化工厂，可以勒令其停产。二是制定生产限额，为了防止森林资源的乱砍滥伐，政府可以强制对林业生产单位下达木材采伐指标，要求每个地区每年森林的积蓄量增加要高于采伐量。三是建立许可证制定，规定一定的作业标准，如捕鱼用的网径不得小于多少，采矿业必须达到回采率指标等，来限制多余的人加入，保护劳动生产率，把外部效应缩小到最低限度。

②税收与补贴

税收是指对于有外部成本的企业，可以通过征收高额税收来限制其生产和消费，如果其增加的税收负担正好与企业的外部成本相一致，这就可以把其外部成本全部转化为内部成本。图 5-8 就显示了这一情况。

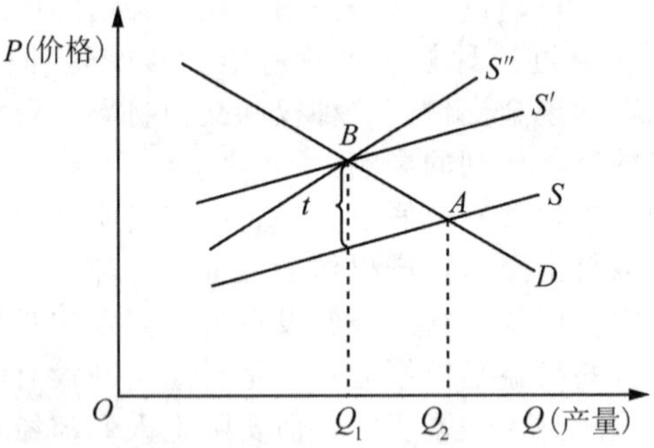

图 5-8　税收对外部成本的矫正

图 5-8 中，D 为需求曲线，S 为生产者边际成本曲线，S' 为社会边际成本曲线，S'' 为预定每一产品加征的流转税，与 S 之间的垂直距离 t。如果税收 t 正好和该产品的社会与

① [以]阿耶·L. 希尔曼. 公共财政与公共政策[M]. 北京：中国社会科学出版社，2006：236-237.

生产者之间的差额相等，则征税以后，该产品的供求平衡点由原来的 A 点改为 B 点，相应的社会需求量由 Q_2 减少到 Q_1，正好与最佳的社会消费量相一致。由此可见，税收起到了外部效应内在化的作用。

在外部正效应的情况下，某些产业(诸如教育、医疗、各类公用设施等)给其他方面带来了外部正效应，此时，它的规模对于社会来说是最优的，但大于它根据其成本和收益恰好可以经营的规模，它也无法从消费者身上直接获取回报。对于这些具有外部效益的产业，为了鼓励其生产，政府可以通过提供各种形式的财政补贴，以实现社会利益内在化。如政府可以为历史建筑修复的开支方面给予优待，因为人们都能从民族遗产保护方面获益。政府还可以用补贴新建工业部门或赋予它们减免税待遇的做法来吸引投资，从而对其活动产生的外部正效应(增加财政收入和就业机会等)做出补偿，以有利于新兴工业区形成规模经济。可见，财政补贴是为了改善外部效应引起的结果，使边际私人成本和边际社会成本相等，以鼓励增加那些对社会具有外部正效应行为的实际供应量。

③收费或者罚款

就其形式而言，政府通过收费或者罚款也是为了限制外部成本产品的生产，因而与税收有某些类似之处。如对林产品征收育林基金，将这笔钱拨给营林部门。但是收费或者罚款与税收有一定的区别。一是税收是对正常经济行为而言的，国家保护纳税人征税后的收益，并确认其行为的合法性，而收费尤其是罚款，并不受此限制。因此，对企业超标排放污水征税是不合理的，但采取处罚(罚款)是必要的。二是征税往往是对于某一行业的产品征税。这就是说，不论其治理污染好的还是差的企业都要纳税。所以，征税会出现由于生产成本较高，在市场竞争中治理污染好的企业竞争力反不如那些污染严重的企业，产生不公平的现象。向污染排放物收取排污费或者罚款，是解决这一问题的主要途径。以环境污染为例，如图 5-9 所示，MB 表示随着水清洁度的提高，人们对净化的边际效用递减；MC 表示随着水清洁度的提高，所支付的治污成本递增。两条曲线相交处，即 MB＝MC 处，决定了社会均衡清洁水平 X。

现在，对排污的厂商每单位的污染征收一笔固定排污费 OT(这与清洁度为 X 时所需的污染控制量正好相等)，因为外部效应已完全内在化，排污的厂商必须重新考虑利润计算，它可以：a. 迁厂；b. 投资进行排污处理，减少或消除污染物，从而免交排污费；c. 继续污染、交费，而政府则可以拿这笔钱用于下游的水处理，或者以某种方式赔偿污染受害各方的损失。显然，罚款可以抑制厂商的外部不经济行为。图 5-9 中，厂商选择将污染水平控制在 X 上，因为清洁度水平小于 X 时，厂商用于治理污染的总费用为面积 C，而交费却要付 $C+B$。它把污染控制到 X 水平时，只需付 C 的治理费用，却可免去 $C+B$ 的排污费，是合算的。从大于 X 起，它就宁可交排污费而不愿去治污了，因为这时排污费的总额为 $D+E$，而治污的费用却高达 $D+E+F$。所以，收费或罚款也是实现外部效应内在化的途径之一。

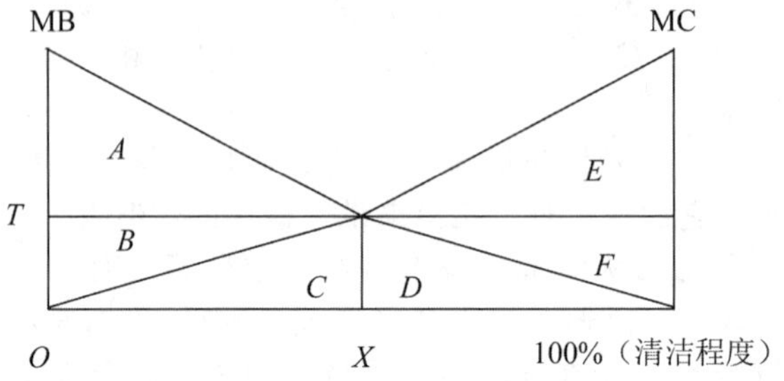

图 5-9　排污费

④法律规范

在法制社会中，解决外部效应问题的常规办法之一是依靠法律手段。运用法律规范解决外部效应具有显著优点：在法律规范下，受害者有直接的利益，承担着执行法律的责任，而不是靠政府来确保不发生外部效应。所以，在外部效应内在化的问题上，法律干预将提供重要的补救依据，其作用主要在于建立经济秩序和减少经济活动中的不确定性。实际上，发达国家早已将立法引入外部效应之中。如日本的各地方在补贴公害受损者方面，均制定了“公害损害健康赔偿法”，规定在发生公害损害居民健康的事件中，由都到府县主管认定和支付受害者的疗养费、残疾赔偿费、安排恢复健康工作等事宜。德国的鲁尔工业区成立了很多协会，这些协会拥有司法权限，可以直接向排污者收费。

由此可见，由于政府规制具有丰富多样、可操作性强的手段与工具，使得不同类别的外部效应在现实中能够较好解决。

5.2　政府规制的缘由与内容

20 世纪 70 年代以前，政府规制的重心是经济性规制，70 年代以后，市场经济发达国家在放松经济性规制的同时，日益加强社会性规制。

5.2.1　政府规制的缘由

政府规制是政府为了防止市场机制发生无效率的资源配置和确保社会公平而在市场失灵领域所采取的直接干预行为，[①] 市场失灵为政府规制提供了正当化依据。垄断、外部效应、信息不对称等现象都是市场失灵的具体体现，在这之中，外部效应问题是政府进行规制的主要原因之一。

① 李春根，廖清成．公共经济学[M]．武汉：华中科技大学出版社，2015：377.

1. 外部效应与政府规制

当私人成本或收益不等于社会成本或收益时，就会产生外部性。外部效应实质就在于社会成本(或收益)与私人成本(或收益)之间存在某种偏离。在存在外部效应的情况下，由于市场价格没有完全反映交易的成本和收益，所以，当消费者或生产者仅从自身利益出发，完全忽视其行为给他人带来的收益或成本时，私人决策所形成的市场均衡结果会偏离社会最优状态，使得具有外部效应的产品出现过度供给或供给不足，导致低效率的资源配置。

虽然科斯定理认为，存在外部效应时，在交易费用为零的世界里，不论权利如何进行初始安排，在政府不干预的情形下，有关各方之间的自愿谈判仍然可以解决外部性问题，实现资源的有效配置。但是，科斯定理至少包含三个假设：①产权是明晰的，因此外部性所造成的后果是确定的；②产权可以自由交易；③交易费用为零。但在现实世界中，不仅存在产权无法或不适宜归属或界定给具体个人的公共产权，而且具体产权的交易也存在很高的交易费用，以致不能达成交易。“为了进行市场交易，有必要发现谁希望进行交易，有必要告诉人们交易的愿望和方式，以及通过讨价还价的谈判缔结契约，督促契约条款的严格履行等。这些工作通常是成本很高的，而任何一定比率的成本都足以使许多在无需成本的定价制度中可以进行的交易化泡影。”“一旦考虑到进行市场交易的成本……合法权利的初始界定会对经济制度的运行效率产生影响。”①因此，在产权难以明细界定和产权交易存在交易费用的现实世界中，就需要政府通过强制手段对外部性进行规制，以实现资源的有效配置。

2. 政府规制的其他缘由

除了解决外部效应问题之外，控制垄断权力、消除信息不对称带来的效率损失以及纠正不合理消费的偏好等，都是政府进行规制的重要缘由。

(1)对垄断权力的控制

政府规制企业和利润的最传统和最持久的理据，在于“自然垄断”的存在②。自然垄断是指某种经济技术活动特征所决定的，某一产业部门由单个企业生产产品或提供服务成本最低的现象。自然垄断产业的一个显著特征是具有成本弱增性，由单个或极少数企业提供特定的产品和服务能使成本最小化。但由于企业实行垄断经营，垄断企业就会本能地追求自身利益最大化。这就使以追求社会整体经济效率(特别是分配效率)、实现社会福利最大化为导向的政府规制成为必要。换言之，自然垄断产生了对政府规制的需求：防止破坏性竞争，保证社会生产效率和供应稳定；抑制企业制定垄断价格，维护社会分配效率。这是因为自然垄断产业投资巨大，回报期长，资产专用性强，规模经济显著，如果不存在政府规制，在信息不完全的情况下，许多企业就会盲目进入自然垄断产业，进行重复投资，产

① [美]罗纳德·科斯. 财产权利与制度变迁[M]. 陈剑波，译. 上海：上海三联书店，1994：20.

② [美]史蒂芬·布雷耶. 规制及其改革[M]. 李洪雷，等译. 北京：北京大学出版社，2008：20.

生过度竞争，一种可能的结果是竞争失败的企业退出市场，投资得不到回报，专用性的资产闲置，造成社会资源浪费。另一种结果是势均力敌的几家企业互不相让，最后两败俱伤，在生产能力严重过剩的情况下，互相争夺市场份额，从而造成生产效率低下。为了防止破坏性竞争，需要政府对自然垄断进行规制，通过控制进入壁垒，抑制企业过度进入，以保证社会生产效率。与此同时，自然垄断产业提供的产品或服务往往是社会必需品，也是大多数企业必需的投入要素，为了避免自然垄断企业利用垄断地位采取限制产出、提高价格的策略获取由消费者剩余转移而来的高额利润，也需要对自然垄断行业实行政府规制，要求其服从政府对价格和利润的控制。这就是对电力、电信以及管道运输业等行业里所谓自然垄断进行规制的通常理由。规制通常由两部分组成：一是用来防止新企业“过度进入”的进入限制；二是用以削减由进入壁垒造成的垄断租金的价格控制。①

(2)信息不对称

传统的经济学理论假定：在完全竞争市场上，信息是内含于市场活动之中的，即经济主体在进行市场活动之前，对市场已经充分认知，生产者和消费者都拥有充分信息，所有与产品有关的信息都是完全公开的，生产者和消费者可据此做出正确的决策。但在现实生活中，完全信息公开是不存在的，大量存在的是市场交易者之间的信息不对称现象。信息不对称的基本特征是：有关交易的信息在交易者之间的分布是不对称的，即一方比另一方占有较多的相关信息，处于信息优势地位，另一方则处于信息劣势地位。这种信息不对称问题是普遍存在的。现实生活中，由于产品、服务、医疗、广告、作业场所等方面出现的质量问题或交易中的坑蒙拐骗行为，而对交易另一方(消费者、劳动者)造成了伤害，从而使资源配置偏离帕累托效率的市场失灵问题，经济学家一直认为，其原因在于显示的市场并非像理论假定的那样信息是完全的，而是不完全的，而且双方所掌握的信息是不对称的，于是有信息优势的一方，如企业就有积极性通过损害另一方的利益来谋利。史普博把这种由于信息不全和不对称所引起的市场失灵问题概括为内部性，而与外部性的概念对应起来。他认为，所谓内部性，是指虽经交易，但交易一方使另一方承担或获得了未在交易合同中反映的成本或收益。② 内部性也分为负内部性和正内部性两种：前者如劣质产品给消费者造成的损害性并没有在交易合同中反映出来；后者如职工培训而从中得到的好处也没能在劳动合约中反映出来。

按非对称信息发生的时间，信息不对称导致效率损失的情况主要有逆向选择和道德风险两类。逆向选择问题存在于：非对称信息往往发生在合同之前，因此在现实中完全合同是不可能的。当商品的卖者和买者拥有更多的质量信息时，理性的消费者只愿意为产品支付中等质量甚至劣品所决定的价格，这样，质量高于平均水平的卖者就会退出交易，只有

---

① [美]丹尼尔·F. 史普博. 管制与市场[M]. 余晖，何帆，钱家俊，周维富，译. 上海：上海人民出版社，2008：51.

② [美]丹尼尔·F. 史普博. 管制与市场[M]. 余晖，何帆，钱家俊，周维富，译. 上海：上海人民出版社，2008：64.

质量低的卖者进入市场。结果是：市场上出售的商品质量下降，买者愿意支付的价格进一步下降，更多的较高质量的商品退出市场，如此最终劣品会把良品逐出市场，导致市场稀薄，甚至于根本不存在，交易的帕累托改进不能实现。经典的案例，如汽车保险市场，由于承保人不可能无代价地对投保人是否采取预防措施以降低发生事故和遭受损失的可能性进行监督，所以投保人很可能会利用信息优势而不采取任何预防措施。从本质上讲，道德风险属于经济环境中的外生不确定性，它的存在将破坏市场均衡或导致市场均衡的低效。

信息不对称引发的逆向选择和道德风险会严重影响公平交易，造成市场低效率，因此，要减少逆向选择和道德风险现象，就要从根本上缓解交易双方的信息不对称问题。缓解信息不对称的途径主要有两个方面：一是利用市场机制本身缓解信息不对称问题；二是通过政府规制缓解信息不对称问题，政府以法律、法规、行政命令等形式对信息传递加以规范。

(3)对不合理消费偏好的纠正

在竞争性市场机制条件下，资源的配置是有效率的。但是竞争性市场机制按照社会道德伦理规范，也存在一些其不希望产生的结果。因为在现实市场中，并不是每个人的要求、愿望都是合理的。可能某种产品给个人带来的福利较大，但消费者本人并未意识到这一点，只是给予它较低的评价，即只有在低廉的价格下才愿购买，我们把这类消费者的评价低于合理评价的物品成为“优值品”，也称功德物品，可以列入此类物品范围的有安全预防物品(如汽车安全带、建筑防震技术)、强制性义务教育和强制性保险计划等。[①] 相反，某种物品给人们带来的好处并不大，甚至有害无利，但消费者却给予较高的评价，愿意以高价购买，例如毒品烟草、毒品、核武器等。这类消费者评价高于合理评价的物品被称为“劣值品”，也称非价值性物品。按照社会普遍承认的价值评判标准，“优值品”和“劣值品”均属于个人偏好不合理导致的，它会给消费者个人进而给整个社会带来福利损失，社会有必要纠正这些产品的消费。

个人偏好不合理导致“优值品”和“劣值品”的出现，如果不纠正这些产品的消费与生产，任由其按市场规律进行配置，就会出现一些社会不希望产生的结果。例如对于毒品，如果没有规制，它可以形成自由市场，并在完全竞争的市场中达到资源配置的效率。但是，这样的结果对社会总福利有害无益。与此相反，对于教育和保险，按照普通的价值标准，它们对于一个人的发展和保障是有益的，理应在资源配置中达到一个较高的消费水平，但由于许多人轻视其价值，如果任由消费者根据自己的偏好去购买，市场提供的这些产品的数量必然低于资源配置的最佳水平，从而造成资源配置不足的效率损失，这些情况都要求借助政府的力量，即需要政府出面进行规制。这样，纠正市场缺陷成为政府进行规制的最佳理由，由政府扮演着社会管理者的角色。

---

① 夏大慰，史东辉．政府规制：理论、经验与中国的改革[M]．北京：经济科学出版社，2003：31.

5.2.2 政府规制的内容

政府规制主要包括三个领域：经济性规制、社会性规制和反垄断规制。

1. 经济性规制

经济性规制是指在自然垄断和存在信息不对称的领域，为了防止发生资源配置低效和确保利用者的公平利用，规制机构利用法律权限，通过许可、认可、行政指导等手段，对企业的进入和退出、价格、服务数量和质量、投资、财务会计等有关行为加以规制。经济性规制的目标可以归结为四个方面：①限制自然垄断产业的垄断力量，防止企业滥用市场的支配力；②促进企业的内部效率，使企业以最优的生产规模组织生产；③避免企业把消费者剩余转化为生产者剩余或企业利润，促进分配公平；④稳定企业财务，保护消费者的利益不受侵害，使整个社会实现帕累托最优。[①] 在各种经济性规制手段中，市场进入规制和价格规制是主要规制内容。

(1)市场进入规制

进入是指一个厂商进入新的业务领域并开始生产或提供某一种特定市场上原有产品或服务的充分替代品的行动集合。市场进入规制是指针对经济发展所需的产品行业结构和产品市场结构，以及企业进入某一市场的行为结构，为防止过度竞争和重复建设，确保规模经济和范围经济效益，对某些企业的进入行为进行限制。它是自然垄断规制政策中的最主要内容之一。政府的进入规制有两种类别：一种是一般的产业进入规制，以便将企业纳入依法经营、接受政府监督的范围，如政府对所有企业实行注册登记制度，企业必须具备规定条件，经政府有关部门的认可才能进行生产经营活动。另一种是特殊产业的进入规制，通过控制企业数量来防止因过度竞争、重复建设或信息不对称等原因导致的资源配置效率低下，如政府对邮政、电力供应、城市供排水等自然垄断行业实行特许经营制度，企业需履行特殊的报批手续，经政府有关部门赋予特许经营的权利，方可进入并开展经营活动；又如，在一些具有竞争结构的行业，如金融业和运输业，由于存在严重的信息不对称，一般也对企业实行进入规制。

市场进入规制的主要方法包括许可、认可、特许、注册、申报、行政命令、行政指导等。①许可是指政府通过颁发许可证、特别许可文件等，允许某一企业进入自然垄断产业；认可是指政府通过一定的行政程序批准某一企业在自然垄断产业中提供某种产品或服务；特许是指政府把自然垄断产业的经营权赋予某一特定的企业。许可、认可、特许等进入规制，都意味着没有得到政府规制机构的批准不能进入。②注册是指由政府规制机构确认某一企业是否符合进入特定产业的必要条件，然后承认其作为特定产业中经营的企业；如果不具备有关资格条件，政府则可以拒绝注册，不允许其进入。③申报是指准备进入某一产业的企业，必须按照一定的程序以及一定的文件格式向政府管制机构提出进入申报的

---

① 王雅莉，毕乐强．公共规制经济学[M]．北京：清华大学出版社，2011：140-141.

行动，如果政府接受申报即可进入，否则不得进入。④行政命令是指规制机构要求准备进入特定产业的企业作出承担某种责任的义务，并对某些产品或服务要求企业承担供给义务的进入规制政策。[①] ⑤行政指导与行政命令一样是一种行政手段，但行政指导不是以命令的形式，而是通过非权力的手段(提议、劝告、说服、警告等)使企业的行为服从一定的政府目标的进入规制政策。

(2)价格规制

价格规制是经济性规制的核心内容。产品和要素价格水平的高低不仅影响着企业的生产经营行为和生产经营效果，也直接关系到资源配置效率和社会分配效率。由于存在自然垄断、过度竞争等市场失灵现象，价格规制被广泛用于市场机制作用发挥不充分的经济活动中。[②] 以自然垄断产业为例，尽管进入规制有助于避免破坏性竞争，但是，与此同时，利润最大化的动机会导致价格高于社会最优水平，大多数自然垄断企业不仅可以独立地制定自己产品的价格水平，而且会根据消费者需求的差异，就同一产品或服务向不同的消费者索取不同的价格。为了引导企业以符合社会分配效率和资源配置效率的方式定价，这就要求政府对自然垄断产业的价格进行规制。

价格规制的主要内容，是如何设计一个定价模型，由政府规定产品或服务的价格，或者通过设计一系列的条件和标准，指导企业的价格决策。它可以分为价格水平规制和价格体系规制。

价格水平规制是规制机构制定特定产业在一定时期内的最高限价(有时也要制定最低限价)，并规定价格调整的周期。价格水平规制的基本方法有以下三种：

①边际成本定价

根据福利经济学理论，只有当价格等于边际成本时，社会总福利才最大。因此，为了在资源配置中实现帕累托效率，达到促进社会分配效率的目标，应该按照边际成本决定管制价格水平。这种以边际成本水平决定管制价格的定价方式，称为边际成本定价。从效率最大化的角度讲，边际成本定价是最优的定价方式。但是，在自然垄断产业，由于规模经济的作用，成本是产出的减函数，若采用边际成本定价会使企业出现亏损，而且企业产出越大，亏损额越大。因此，要使这一价格规制政策得以实施，必须对企业亏损进行财政补贴。但是，这会诱使企业更多地把精力用于争取更多的财政补贴上，而不是用于提高生产效率上，增加了“政府规制俘虏”问题的可能性。而在具有竞争机制的受规制产业中，由于它们的成本一般是递增的，如果采取边际成本定价方式，那么在这些产业中的企业就会获得超额利润。

②平均成本定价

从效率最大化的角度看，边际成本定价虽然是最理性的方式，但是会使成本递减产业

---

① 黄新华．公共部门经济学[M]．厦门：厦门大学出版社，2010：146.

② 郑万军．公共经济学[M]．北京：北京大学出版社，2015：324.

出现亏损或者成本递增行业出现超额利润。因此，价格规制应寻求一种既不使企业出现亏损，也不让它获得超额利润的收支平衡的定价方式，这种定价思想就是所谓的平均成本定价。其基本含义就是在保证企业收支平衡(收入中包括正常利润)的约束条件下，寻找一种价格使社会总收益扣除社会总支出后的余额(社会福利)最大。对于自然垄断产业，在报酬递增及盈亏平衡约束条件下，平均成本定价将不可避免地形成一定的福利损失。对于金融业和运输业这类成本递增行业，从社会福利角度看，平均成本定价则是最优的。[①]

③投资回报率管制

投资回报率管制是要求被管制企业按照合理的资本投资回报率作为定价标准的价格规制政策。具体做法通常是：被规制企业首先向规制者提出要求提高价格(或投资回报率)的申请，规制机构经过一段考察期，根据影响价格的因素变化情况，对企业提出的价格水平作必要调整，最后确定企业的投资回报率，但也存在明显的缺陷，企业缺乏降低成本的激励机制，允许企业以合理的资本投资回报率作为定价标准，不可避免会产生以下问题：什么是合理的投资回报率？怎样确定投资回报率的资本基数？企业是否会通过投资决策影响和企业定价与利润直接相关的资本基数，从而产生低效的投资结果？尤其是这种规制方式使企业面临一个扭曲的要素价格比率，这一比率会引起企业尽可能地扩大资本基数，从而达到在确定的投资回报率下，得到尽可能多的绝对利润，即发生所谓阿弗奇—约翰逊效应。在西方国家，这被认为是自然垄断产业运营效率低下的主要原因。[②]

价格体系规制是指在具有多种不同性质的产品需求和不同种类的供给成本的受规制产业中，充分考虑需求结构和成本结构对规制价格的影响，制定出与需求结果及其所决定的不同成本结构相适应的规制价格体系，并据此监督企业按完全成本分摊主义原则把共同成本合理地分摊到产品或服务之中，由不同的用户来承担。价格体系规制的基本方法有以下两种：

①两部定价

两部定价是定额价格和从量价格相结合的价格体系规则。两部定价所形成的价格由两部分组成：一是基础设施投入的固定费用，[③] 是与消费量无关的、按月(或季度、年)收取的基本费；二是根据消费量收取的从量费。两部定价经常用于电话、自来水等自然垄断产业中，消费者在为每单位的消费量付费的同时，每月(或季度、年)还要另外交一笔固定费用。在两部定价的情况下，企业可以把按边际成本定价形成的亏损额(它等于按平均成本定价形成的固定费用总额)作为基本(固定)费收取，如果不会因为固定费用的收取而赶走低收入者和只使用少量服务的用户，两部定价既维持了边际成本定价时的产量，又保证了企业不会亏损，具有以收支平衡为条件实现经济福利最大化的性质。

---

① 王雅莉，毕乐强．公共规制经济学[M]．北京：清华大学出版社，2011：150-151.

② 杜传忠．激励规制理论研究综述[J]．经济学动态，2003(2).

③ 郑万军．公共经济学[M]．北京：北京大学出版社，2015：324.

但是，由于两部定价与边际成本定价相比多出了固定费用，这势必引起再分配效应，将部分消费者剩余转为生产者剩余，而且如果一些消费者因为收取固定费用而退出市场，则会导致福利损失。因此，在实际运用上，两部收费经常采用两种方法：一种方法是基本费的确定不以收回固定费总额为目标，而只收回在用户家发生的用户成本；另一种方法是对一定需求量以下的用户采用同一从量收费，而对一定需求量以上的用户采用两部收费。①

②高峰负荷定价

市场对于某些产品(如电力)的需求在不同的季节(一年中)以及不同的时间段(一天中)的需求是不一样的，需求存在巨大波动，并且可以明显地将需求分为高峰需求和低峰需求。但是，这些产品具有一个重要特征：存储的成本非常高或者根本无法存储，也就是说，它们是即产即用或即用即送的。这样，需求的波动就不能通过存货的调整来进行调整。如果高峰需求和低峰需求差距很大，那么这种产品在高峰时期的使用量就会占用很高的生产、运送设备，而这些设备在非高峰时就成为庞大的闲置设备。因此，在价格规制上，就要设计一种激励机制，以提高负荷率(它等于平均负荷的需求量除以最大负荷的需求量)，高峰负荷定价就是适应这一要求的一种价格体系规制。其基本方法是对高峰需求制定高价，以抑制消费，对非高峰需求制定低价，以鼓励消费。通过这种价格差异促使消费者对消费量与价格的关系作出反应，从而降低消费高峰和低谷的“落差”，提高负荷率进而提高自然垄断产业固定资产的利用率。

2. 社会性规制

社会性规制是以保障全体公民的安全、健康、卫生和防止公害、保护环境而对社会经济主体各种特定行为进行规范和限制的政府干预，旨在规避人类活动中由于信息不对称和外部效应所引发的各种问题，保障人类可持续发展，促进社会全面进步和保障信息劣势方的权益，从而从根本上增进社会福利。20 世纪 70 年代以来，随着经济增长与发展，因外部性和信息不对称而引发的各种环境、健康和社会安全问题不断涌现，如环境污染、自然灾害、各种事故造成的健康和安全问题、企业趋利行为产生的低质产品对安全和健康的损害等。与此同时，随着生活水平的提高，社会公众日益关注自己的生命价值和生活质量，从而关注日益严重的环境、安全和质量问题。这使得社会性规制在政府规制中的地位与作用越来越重要，并且，“针对环境中的风险、工作场所的风险和所消费产品的风险”而进行的健康、安全与环境规制，被看作社会性规制的三大核心领域。② 与经济性规制不同的是，社会性规制不是以特定产业为对象，而是围绕如何达到一定的社会目标，来保护如下情况中的单个个人：①作为某些产品的消费者；②作为工厂场所的雇员；③作为面临空

---

①　王雅莉，毕乐强．公共规制经济学[M]．北京：清华大学出版社，2011：181.

②　[美]W. 吉帕·维斯库斯，约翰·M. 弗农，小约瑟夫·E. 哈林顿．反垄断与规制经济学[M]．陈甬军，等译．北京：机械工业出版社，2004：180.

气、水和土壤污染等环境污染危险的广大公众中的一员。可以说，社会性规制的波及面之广是前所未有，它几乎涉及了各种行业。

社会性规制的主要内容包括：①产品质量与安全。由于在产品生产者与消费者之间存在信息不对称，消费者无法区分劣质与优质、安全与不安全产品，因而可能会给消费者的经济利益、身体健康与生命安全带来严重伤害，同时也会产生逆向选择问题，导致劣质产品驱逐优质产品。而运用单纯的市场机制不能解决这种信息不对称问题，这就需要政府加强对产品、食品以及药品的质量与安全规制；②生态环境保护。环境污染、生态破坏属于负的外部效应，在产权难以明细界定和产权交易存在交易费用的情况下，难以用私法方式——协商以及侵权与财产权机制的实行来解决这类外部性问题。这就需要政府采取直接或间接的管制措施；③自然资源公平合理利用。土地、矿产、森林、渔业等自然资源的开发利用不仅具有外部效应，而且具有分配影响。从全社会来看，资源利用会对社会环境带来即时和潜在的损失，同时对资源在当代人之间和当代人与后代人之间的公平分配也产生影响。为促进资源的可持续利用和资源价值的公平分配，需要政府对自然资源的开发利用实行规制。④工作场所的健康和安全。某些产品的生产过程会使劳动者面临特定的危险，而雇主为了减少企业的成本，没有动机采取措施以减少风险，因此需要政府规制以保证每一个劳动者在符合国家安全和健康标准的环境中工作。

社会性规制的特点决定了它的规制方法主要是直接规制，但也有相对程度的间接规制。根据政府干预市场自由的程度不同，社会性规制的方式可以分为信息规制、标准、事前审批等命令—控制型规制和费、税、补贴以及排污权交易等经济工具。在命令—控制型规制中，信息规制处于政府干预市场自由的低干预强度一端，事前审批处于高干预强度一端，标准处于中间位置。

(1)信息规制

信息规制可以划分为两类：一类是强制性信息规制，另一类是非强制性信息规制。

强制性规制包括强制信息披露与控制错误或误导性信息，它不仅有助于减少信息赤字，为购买商品或服务受不充分信息影响的消费者带来直接的利益，而且对于保障公民基本的信息获取权力、增进社会弱势群体的福利也具有重要意义。强制信息披露指的是，供应者有义务提供有关商品的价格、身份、成分、数量或质量方面的信息。以价格披露为例，价格披露规制往往要求除一小部分例外产品之外，所有种类产品的销售都必须明码标价，而且标价必须是不模糊的、易识别的、可比较的。这将有助于减少高昂的产品搜寻成本，促进市场的有效竞争。类似地，数量披露规制也有着同样的效果。通常，数量披露的规制可以分类两种类型：一是使用的单位度量的披露，产品的销售者应使用法律规定的度量衡单位；二是强制要求的披露，如产品数量披露须满足最低重量“不小于……”或“净含量为……”的形式，以减少销售者在产品数量上提供误导性信息的可能性。以罐装奶粉为例，如罐装奶粉包装上仅标识商品的重量大小，那么该重量数额可能是包含外包装的重量，当消费者在进行商品选择时，很容易受重量信息误导，将商品的总重视为商品的净含量，从而对商品产生错误评价。与价格和数量信息一样，质量信息对消费者选择和市场的有效竞争也是至关重要的。认证与质量披露规制通常包括产品的构成或成分、评分等级、使用警示和说明等内容。常见的有规制设计要求产品标签上的成分表应标出有关构成或成分的具体数字指标，或者产品标签应按照国家的质量标准评分体系规定明确标出耐用性、可靠性、安全性等方面的质量评分等级，如家用电器能效分级。对产品使用存在人身健康和安全风险时，政府通常除了要求生产商提供使用说明外，还强制要求生产商在产品标签上贴上警示标识。此外，不论是上述强制披露还是自动披露，都存在错误信息的问题，这需要政府对误导性信息进行禁止和监管，以规制各种欺诈性行为，如在广告行为准则中规定"广告不得包含任何可能使消费者对广告有关产品、广告主或其他产品、广告主的信息产生误导的陈述或图像"。①

非强制性信息规制主要为信息倡导。信息倡导是指"政府以宣传、广告、劝诫指导等方式向公民或特定人群提供具有导向性的信息，以引导其达成政策目标。"②信息倡导不具有强制性，它的实施是"假定私人行为领域必须保持不受政府强制力侵犯；或者人们有足够的能力和动力，以至于一旦获得新信息，就能自动调整其行为，从而实现政策目标"③。因此，在缺乏法律约束的情况下，规制效果往往视公民是否会主动调整行为、是否会与公共部门合作而定。现在健康和环境保护等领域越来越多地使用到信息倡导规制，典型的例子是政府对吸烟危害健康的信息倡导。作为整个国民健康政策的一部分，政府通过公益广告、大众传媒传播吸烟对身体健康的危害信息，使"吸烟有害健康"成为公众普遍接受的基本常识，从而影响公众对烟草的消费观。

(2)标准④

标准规制是指对商品及服务提供者提供的商品或服务及其生产过程设定特定标准，如果供应商不能满足这些标准，将会受到处罚。它涵盖广泛的产业和商业标准，典型的有健康与安全、消费产品和环境污染等领域。按干预强度的不同，标准可以分为目标标准、性能标准和规格标准三类。目标标准规制不对厂商的生产过程及产量做出具体的规定，但如果出现某些特定的损害后果则需承担责任。性能标准规制要求进入供应阶段的产品或服务必须满足特定的质量条件，至于如何满足这些标准则由厂商自由选择。规格标准规制则强制要求厂商必须采取或者不能采取特定生产方式或材料，它的干预强度在三种类别中最强。以环境污染领域为例，水质、空气质量标准条例对特定污染物浓度限值的规定属于目标标准规制，禁止企业排放特定污染物质或者是规定排放量上限则属于性能标准规制，而对企业的生产方式、生产设备利用等做出限制则属于规格标准规制。

---

① [英]安东尼·奥格斯．规制：法律形式与经济学理论[M]．骆梅英，译．北京：中国人民大学出版社，2008：123-147．

② 陈振明．政府工具导论[M]．北京：北京大学出版社，2009：65．

③ 张秉福．论社会性管制政策工具的选用与创新[J]．华南农业大学学报(社会科学版)，2010(2)．

④ [英]安东尼·奥格斯．规制：法律形式与经济学理论[M]．骆梅英，译．北京：中国人民大学出版社，2008：152-157．

标准规制最基本的经济正当性在与纠正信息不对称和外部性问题，以消除这些问题导致的不必要的效用损失或金钱损失。但是，要完全消除不必要的损失是不可能的，而且损害与不利风险的防止本身就存在标准制定与执行的行政成本、标准实施的合规成本以及其他间接的福利损失。因此，规制性标准的制定存在一个理想状态的“最佳损失消除”目标，即标准规制对社会的总收益应超过总成本，且边际收益相当于边际成本。这就需要规制机构对标准的各种收益和成本进行较为精确的量化评估。

从标准类别来看，选择哪种标准规制方式，在都能达到既定目标的情况下，最为重要的参考变量是标准制定与实施过程中产生的各种成本。由于标准制定者需要将不同程度的产品质量控制与规制目标相联系，所以性能标准在制定成本上要比目标标准高，但是在合规成本方面，由于很少出现损害与结果之间的因果联系问题，性能标准要比目标标准低。而与性能标准相比，规格标准则具有行政成本低的优势和缺乏技术革新激励的劣势。

在标准制定的统一性与差异化方面，统一的标准具有较低的制定和实施成本，且不易受私益的操纵，但是，在一些情况下，这种统一标准会不可避免地导致某些不匹配和福利损失，这时，就要求标准根据地区、产业或企业的变化而有所变化。例如，在环境规制领域，由于不同地区之间在水域和空气的吸污能力、理想环境质量、污染源的数量等方面都存在差异，所以，污染引发的损失成本具有空间地域差异，这就要求环境保护标准具有一定的空间差异性。

(3)事前审批

为确保产品与服务的提供者满足专业知识、技能、经验、职业道德等方面的质量标准，避免发生不符合社会利益的行为，规制机构要求从事与健康、安全、环境联系密切的个人或企业必须申请许可或执照。这主要运用于专门职业、特定产品和自然资源开发等领域。对于医疗卫生、法律服务、教育等知识密集型专门职业，由于信息不对称和外部效应的广泛存在，政府不仅制定和实施各项质量标准，而且对从业者和从业机构实施准入许可，规定从业者进入登记必须满足的各项条件。类似地，在交通和药品两大领域，由于产品使用会产生巨大的外部性以及存在的产品信息赤字，产品的生产和销售通常要求获得许可，规制机构在决定是否授予许可时必须衡量药品的安全、成效和质量。除了专业职业的进入、特定产品的生产与销售以外，事先许可也被运用于具有显著外部性的自然资源的开发利用活动中。例如，捕鱼用的网径等资源产品的开采或作业，政府规定一定的作业标准，例如，捕鱼用的网径不得小于多少，采矿业必须达到回采率指标等来限制产业活动规模，保护资源合理开发。在土地利用中，不论是改变土地用途性质，还是在既有用途下提高建筑容积率，都需要获得政府规制机关的许可，特别是对于土地由农业用途转变为工业或商业用途的开发行为，更是受到政府的严格规制。世界各国，无论是土地国有还是土地私有，都普遍实施土地用途管制制度，即通过编制土地利用规划，依法划定土地用途分区，确定土地使用限制条件，并实行用途变更许可的一项强制性管理，如美国，很多州和地方政府通过建筑许可总量控制、分期分区发展和设立城市发展边界来保护农地和控制城市规模。

事前批准规制对于纠正健康、安全、环境领域的外部性和信息不对称问题具有重要作用，但是，也存在着规制机构逐一审查的行政成本、许可授予前的延误带来的机会成本损失，以及市场进入壁垒带来的福利损失等规制成本。

(4)费、税、补贴及排污权交易等经济工具

为避免直接控制存在的缺陷，经济学家建议，纠正外部性影响尤其是环境污染政策，应更多地依靠市场机制，通过收费、征收、补贴及可交易的排污许可证等手段向私人提供符合社会效率的激励。

使用者收费是治理污染常用的工具，是指在污染物的集中处理过程中，有关部门向污染物的收集、治理设施的使用者收取费用，收费标准根据收集、治理污染物的总成本，并结合污染物排放单位排放污染物的种类和数量来确定。也就是说，使用者收费是向实际使用破坏环境质量产品的人或企业收取一定的费用。较为常见的例子有，对城市固体废弃物倾倒家庭或单位收费、对水污染用户收费等。

征税是指要求企业的边际私人成本等于边际社会成本，这样，追求最大利润的厂商就会被一只修正过的"看不见的手"引导至社会最优的生产水平和控污的社会效率水平。与征税相反，补贴是向企业或私人支付一定金钱，以减少法律禁止的行为或者增加具有正外部性的行为。例如，对于污染这类负外部性行为，也可以通过采取对治污设备的资本性支出给予加速折旧补贴的优惠政策来提供污染控制的激励。但是，补贴与征税具有截然不同的分配结果，前者是用一般纳税人的钱使污染企业的所有者及其产品和服务的消费者受益，而后者则是用企业所有者和消费者的钱来为补偿受害人的损失提供资金来源。控制污染的另一种方法是可交易的排污许可证。政府确定污染水平，并将排放额度通过一定方式适当地在厂商间分配，获得排污权的企业可以自由出售它们的许可证，许可证的价格由许可证市场的供给和需求来决定。这样，排污许可证不仅与征税一样通过使企业排污要付出成本而把污染的外部性内部化，而且还通过市场机制使得排污额度可由最能发挥其价值的企业获得，在最大化各经济主体利益的同时，最小化全社会污染治理成本。

征税和排污许可证等工具以市场为基础，在减少污染方面更有效率，不仅在信息和行政成本方面具有显著优势，而且能够向企业提供开发更清洁的生产技术或发展成本更低的除污技术的激励，此外，也为补偿受害人的损失提供了资金来源。

3. 反垄断规制

反垄断规制主要针对竞争性领域中具有市场垄断力量的垄断企业及其垄断行为，特别是由市场集中形成的经济性垄断行为。由于垄断阻碍了竞争，对社会经济发展造成了很多不利影响，为了提高资源配置效率和维护正常竞争秩序，在现代市场经济条件下，反垄断政策越来越成为政府干预微观经济活动政策的重要组成部分。反垄断政策主要以反垄断法为主，通过调整市场结构和市场参与者的行为来改进经济绩效。

(1)反垄断政策的内容

虽然各国国情不同使反垄断政策不尽相同，但内容框架却有高度的一致性，立法的基本点都是保护和促进有效竞争。基本内容包括禁止卡特尔协议、禁止市场过度集中、禁止

滥用市场势力三个方面。所谓卡特尔协议，是指多个企业通过合同、决议或者协调一致的行为，共同实施划分市场、限制价格或产量等反竞争行为。这些行为破坏了市场竞争，并有可能导致市场垄断，因此，各国的反垄断法原则上都是被禁止的。在市场经济中，企业兼并虽然有利于发挥规模经济的作用，但是也带来了市场过度集中的风险，减少了潜在竞争者进入市场的机会，而且企业兼并通常与驱除对手定价或掠夺性定价行为同时出现，因此，各国的反垄断法对于能够形成市场过度集中的企业兼并是加以禁止的。此外，对于在市场中居支配地位的大企业滥用其独占地位排挤竞争对手、损害消费者权益的行为，如价格歧视、独家交易、搭配销售、维持转售价格、限定销售区域等，反垄断法也是禁止的。

(2)反垄断政策的基本规制方法

反垄断政策的规制方法一般包括结构主义和行为主义两种类型。结构主义规制方法源于产业组织理论的哈佛学派，是指为了控制行业集中度而对行业集中状态进行规制的一种方法。其目的是调整阻碍市场竞争的不良市场结构，维护公平、有效的竞争秩序，即“政府对行业结构强行实施改变，目的在于使市场更具竞争性”①。美国是结构性反垄断政策运用的代表，美国反垄断法《谢尔曼法》就是以排除市场力量过度集中，重建自由经济体制为目标，从而达到维护竞争性经济结构与市场结构的目的。行为主义规制方法侧重于政府对占市场支配地位企业的行为进行规制，以保证市场更具竞争性，而不关心市场的集中度。只要企业的市场行为对其他企业市场行为的自由产生了实际或潜在的有害影响，政府就会修正这种行为。德国、法国以及英国是使用行为主义规制方法的代表。

5.3 政府规制的目标

对于政府规制的目标，经济学家从不同的角度进行了分析。归纳而言，对于政府规制目标的研究，主要分为两类：一类是公共利益理论，另一类是部门利益理论。

5.3.1 政府规制的公共利益理论

公共利益理论主张公共规制是对市场失灵的回应。它在一个很长的时期内一直以正统的理论在规制经济学中居于统治地位。这一理论假定公共规制的目的，是通过提高资源配置效率，以增进社会福利，并且假定规制者专一地追求这一目标。这一理论把公共规制看作政府对公共需要的反应，它或明或暗地包含着这样一个前提，即市场是脆弱的，如果放任自流，就会导致不公正或低效率。

公共规制是对社会公正和效率需求所作的无代价、有效和仁慈的反应。所以，公共规

① [美]麦克尔·卡茨，哈维·罗森. 微观经济学[M]. 北京：机械工业出版社，1997：471.

制是针对私人行为的公共政策，是从公共利益出发而制定的规则，目的是控制受规制企业的价格垄断行为或者对消费者滥用权力等行为，具体表现为控制进入、决定价格、确定服务条件和质量，以及规定在合理的条件下服务所有客户时应尽的义务等，并假定在这一过程中，政府可以代表公众对市场作出一定理性的计算，使这一规制过程符合帕累托最优原则。这样，不仅能在经济上富有成效，而且能促进整个社会的完善。随着公共规制范围的扩大——从经济性规制扩大到社会性规制，公共利益理论几乎被用来解释所有的公共规制问题。

根据公共利益理论，政府规制的经济性目标是配置效率，也就是社会福利最大化，同时，规制还存在另一个不同于效率的非经济性目标，这就是为了达到一个“公平”的或“正义”的资源分配。分配正义目标对公共规制政策的影响既可能是直接的也可能是间接的。直接影响表现为一些公共规制政策直接追求再分配目的，如减少收入和财产的不平等、消除或减少那些影响进入或参与市场过程的能力上的阻碍、将资源转移到那些因不幸而遭遇损害的人身上。间接影响表现为当公共规制主要是建立在效率目标之上时，规制机构在制定规制政策之前应该预测拟采取的规制措施可能出现的分配结果，而这个结果应该被认为是公平或者正义的。也就是为纠正经济低效而设计的规制措施应当遵守根据分配正义理念提出的约束。①

而从过程来看，政府规制不仅要实现资源配置结果的公平公正，还要保证规制过程的公平正义。结果的公正需要过程的公正，即程序的正义。判定一个规制政策程序的正义与否，主要依据三个标准：程序所产生的结果与实质正义相一致，公民参与性的广度、深度，以及这种程序所允许的政治权力使用的正当性。政府规制程序正义的伦理价值就是通过抑制性的程序，保证补充理性不足，使其不偏离公共性的目标。因此，判定一种程序是否正义，最基本的是要考察这一程序的选择是否合乎政府规制实质正义的要求。在任何可行的程序中，只有能够更好地实现公共利益目标的程序才是最合乎正义要求的程序。②

公共利益理论得到了许多经济学家的认可与支持，无论是阿顿、布雷耶尔、植草益，还是维登伯安，都把公共规制看作对市场失灵的反应。他们通过对市场失灵的分析，表明市场失灵会导致资源的误置，那么根据公共利益理论，政府应通过实施规制规则采取行动矫正失灵。在他们看来，公共规制是政府在存在市场失灵的领域的直接干预，以防止无效率的资源配置的发生和确保需要者的公平为主要目的的。也就是说，公共规制是从公共利益出发，以纠正在市场失灵情况下发生的资源配置的非效率性和分配的不公正性，以及维护社会秩序和社会稳定为目的的，并且假定规制者专一地追求这个目标。所以，哪里有市场失灵，公共利益理论就主张在哪里实施相应的政府干预，以矫正市场缺陷。由于竞争市

---

① [英]安东尼·奥格斯．规制：法律形式与经济学理论[M]．骆梅英，译．北京：中国人民大学出版社，2008：47.

② 李建华．公共政策程序正义及其价值[J]．中国社会科学，2009(1).

场的条件很难达到，市场失灵不可避免。

按照公共利益理论，公共规制的潜在范围几乎是无边界的。对于公共利益理论最大的批评是，作为一种经济规制理论，公共利益理论本身是不完善的，这一理论无法解释清楚：市场失灵一旦出现，是通过什么而成为修正性政策的对象的。而且，公共规制的实践表明，由于政策行为目标的偏差和特殊利益集团对规制的寻求，人们很难认为把影响产业绩效的规制政策与市场失灵的关系归结为公共利益的追求，相反，在许多的规制结构下，规制的相关部门在牺牲消费者利益的基础上获利不小。

5.3.2 政府规制的部门利益理论

20世纪70年代引起广泛关注的规制失败理论，引发对公共利益理论正统地位的挑战。规制失灵的各种表现表明：政府规制不仅不能成功实现其所宣示的公益目标，而且引起了其他经济部门的错误配置，或者纠正措施的行政成本超过其所产生的社会公益。从规制经验来看，政府规制是朝着有利于生产者的方向发展的，规制提高了产业内厂商的利润。斯蒂格勒和佛瑞兰对1912—1937年美国电力事业价格规制效果的研究表明，规制仅有较小的导致价格下降的效应，并不像公共利益理论所宣称的那样对价格下降具有较大的作用。[①] 这些观察经验促成了与公共利益理论完全相左的规制利益理论的发展。

公共规制的部门利益理论是施蒂格勒首先提出的，随后由佩尔兹曼和贝克尔予以发展完善的。这一理论是与公共利益理论完全相左的。它认为，确立公共规制的立法机关或规制机构仅仅代表某一特殊利益集团的利益，而非公共利益。

施蒂格勒在其经典论文“经济规制论”中运用经济学的标准分析方法分析了规制这一经济系统的内生变量是如何产生的。[②] 他的分析有两个基本假设：一是政府的基本资源具有强制力的权力，利益集团能够说服政府运用其权力为本集团利益服务；二是各规制机构的行为选择是理性的，它们都追求效用最大化。在这样的假设基础上得到的推论是：公共规制的存在及其形式是政治家回应利益集团需求的结果，这些利益集团能够从规制措施中获利。通过大量的案例研究，施蒂格勒证明得到，由于具有利益的同质性和相对较低的组织成本，产业集团一般比代表消费者或某种“意识形态”的利益集团更能发挥影响力。因此，作为一种规则，规制是产业所要求的并主要为其利益而设计和运作的。[③]

---

① STIGLER G J，FRIEDLAND C. What can the Regulation Regulate：the Case of Electricity[J]. Journal of Law and Economics，1962，5(2)：1-16.

② STIGLER G J，Theory of Economic Regulation [J]. The Bell Journal of Economics and Management Science，1971(2)：3-21.

③ [英]安东尼·奥格斯. 规制：法律形式与经济学理论[M]. 骆梅英，译. 北京：中国人民大学出版社，2008：13.

1976 年佩尔兹曼在“走向更一般的规制理论”一文中进一步发展了施蒂格勒理论。[①] 他将利益集团简化成企业和消费者，规制者简化为立法者；利益集团和规制者都是经济人，企业追求利润最大化，消费者追求消费剩余最大化，规制者寻求最广泛的政治支持，进一步体现为追求选票数量最大化：利益集团以提供他们对规制者的政治支持作为获取有利于他们自己的规制立法的交换条件。在此假定下，一个规范的政治均衡就由规制者选票数量的无差异曲线和利润曲线的切点给出。规制的最优价格介于完全竞争价格和完全垄断价格之间，表明现实中最有可能受规制的产业是接近完全竞争或接近完全垄断的产业，因为从完全竞争价格和完全垄断价格向规制价格移动，对规制者来说，能产生更大的政治支持。[②] 当规制发生时，消费者利益集团在垄断性较强的产业中获得的效用较高，而生产者利益集团在竞争性较强的产业中获得效用较高。

贝克尔模型重点关注于利益集团之间的竞争，进一步考察了在利益集团相互竞争的条件下规制的政治均衡结果。[③] 该模型认为，规制活动是利益集团相对影响的结果，这种影响不仅由规制的福利效应决定，而且由利益集团向立法者和规制者动用压力的相对效率所决定。其结论是规制主要是用来提高更有影响力的利益集团的福利。[④]

此外，政府供给规制也有其作为经济人的动机，政府作为经济人也会追求私利。具体地说，政府规制者追求的直接目标是收入或效用最大化，政府能理性地选择可使其效用最大化的行动；政府规制者追求的间接目标是利用其基本资源——权力来获取金钱和非金钱的利益。政府规制者会运用多种手段，与被规制者或特殊利益集团分享垄断利润或收益。政府规制者既然成为垄断利润或收益的受益者，就会被规制者或特殊利益集团所“俘虏”，反过来为被规制者或特殊利益集团的利益服务。[⑤]

因此，作为公共规制动机的一种解释，部门利益理论揭示了政府与特殊利益集团之间的相互利用关系，其认为公共规制与其说是为了社会公共利益，不如说是具有不同供求条件和背景的利益集团博弈的结果。也许在某些时候，公共规制会给一般公众带来有益的后果，但这并非政府规制实际的初衷，它充其量不过是规制的意外结果而已。因此，不仅针对公然授予生产者利益的规制，而且针对表面上为了保护更为普遍的利益，例如消费者或环境，但事实上为受规制产业或企业带来利益的规制，部门利益理论都提供了一个相比公共利益理论更具说服力的解释。部门利益理论的总体影响是增强了反政府规制的倾向。

---

① PELTZMANN S. Towards a More General Theory of Regulation[J]. Journal of Law and Economic，1976，19(2)：211-240.

② 李建琴. 政府俘虏理论与管制改革思路[J]. 经济学动态，2002(7).

③ BECKER S. A Theory of Competition among Pressure Groups for Political Influence[J]. Quarterly Journal of Economics，1983，83(3)：371-400.

④ 王雅莉，毕乐强. 公共规制经济学[M]. 北京：清华大学出版社，2011：8-9.

⑤ 李春根，廖清成. 公共经济学[M]. 武汉：华中科技大学出版社，2015：378.

5.4 政府规制的成本收益分析

政府规制在实现规制目标、为社会带来一定收益的同时，也需要付出一定的成本。几乎所有的规制活动，包括规制立法、规制执行和裁量活动，都会产生不同程度的隐含成本。但是，正如市场机制不是十全十美一样，政府规制过多或者不当，可能会出现规制带来的净收益低于不规制带来的净收益，或者低于实施其他规制带来的净收益的情况，即引起规制失灵或者部分失灵。为了尽可能避免规制失灵，1995年后，美国政府在规制过程中引入成本—收益分析，以评价规制政策的有效性①。成本—收益分析为规制有效性的研究提供了一个透明有效的办法，并逐渐成为评价规制政策有效性的基本分析工具。通过对政府规制的成本与收益进行分析，将有助于权衡政府规制的利弊得失，从而为降低政府规制的成本、提高政府规制的有效性提供理论依据。

5.4.1 政府规制的成本构成

政府规制的成本是指规制政策制定和实施过程中由规制主体和规制客体所承担的各项费用支出之和，包括规制机构为了实施有效规制从规制政策制定一直到规制政策终结所必要的投入，企业由于政府规制使其投入和产出发生变化而承担的额外支出，以及消费者因商品和服务价格变化而增加的额外负担。具体由以下几部分构成。

1. 微观规制制度的运作成本

微观规制制度的运作成本，包括规制政策的制定成本和规制机构的运行成本。该部分成本主要由承担规制政策制定、执行和监管职能的政府机构负担。② 规制政策的制定成本是指政府机构在立法调研、信息分析、规章制定等环节支付的调查费用、信息成本以及谈判费用等支出。由于政府规制需要充分的市场信息，如环境污染规制需要获得污染的损害成本和企业消除污染的成本这两方面的信息，才能对一定的排污率能在多大程度上实现了防止污染的最佳效率目标做出科学评估，所以，政府机构规制制定过程的一个重要程序是信息收集与生产，这会花费数额不菲的信息收集成本。同时，规制政策的决策可以看作一个政治市场上的以利益再分配为核心的政治契约交易过程。③ 作为通过政治交易达成的政治契约，规制政策在制定过程中有着很大的政治交易成本，包括搜寻成本、讨价还价和决

① HAHN R W. Policy Watch: Government Analysis of the Benefits and Costs of Regulation[J]. Journal of Economic Perspective, 1998, 12(4): 201-210.

② 黄新华. 公共经济学[M]. 北京：清华大学出版社，2014：145.

③ [美]阿维纳什·K. 迪克西特. 经济政策的制定——交易成本政治学的视角[M]. 刘元春，译. 北京：中国人民大学出版社，2004：40.

策成本、执行与监督成本以及政治组织成本等。①

在规制政策制定后付诸实施的过程中，政府规制执行与监督活动会产生包括规制文件的处理成本、信息收集成本、行政裁决成本、司法审查成本以及建立与维持规制机构正常运转所花费的支出等在内的规制机构运行成本。在实践中，上述微观规制制度的运作成本部分由受规制的企业承担，较为显著的是获得相关信息、保存相关的合规记录以及接待执行机构或与之协商等成本。②

2. 政府规制的实施影响经济效率产生的相关费用

政府规制的实施影响经济效率产生的相关费用，包括效率成本和转移成本，这部分成本主要由受规制政策影响的消费者、生产者以及其他利益相关者承担。效率成本是指生产者剩余和消费者剩余的净损失，反映了规制政策所造成的总的经济效率损失。例如，在环境污染规制中，企业为了符合标准而购置设备、更新厂房的资本支出，定期维护成本以及其他生产效率损失，这些都构成了生产者剩余的净损失。转移成本指的是收益从一方转移到另一方，反映了规制政策所造成的结构上的获益者和受损者状况，本质上是社会福利在不同社会成员间的再分配，如环境保护、职业安全保障、消费质量保障等社会性规制把外部性成本和风险成本从消费者和工人身上转移到生产厂商身上。③ 学者们对美国经济性规制的效率成本与转移成本的估计结果表明，转移成本比效率成本高出很多。④⑤

3. 政府规制的寻租成本

企业、协会等作为一种利益集团或压力集团，对政府规制有特殊的影响力，而政府规制者也是一个有着各种利己动机的经济人，这两者相结合便产生了规制机构的设租行为和被规制方的寻租行为这类非生产性活动。一方面，政府官员为了满足自己的需求，常常采用创租和抽租的手段来分享租金。⑥ 根据公共选择理论第二分支的收费站观，监管是政客和官僚追求自身利益的产物。“许多许可和监管存在的一个重要原因很可能是，赋予官员否定它们的权力，以便给予许可时收取贿赂。”⑦另一方面，企业为俘获规制法规，利用资

① 黄新华. 政治交易的经济分析——当代西方交易成本政治学述评[J]. 厦门大学学报(哲学社会科学版)，2009(5).

② 黄新华. 公共经济学[M]. 北京：清华大学出版社，2014：146.

③ GUASH J L，HAHN R W. The Costs and Benefits of Regulation：Implications for Development Countries[J]. The World Bank Research Observer，1999，14(1)：137-158.

④ HAHN R W，HIRD J. The Cost and Benefit of Regulation：Review and Synthesis[J]. Yale Journal of Regulation，1991，8(1)：233-278.

⑤ HOPKINS T D. Costs of Regulation：Filling the Gaps[R]. Report Prepared for Regulatory Information Service Center，Washington D. C.，1992.

⑥ 方福前. 公共选择理论——政治的经济学[M]. 北京：人民出版社，2000：124.

⑦ [美]A. 施莱弗，S. 詹科夫，R. 拉波塔，F. 洛佩兹·德·西拉内斯. 准入规制[J]. 比较，2013(5).

源通过政治过程谋求特权与优惠，而采取权钱交易、政治捐赠等各类寻租行为，使得对他人利益的损害大于租金获得者收益的行为。① 这些活动与实际产出关系不大，但是大量消耗社会经济资源，造成了社会财富的转移、租金的耗散和社会福利的损失。②③ A. 施莱弗等学者对 85 个国家准入监管的研究结果表明，较为严厉的准入监管通常伴随着较严重的腐败和较大规模的地下经济，但却与更高质量的私人或公共物品无关；在政治权力的获取更加开放、对行政人员更多限制以及赋予更多政治权力的国家，准入监管负担更轻，而较少代表性、较少制约以及较少自由的国家，准入监管负担较重。④

5.4.2 政府规制的收益构成

政府规制的收益是指政府规制实施后给当事人及社会福利带来的利益增量。由于政府规制在一定程度上改变了资源配置状况，政府规制产生的收益直接表现为规制前后资源配置效率的提高，因此，衡量政府规制收益的大小，可以将规制前后的资源配置效率进行对照比较，而资源配置效率的变化可以用消费者剩余和生产者剩余的总的净增量来衡量。例如，实行价格规制，遏制了垄断高价，给消费者带来了实惠，消费者支出的减少数量就是公共规制的部分收益。

需要强调的是，政府规制的收益不仅仅是经济收益，还包括安全收益、健康收益、环境收益等，这对于衡量社会性规制的收益尤其重要。例如，实行工作场所安全保障规制，降低了安全事故发生的概率，改善了工人的工作环境，从而减少了医疗成本和收入损失，提高了社会福利水平；实行环境规制后，减少了厂商的污染行为，从而既增加了财产的市场价值，又为消费者提供了清洁、安全的生活环境，生活质量大大提高。

以钢铁生产商污染空气的环境规制为例，假定污染水平与产出水平成比例，且每个单位污染的边际成本是固定的，那么当政府通过对每个企业收取等于污染边际成本数量的费用来解决污染的负外部性时，由于企业的边际私人成本等于边际社会成本，每个企业都会使生产位于社会的有效产出水平，与征税前相比，征税后社会净收益提高了相当于$\triangle ABC$面积大小的份额(见图 5-10)。

① KRUEGER A O. The Political Economy of The Rent-Seeking Society[J]. American Economic Review. 1974：64(3)：291-303.

② TULLOCK G. The Welfare Costs of Monopolies，Tariffs，and Theft[J]. Western Economic Journal，1967，5(3)：224-232.

③ BUCHANAN J. Reform in the Rent-Seeking Society[M]//BUCHANAN J，TOLLISON R，TULLOCK G，et al. Toward a Theory of Rent-Seeking Society. College Park：Texas A&M University Press，1980：359-367.

④ [美]A. 施莱弗，S. 詹科夫，R. 拉波塔，F. 洛佩兹·德·西拉内斯. 准入规制[J]. 比较，2013(5).

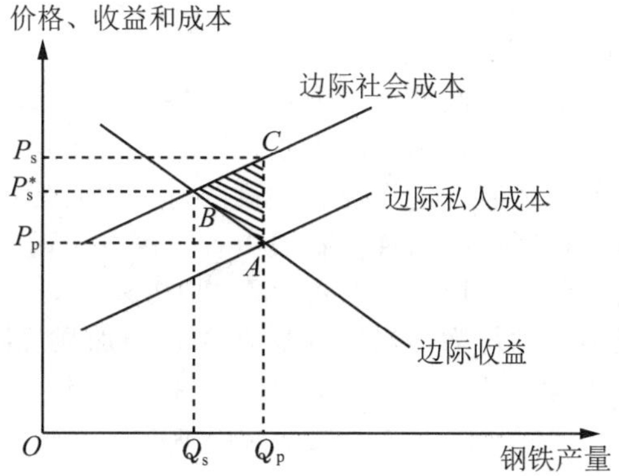

图 5-10　有罚款的市场均衡

5.4.3　政府规制的外部性

在实际规制政策制定和实施过程中，政府规制不仅仅是简单的成本—收益分析的技术问题，还是一个政治过程，涉及不同利益主体之间的复杂的多方动态博弈，是一定制度禀赋和环境条件约束下的政治选择结果①，最终形成不同利益群体之间的成本收益分担均衡格局。在某些情况下，政府规制会出现利益群体获得额外收益或遭受额外损失的外部性。

1. 规制收益与成本的区内转移

规制的部门利益理论指出，产业利益集团的寻租行为通过说服政府实施有利于自己的规制政策而把社会其他成员的福利转移到自己手中，从而为其带来了额外收益或者避免了一些成本。这些收益主要来源于政府规制限制了潜在竞争者的进入或者增加了特定产业产品的需求，从而为被规制企业带来了利润。布坎南和塔洛克发现，在对污染进行规制的过程中，被规制的污染企业也倾向于直接控制，原因在于与税收相比，直接控制将使得现存的企业更易形成卡特尔，从而通过限制产出与提高价格来增加利润。② Maloney 和 Mccormick 指出，在棉纺织业与金属炼铁业通过限制小企业和潜在竞争者的进入，环境规制提升了一些大企业的股票价格。③ 从规制成本的承担来看，受企业俘获的政府可能通过规制成本社会化的途径来减少企业内部化负外部性所应承担的治理成本。以环境污染规制为例，当地方政府通过财政支出方式来治理环境污染时，辖区内全体民众都承担了本应由污染

① 周业成. 政策制定过程的新制度经济学视角——兼评迪克西特《经济政策的制定：交易成本政治学的视角》[J]. 管理世界，2005(1).

② BUCHANAN J M，TULLOCK G. Polluters' Profits and Political Response：Direct Controls Versus Taxes[J]. The American Economic Review，1975，65(1)：139-147.

③ MALONEY M T，MCCORMICK R E. A Positive Theory of Environmental Quality Regulation [J]. The Journal of Law and Economics，1982，25(1)：99-123.

企业承担的成本，这实际上是促进了一个“少数人剥削多数人”的社会收入再分配结果。

2. 规制收益与成本的区间溢出

由于政府规制具有空间上的跨区外部溢出效应，各个辖区政府采取合作的策略来制定规制政策是符合全社会福利最大化目标的。但是，在缺乏更高层次政府干预的情况下，作为有限理性的经济人，各地方政府在进行规制决策的过程中必然会忽视辖区外居民福利状况，特别是当规制成本由本辖区承担而规制收益由各辖区共享时，政府规制往往会陷入囚徒困境。以环境规制为例，假设地区A与B紧邻，地方政府可以对辖区内的企业选择加强环境规制和放松环境规制两种行为，当地方政府A选择加强规制时，一方面改善了地区A与B的环境状况，另一方面承担了治污的成本，包括资本外流的风险(当其他地区选择放松规制行为时企业从地区A迁出)，这种收益与成本的不对称激励地区A与B都采取放松规制的策略。

3. 规制收益与成本的代际转移

由于资源环境领域的外部性具有持久性，如当代人对土地资源的不合理开发利用会影响未来各代人对土地资源的开发利用，当代人对环境的污染会影响下一代人的效用，因此，对这种外部效应进行治理的规制政策也具有代际效应，即当代与将来各代在规制收益分享与规制成本分担上的代际分配机构。一些研究表明，当代政府对环境的规制通常使得规制的负担向将来各代转移，即将来各代人实际获得的转移收益小于其遭受的转移成本。Wendner通过对欧洲二氧化碳排放规制的成本分配问题的考察，发现政府的规制政策使得主要规制负担落在将来各代人身上。①

5.4.4 政府规制成本与收益的量化评估

成本—收益分析方法以货币为量化基准提供价值评估的可共量性，为规制政策的评估和决策提供了有效工具。科学核算成本与收益，需要将规制过程中涉及的众多不同因素甚至不同属性和种类的要素进行量化和货币化，特别是将非量化因素转化为可量化基准。因为收益可能具有传播属性、时间累积性和非市场直接交易性等特征，政府规制的收益远比成本更难量化。

1. 具有“非直接市场交易性”价值的评估

最容易给予货币量化的价值，是具有“直接市场交易性”的价值。在规制收益和成本的核算上，对于这些具有市场交易性的要素，可以通过市场价格换算得出量化结论。

但是，许多规制政策，尤其是社会性规制政策产生的收益和成本不具有市场交易性，如健康与危险防御、紧急救助、环境舒适的创造与维持等。确定这些因素的货币共量基准，最常用的方法是采用乐意付费评估法，即根据人们愿意为某一特定的环境产品、劳

① WENDNER R. An Applied Dynamic General Equilibrium Model of Environmental Tax Reforms and Pension Policy[J]. Journal of Policy Modeling, 2001, 23(1): 25-50.

务、健康、快乐付出多少的货币代价来确定价值的方法。① 例如，在健康与危险防御规制方面，对于生命价值的评估，可以用个人避免风险的支付意愿除以损失或破坏的风险计算得到。个人支付意愿信息通过问卷调查方式获得，风险信息可以通过已知的特定风险性职业的工资与具有类似特征但不存在前述风险的职业之间的工资差异来判断。②

2. 未来价值的贴现

即使能够准确计算成本—收益公式中的各种变量的价值，仍然存在着未来价值如何贴现的问题。这是因为规制收益与成本往往具有时间效应：在一个规制政策制定和实施的整个周期中，成本会在前期增加、后期减少，而收益则在前期效应不明显，后期逐步产生并增大。③ 特别是在涉及环境损害、疾病控制以及公共安全的社会性规制领域，不仅政府规制所预期的收益会在较长的周期内延续，而且具有显著的“代际效应”。因此，为了让“当下价值”与“未来价值”能够共量，需要使用贴现率来计算各种成本和收益的现在价值。对贴现率大小的选择关系到一项规制政策的成本和收益的比较，也关系到代际之间公平问题。对于预期产生未来长期收益(包括后代人的福利)的规制政策而言，如果采用传统的市场标准(如政府债券的真实回报率)来计算贴现价值，那么此类规制的现值将会非常小。因为传统的市场贴现方式不能囊括投资的“社会性”或“外部性收益”，所以，在计算这类规制政策的未来收益贴现现值时，更普遍的方式是采取“社会”的折现率。④

5.5 政府规制改革的理论与实践

在一定程度上，政府规制是为了应对市场失灵和市场经济缺陷而存在的，但随着政府规制实践的深入开展，人们发现正如市场会失灵一样，政府规制也同样会失灵。以斯蒂格勒、布坎南为代表的经济学家们发现规制并没有预期的效果，反而会引发大量的社会浪费。由此展开了一系列的规制改革运动，以及政府规制改革的理论探讨。

5.5.1 西方国家的政府规制改革

西方国家政府规制的产生是市场经济演进的结果，并随着社会经济发展环境的变化而

① 蒋红珍. 政府规制政策评价中的成本收益分析[J]. 浙江学刊，2011(6).

② [英]安东尼·奥格斯. 规制：法律形式与经济学理论[M]. 骆梅英，译. 北京：中国人民大学出版社，2008：159.

③ 石涛. 政府规制的“成本—收益分析”：作用、内涵及其规制效应评估[J]. 上海行政学院学报，2010(1).

④ [英]安东尼·奥格斯. 规制：法律形式与经济学理论[M]. 骆梅英，译. 北京：中国人民大学出版社，2008：161.

经历了从“规制建立”到“放松规制”再到“规制改革”的过程。

随着产业革命带来的技术进步与生产力的解放，自由放任的市场经济日益暴露出自身无法解决的弊端，如垄断、外部性问题的存在等，这引起人们对自由放任经济有效性的质疑和政府对微观经济活动的干预。西方国家针对交通、电力、食品、药品、资源环境等领域，均采取了一系列规制措施。

进入20世纪70年代以后，面对资本主义国家发生的以通货膨胀与经济停滞为特征的经济危机，新经济自由主义重新兴起，市场经济国家出现了以放松规制为特征的规制改革运动，该运动引发经济学家提出了相应的放松规制理论。

在放松规制的同时，随着博弈论、信息经济学和机制设计理论等微观经济学前沿理论和和分析方法被引入产业经济学的研究，新规制经济学应运而生。新规制经济学的出现，使得公共规制的理论基础和实践方式发生了根本性的变革。与此同时，规制方法和手段也不断创新，以激励为基础的规制工具正在得到普遍运用，并逐步取代传统的命令控制性规制手段。

1. 放松规制的理论与实践

(1)放松规制理论

由于在现实中出现了越来越多的规制失灵现象，20世纪70年代末以来，西方发达国家出现了以放松规制为特征的规制改革运动。为适应政府规制改革的需要，经济学家提出了一系列支持规制放松的理论主张，具有代表性的有新自然垄断理论、可竞争市场理论、公共规制失灵理论和X低效率理论。

新自然垄断理论认为，传统自然垄断理论是建立在单一产品假设基础上的，而现实中企业的产品结构往往是多元的。因此，对于自然垄断的定义必须建立在成本的弱可加性，而不是规模经济的基础上。如果一个企业生产所有产品的总成本小于多个企业分别生产这些产品的成本之和，企业的成本方程就具有弱可加性。如果在所有相关的生产上，企业的成本都具有弱可加性，该产业就可以看作自然垄断产业。当一个企业的总成本低于多个企业的成本之和时，单一企业的平均成本可能下降，也可能上升。前者条件下的自然垄断称为强自然垄断，后者条件下的自然垄断称为弱自然垄断。在弱自然垄断条件下，边际成本价格使社会福利最大化的同时又使企业盈利，边际成本定价的矛盾不复存在。因为在弱自然垄断条件下，企业按边际成本定价，产量由需求曲线和边际成本曲线的交点决定。当平均成本处于弱可加性时，边际成本大于平均成本，企业盈利。新规制经济学认为，根据自然垄断的这种新理论，对自然垄断产业的规制，就需要视自然垄断的强弱、进入市场有无障碍和企业的承受力分别采取不同的对策。在强自然垄断条件下，如果进入无障碍，企业也有承受力，则不需要政府规制，承受力的存在保证垄断企业不致被挤出市场，潜在竞争者的威胁恰好代行规制职能，迫使企业制定一个不高于盈亏相抵的价格。在弱自然垄断条件下，当进入无障碍，企业有承受力时，也不需要政府规制，因为潜在竞争者的威胁会迫使垄断企业制定边际成本价格，从而实现社会福利最大化，企业盈利。这表明自然垄断与竞争之间存在着替代性，自然垄断产业的定价矛盾可以部分化解。

可竞争市场理论由鲍莫尔、帕恩查和威利格在《可竞争市场与产业结构理论》一书中系统提出。该理论假设：①企业进入和退出市场是完全自由的，相对于现有企业，潜在进入者在生产技术、产品质量、成本等方面不存在劣势。②潜在进入者能够根据现有企业的价格水平评价进入市场的盈利性。③潜在进入者能够采取“打了就跑”的策略，即潜在进入者具有快速进出市场的能力，在撤出市场时也不存在沉淀成本。在此基础上，推论出：①在可竞争的市场上不存在超额利润。因为任何超额利润都会吸引潜在进入者以同样的成本与垄断企业分割市场份额与利润，潜在的竞争决定了垄断企业的定价遵循可维持性定价原则。②在可竞争市场上不存在任何形式的生产和管理上的低效率。因为生产和管理上的低效率会增加不必要的成本，这些非正常成本会吸引效率较高的潜在竞争者进入市场。由此，在可竞争市场理论看来，即使是自然垄断产业，只要市场是可竞争的，政府规制就没有存在的必要，规制机构所要做的不是限制进入，而应降低产业的进入壁垒，创造可竞争的市场环境。只要存在潜在进入者的压力，市场在位者即使没有政府规制也不可能获得超额垄断利润，而只能将价格定在超额利润为零的水平。①

公共规制失灵理论主要对规制失败的原因进行阐释。从经济上看，规制失灵源于：①公共部门不存在指导资源配置的价格，没有传递市场信息的渠道，政府决策者受到信息不对称的困扰，难以准确地了解企业的成本和需求信息；②规制者通过审计等非市场手段了解信息的能力是有限的，无法审计全部企业以掌握真实信息，此外还可能被收买与企业合谋；③企业可能会隐瞒信息，甚至可能提供虚假信息，政企博弈加重了政府的信息不完全性和决策失误的可能性；④规制者主动搜寻有关的信息的激励。因此，不完善信息和不完全市场问题作为市场失灵的一个来源在公共部门里是普遍存在的。从政治上看，规制失灵的原因为：①理论上政府规制的公益目的与政府行为目标之间的差异和矛盾，现实中的政府是由具体的人和机构组成的，他们的利益和行为目标并不必然和公共利益相一致，当二者冲突时，就有可能出现政府官员为追求自身利益而做出有害公共利益的决策；②政府的强制性和普遍同质性，使得规制可能引起再分配上的不公平和寻租的产生；③规制者是垄断者，其行为难以监督；④规制机构设置不合理，缺乏完善的、透明的规制程序；⑤政府规制行为具有内在扩张性，规制者会从供给一方推动规制的膨胀，这就进一步强化了政府的过度规制，导致规制失灵。

X-低效率理论由莱宾斯坦于 1966 年提出，用以反映企业内部效率低下的状态。该理论认为：免受竞争压力保护的垄断企业不但会产生市场配置低效率，而且还会产生另一种类型的低效率，即垄断企业存在超额的单位生产成本。新规制经济学在 X-低效率理论的基础上，阐明了政府规制增加企业 X-低效率的理由。其核心思想是：政府规制会通过报率管制使低效率的企业留在行业内，因为规制者允许低效率企业通过以较高的价格将低效率转嫁给消费者以获得利润，由此企业缺乏降低成本的激励。

---

① 黄新华. 公共部门经济学[M]. 厦门：厦门大学出版社，2010：152.

(2)放松规制的具体实践

西方国家放松政府规制的具体实践与基本措施主要有：

①从企业组织形式和财产制度看，放松政府规制大体沿着国有企业—公共法人—公私混合企业—私有企业的路径进行。如日本国铁是自然垄断产业中原有的国有垄断企业，依次经过公共法人、公私混合企业，最终改组为私有企业的典型。

②产业环节适合于竞争而其他环节适合于垄断经营的混合产业结构，改革政府规制框架，适时将竞争性业务从垄断性业务中分离出来，并防止在某个产业环节居于垄断地位的厂商将其垄断势力扩展到该产业的其他环节。如英国邮政总局将独家经营邮资低于1英镑的所有国内信函、邮政特快、包裹、印刷品、出国信函、邮资高于1英镑的信函和门市服务均作为竞争性业务放开。

③正确处理国有企业的社会职能。从历史上看，西方国家建立国有企业都是以稳定为基本出发点的，而国有企业经济和社会双重职能的国有企业既要追求利润最大化和自身的发展，又要承担普遍服务、安排就业等社会职能。为了增强国有企业的活力，提高国有企业的运营效率，必须把国有企业承担的社会职能分离出去，使国有企业承担单一的经济职能。如果国有企业承担的经济职能和社会职能不能分离，政府应对国有企业因承担社会职能而减少的收入或增加的成本提供补偿。①

④政企分开。英国放松政府规制的历程表明，政府规制体制改革的关键是调整政府与企业的关系，把原来由政府直接干预企业经济活动的政企关系，调整为由政府间接控制企业的政企关系。从而使传统的政企合一的政府规制体制转变为政企分开的政府规制体制。在政企分开的规制体制下，企业才能成为独立的市场主体，政府才能从垄断经营者转变为竞争性经营的组织者。在政企分开后，英国的煤炭公司、铁路公司、钢铁公司的劳动生产率平均增长速度分别从−2.4、−2.0、−1.7(1970—1980年的平均增长速度)增长为8.1、3.2、13.7(1981—1990年的平均增长速度)。②

⑤以政府规制的立法为先导。如日本国会在1986年通过《国有铁路改革法》，然后于1987年对国有铁路进行分割改组。

西方国家放松政府规制取得了明显的效果，具体表现在：①降低了收费或价格水平；②实现了包括引进各种减价制度在内的价格或收费体系的多样化；④提高了服务质量，实现了服务多样化；①提高了企业的生产效率，使企业具有活力；⑤减轻了消费者的负担，增进了社会福利；⑥扩大了需求和投资，提高了经济增长率。③ 经济合作与发展组织利用宏观经济模型，测算出政府规制放松带来的GDP的长期增长率，这一增长率英国约为5%，法国、德国、日本为6%。④ 据估算，美国从解除市场进出限制和价格规制中获得的

① 李春根，廖清成. 公共经济学[M]. 武汉：华中科技大学出版社，2015：405.

② [日]植草益. 微观规制经济学[M]. 朱绍文，译. 北京：中国发展出版社，1992：202-203.

③ [日]植草益. 微观规制经济学[M]. 朱绍文，译. 北京：中国发展出版社，1992：184.

④ 李春根，廖清成. 公共经济学[M]. 武汉：华中科技大学出版社，2015：405.

总收益一年就达 350 亿～460 亿美元(1990 年价格)，其中消费者因价格降低和服务质量提高而得到的收益是 320 亿～430 亿美元，生产者因效率提高和成本降低获得的收益是 30 亿美元。如果排除仍然存在的市场机制扭曲，每年还可以获得 200 多亿美元的收入，这其中还不包括解除政府规制对创新的积极影响，这种创新能使各产业降低 1/4～1/3 的运营成本。①

2. 激励规制的理论与实践

放松规制理论虽然为自然垄断产业的规制改革提供了理论依据，但是放松规制不等于全部取消规制。为了降低规制成本，提高规制效率，必须在制定政策前尽可能地获取企业的经营信息，而企业出于增加收益的需要往往倾向于隐藏信息以获得额外收益。所以，政府规制政策只能在搜索规制信息与实行某种鼓励信息显露政策之间做出成本最小的选择，激励性规制便应运而生。

(1)激励规制理论的基本思想

传统规制理论暗含政府是仁慈的和信息是完全的这两个前提假设。然而，规制部门与受规制企业之间存在着严重的信息不对称，规制机构知道的有关企业的信息远少于企业自身所知道的相应信息。由于信息的非对称性以及规制双方行为目标存在的差异，自然垄断行业的规制问题可以作为一个委托代理问题来处理。传统规制方式由于忽略了规制中存在的信息不对称问题而使得它们无法提供正当的激励，产生了受规制企业隐藏信息的逆向选择问题和隐藏行动的道德风险问题，这是导致传统规制方式效率低下的根本原因。

1993 年，拉丰和梯若尔出版的《政府采购与规制中的激励理论》一书构建起了新规制经济学的理论框架，系统阐述了信息不对称条件下的激励规制机制设计问题。激励规制理论以信息不对称为立论前提，遵循委托代理理论的原则，把规制问题当作一个最优机制设计问题，在全面描述规制者和被规制企业的实际信息结构、约束条件和可行工具的前提下，分析双方的行为和最优权衡，通过设计一组既能为企业提供适度激励又能有利于实现社会福利最大化的机制，以提高规制的效率。

根据拉丰和梯若尔的激励规制理论分析，产品质量、规制承诺和规制收买是影响激励规制合同设计的重要因素。

①在产品质量方面，当自然垄断企业提供的产品是经验品(只有当消费者在购买后才能观察到其质量的产品)时，成本补偿规则是达到既要提高质量又要降低成本的相互冲突的目标的唯一工具，对质量评价的提高会挤出降低成本的活动；当产品是搜寻品(消费者在购买前就能观察到其质量的产品)时，提高质量的激励与减少成本的激励是无关的。②

②在规制承诺方面，规制合同到期修改时，效率提高的企业会面临更苛刻的合同，产

---

① WINSTON C. Economic deregulation: Days of reckoning for microeconomists[J]. Journal of economic literature, 1993, 31(3): 1263-1289.

② [法]让·雅克·拉丰，让·梯若尔. 政府采购与规制中的激励理论[M]. 石磊，王永钦，等译. 上海：上海人民出版社，2004：175-191.

生所谓的棘轮效应；合同到期期间，因企业利润很高或严重亏损等因素导致的提前重新谈判和修改合同也会降低激励强度。

③在规制机构方面，放松规制者是善意的而且可以被严格监督的假定，假设规制结构由立法者或社会公众(委托人)与规制机构(监督者)两层构成，且规制机构(比立法者掌握更多的信息)是能策略运用信息与利益集团合谋的监督人，由此，规制机构可能为了最大化自身的利益而被受规制企业收买。相比低强度的激励方案，高强度的激励方案更容易导致规制收买。在存在规制机构与企业合谋威胁的情况下，最佳规制应采用低强度的激励规制合同以便减少合谋的利益，并且改善监督以便增加私下转移支付的成本。①

(2)激励规制理论的主要内容

激励规制就是在保持原有规制结构的条件下，给予受规制企业以提高内部效率的刺激，即给予企业以竞争压力提高生产效率与经营效率的正面诱因。代表性的理论有特许投标制理论、区域间标尺竞争理论、RPI-X 价格上限理论和合同规制理论。

特许投标制理论最初是由德姆塞茨引入政府规制研究领域的，其后又由波斯纳提出了具有可操作性的政策建议。该理论强调要在政府规制中引入竞争机制，通过拍卖的形式，让多家企业竞争在某产业或业务领域中的独家经营权，在一定的质量要求下，由报价最低的企业取得特许经营权。可见，特许权竞争是用“市场的竞争”代替“市场内的竞争”，它提高了垄断性市场的可竞争性，减少了毁灭性竞争的范围和不良后果。企业对垄断经营权的竞争，也消除了传统规制难以解决的信息不对称，由竞争决定价格而不是规制者决定价格。

区域间标尺竞争理论由雪理佛于 1985 年在《标尺竞争理论》一书中提出。其基本思路是，以独立于本区域的其他区域中与本区域受规制垄断企业生产技术相同、面临需求相似的垄断企业的生产成本为参照，制定本区域垄断厂商的价格和服务水准，以刺激本区域垄断企业提高内部效率、降低成本、改善服务。标尺竞争理论提供了在信息不对称的情况下，规制机构了解受规制企业真实成本信息的参考，为规制者促进地区性垄断企业间的竞争，刺激经济效率提供了理论依据。

RPI-X 价格上限理论是李特查尔德设计的一个价格规制模型。目的是寻求一个能合理控制垄断企业价格、节约规制成本，同时能给予受规制企业提高内部效率激励的规制方法。价格上限规制一般采取 RPI-X 模型，RPI 表示零售价格指数，即通货膨胀率，X 表示一定时期内生产效率增长的百分比，由规制者确定。由于在企业生产率增量中，规制机构预先设定的 X 归消费者所有，超过 X 的部分为企业所保留，所以这种规制方法是一种典型的剩余索取合同，能够激励企业降低成本，提高生产率。在规制机构与被规制企业之间存在信息不对称的情况下，这种价格上限规制通过赋予垄断企业更多利润支配权的方式使其在一定程度上得到信息租金，以换得提高生产效率的激励；同时，赋予被规制企业在不

① [法]让·雅克·拉丰，让·梯若尔. 政府采购与规制中的激励理论[M]. 石磊，王永钦，等译. 上海：上海人民出版社，2004：406-426.

超过价格上限的情况下自由调整个别价格的灵活定价权，以提高社会配置效率。[①]

合同规制理论也称社会契约理论或成本调整合同理论，是指规制机构通过与受规制的企业签订合同的方式，就针对与产品价格和成本有关的一系列指标做出约定，并视企业执行约定的情况由规制机构采取相应的奖励和惩罚措施，从而鼓励企业降低成本、节约能源、保护环境和提高服务水平。[②] 不仅要求规制者熟悉具体产业技术与市场状况、特许经营合同等方面的法律知识，还要具备一定的谈判能力。规制者必须从选择合作伙伴开始，直到招标程序、合同订立、执行过程和业绩评估全过程，通过合同所确立的监督控制权和责任条款以及公用事业给付要求和质量水平，规制私人经营机构的经营行为。[③] 越来越多的学者认为，通过签订合同实施规制能够节约规制成本，并能有效地激励被规制企业的运营效率，因为合同规制具有透明度高、风险共担和结果导向型管理的优势。[④]

(3)激励性规制的具体实践

20世纪70年代以来，美国、英国、日本等发达国家对电信、电力、民航等自然垄断行业放松规制。政府采取的规制方式也随着技术、市场需求等经济环境的变化而不断创新，西方国家在需要规制的领域里普遍引入了激励性规制方式。英国激励性规制应用于主要的公用事业，包括电信、天然气、自来水和电力行业，在美国则更多地应用于电信业。由于受传统的报酬率规制的影响，推行激励性规制有较大的阻碍，因此美国更倾向于采取比较折中的规制方法，并且美国的激励性规制比其他国家更具多样性。[⑤] 日本以及澳大利亚、新西兰等英联邦国家在公用事业部门也相继采用激励性规制。

在西方国家，激励性规制是被作为规制改革的一部分引入的，往往伴随着公用事业的私有化、自由化和规制的放松。激励性规制的实践最早开始于英国，是在撒切尔夫人的保守党政府上台后，大力推行电信、电力、供气、供水等主要公用事业私有化和自由化的同时逐渐产生的。当时，随着私有化进程的推进，一方面以私有制为主的公用事业企业的垄断地位开始形成，另一方面又缺乏垄断规制制度，这样重新构建规制体系显得十分迫切。当时学者 Stephen Littlechild 受英国政府的委托设计了一个价格规制模型。这个价格规制模型的主要目标是把价格和利润保持在一个既不失公平又能刺激企业提高效率的水平上。这样，他就将规制价格和零售价格指数与生产效率挂钩，形成了价格上限规制模型。由于撒切尔政府的大力支持，以价格上限规制为主要形式的激励性规制在英国很快得到广泛应用，不仅在大部分网络产业——发电和输电产业、供气、供水、电信和交通等，而且在一

---

① 黄新华. 公共部门经济学[M]. 厦门：厦门大学出版社，2010：156.

② 黄新华. 公共经济学[M]. 北京：清华大学出版社，2014：158.

③ 张丽娜. 我国城市公用事业市场化中实施合同规制的问题分析[J]. 中国行政管理，2009(11).

④ ZHOU Yaodong. Regulation Reform of Chinese Public Utilities [M]. Shanghai: Shanghai People's Press，2005：94-97.

⑤ CREW M A，KLEINDORFER P R，Incentive regulation in the United Kingdom and the United States：Some lessons[J]. Journal of Regulatory Economics，1996，9(3)：211-225.

些“竞争性”产业——石化、公共汽车、造船、飞机制造以及钢铁等行业也实施了激励性规制计划。激励性规制在澳大利亚、新西兰等英联邦国家的公用事业部门也相继得到采用。

与英国相似的是，美国的激励性管制也是首先在电信产业实施，并推动了电信产业自由化和部分放松规制。与英国不同的是，由于在实行激励性规制之前，长期实行公平回报率规制，拥有深厚的规制传统；此前国有成分不高，没有伴随大规模的私有化；政府的推动作用较小，因此美国的激励性规制实行得比较缓慢，也比较艰难。同时，采取的规制形式也有所区别。英国激励性规制主要采取的是价格上限规制，并且是Kridle、Sappington和Weisman所谓的“纯粹”价格上限规制(pure PCR)①。而在美国，虽然大部分州在20世纪90年代先后引入了价格上限规制，但是受长期实行的报酬率规制的影响，规制形式与英国式的价格上限规制不同，主要区别在于：①激励程度相对较弱；②在价格上限规制的框架内实行以绩效为基础的规制(Performance-Based Regulation，PBR)②；③实行与价格上限规制相类似的收益上限规制(Revenue Caps Regulation，RCR)。收益上限规制的主要原理与价格上限规制相同，允许受规制企业的总收益可以根据价格指数的上升而提高。因企业生产效率提高而产生的收益扣除规制者预先规定的生产率增量比例(相当于价格上限规制中的X)后，全部归企业所有。因此，收益上限规制仍然可以被看作价格上限规制的一个变体。美国除了采用价格上限规制外，还在不同产业采用了特许投标规制、延期偿付率规制、区域间竞争规制和菜单规制等多种形式的激励性规制。另外，当前投资回报率价格规制在美国仍然有较大的市场。

5.5.2 中国政府的规制改革探究

1956年中国建立起的高度集中的计划经济体制虽然为我国经济与社会的发展奠定了基础，但在这种体制之上建立的行政性管理制度带有极强的计划、管制特点，从根本上否认了市场机制的有效性，行政部门几乎对所有行业的准入和价格进行干预和管制。改革开放以后，尤其是十二大提出要建设社会主义市场经济，政府规制改革也开始步入快车道。我国政府规制改革的发展历程，在总体上可分为两个时期：第一时期是从改革开放到2001年中国加入WTO，这个时期是规制改革的初始阶段，基本上是在探索中前进。改革的主要举措是引入市场机制和放松规制，但改革进程较为缓慢。第二时期是从2001年中国加入WTO以来，在外在推动力的促进下，我国加快了规制建设的步伐，开始同国际接轨，努力学习国外的先进经验。这一时期呈现的新特点便是加强对政府自身的规制、放松规制以及规制治理的发展。面对全球竞争日益加剧以及国内改革深化的压力，政府开始加大自身建设的步伐，表现为立法的加强，同时不断吸收国外先进经验，完善中国特色社会主义

---

① BERNSREIN J I, SAPPINGTON D E M. Setting the X-factor in Price Cap Regulation Plans[J]. Journal of Regulatory Economics, 1999, 16(1): 5-25.

② COWAN S, Price-cap regulation and inefficiency in relative pricing[J]. Journal of Regulatory Economics, 1997, 12(1): 53-70.

市场经济的理论，定位政府的角色，其中《行政许可法》的颁布与实施标志着我国政府的规制改革进入到一个新的阶段。①②

1. 中国政府规制存在的问题

由于市场失灵的广泛存在，政府规制已经成为现代市场经济不可或缺的制度安排，这对于处于社会经济转型时期的中国而言，有着更为深刻的意义。尽管中国政府规制改革的进程不断推进，但就目前而言，中国政府规制主要面临着以下问题。

(1)尚未形成完善的规制法律法规体系

①法规笼统，不成体系，且惩处力度不够。当前政府规制特别是社会性规制的一些重要领域，仅仅颁布一项或几项比较笼统的法规，尚未形成必要的法规群体。例如，在食品安全方面，1995年制定了《食品卫生法》，但是在目前食品种类繁多、有毒有害食品层出不穷、传播渠道日益多元化的情形下，仅靠一部《食品卫生法》是无法对各类食品安全进行有效规制的。同时，已实施的一些法规对违法者的处罚偏轻，无法起到应有的威慑作用。③ ②法律规范的空白点较多，不仅尚未出台《政府规制基本法》，部分规制领域也没有出台行业基本法，尤其是针对市场经济中的信息不对称问题，至今尚未制定《信息公开法》。③规制立法有明显的行业、部门保护特色。行政性垄断集团不仅具有公权力，承担着产业规划、标准制定等行政职能，而且掌管着各种巨大的资源，为实现私利左右着规制政策的制定，形成了行业主管部门、地方政府和垄断国企之间的利益集团联盟。

(2)规制过度与规制不足并存

在经济性规制领域，随着改革的深入，垄断产业自然垄断与行政性垄断交织的深层次矛盾突出，这导致垄断产业规制流于形式，规制越位与规制不到位情形并存。一方面，对自然垄断合理性已经不存在的产业或某些业务环节，仍实行着严格的准入管制，出现规制越位情形；另一方面，许多垄断产业所提供的产品及服务价高质低，市场秩序混乱，不少国有垄断企业甚至进行上下游竞争性业务的重组与并购以及非相关业务的涉入，但相关规制机构却没有给予相应的规制。在社会性规制领域，随着经济发展水平的提高，人们对生活质量、社会福利、生态环境等问题的关注日渐加强，但是当前日益严重的环境污染问题，禁而不止的煤矿矿难问题，层出不穷的假酒、假药和有毒食品问题的存在，反映出政府社会性规制职能的缺失和社会性规制能力的不足。

(3)政府规制方法单一，且缺乏协调

规制的核心是协调社会福利与被规制企业之间的矛盾，既让被规制企业提高效率，又尽可能地增加社会福利。科学的规制方式可以较好地解决这个矛盾，而不合理的规制方式则可能成为维护行政垄断、牟取暴利的合法工具。以价格规制为例，现行的自然垄断行业

---

① 王俊豪．中国政府管制体制改革研究[M]．北京：经济科学出版社，1999：1.

② 蔡声霞．政府经济学[M]．天津：南开大学出版社，2009：182.

③ 黄新华．论政府社会性规制职能的完善[J]．政治学研究，2007(2).

价格由政府机构直接制定或批准，缺少对激励性规制方法的运用，既无法获得企业真实的生产成本信息，也不能对被规制企业形成有效的激励机制。

(4)缺乏独立性、专业性的规制机构

在经济性规制领域，对自然垄断行业的政府规制机构存在政企不分、政资不分、明显偏向既得利益集团的倾向，固化了行政性垄断，加剧了政府失灵。在社会性规制领域，缺乏专门的、具有相对独立法律地位的规制机构，例如，我国《环境噪声污染防治法》的执法部门涉及环保、交通、铁路、民航、公安等多个部门，缺乏一个统一的、具有权威性的机构实行统一执法。而且，当前政府规制机构人员结构不合理，一般多为政府行政管理人员和技术人员，财务审计、经济、法律方面的专业人才较少，掌握现代经济理论和规制理论的专业人才更少，难以适应市场化进程中政府规制政策的专业性、时效性的要求。

2. 转型时期中国政府规制的改革方向

(1)健全政府规制的法律体系

①修法与立法并重。全面清理现行法规中不合时宜的条款，及时修订已有的法律规范，使之符合现实发展的需要，与此同时，加快立法进程，抓紧制定《政府规制基本法》《信息公开法》以及现实急需的一些专门法，并将一些成功的经验与做法条文化、法律化。②建构系统的法规群体，并增强法律的惩处力度。在健康、安全与环境规制等社会性规制的重点领域，对一些重要消费产工作场所等风险的规制分门别类制定具有可操作性的法规，例如，在食品安全立法方面，制定《养殖场法》《农产品检查法》《饲料安全法》《肥料取缔法》《农药取缔法》《食用鸟类规制与检查法》《家畜传染病预防法》等。①

同时，增强法律的惩处力度，对违法行为实施足够严厉的惩罚，完善规制立法程序，保证规制程序的正义。与政策有利害关系的公民应当有权参与制定公共政策，发挥各自的角色作用，具有充分而对等的自由发言机会，从而使决策结果体现公民理性协商所达成的共识。决策过程中，政府必须在各种互相竞争的利益要求中保持中立的态势，平等对待各种利益要求，不有意偏向任何一种价值取向。②

(2)放松规制与强化规制并重

在经济性规制领域，需要破除依附于自然垄断基础之上的行政性垄断，在传统自然垄断领域的竞争性业务环节引入竞争机制，允许民间资本进入，将行政性垄断国企拥有的公共职能彻底剥离，使其真正成为市场竞争主体，实现政企分离。同时，在政企分离的政府管制体制下，借鉴新规制经济学的理论，引进激励性规制方法，重构自然垄断产业规制体系，从而促进自然垄断产业提高效率、降低价格和改进服务。在社会性规制领域，强化健康、安全、环境以及教育、文化等社会福利规制，最大限度地消除经济生活中的负外部性和信息不对称问题，实现社会利益最大化。与经济性规制相比，社会性规制具有广泛性特

① 黄新华. 论政府社会性规制职能的完善[J]. 政治学研究，2007(2).

② 李建发. 公共政策程序正义及其价值[J]. 中国社会科学，2009(1).

点，不论是竞争性产业还是自然垄断产业，只要有损害社会福利的潜在因素，都应将其纳入到社会性规制的框架之内。

(3)改革规制方式，提高规制效率

可竞争市场理论和 X 低效率理论表明自然垄断产业的规制政策应以放松产业进入、促进规模经济与竞争活力相兼容的有效竞争为政策取向。对于自然垄断性业务，应建立模拟竞争机制的管制机制，对于非自然垄断性业务，应允许多家企业竞争性经营。对于地区性企业垄断经营的产业，如自来水和煤气供应，可以根据区域间标尺竞争理论，采取比较竞争管制方式，促使这些企业开展间接竞争。在价格规制方面，可以根据中国各自然垄断行业的特点和经济发展程度对 RPI-X 价格上限模型加以修订，使之符合中国国情，达到既促进企业效率，又增加社会效益的目标。在社会性规制领域，应减少并改革传统的政府干预强度最高的命令—控制型规制方式，更多地运用信息规制标准等政府干预强度较低的命令—控制型规制方式和费、税、补贴以及排污权交易等经济工具。一方面，在药品、交通领域和土地、矿产等资源领域，产品生产许可和资源开发许可应进一步简化审批程序，限定审批期限，从而提高行政效率。另一方面，应逐步将执业资格制度、标准认证制度、收费补偿制度、信息公开制度、营业活动限制制度、排污权交易许可制度等各种适应市场经济要求的政府社会性规制方式引入到健康、安全、环境规制等社会性规制领域中。

(4)强化规制机构的独立性和专业性，重视对规制者的规制

首先，规制机构应该独立，尤其要独立于各种既得利益集团，不受其左右，否则难以摆脱部门偏好，如在健康、安全、环境规制等技术性较强的社会性规制领域，依法设立直属于全国人民代表大会的执法机构，并在全国各地设立垂直领导的分支机构，以排除其他干扰，提高执法效果。同时，规制机构应该建立综合性的、高质量的管理队伍，一个有能力的政府规制机构应当包括技术、产业、经济、法律专家以及能够把民众意愿转化为公共决策的政治家等人员。其次，健全行政程序制度和外部监督机制。规制者对企业和个人的规制行为首先表现为依法行政，要规制规制者，控制政府规制机构的寻租行为，减少政府规制中的腐败现象，应当建立完善的行政程序制度，使行政程序法典化。一套完整的、科学的规制规制者的行政程序制度包括：情报公开制度、告知制度、听取陈述和申辩制度、职能分离制度、不单方接触制度、回避制度、记录和决定制度、说明理由制度、时效制度和救济制度等。与此同时，加强对政府规制的社会监督，让新闻舆论机构、各种社会团体和个人能够通过各种渠道、以多种形式对政府损害社会公众利益的行为进行监督。最后，加强问责制的建设。对行政违规和行政违法行为而造成不良后果的，必须追究有关人员的行政责任和法律责任。

第 6 章

政府产出与公共服务

公共服务是政府产出的主要形式。莱昂·狄骥指出："公共服务的概念是现代国家的基础。没有什么概念比这一概念更加深入地根植于社会生活的事实"。[①] 在现代社会，公共服务已经成为政府的基本职能，是人民群众"从摇篮到坟墓"所离不开的保障体系。在全球政府改革浪潮中，公共服务改革扮演着极其重要的角色，也由此衍生了一系列的争论。正因其在现代社会中的关键意义，有关公共服务的定义、改革变迁，已经成为政府经济学的重要组成部分。

6.1 政府产出的理论界定

政府的公共性决定，政府产出与私人产出有所不同，具有非市场性、非经济效益性、难以量化性等特征。公共服务是政府产出的主要形式，其关注的是以政府为主体的公共部门应该提供什么、提供多少、由谁提供、如何提供、为谁提供等问题。理解公共服务的理论来源与主要内涵，有助于形成对公共服务供给机制的初步认识。

6.1.1 政府产出的内涵

产出是指在生产过程中创造的各种有用的物品或劳务，它们可以用于消费或进一步生产，包括有形的物质产出，如食品、机器设备、日常用品等，和无形的政府产出，如医疗、信息服务、金融服务和旅游服务等。因而，政府产出指的应是以政府为主导的多元主

① [法]莱昂·狄骥. 公法的变迁[M]. 郑戈，译. 沈阳：辽海出版社，1996：13.

体基于公共利益服务目标的考虑，在公共领域投入一定的人力、物力和时间等资源之后，所产生或提供的产品或服务。

公共性是政府的根本属性，“政府产生、存在的目的是为了公共利益、公共目标、公共服务以及创造具有公益精神的意识形态等”，[①] 这决定政府产出具有以下特征：

首先，政府产出具有非市场性。政府履行各项职能的根本目的就是满足人民群众日益增长的物质文化需求，提供各类优质的产品，甚至是提供为弥补各类市场失灵且公众需要的各种产品。因此，政府产出是一种“非市场产出”，即政府不可能像企业那样进行市场产出，政府产出不能像企业的产出那样最终进入市场的交易体系，形成一个反映生产机会的货币价格，因为只要有市场失灵，市场价格就不可能反映这类产品真实的边际社会成本或收益。

其次，政府产出具有非经济效益性。不同于私人部门，政府各部门所追求的目标是多元的。政府目标的多元化主要表现为除了经济目标之外，还包括政治、军事、社会和文化等多种不同性质的目标，是多元目标共同构成的目标集。例如，当就是否要在某条河上节流筑坝的项目进行决策时，企业只会考虑该项目是否会对其盈利水平产生影响，而政府往往要关心更为广泛的结果，政府可能还要关心大坝在投建后的生态问题等。可见，目标的多元化使得政府产出既包含了具有经济属性的产品，又包含了具有社会属性的产品，而对这些具有非经济效益性的公共产品的价值进行衡量时，显然是不能简单地仅以经济效益来衡量，还应考虑其带来的社会效益。

最后，政府产出具有难以量化性。私人部门的产出是比较容易量化的，而政府产出不同于私人部门的产出，其确定与度量都十分困难。要度量一个机关的输出量常常是很困难的——实际上即使是对什么是国家部门的输出作一番设想，都足以令人头昏脑涨。政府产出的“非市场性”和“非经济效益性”决定了难以对政府产出进行准备测量和客观量化，政府提供的许多公共产品具有不可测量性和不可计算性的特点。①由于政府目标的多元化，政府的目标集包括了范围广泛的目标，并且这些目标还会随着社会经济、政治文化的变化而不断发生变化，而且，在政府的目标集中往往还包括了一些抽象的、笼统的和难以量化的软目标，如提高国民的素质和道德水平，保障社会公平公正以及人类社会与自然的和谐发展等。②由于政府产出具有垄断性的特点，一般来说，政府和私人部门不会生产同样的产品，因此，很难通过直接比较来测量政府的产出，即使当它们生产同样的产品时，也不太容易进行产出的比较。例如，政府和私人部门均提供教育，教育的产出可以说是学生的质量，但是，私立学校经常采用的考试成绩、升学率等可客观量化的指标只是从部分维度测量了学生的质量，而政府所关注的创新性、公民价值观、爱国主义精神等关乎教育产出的内容却容易被私立学校所忽略，以至于两者依然无从比较。③由于政府运作的复杂性，有些政府活动是由好几个不同的部门或机构执行的，或者是在不同地区、不同级次的政府间

① 祝灵君，聂进．公共性与自利性：一种政府分析视角的再思考[J]．社会科学研究，2002(2).

进行的，再加上政府内部各部门在职能划分上的交叉或重叠以及由此引起的责任归属不清，这样的活动就不容易划分，造成了跨地区、跨部门的政府产出难以判断和加以量化。

6.1.2 政府产出的形式

1. 政府产出的传统划分

一般来说，政府职能必须为政府存在的最终目的服务，而从经济学的意义上讲，政府存在的目的在于实现社会福利的最大化。为了达到社会福利的最大化，必须实现资源配置的效率、收入分配的公平以及社会运行的稳定这三个基本目标。对应于这三个基本目标，中国现阶段的政府职能可以分为如下三个方面：政治职能、经济职能和社会职能。为了履行各项职能，往往需要政府来组织各类产品或服务的提供以实现其目标。例如，政府在实现其政治职能的过程中，为了维护国家安全、社会治安和秩序，需要建立军事、公安和司法等部门，提供供方等产品或服务；而政府在履行其社会职能的过程中，为了维持社会各阶层的公平而给予社会公众基本的养老、失业、医疗、工伤和生育保险等产品或服务。由此根据产出形式的不同和产品性质的不同，一般情况下，可以将政府的产出细分为公共产品以及私人产品两大类。

福利经济学第一基本定理认为，完全竞争的经济是帕累托效率的，但是，完全竞争的市场机制只有在一系列严格的假设条件下，如信息完全且对称、规模报酬不变和分散决策等，才能保证资源配置的最优化。在一些领域，仅仅依靠价格机制来配置效率无法实现帕累托最优，出现了市场失灵现象，市场无法有效提供公共产品就是其中的一种情况，市场失灵也成为政府干预经济的重要理由。也就是说，在现实经济生活中，有些产品市场不提供，或者即使提供，数量也不足，由此，如果单纯依靠市场来提供这类产品，是无法满足公共需求的，这类产品经常归由政府来提供。所以，政府产出的主要形式是公共产品。但是，尽管市场运作的成本是政府供给公共产品的一个理由，但它不是唯一的，甚至不是最重要的理由。在市场失灵的各种来源中，由于非竞争性市场的存在导致政府也提供一些私人产品，即多向一个人提供的边际成本很大的、公共提供的产品(Public Provided Private Good)。邮政服务、电信、供水、电力等私人产品就是恰当的例子。除此以外，政府干预还有两个更深层次的理由：一是收入分配，二是担心人们不去做维护自身最佳利益的事。例如，市场竞争的结果可能带来非常不平等的分配，有些人丰衣足食，可还有些人却可能是衣不蔽体，食不果腹，没有足够的资源用以维持生计，所以，社会福利、社会救助和社会救济等福利活动就成为政府的一项重要活动，政府提供诸如食品(券)和医疗救助制度等私人产品。

2. 公共物品到公共服务

公共产品与私人产品的分类，只是政府产出的一种传统划分。20世纪中期，随着经济学家们对公共物品(public goods)理论研究的深入，公共物品的内涵不断丰富，无论是公共产品还是公共提供的私人产品都可以囊括到公共物品的范围之内。

1954年，萨缪尔森在《公共支出的纯理论》(*The Pure Theory of Public Expenditure*)

一书中依据“非竞争性”和“非排他性”对“公共物品”进行了定义，并以此区别于私人物品。他认为，这是一种“集体消费的商品，每个人对这种商品的消费都不会减少其他人的消费数量”①。总的来说，从经济学的角度看，公共物品的特性主要有两个：消费的非竞争性和非排他性。所谓的排他性(Excludability)，是指该项物品是否可以阻止他人使用；而竞争性(Rivalry in Consumption)则是指一个人使用某种物品是否会减少他人对物品的使用。

此后，布坎南、阿罗、奥斯特罗姆等公共选择学者继续对公共物品的特性和分类进行深入研究，并进一步将公共物品分为纯公共物品、准公共物品等。准公共物品包括俱乐部物品、公共资源两种类型，其共同特点是没有严格地满足非竞争性和非排他性两个特征条件。俱乐部物品，其特点是在消费商具有非竞争性的情况下，却可以轻易地做到排他，可以收费的公路桥以及公共游泳池、电影院、图书馆都是这方面产品的例子。公共资源，其特点是在消费商具有竞争性的情况下，却无法有效地排他，也就是说，对于这种产品，不付费者不能被排除在消费之外，例如，公共渔场、公用牧场等就是如此。因此，政府产出可以分为公共物品、俱乐部物品、公共资源、私人物品四类。具体如表 6-1 所示。

表 6-1　纯公共物品、纯私人物品和准公共物品的划分②

特性	排他性	非排他性
竞争性	纯私人物品 1. 排他性成本较低； 2. 由私人企业生产和供给； 3. 通过市场分配； 4. 资源来源于私人投资和经营收入。 例如：服装、食品、商品住宅	公共资源 1. 消费中可能出现参与者不合作的问题； 2. 公共资源使用超过一定限度后产生拥挤问题； 3. 由政府提供或者私人企业提供； 4. 资金来源于政府预算，或者私人投资和经营收入。 例如：公共渔场、公共牧场等
非竞争性	俱乐部物品 1. 集体消费，超过一定限度后发生拥挤； 2. 由政府提供或者私人企业提供； 3. 资源来源于政府预算，或者私人投资和经营收入。 例如：公共游泳池、影剧院等	纯公共物品 1. 不能排他或者排他成本很高； 2. 直接由政府生产、供给，或者由私人企业按照合同生产或供给； 3. 资金主要来源于政府税收，通过预算来安排。 例如：国防、公共卫生、公共安全、环境保护等

公共物品概念的提出与完善，使物品属性形成更为细致的划分，政府可以根据物品的属性选择恰当的产出方式，以保证效率、成本和社会公平的统一，因此，公共物品被视为政府产出的重要载体。

① SAMUELSON P A. The Pure Theory of Public Expenditure[J]. The Review of Economics and Statistics, 1954, 36(4): 387-389.

② 温来成. 政府经济学[M]. 北京：北京大学出版社，2013：30-31.

此后，在20世纪五六十年代兴起的政策科学运动中，公共服务概念得以回归和复兴，并逐渐成为政治学、行政学界研究的主题，学者们试图从公共政策的角度研究公共服务，因为公共政策本身既可被视为一种特殊的公共服务，也可被视为提供公共服务的工具、手段、形式或策略。20世纪70年代末80年代初，西方掀起新公共管理运动，使公共服务概念日益凸显，其强调顾客导向以提高公共服务质量，政府的基本职责不再被看成是行使“行政权力”，而被视为提供“公共服务”。

对于公共服务概念的界定，一些学者从公共物品的角度来界定公共服务，认为公共服务主要是指由政府和非政府组织以及有关工商企业在纯粹公共物品、混合公共物品以及特殊私人物品的生产和供给中所承担的责任。这种界定虽然较好地囊括政府产出的内容，但“几乎照搬西方公共物品的传统理论来解释公共服务”，事实上，传统的公共服务关注的是物品的物质属性，公共服务不仅具有物品属性(经济属性)，还具有社会属性和政治属性，因此，公共服务既包括物质层面的物品和劳务，也包括精神层面的服务。① 可以说“公共服务”就是指，政府及其公共部门运用公共权力，以不断回应社会公共需求偏好、维护公共利益为目标，“通过多种机制和方式的灵活运用，提供各种物质形态或非物质形态的公共物品”。② 特别是，新公共服务理论对公共利益的强调，使得公共服务概念有别于公共物品片面强调供给效率，而更为注重“追求公平、正义”等价值层面的内涵。

可以说，公共服务是一个在公共物品的基础上有所发展和超越的概念及其理论范畴。因此，在公共管理领域，公共服务的概念逐渐取代了公共物品的概念，成为政府产出具体化的主要形式。

6.1.3 公共服务的含义

基于公共管理的逻辑和视角，公共服务是以政府为主导的多元主体满足公共需求和实现公共利益向社会提供各种物质产品和精神产品的总和。公共服务关注的是以政府为主体的公共部门应该提供什么、提供多少、由谁提供、如何提供、为谁提供等问题。③ 可以从以四个角度理解公共服务的内涵：

首先，从公共服务提供的主体上看，公共服务的供给主体是以政府为主导的多元提供主体。传统上，公共服务供给是政府的“专利”，政府是公共服务的唯一或主要的提供者，而私人部门只是公共服务的补充者和配合者。随着政府垄断公共服务导致的效率低下以及对于公共服务认识的深化，公共服务的市场化逐渐兴起，传统的单中心供给模式正在向多中心、多层次、协同合作的供给模式转变。但是，尽管如此，在公共服务供给中，政府的主体角色仍是不可替代的。政府直接供给在效率和适应性方面较差，但在有效性、公平性

① 黄新华．公共经济学[M]．北京：清华大学出版社，2014：102.

② 陈振明．公共服务导论[M]．北京：北京大学出版社，2011：13.

③ 黄新华．公共经济学[M]．北京：清华大学出版社，2014：101.

和广泛性方面则占有优势。此外，除了政府与市场，还存在着社会的自主型供给，包括第三部门供给、社区供给、自愿供给等。可见，公共服务的提供主体是多元的，在不同的背景下，政府、企业、第三部门、个人等都可以成为公共服务的供给者。公共服务由一元供给走向多元供给是政府治理变革的基本趋势。但是，必须要说明的是，在多元供给体系之中，政府并非完全“放任”，仍需在供给过程中发挥宏观调控以及监督的主导作用。

其次，从公共服务提供的目的上看，公共服务是为了满足公共需求，实现公共利益。人类为了生存和发展产生了各种各样的需求，这些需求可以分为两类：一类是私人需求；另一类是公共需求。与私人需求不同，公共需求是社会上大多数人的共同需要，它是复杂的、多样的、不断发展变化的。面对社会大多数人的共同需要，私人部门由于激励不足难以满足，需要由政府提供公共服务来承担这个重任。因此，公共服务是随着社会的共同需要而出现的，是公共需求不断增长的产物。而满足社会的共同需要，最终目的是要实现社会大多数人的利益，这种利益是社会中的全体公民或绝大部分群体都可以享受的。因此，从某种程度上说，公共利益才是公共服务的本质属性，是判断公共服务的内在依据，追求公共利益是公共服务供给的现实动因。

再次，从公共服务提供的对象上看，公共服务的供给对象是社会公众，以增进全社会或者某一特定群体共同利益为出发点，这与私人服务不同，私人服务主要是为了满足个人的特殊需求，不具有共同消费性。作为向社会公众提供的满足生产和生活中必需的公共需要，公共服务是社会发展的基础，公共服务的公共性决定了公共服务提供不以盈利为主要目的，而是突出其公益性。

最后，从公共服务提供的特性上看，公共服务不仅包括物品属性的服务，也包括价值理念层次的服务。因此，在当代政府治理中，公共服务不仅表现于物质条件上，还反映在政府的整体风格和政府工作人员的文化素质、精神面貌、服务方式和服务态度上。公共服务的概念向社会传送着诸如民主、公平、责任、效能、廉洁等理念性的内容，它隐含着价值观的判断，即什么东西应该由政府提供，如医疗服务消费具有竞争性的特点，但是从社会发展与进步的意义上来说，政府应当提供或部分提供医疗公共服务。

6.2 公共服务与公共需求

根据公民的需求而不是政府的需求来提供公共服务是新公共管理的核心理念。公共需求有别于私人需求，它是社会上大多数人的共同需要，是经由公共选择的过程加以确定，并由政府财政提供的公共服务予以满足。此外，政府在追求社会效益最大化的情况下，应该从公众最迫切的需求出发，有选择有顺序地满足公众对公共服务的需要，以实现公共服务的有效供给。

6.2.1 公共需求的主要内涵

人类在其生存和发展的过程中形成了多方面、多层次的不同需求，而正是对各种需求的不断追求和满足促进了人的发展和社会的进步。在这些千差万别的需求背后，隐含着一个共同的特点，那就是都要通过对有限资源的最优配置以最大限度实现人的方方面面的要求。这些需求归根结底可以分为私人需求和公共需求两大类，前者侧重于满足社会每个个人的需求，而后者则侧重于满足整个社会群体的共同需求，诸如社会公共秩序的维护、环境保护、公共安全和国防建设等。也就是说，虽然不同的人自然会产生各自不同的需求，但是，由于人的共性的存在，使得不同的社会成员之间可能产生一些大致相同的需求，即公共需求。公共需求不同于私人需求，私人需求是否以及如何实现是通过市场过程由每个人自行决定的，而公共需求首先要经由公共选择的过程加以确定，并由政府财政提供的公共服务予以满足。

1. 公共需求的特点

与私人需求不同，公共需求是社会上大多数人的共同需要。其特点主要为：

(1)公共需求的共同性

公共需求是社会成员在社会生产、生活和工作中产生的共同需求，这种需要有别于生产单位、集团和个人需求，且不是所有社会成员的私人需求的数字加总，而是就整个社会而言，为了维护社会生产、生活的正常秩序，保障社会的整体利益，反映全体社会成员公共利益的共同需求。

(2)公共需求的不可分割性

消费者从市场购买产品或服务是为了满足私人需求，而且这类产品或服务仅能为消费者个人所享用，其他社会成员是无法与其同时享用的，同时，该消费者也可以排除其他社会成员对这类产品的享用。而公共需求具有整体性，不是人们个别利益的简单混合或加总，是无法分割的，所以，为了满足公共需求而供给的公共服务，一旦供给之后，所有的社会成员都可以无差别地享用，且无法或没必要排斥其他社会成员对公共服务的享用。

(3)公共需求的有偿享用性

虽然社会成员在享用为满足公共需求而供给公共服务时并没有直接按照一定的价格支付费用，但实际上，供给公共服务所需的成本最终仍然是由社会成员通过缴税或付费等方式来承担的，只是不遵循等价交换的原则而已，并不是采用多付出多享用、少付出少享用、不付出就不享用的规则，往往社会成员的付出和收益之间是不对等的，也就是说，社会成员可能只需付出较少的费用就可以享用公共服务所带来的全部收益。

(4)公共需求的动态性

应该说，由于人类的共性，所以，任何时间、任何地点或任何社会形态都可能产生反映全体社会成员共同利益的公共需求，即公共需求不因社会形态的更迭而消失。但是，随着生产力的不断提高和社会关系的发展，社会成员间的共同利益会愈发明显，公共需求的共同成分会愈加充分，且会呈现出动态发展的趋势，在不同的经济社会发展阶段，除保证执行国家职能需求之外，公共需求的主要内容是不断发展变化的。例如，在传统的农业社会里，祭祀和农田水利建设无疑是这一时期的公共需求，而在当前经济发展进入发达阶段以后，提高社会生活福利条件，保护生态环境等需求愈来愈成为社会公共需求的主要内容。

(5)满足公共需求的物质手段只能来自剩余产品价值

虽然私人需求和公共需求共同构成了社会总需求，但是，如果剩余产品表现为价值形态，那么只能从剩余产品价值 M 中抽取部分以满足公共需求。因此，公共需求只能是随着生产力的发展而不断扩大其范围的。若社会创造的剩余产品价值在无法满足个人的基本生产、生活活动等基本私人需求的情况下，就不存在公共需求，或者公共需求被压缩在一个极小的范围之内。反之，当社会上公共服务极大丰富时，公共需求就会获得更大程度上的满足。

(6)满足公共需求的主体是政府

公共需求的特点，以及为实现公共需求的满足所提供的公共服务的性质决定了公共需求无法通过市场得以充分有效的满足，因此，需要政府通过财政渠道来解决。

(7)公共需求与个人收入无关

收入水平不同，处于不同社会地位的穷人和富人对衣食住行等方面的私人需求显然不可能相同，而公共需求却完全不同，公共需求的满足不分贫富贵贱，一旦公共服务提供出来之后，任何人都可以平等地享有。

2. 公共需求的范围

作为公共需求，有一定的范围，但是，公共需求涵盖的范围颇广，要回答哪些具体事物应当归属公共需求并不是一件容易的事。因为社会生产力或经济发展的阶段不同，公共需求包括的具体内容和结构会有所不同，而且不同的社会生产关系状况和社会制度也会影响到对公共需求的认定和对公共需求范围的确定。但总体而言，如果一项需求符合公共利益，且私人不愿或不能提供公共服务来满足这一需求，只能经由政府来供给公共服务以满足公众的共同需求，那么这种需求就理应归属公共需求的范畴之内。不过，公共需求大体上可以分为以下三个方面：①

(1)政府行使某些政治职能的需求

政府行使政治职能主要体现为政府对外防御外敌入侵，对内保障社会政治经济秩序稳定的需求，诸如行政、国防和公检司法等，这些都属于纯粹的公共需求。

(2)政府行使其社会职能的需求

政府行使社会职能主要是运用国家权力执行对社会公共事务的社会管理职能。所以，它体现为保障社会经济发展、提高人们生活质量和福利水平的一些公益性、基础性条件的需求，诸如文化教育、卫生保健、社会保障和生态环境保护等需求，也包括基础设施、基

① 王曙光，周丽俭，李维新．公共财政学[M]．北京：经济科学出版社，2008：52-53.

础产业、支柱产业和风险产业的投资等需求。这些需求有的是纯粹的公共需求，但更多的是属于介于公共需求与私人需求之间的混合需求或准公共需求。

(3)政府行使其经济职能的需求

政府行使经济职能主要是指政府为国家经济的发展，对社会经济生活进行管理的职能。所以，它体现为确保市场经济顺利高效运行、保证公平交易和公平竞争、维护市场主体权益等方面的需求，包括为调节市场经济运行而采取的各种调控政策措施，提供的各种公共服务，以及进行的各类市场监管活动等。

由此可见，公共需求的内容与政府的职能内容密切相关。公共需求不仅是公共服务决策和供给的前提和基础，其满足的程度和满意度更是评判政府职能履行情况乃至服务型政府建设成效的重要指标。

6.2.2 需求层次与服务分类

政府提供公共服务既要考虑公众的需求，又要考虑政府能力的限制。在实践中，政府的能力具有有限性，无法在短时期内，针对公共需求一次性供给所有公共服务。因此，必须基于需求层级对公共服务进行分类，以确保政府能够了解公众最迫切的需求，有选择、有顺序地满足公众对公共服务的需要。

美国心理学家马斯洛将人的需求分为五个层次，依次是生理、安全、社交、尊敬、自我实现的需要。在知识经济迅速发展的时代大背景下，物质生活日渐丰富，人们需求的精神文化趋向日益明显，从而推动了心理需求层次的升级，即生理需求、安全保障、社交情感、自尊名誉、理想抱负，而且需求层次越高，精神文化的需求就越高，精神文化氛围的内涵要求越高。从集体角度看，人类对公共服务的需求同样具有层次性，对各类公共服务需求的紧迫性并非完全一样，它将随现实条件的改善而逐步提高。随着经济社会的发展，公共服务的内容不断丰富和扩展，公民对公共服务的需求层次也有所不同，并不断提升，从保障最基本的生存、发展权利到追求更高质量和最高层次的公共服务，因此，根据公民对公共服务的需求层次，可以将公共服务分为保障性公共服务和发展性公共服务。①

1. 保障性公共服务

所谓保障性公共服务，是指一定时空条件和社会经济发展阶段下，建立在一定社会共识基础上，政府使用公共权力和公共资源满足全社会公众或一类群体共同的、直接的、基本的、关系到公民人权的社会生产过程。保障性公共服务在于保障公民基本人权，即生存权和发展权，是一定社会经济发展阶段下公民应该享有公共服务的“最小范围”的边界，或者是有学者所称之的“最低纲领”②。

保障性公共服务的属性在于它的公共性、普惠性和公平性。保障性公共服务的范围比

① 孙晓莉. 公共服务论析[J]. 新视野，2007(1).

② 卢映川，万鹏飞. 创新公共服务的组织与管理[M]. 北京：人民出版社，2007：100.

较广，根据公民的需求层次、经济社会发展的水平高低和政府建设能力的大小而定，但基本上都包括公共教育、公共卫生、公共文化、公共交通、公共信息、公用设施等内容。总体来说，保障性公共服务关系到公民的切身利益和基本权益，是保障共享发展成果的关键，应作为优先事项重点考虑，通过切实措施和持续努力，特别是公共财政的倾斜，促进广覆盖，让全体公众得到实惠。①

2. 发展性公共服务②

所谓发展性公共服务，是指一定时空条件和社会经济发展阶段下，建立在一定社会共识基础上，政府使用公共权力和公共资源满足全社会公众或某一类群体共同的、直接的、更高层次的和更高质量的、关系到公民人权的社会生产过程。发展性公共服务相对于保障性公共服务，是排除一定社会经济发展阶段下公民应该享有公共服务的最小范围以外的公共服务。

发展性公共服务具有以下基本特征：一是对此类公共服务的消费所带来的社会公益性不如保障性公共服务那么明显，即使提供的数量减少、质量较差，也不会对全社会的发展产生严重的根本性危害；二是发展性公共服务的需求人数没有保障性公共服务的人数多，或者没有保障性公共服务需求对象普及，往往是社会的部分人群而非全体对此类服务具有迫切的需求；三是需要政府作用的直接程度不同于保障性公共服务，在一定的社会经济发展阶段，政府无须耗费大量的人力、物力等公共资源或公共权力用于发展此类公共服务。在公共财政有限的情况下，既可以暂缓服务提供的步伐，也可以依靠市场、第三部门等协助此类公共服务的提供，或者根据区域经济社会发展情况，由各级政府共同承担责任。

由上论述，保障性公共服务与发展性公共服务的主要区别如表6-2所示。

表6-2　保障性公共服务和发展性公共服务的比较③

比较项目	保障性公共服务	发展性公共服务
主要内容	涉及基本人权的低层次公共服务	相对较高层次和质量的公共服务
基本属性	公共性、普遍性和公平性	针对某类群体(如较高收入群体)
发展阶段	一国或地区经济社会发展的较低阶段	一国或地区经济社会发展的较高阶段
需求层次	公民的基本需求及迫切需求	公民的较高需求，非迫切需求
责任承担者	以政府为主(特别是中央政府和省市政府)	多重主体，可以是政府、市场或社会(非政府组织)等

一个国家公共服务的发展历程将显示，随着社会经济发展，人民生活水平的不断提

① 陈振明. 公共服务导论[M]. 北京：北京大学出版社，2011：65-66.

② 陈振明. 公共服务导论[M]. 北京：北京大学出版社，2011：66-67.

③ 陈振明. 公共服务导论[M]. 北京：北京大学出版社，2011：66-67.

高，由政府提供的“保障性公共服务”的种类越来越多，公民对服务的数量与质量、覆盖面等要求也会越来越高。经济发展程度较低时的“发展性公共服务”可以逐步转变成为发展程度较高时“保障性公共服务”，这与社会发展进步和人民生活水平的提高是相辅相成的。但是，保障性公共服务到发展性公共服务这个转变过程对一个向前发展的国家而言是不可逆的，因为，这种逆转暗示着社会生产力的衰退和人民生活水平的下降。

需要强调的是，保障性公共服务并不等于政府免费供给，而是强调公民的基本权利和政府的责任，而发展性公共服务也不等于一定可以市场化供给。

6.2.3 公共服务的需求管理

在现实生活中，公共服务的层次性与公共需求层次性可能存在差距，有时甚至出现错位，[①] 造成公共服务供需失衡，浪费了大量公共资源。而这一问题的原因常常是因为政府对公共需求的了解不足。在新公共服务理论中，其强调政府应以广泛的对话和协商等形式帮助公民表达和满足他们共同的利益需求。[②] 因此，无论从实践角度还是理论角度，进行公共服务需求管理是重要且必要的。

公共服务需求管理是在公共服务过程中，公共服务管理方对民众需求偏好和需求信息的调查、分析、整合、传递和转化的全过程。公共服务需求管理的主要内容有：一是政府应通过一定的方法手段主动收集目标群体的公共需求信息，作为公共服务决策和供给的重要依据；二是公共服务的目标群体能够通过特定渠道和各种方式向政府进行需求表达，将其需求偏好信息传递给需求信息中心；三是政府应将主动收集的信息和经过利益表达所获得的公共需求信息分析进行整合，再及时传递到公共服务决策方和供给方，便于其做出科学的服务决策和提供恰当有效的公共服务；四是还要对这几个环节进行系统性规划和精细化管理，将公共服务需求信息中心、目标群体、服务决策方和服务供给方有机连接，实现公共需求信息和服务供给的无缝对接。公共服务需求管理能使服务供给更为精准有效，实现公共服务的供需适配，提高公众对公共服务的满意度。[③]

6.3 公共服务政府供给的缘由与方式

公共服务的供给并不是可有可无、可多可少的，其有效供给与否对经济社会能否正常运行、对经济资源的流动与配置、对消费者福利等有着重要的影响。在公共服务供给机制

① 龚金保. 需求层次理论与公共服务均等化的实现顺序[J]. 财政研究，2007(10).

② 邢华. 论公共利益与服务型政府建设[J]. 中国行政管理，2009(7).

③ 陈水生. 公共服务需求管理：服务型政府建设的新议程[J]. 江苏行政学院学报，2017(1).

中，最重要的是供给主体的问题研究。

6.3.1　公共服务市场供给的缺陷

绝大部分的私人物品是由市场生产并提供的，那么，公共服务是否也可以由市场来供给呢？事实上，有不少私人提供公共服务的例子，最典型的就是，19 世纪英国海岸上由私人拥有并经营的灯塔。但是，公共服务是有别于私人物品的，其特点决定了公共服务交由市场供给会带来许多问题，最为关键的是，如果公共服务通过价格体系分配，竞争性市场是不能带来帕累托效率的，并且会产生一系列问题：

1. 公共服务与搭便车问题

现用国防这个例子来说明公共服务，如由私人提供可能带来的问题。成功的国防建设在抵御外来威胁中发挥重要的作用，每个人都能从中受益。假设一个国家有 1000 万个居民，每个人对国防的出资都是 1000 元，那么，国防带给该国的总收益为 100 亿元。提供国防所需的成本为 6 亿元，总收益超过总成本，该国提供国防是有效率的。

那么，如果将国防交由私人企业来提供，能否产生这个有效率的结果呢？私人企业提供国防就必然要向每个受益人收费，但由于国防具有消费中的非竞争性和非排他性，每个人都知道，即使他不付费也能与其他人享受一样多的国防服务，而且该企业也无法将他排除在国防的覆盖范围之外。这样，每个人都没有付费的激励，而只有搭便车的激励，即不肯自愿为公共服务付费却仍能得到公共服务的利益。

可见，尽管从社会的角度来看，提供国防是有效率的，但是，私人企业提供国防将无利可图。要解决这个问题，就必须通过征税让人们为国防出资，政府向每个人征收 60 元的税用以弥补其提供国防所需的成本，而此时每个人的状况也会随之变好，福利都增加了 940 元，显然，当提供某种公共服务的总收益大于总成本，且不能由私人市场来提供时，那么由政府供给公共服务成为解决搭便车问题的唯一选择。

2. 公共服务的供给不足问题

公共服务的非排他性决定了任何人都可以免费享受公共服务带来的利益，从而没有人会自愿为公共服务出资，这样就没有人愿意供给公共服务，即使有人提供，也会出现供给不足(Under-Supply)的现象。现实生活中，私人之所以会提供非排他性的公共服务，是因为该产品能够给他带来利益，而且超过了成本，但是，在决定公共服务供给数量时，个人考虑的仅仅是自己的利益，而不会考虑该产品给别人带来的利益。如图 6-1 所示，公共服务由私人提供时，市场均衡是 Q_e，因为此时最后一单位的公共服务给私人提供者带来的边际收益等于边际成本，但是产出的有效水平应是 Q_m，可是，哪怕再增加公共服务的供给使得社会带来的利益超过了成本，个人也是不会因此而再增加该产品的供给的。因此，即使公共服务由私人提供，但供给也将不足，Q_e 小于 Q_m。

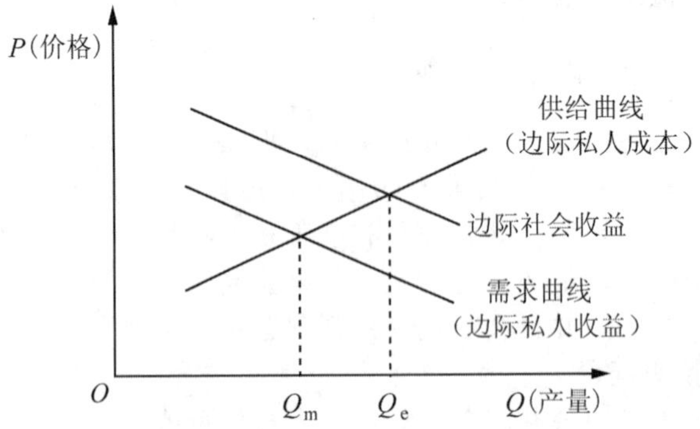

图 6-1 公共服务私人供给不足

3. 公共服务的消费不足问题

有些公共服务具有消费中的非竞争性，却有排他的可能性，若由市场提供，并依靠向该产品的受益人收费来补偿成本，那么，可以实现公共服务的私人供给。但是，收取使用费可能造成公共服务的消费不足(Under-Consumption)。以收费公路为例，如图 6-2 所示。假设在公路的需求曲线中，通车数量是收取通行费的函数，且增加通行费会减少对公路的需求，即通车数量将随着收费的增加而减少。同时，假设公路设计的最大通车数量为 Q_c，那么，任何低于 Q_c 的需求都不会导致拥挤现象的出现。当该公路被免费提供时，最大的通车数量为 Q_m，低于公路的最大容量 Q_c，这就意味着此时额外增加一个人的消费不会减少他人的享受，该公路具有消费中的非竞争性。显然，效率要求公路在不拥挤的情况下要免费提供，当然筹集的收入也为零。

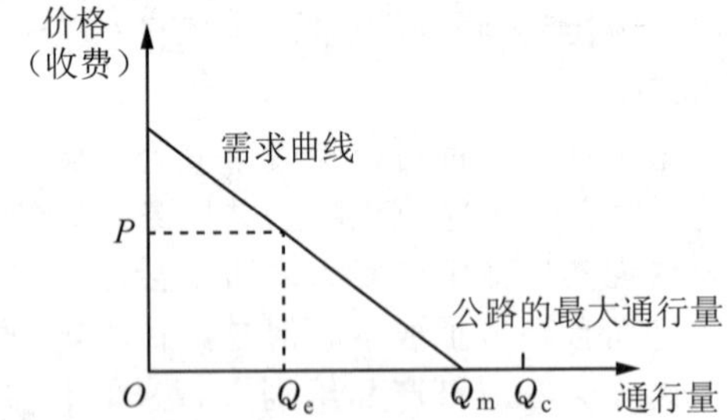

图 6-2 收取使用费导致消费不足

但是，如果这条公路是由私人提供的，提供者必然要设卡收费，禁止不愿付费的人通行。私人将会把收费价格定在使之收入最大化的 P 处，面对这一收费水平，公路的通车数量将下降至 Q_e，造成公路通行能力的闲置。

因此，若市场采取将不付费者排除在外的办法提供具有非竞争性的公共服务，只会造成对公共服务的低效使用。不仅如此，要实现对该类公共服务的收费，还会带来其他的一些成本，如需设置管理设施和管理人员所花费的排他成本、交易成本和管理成本等，而且对于某些公共服务来说，这些成本经常高得惊人。

6.3.2　公共服务政府供给的必然

除了公共服务市场供给的缺陷之外，公共服务的特性、第三部门供给公共服务的局限以及政府的服务职责，决定了政府在公共服务供给方面责无旁贷。

1. 市场机制和第三部门供给公共服务的局限性

前文分析说明，如果公共服务由市场机制主导供给，则会产生搭便车、公共服务供给不足以及公共服务消费不足等问题。同样的，公共服务的特性决定，如由第三部门主导供给公共服务，仍会造成一系列的供给问题。原因在于：一是第三部门不是基于义务，而一般是基于道德而向社会供应公共服务的，因此第三部门是否提供公共服务、提供多少公共服务都取决于其意愿，具有不确定性，这就使得公共服务的供给存在较大不确定性。二是找不到一种可靠的第三部门能够始终向社会提供公共服务。任何团体或民间组织都不具无限的存续能力，这就使其不能满足长期供应公共服务的要求。三是第三部门不是公共权力组织，因此它不能使用强制力来聚集经济资源，这使其不具有充分供应公共服务所需的大规模动员经济资源的能力，特别是诸如国防等公共服务需要投入数额巨大的经济资源，第三部门没有能力聚集如此多的经济资源。四是有些公共服务不适合由第三部门来提供，如立法、司法、国防等，因为由第三部门供给可能会导致不公正，会导致为私利而牺牲公共利益。

2. 政府具有更强的公共服务供给能力

虽然政府能力并不是无限的，但因为它的特殊性，使其具有市场力量和第三部门所不具有的能力：一是作为公共权力机构，它具有市场力量和第三部门都不具有的合法的强制力，有能力为提供公共服务而运用强制手段动员经济资源；二是政府是一种长期存在的公共权力机构，能够持续地向社会供给公共服务；三是可以通过立法赋予政府供给公共服务的责任，并授予其以税收手段来集资和分配资源的权力，从而可以使公共服务的供给具有稳定性；四是政府是代表公共利益的公共权力机构，民主政府受到选民监督，因而能够保持公正，从而适合提供那些不适合由市场力量和第三部门来提供的公共服务。

3. 政府履行其经济职能需要由政府提供公共服务

在市场经济中，由于市场缺陷的存在，使政府在经济活动中负有对经济进行规制的责任，包括抑制、限制或消除垄断、促进竞争、解决外部经济效应问题、建立和维持公平交易与公开竞争的经济秩序、协调个人利益与整体利益、协调短期利益与长期利益、促进地区经济的平衡发展、促进国民经济长期而稳定地增长等。政府要履行好这些方面的经济职能，离不开公共服务的有效供给与利用。公共服务的有效供给既是政府履行好其经济职能的重要条件，同时也是政府履行其经济职能的重要手段。因此，政府要履行好其所应该履行的经济职能，成为有效政府，就应该成为公共服务供给的主导力量。

可以说，公共服务供给是政府的基本职能，政府以权威手段供给公共服务是所有制度安排中最重要的安排。政府供给推动了经济社会的发展，是一个社会赖以存在的基础，也是公众生活水平和生活质量提高的保证，因此，政府在公共服务供给的角色中应是居于主导地位的。

6.3.3 公共服务政府供给的效率

政府是公共服务供给的主导力量并不意味着政府应该包揽公共服务的生产与安排。原因在于：体制和运行机制局限的存在，导致政府供给公共服务并没有消除公共服务的生产成本，只是解决了公共服务供给成本的补偿问题，因此，完全由政府供给公共服务也存在效率问题和资源分配问题。

政府直接供给公共服务所需的资金来源主要是税收，但是，扭曲性税收会为公共服务融资带来效率损失。毕竟政府的课税行为会减少个人或企业的收入，个人或企业自然会以某种方式对这种较低的收入做出回应，那么，个人或企业采取的避税行动就会造成扭曲。比如，任何商品税都是扭曲的，人们只要减少商品的购买数量就可以改变应付税款。另外，税收的征收管理也是需要成本的。因此，政府直接供给公共服务至少会带来两个层次的交易成本：一是征税行为自身的成本；二是征税给社会经济活动带来的扭曲效应。

关于征税自身的税收成本是显而易见的，而征税之外的社会效益损失则需要作出解释。一般来说，征税不仅可以压缩消费空间，也缩减了生产企业扩大再生产的规模。事实上，一些生产性税收往往打击了生产者的积极性，导致了社会总产出的下降。关于这一点，供给学派的经济学家们作了较为充分的阐释。乔治·吉尔德认为，高边际税率导致劳动生产率下降，因为高劳动生产率的人减少了工作，而低劳动生产率的人增加了工作；其次，高税率还会造成投资和储蓄的不足，而导致投机增加①。此外，供给学派的阿瑟·拉弗做过专门研究，并得出了拉弗“税收禁区”的著名结论。征税对产出的效率影响，可以进一步用图形来说明。

经济学上运用生产可能性边界(Production Possibility Frontier，PPF)来描述在资源和生产技术条件既定的情况下，经济社会生产的产品之间的此消彼长关系。生产可能性边界上任何一个点代表的是在现有的资源情况和技术条件下，社会生产潜力得以全部发挥时所能达到的两种产品最大产量的组合。生产可能性边界内的任何一点可以达到，但没有效率，存在资源闲置；而生产可能性边界之外的任何一点则是现有资源和技术条件所达不到的；只有生产可能性边界之上的点，才是可行的，也是有效率的，处于边界上的经济无法在不放弃一种产品生产的前提下，增加另一种产品的生产。然而，在实际生活中，并不能实现这条生产可能性边界上的所有组合。

当政府通过扭曲性税收为公共产品(服务)融资时，获得公共产品会变得更加昂贵，即税制会带来低效率，公共产品的效率水平应低于无扭曲税收时应有的水平。所以，考虑到

---

① [美]乔治·吉尔德. 财富与贫困[M]. 储玉坤，等译. 上海：上海译文出版社，1985：29.

位必要收入融资而必须课税所造成的低效率，可行性曲线(Feasibility Curve)给出了任何公共产品水平的私人产品的最大产量，且这条可行性曲线是在生产可能性边界之内。如图 6-3 所示，横轴和纵轴分别表示社会生产的公共产品或私人产品的数量。当私人产品的产量从 OA 减少到 OB 时，实际上并不能使公共产品的产量从零增加到 OD 的水平，而只能到产量为 OC 的公共产品。

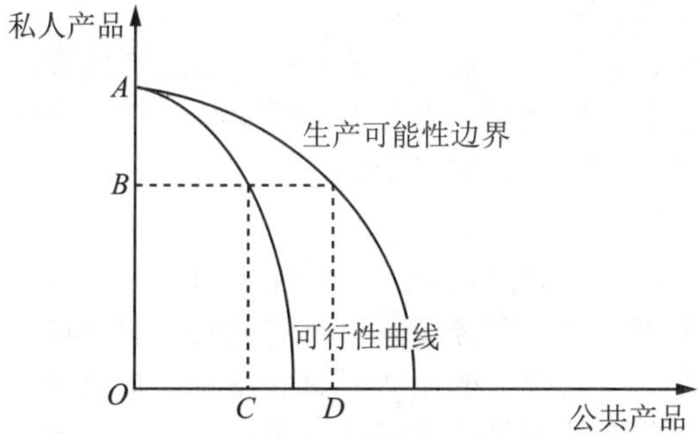

图 6-3　税收低效率和可行性曲线

此外，如果由政府所有的国有企业供给公共服务，那么国有企业生产公共服务的低效率必然外在地表现为较高的成本和消费价格。此时，如果政府不对国有企业的生产予以财政补贴，那么，较高的公共服务价格会使消费者减少消费量并遭受福利上的损失；而如果政府给予财政补贴以维持较低的公共服务的价格，则不仅会增加政府的财政负担，而且可能造成公共服务的过度消费和供给的相对不足，于是只好采取限额方式进行分配。常用的限制公共服务消费的配给方式是统一提供(Uniform Provision)，这种方法虽然限制了需求，但忽略了个人的需要和愿望的差异，给每个人提供同样数量的公共服务使得有人得到的数量高于有效水平，有人得到的数量低于有效水平。图 6-4 说明了这种情况，假设当个人需要对该产品付费时，高需求者甲会消费 Q_1，低需求者乙会消费 Q_2，政府以价格 c 统一提供的数量会介于二者之间的 Q^*。显然，甲消费的数量不足，其边际支付意愿高于边

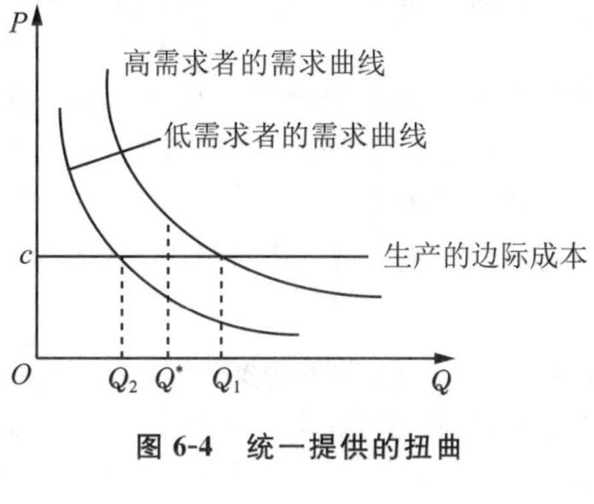

图 6-4　统一提供的扭曲

际生产成本，而乙的消费过多了，其边际支付意愿低于边际生产成本。

由上述分析可知，尽管将公共服务交由政府供给存在巨大优势，但是，政府在生产公共服务时以税收方式融资会带来一定的成本与损失。因此，在公共服务供给的实践中，各国都逐步引入市场机制，允许私人企业、第三部门进入到公共服务的生产领域中。

6.3.4 公共服务政府供给的方式

当政府允许私人企业、第三部门进入到公共服务的生产领域时，公共服务的供给方式已经发生了变化，从政府垄断转变为一种合作性提供。为了更好地区分这两种供给方式，我们将其分为政府直接供给与政府间接供给。

1. 政府直接供给

公共服务的政府直接供给是指由政府出资，即由财政预算拨款，兴办的所有权归政府所有的工商企业和单位来生产公共服务，并由政府及其所有的国有企业和单位进行直接经营和管理。即政府同时作为公共服务的生产者、安排者、提供者。

尽管某种公共服务应归某政府供给，但在许多场合之下是有条件的，最为明显的是公共服务的受益范围有着地域上的限制。公共服务按照受益范围的不同可大致划分为地方性公共服务和全国性公共服务，相应的最佳供给者应分别是受益的地方政府和中央政府。由此，政府生产公共服务的形式可以大致分为地方政府供给和中央政府供给两种。

①地方政府[①]供给公共服务。当某一公共服务的收益范围仅仅限于某一地理区域之内，那么应当把该公共服务视为这一辖区的地方性公共服务。[②] 地方性公共服务主要包括：地方政府劳务、地方自然资源和环境保护、城市基础设施建设、警察、消防、公园、医院、图书馆和博物馆等，这类公共服务多由地方政府直接经营或管理。

②中央政府供给公共服务。如果公共服务的收益范围超过了地方政府的辖区限制，覆盖范围扩大到若干区域之外，直至能够为一国居民所共同享用，那么它就具备了全国性公共服务的特征。这类公共服务主要包括：国防、外务、邮政设施、交通运输、环境保护等。在当代国家，造币厂和中央银行几乎都是由中央政府直接经营的，邮政服务、电力、自来水、煤气、铁路、保险业、医院等，在有些国家由中央政府或中央政府所有的国有企业和单位直接经营。

此外，政府直接供给还存在正在政府间协议的形式，即不同层级的政府间可以签订合同，以共同对某些公共服务进行供给，供给责任在不同行政区域间重新配置和调整，以更好地解决地区性问题并应付日益上升的成本。

适合政府直接供给的公共服务具有一定共同特征，具体为：

---

① 中国有五级政府，这里所说的地方政府泛指省级及以下的各级政府。

② 由于公共物品的受益区域并不严格地与行政区划相一致，公共服务的受益范围就可能在不同的行政区划间存在交叉性。

一是供给具有不可分性，指的是它要么向范围内所有的社会成员提供，要么不向任何成员提供。如气象信息服务。

二是规模效益明显，追求规模经济往往是政府直接供给公共服务的一个重要的原因。如高新技术推广。

三是原始投资数额较大，且资金回收慢，但经营资本额却较小。如电信光缆等。

四是生产具有自然垄断性，如铁路交通。

五是对受益者收费不易，或者收费本身所需成本过高。

2. 政府间接供给

政府间接供给公共服务，是指政府利用预算安排和政策安排形成经济刺激，引导私人企业、第三部门参与公共服务供给。也就是说，政府可以通过制度刺激和经济刺激等手段来引导私人企业参与到公共服务的生产、供给活动之中。一方面，政府提供一系列制度条件，其中最为重要的是产权安排，来为私人企业、第三部门生产公共服务创造良好的制度环境；另一方面，政府还可以对公共服务的私人生产者给予补贴或实行其他优惠性政策，以经济手段来刺激和激励市场和私人的力量进入到公共服务的生产领域中去。

政府间接供给公共服务的主要形式为政府购买公共服务。政府购买公共服务，就是把原来由政府直接向社会公众提供的一部分公共服务，通过合同外包、公私合作、补助或凭单等方式转交给社会力量(包括私人企业和第三部门)提供，并由政府根据服务数量和质量向其支付费用的公共服务提供方式。[①] 在政府购买公共服务的内涵中，有着四项关键要素：购买主体是政府，服务提供者是社会力量和事业单位，购买形式是合同或契约，资金来源是公共财政。[②]

(1)政府购买公共服务的主要形式

从各国实践来看，政府购买公共服务主要有合同外包、特许经营、政府补助、凭单制等方式。[③] 具体介绍如下。

①合同外包

合同外包是政府付费的情况下引入市场机制的最主要的制度安排，在市场化程度很高的国家，合同外包已成为公共服务供给的重要方式，甚至被等同于市场化改革。现代合同理论认为，合同存在的根本原因在于信息的不完全性及市场的不完全性。“合同的目的就是通过发展处理不可预见的事件机制，以及通过建立社会关系和交往的模式使未来更可驾驭”[④]。

合同外包可以运用到环保、医疗、社会保障、道路交通、通信等领域。根据竞争的程

---

① 李军鹏．政府购买公共服务的学理因由、典型模式与推进策略[J]．改革，2013(12)．

② 林民望．政府购买公共服务：一个整合性分析框架[J]．北京理工大学学报(社会科学版)，2017(1)．

③ 李军鹏．政府购买公共服务的学理因由、典型模式与推进策略[J]．改革，2013(12)．

④ WALSH K，DEAKIN N，SMITH P，SPURGEON P，THOMAS N. Contracting for Change [M]．Oxford：Oxford University Press，1997：34．

度，合同外包可以划分为竞争性购买与非竞争性购买两种。在竞争性购买中，合同双方都是独立的决策主体、有明确的公共服务购买目标，并且进行公开的竞标；竞争性购买采取“最低价格”或者“最优价值”中标原则，其主要优点是具有成本约束机制，可以有效地防止腐败，降低政府采购成本。在非竞争性购买中，买卖双方都是独立的决策主体，两者间也形成契约关系，但购买公共服务主要是通过委托方式来进行。非竞争性购买主要分为协商模式和合作模式两种：协商模式是指政府部门主动邀请有一定声望的民间机构撰写服务计划书，政府部门根据服务计划书选择合适的机构进行协商谈判，共同确定服务方案；合作模式是指政府部门和民间机构建立合作关系，共同研究合同内容和服务方式。非竞争性购买尽管引进了契约合同机制，但缺少竞争，透明度不够，购买过程难以监控。①

在公共服务合同外包中，合同不仅意味着单纯的交换，还塑造一种关系：规划如何供给，并建立运营关系。② 合同外包使公共服务的安排者和生产者分离，在公共服务供给中引入竞争，并通过工作说明书的方式形成明确的工作说明，便于绩效的监督。在这种形式下，公共服务的确定是一个政治过程，政治机制在起作用，而合同签订后，公共服务的生产就进入了经济过程，市场机制在起主导作用。因此，它具有综合性的收益：提高了政府对公共资源的配置能力，使政府获得一些公共雇员缺乏的专门技能，能够对新的公共需求做出及时的反应，灵活调整项目规模；同时使成本分散在不同时间段，有助于强化管理，节约成本，提高服务质量，限制政府雇员的规模。

②特许经营

特许经营(Franchise)是公共服务市场供给的另一重要形式。它是指由政府授予企业在一定时间和范围提供某项公共服务的权利，即特许经营权，并准许其通过向用户收取费用或出售物品以偿清贷款，回收投资并赚取利润，政府通过合同协议或其他方式明确政府与获得特许权的企业之间的权利和义务，私营企业通常向政府付费。③

特许经营分为排他性的特许、非排他性的特许以及混合特许三种方式。排他性的特许是指政府将垄断性特权给予某一私营企业，使其在特定领域里提供特定物品，通常是在政府机构的价格规制下进行。场域特许使用(Concession)是这种安排的另一个术语。非排他的或混合式的特许经营也是存在的，出租车行业就是一个例子，它在不同程度上允许竞争的存在。在特许经营中，生产者和安排者也是分开的，政府是安排者，私人组织是生产者。

特许经营形式主要有以下几种：运营和维护的外包或租赁(Operation and Maintenance Contract or Lease)、合作组织、租赁—建设—经营(Lease-Build-Operate，LBO)、建设—

① 李军鹏．政府购买公共服务的学理因由、典型模式与推进策略[J]．改革，2013(12)．

② MACNEIL L R，The New Social Contract：An Inquiry into Modern Contractual Relations[M]．New Haven：Yale University Press，1980：220．

③ STEM S W，Build-Operate-Transfer-A Re-evaluation[J]．The International Construction Law Review，1994(2)：103．

转让—经营(Build-Transfer-Operate，BTO)、建设—经营—转让(Build-Operate-Transfer，BOT)、外围建设、购买—建设—经营(Buy-Build-Operate，BBO)、建设—拥有—经营(Build-Own-Operate，BOO)等。

特许经营是发挥政府优势、避免劣势的一种有效途径。它可以避免自然垄断行业可能发生的恶性竞争问题，可以防止高价低质等危害消费者行为的出现；它通过吸引民间资本以补充官方资本的不足，发挥市场机制的优势。在特许经营中，政府对公共服务的数量和价格可以做出规定，但保证私人资本具有获取利润的机会。整个过程中的风险由政府和私人机构分担。当特许期限结束，私人机构按约定将该基础设施移交给政府部门，转由政府指定部门经营和管理。这样，一方面，能保持市场机制发挥作用。项目的大部分经济行为都在市场上进行，政府以招标方式确定项目公司的做法本身也包含了竞争机制。作为可靠的市场主体的私人机构是特许经营的行为主体，在特许期内对所建工程项目具有完备的产权。这样，承担项目的私人机构在项目的实施过程中的行为完全符合经济人假设。另一方面，政府可以很好地干预经济，即通过和私人机构达成有关协议加以干预。尽管协议的执行全部由项目公司负责，但政府自始至终都拥有对该项目的控制权。在立项、招标、谈判三个阶段，政府的意愿起着决定性作用。在履约阶段，政府又具有监督检查的权力，项目经营中的价格制定也受到政府的约束。

③政府补贴

政府补贴是指政府向提供公共服务的企业或社会组织直接给予经济补助形式，以增加私人企业或社会组织提供公共服务的积极性。政府向生产者支付费用补贴的形式有资金、免税或其他的税收优惠、低息贷款、贷款补贴等。政府补助的目的主要是为了实现一定的公共政策目标，或为了促进某项公共事业(如环境保护、促进高新技术发展、推进产业结构升级等)，或者是为了实现社会公正。[①] 以高精尖技术研究为例，高精尖技术的基础研究和应用技术的超前研究风险大、周期长、预付资本量大，是政府补贴的主要领域。目前，西方国家在宇航、生物工程、微电子技术等领域都实行政府补贴。由政府补贴的另一重要领域是教育。在西方国家中，高等教育和职业教育中有一部分由私人承办，政府着眼于国家利益，会对私立学校给予一定的补贴。

在政府补贴中，公共服务的生产者是民间营利或非营利组织，政府选择特定的生产者提供补助，消费者选择特定的生产者购买服务，消费者和政府都向生产者支付费用。

④凭单制

与政府补贴相对应的是凭单制度。凭单是围绕特定物品对特定消费者群体实施的补贴。[②] 政府部门给予有资格消费某种服务的个体发放优惠券，有资格接受凭单的个体在政府指定的公共服务供给组织中消费其手中的凭单，然后政府用现金兑换各组织接收的凭

① 李军鹏. 政府购买公共服务的学理因由、典型模式与推进策略[J]. 改革，2013(12).

② [美]E. S. 萨瓦斯. 民营化与公私部门的伙伴关系[M]. 北京：中国人民大学出版社，2002：83.

单。凭单制的实质是刺激公共服务提供主体之间的竞争,① 并应用于教育和医疗卫生事业、帮助残疾人和老年人解决交通问题、食品、住房、运输、幼儿保健、家庭护理、文化服务等领域。

凭单制的特点主要为：一是凭单制是通过一种虚拟化资金的方式进行运作，消费者可根据需求和偏好自主选择购买；二是凭单制所应用的领域是特定的公共服务领域，是政府对特定消费进行的鼓励、补助、扶持的政策；三是凭单制作为一种补贴手段是直接补贴给消费者而非服务提供者。②

凭单制与政府补贴的区别在于：补贴是对生产者的补贴，而凭单是补贴消费者，使其在市场上自由选择补贴的物品。在补助方式中，政府和消费者共同选择生产者，而在凭单方式中，消费者独立进行选择。从消费者的选择角度看，凭单方式比补贴方式更优越。

(2)政府购买公共服务的核心内容

公共服务安排者与生产者的区别，是政府购买公共服务的核心内容。传统理论认为，公共服务的安排与生产是一个概念，没有必要进行区分。但是，事实上安排与生产是有区别的。“服务提供或安排与服务生产之间的区别是明显且十分重要的。它是整个民营化概念的核心，是政府角色界定的基础。”③政府本质上是公共服务的安排者，政府决定应该提供什么公共服务、为谁提供公共服务、应该提供什么程度与水平的公共服务、应该如何解决公共服务的资金来源问题等。政府在公共服务供给中主要扮演安排者的角色，这并不意味着必须由政府及其雇员直接来生产这种服务。公共服务也可以通过由市场或社会组织来生产，而政府保留监督服务提供的责任并为公共服务提供资金支持。因而，在公共服务供给中，政府的角色主要是政策制定、公共服务优先领域确认、公共服务监督和评估等。政府从公共服务的直接提供者、生产者转变为安排者、购买者，可以摆脱政府直接生产成本高、效率低的困境。④

(3)政府购买公共服务的供给底线

政府购买公共服务是存在底线与边界的。在考虑政府是否要购买公共服务时，一个最为基础且需要判断的问题就是：“当服务的安排者和生产者同为一个组织时，维持和管理行政运行的成本，即因官僚制而产生的成本也就随之增加；而当服务的安排者和生产者分开时，又必然产生因选择和管理生产者而增加的交易成本。两种成本的相对价值比较决定着安排和生产功能是否要分开。”⑤所以，政府购买公共服务中的合作关系绝不意味着公共

---

① 刘厚金. 国外公共服务市场化的实践与启示[J]. 福建论坛，2010(5).

② 黄晶，刘璐婵. 凭单制在老年社会福利机构建设中的运用[J]. 南京人口管理干部学院学报，2012(1).

③ [美]E.S. 萨瓦斯. 民营化与公私部门的伙伴关系[M]. 北京：中国人民大学出版社，2002：68.

④ 李军鹏. 政府购买公共服务的学理因由、典型模式与推进策略[J]. 改革，2013(12).

⑤ WILLIANMSON O E. Transaction-Cost Economics：The Government of Contractual Relations [J]. Journal of Law and Economics，1979，22(2)：762-771.

部门可以无限度、无底线、无标准地向市场购买公共服务。同样，对于政府而言，也绝不意味着可以以“节约资金、提高效率”等为借口毫无限制地放弃自己生产或安排公共服务，而完全转向市场购买。①

同时，政府购买公共服务并不意味着政府作用的缺失，作为公共服务供给的引导者、政府购买公共服务的促进者，政府应该发挥全新的作用：一是应发挥监督作用，政府购买公共服务是一个长期复杂的过程，必然引起各方面利益关系的调整，由于现行法律规范和管理体制的缺陷，在此过程中容易出现损害公共利益的问题，所以政府应该从维护公共利益出发，对政府购买公共服务进行监督；二是应发挥引导作用，政府在对政府购买公共服务进行必要的制度约束的同时，还应该对其进行激励和引导，创造良好的发展环境，将政府购买公共服务纳入良性的发展轨道。②

6.4　公共服务供给的理论变迁

克里斯托弗·胡德(C. Hood)指出：“全球社会的公共服务都正在踏上一条单行道，从过时的传统走向具有管理化特征的‘现代性’”。③ 在这个急速转变的过程中，如何设计与供给公共服务，传统主义分子、现代化论者以及其他各种不同学派提供了种种流行而又相互冲突的概念、思想和学说，这种热潮至今依旧不衰。通过对第二次世界大战以来公共服务供给理论的回顾与梳理，可以看出从基于个人主义的理性制度设计，走向基于信任、合作的社会性制度设计，是当前公共服务供给的重要理论和制度转向。

6.4.1　公共服务的“公共选择”

公共服务的“公共选择”阶段，主要是指从 20 世纪 50 年代起，公共选择理论所主张的地方分权、多中心与分散化治理④。1956 年，查尔斯·蒂伯特(C. Tiebout)在其“地方支出的纯粹理论”(A Pure Theory of Local Expenditures)一文中基于公共选择理论提出了一个判断公共服务最优供给水平(Optimum Expenditures Level of Public Goods)的模型。他认为地方居民与消费者并无二致，因为居民也是在不同的地方选择合适的税收和公共服务组合(Right Mix of Taxes and Public Services)；居民选择的能力使得地方社区之间相互竞

---

① 王丛虎. 政府购买公共服务的底线及分析框架的构建[J]. 国家行政学院学报，2015(1).

② 胡海，刘新峰. 公共服务民营化：理论与实践[M]. 江西行政学院学报，2004(11).

③ [英]克里斯托弗·胡德. 国家的艺术：文化、修辞与公共管理[M]. 彭勃，邵春霞，译. 上海：上海人民出版社，2004：4.

④ 黄新华. 公共经济学[M]. 北京：清华大学出版社，2014：105.

争，而竞争则意味着社区必须更好地发现并满足居民的需求。为了解释居民是如何选择社区的，蒂伯特假设对工作地点必须没有任何限制，而每一个人都是完全能力并拥有获得所有社区的信息和服务的渠道。而为了提供一个完美的竞争市场以及理想的税收和公共服务组织选择集合，每个社区必须有一个固定的收入机制(Fixed Revenue Scheme)，社区的数量也必须是无限的。蒂伯特根据其模型提出的政策建议为：相邻地方社区之间的市政服务合并(Integration of Municipal Service)只有在满足特定的条件下才是正的，则在服务不减少的情况下成本保持一致。①

1961年，文森特·奥斯特罗姆(V. Orstrom)、查尔斯·蒂伯特和罗伯特·瓦伦(R. Warren)提出，大城市地区地方管辖单位的多样化并不是简单的功能重叠或者浪费，它实际上构成了一种富有活力的“多中心政治体制”(Polycentric Political Systems)。在他们看来，“‘多中心’意味着许多在形式上相互独立的决策中心……它们在竞争性关系中相互重视对方的存在，相互签订各种各样的合约，并从事合作性的活动，或者利用核心机制来解决冲突，在这一意义上大城市地区各种各样的政治管辖单位可以连续的、可预见的互动行为模式前后一致地运作。也在这一意义上，可以说它们是作为一个体制运作的。”②哈耶克对公共物品与地方政府竞争的关系也有过类似的阐述，他认为“地方政府的行动具有私有企业的许多优点，却较少中央政府强制性行动的危险。地方政府之间的竞争或一个允许迁徙自由的地区内部较大单位间的竞争，在很大程度上能够提供对各种替代方法进行试验的机会，而这能确保自由发展所具有的大多数优点。尽管绝大多数个人根本不会打算搬家迁居，但通常都会有足够的人，尤其是年轻人和较具企业家精神的人，他们会对地方政府形成足够的压力，要求它像其竞争者那样根据合理的成本提供优良的服务，否则他们就会迁徙他处。”③

实际上，无论是蒂伯特所说的“用脚投票”还是奥斯特罗姆夫妇所主张的“多中心制”，都隐含着“去中心”(Decentralization)与“授权”(Devolution)的思想，认为分散化或分权在公共服务供给者中更具有比较优势。正如经济学家奥茨(Wallace E. Oates)在《财政联邦主义》(1972)一书中通过一系列假定所提出的奥茨“分权定理”一样——对于某种公共产品来说，让地方政府将一个帕累托有效的产出量提供给它们各自的选民，则总是要比中央政府向全体选民提供任何特定的并且一致的产出量有效得多。④

经济学家斯蒂格勒(George Stigler)对选择地方政府供给特定范围内的公共服务的合理

① TIEBOUT C. A Pure Theory of Local Expenditures，Journal of Political Economy[J]. 1956，64：416-424.

② ORSTROM V，TIEBOUT C，WARREN R. The organization of government in metropolitan areas：A theoretical inquiry[J]. The American Political Science Review，1961，55(4)：831-842.

③ [英]弗里德里希·冯·哈耶克. 自有秩序原理[M]. 邓正来，译. 上海：上海三联书店，2003：16-17.

④ 黄新华. 公共经济学[M]. 北京：清华大学出版社，2014：106.

性也做出了同样的阐述。他认为，一般来说，行政级别较高的一级政府对于实施资源配置的有效性与分配的公平性目标来说是必要的，特别是在解决分配上的不平等与地方政府之间的竞争与摩擦中，中央政府应发挥充分的作用。关于地方政府存在的必要性，他指出：①与中央政府相比，地方政府更接近于自己的公众。其隐含的思想是，地方政府比中央政府更加了解所管辖的选民的效用与需求；②一个国家内部，不同的人们有权对不同种类、不同数量的公共产品或公共服务进行投票表决。同样，居住在各个地区的公民也应有权自己选择公共产品或公共设备的种类或数量。这里所隐含的思想是，地方政府(广义)比中央政府能更有效地根据公众的偏好提供公共服务，以满足公众的需求。①

可见，尽管地方政府只局限于一定的区域，地方事务本身不如全国性事务引人注目，但地方政府提供公共服务的作用和价值却是不可代替的。戴维·威尔逊和克里斯·盖姆指出，地方政府的作用和价值表现为：①地方政府可以代表和反映当地居民的意志和需要；②强调了不同地方的差异性；③鼓励创新和相互学习；④较迅速有效地回应当地居民的需要，提高行政效率；⑤增强公民意义和参与意识；⑥为公民的政治教育和训练提供场所；⑦有利于分散权力。② 显而易见，中央向政府的分权化体现了地方体系在政府序列中已经能够发挥更为积极的作用，而不是仅限于执行中央的政策。其中，这种分权在很大程度上就是体现为把微观的公共服务职能移交给地方政府，使地方承担更多的公共服务供给功能。

实际上，世界上总的发展趋势就是宏观经济管理职能不断收归中央，而地方政府的微观公共服务职能越来越突出。地方政府承担了商业服务(市场规范、交通运输等)、安全服务(食品—药品安全、治安、消费者保护等)、个人服务(教育、文化、住房、就业等)等大量公共服务职能。可以说，第二次世界大战以来，除了全国性公共产品或具有大范围规模经济的公共服务外，西方国家提供公共产品和服务的职能大部分已经下放给地方政府，因此，有人甚至认为西方的“福利国家”已经变成了“福利市镇”。③

换言之，在现代社会，中央政府的直接服务职责正不断转移至地方政府。其原因就在于，“国家政府和大型部门与它们所服务的对象相距太远，过分关注一致性和程序规则，没有充分考虑到客户的利益”，而“地方政府离客户更近，能针对当地的需求和利益对服务进行调整”，以提供多样化和个性化的服务。战后，“国家的行为范围大幅度扩张，地方政府机关成为福利政策的主要实施机构”。④ 在美国，“再造和精简联邦政府的努力歪打正着

---

① [美]G. J. 斯蒂格勒. 产业组织与政府管制[M]. 潘振民，译. 上海：上海人民出版社，1996：210-242.

② [英]戴维·威尔逊，克里姆·盖姆. 英国地方政府[M]. 张勇，等译. 北京：北京大学出版社，2009.

③ [丹]阿尔贝壳，等. 北欧地方政府[M]. 张志宵，张志强，译. 北京：北京大学出版社，2005.

④ [英]艾伦·舍克. 代理机构、权力主体和其他政府实体：探求原则的过程[M]. 国家发改委课题组，译. 北京：中信出版社，2004：47-48.

地非常重要地促进了政府服务项目从联邦向州转移，这种放权在很大程度上改善了美国政府的反应能力。”①“瑞典把医疗保险计划移交给当地政府，英国把国内事务的处置权移交给苏格拉和威尔士新议会，甚至像韩国和日本这样中央集权和细分政府部门以统管大小事务的政府也在考虑扩大这一类的委任。”②正如美国学者沃娜(Mildred E. Warner)所指出的，在过去几十年中，公共选择理论和财政联邦主义构成了全球范围内政府改革的理论基础。③ 而无论是公共选择理论，还是财政联邦主义，都指向了地方分权。关于分权的形式，可以从以下两个角度来理解：其一，在民族国家层面，分权可以分为政治分权(Political Decentralization)和行政分权(Administrative Decentralization)。前者指权力被授予到较低层级的政府；后者则是指权力被授予到职业的管理者(如市政经理)或其他指定机构。其二，在体制机构方面，分权可以分为内在分权(Internal Decentralization)和外部分权(External Decentralization)。前者指权力被授予到已经存在的官僚体系层级中；后者指权力被授予到新成立的单位中(如创立一个执行局)。

当然，分权并不局限于中央向地方分权，另一个思路则是政府向市场分权。本尼特(Bennett)在其主编的《分权、地方政府和市场：走向一个后福利时代》(Decentralization, Local Government and Markets：Towards a Post-Welfare Agenda)一书中指出，世界范围内正在掀起从“福利政策”(Welfare Policy)向“后福利政策”(Post-welfare Policy)转变的潮流。在后福利时代，分权呈现出两条路径：一条如新联邦主义哲学(New Federalist Philosophy)所提倡的，公共服务的权力和责任从某一层级政府转移至另一层级(如从联邦到州，从州到地方)；另外一条则是从政府向市场或非政府组织的分权。在本尼特看来，美国已经成为后福利时代中通过市场提供来供给服务的创新翘楚。④ 可以说，向市场分权，构成了20世纪90年代新公共管理理论、重塑政府运动的重要主题，成为主导这个时期政府改革理论与实践的重要力量。

6.4.2 公共服务的“市场选择”

1992年，奥斯本和盖布勒(David Osborne & Ted Gaebler)在其堪称20世纪90年代美国联邦政府改革蓝图的《改革政府：企业精神如何改革着公营部门》(*Reinventing Government：How the Entrepreneurial Spirit Is Transforming the Public Sector*)一书中，提出了以企业精神改造公营部门和塑造新政府的十条原则：起催化作用的政府，掌舵而不

① [美]凯特．有效政府：全球公共管理革命[M]．朱涛，译．上海：上海交通大学出版社，2005.

② [美]凯特．有效政府：全球公共管理革命[M]．朱涛，译．上海：上海交通大学出版社，2005.

③ WARNER M E. Civic government or market-based governance? The limits of privatization for rural local governments[J]. Agriculture and Human Values，2009，26(1-2)：133-143.

④ BENNETT R. Decentralization，intergovernmental relations and markets：Towards a post-welfare agenda? In Decentralization，local government and markets：towards a post-welfare agenda[M]. Oxford：Clarendon Press，1990：1-26.

是划桨；社区拥有的政府，授权而不是服务；竞争性政府，把竞争机制引入到提供服务中去；有使命感的政府，改变照章办事的组织；讲究效果的政府，按效果而不是按投入拨款；受顾客驱使的政府，满足顾客的需要，而不是官僚政治的需要；有事业心的政府，是有收益而不是浪费的政府；有预见的政府，预防而不是治疗；分权的政府，从等级制到参与和协作；以市场为导向的政府，通过市场力量进行变革。[①] 对于美国来说，这本书可谓掀开"新公共管理"时代的序幕。其后克林顿总统推动的重塑政府运动，也在一定程度上受到该书的影响。

同年，蓝志勇和罗森布罗姆(ZhiyongLan & David H. Rosenbloom)在美国《公共管理评论》(*Public Administration Review*)的评论文章"变迁中的公共行政"(*Public Administration in Transition*)中将 20 世纪 80 年代至 90 年代初里根—布什行政(Reagan-Bush Administrations)期间所提倡的解除规制(Deregulation)、甩包袱(Load Shedding)、私有化(Privatization)、功能授权(Devolution of Functions)的重建或重构政府活动提炼为"市场基础的公共行政"(Market-based Public Administration)，并从管理、政治和法律的维度，对其特点进行了描述[②]。正如他们所说，在美国整个 80—90 年代，"市场基础的公共行政"不仅主导了公共管理的话语权，还成为了"重塑政府"运动或者"新公共管理运动"的核心特征。

1997 年，戴维·奥斯本(David Osborne)和彼德·普拉斯特里克(Peter Plastrik)出版了《摒弃官僚制：政府再造的五项战略》(*Banishing Bureaucracy：the Five Strategies for Reinventing Government*)一书，继《改革政府》一书之后，再次向官僚制发出冲击。在他们看来，政府"再造"不同于一般意义上的"改革""重组"或"精简"，它是涉及更深层次的、改变整个体制 DNA 的运动。在充分吸收美国和国际案例研究的基础上，他们详细地阐述了成功再造公共组织的"五项战略"(即 5C)——核心战略(Core Strategy)、后果战略(Consequences Strategy)、顾客战略(Customer Strategy)、控制战略(Control Strategy)与文化战略(Culture Strategy)[③]。

可以说，在整个 20 世纪 80—90 年代，新公共管理的"幽灵"徘徊在整个欧美大陆，并被认为是公共管理一次"范式转移"(Paradigm Shift)。尽管如此，新公共管理仍不是一个完整的理论框架。例如，胡德于 1991 年率先提出"新公共管理"的基本框架，并界定了其七个"原则要素"(Doctrinal Components)(如职业化管理、绩效评估、结果控制等)，但他

---

① ［美］戴维·奥斯本，特德·盖布勒．改革政府：企业精神如何改革着公共部门［M］．周敦仁，等译．上海：上海译文出版社，1996.

② LAN，Zhiyong，ROSENBLOOM D H. Editorial：public administration in transition?［J］. Public Administration Review，2007，37(1)：3-16.

③ ［美］戴维·奥斯本，彼德·普拉斯特里克．摒弃官僚制：政府再造的五项战略［M］．谭功荣，刘霞，译．北京：中国人民大学出版社，2002.

并没有指出这些要素之间的互动关系和分类顺序[①]。同时，胡德也提出到了新公共管理的理论基础(如公共选择理论)和规范价值(如节约和效率)，但这些并没有体现到他所界定的七个"原则要素"中。不过，尽管新公共管理在理论框架上存在松散性的缺点，但这并不妨碍它成为全球性的政府改革模型以及塑造后续公共行政研究的主导性准绳。[②]

新公共管理的理论林林总总，涉及体制、流程、绩效等多个维度。而从公共服务供给的角度，最主要的主张以及实践方式就是私有化和合同外包。

私有化(Privatization)，又可以比较温和地称为民营化，是新公共管理运动的重要特征之一。作为一个"既不优美，又不精确"(Not only an inelegantterm; It is also lamentably imprecise)的术语，[③] 私有化既有可能是一般意义上的政府改革潮流，也有可能是某种特定类型的公共部门重构活动。私有化的主要倡导者——萨瓦斯认为，"私有化可以广义地定义为依赖更多的私人社会制度和更少的政府来满足人们的需求。[④]"赫布登和甘(Hebdon & Gunn)则从比较狭义的角度认为，私有化是指某项服务的提供或资产从公共部门转移至私人部门[⑤]。我们认为，私有化应该从狭义的角度进行定义，是指物质资产的所有权从公共转变为私有的活动。

从实践上看，私有化主要以英国为代表，其肇始于1979年撒切尔夫人执政后所推行的一系列公共事业(企业)私有化措施。在撒切尔执政时期，包括英国机场管理局(British Petroleum，BAA)、英国天然气(British Gas，BG)、英国石油(British Petroleum，BP)、英国电信(British Telecom，BT)等在内的诸多国有企业或公共事业机构，被先后通过股票出售等方式转为私有企业。不过，私有化并不一定是在竞争性的环境下进行的，也不一定会促进竞争。私有化能带来多大的竞争取决于产业的结果和政府的政策。[⑥]

合同外包，又可以称为合约外包或者合约制(Contracting)。近年来又有语义更为温和的说法——资源外包(Out Sourcing)，其含义实际上是一样的。私有化和合同外包(Contracting Out)有时被认为是同义的，实际上其内涵具有较大的不同，在美国尤为如此。与私有化不同，合同外包一般不涉及公共所有资产的出卖，它主要指通过合同的方式

---

① HOOD C. A public management for all seasons? [J]. Public Administration，1991，69(1)：3-19.

② HAQUE M S. Revisting the New Public Management[J]. Public Administration Review，2007，67(1)：179-182.

③ DONAHUE J D. The Privatization Decision：Public Ends，Private Means[M]. New York：Basic Books，1989：5.

④ SAVAS E S. Privatization and Public-Private Partnerships[M]. Chatham，NJ：Chatham House，2000：3.

⑤ HEBDON R. Contracting out in New York State：The story the Lauder report chose not to tell，Labor Studies Journal，1995，20(1)：3-29.

⑥ VICKER J，YARROW G. Privatization：An economic analysis[M]. Cambridge，M. A.：MIT Press，1998.

创造一个竞争的环境，让相关的营利组织、非营利组织乃至其他公共组织来竞标获得某项公共物品或服务的生产权。合同外包一般不涉及公共所有资产的出卖，它主要是指通过合同的方式创造一个竞争的环境，让相关的营利组织、非营利组织乃至其他公共组织来竞标获得某项公共物品或服务的生产权。合同外包最显著的特征是事前竞争（Ex-ante Competition），即为市场而竞争（Competition for the Market），而不是在市场中的竞争（Competition in the Market）。这里所指的市场，是由合同事项（Contract Specification）以及效仿拍卖机制的竞标程序（Bidding Process）所定义的。通过合同外包，一般是指出价低者获得公共服务生产权，而政府对中标者进行监督或管制①。当然，对于合同外包和私有化之间的关系认定，还取决于对私有化的定义。如果从广义的角度来定义私有化（如萨瓦斯所说），那么合同外包可以看作实现私有化的一种途径。对于美国来说，"合同外包是最普遍的私有化形式"②。

合同外包不仅仅是服务供给机制与方式的一种转变，还是公共事务治理方式的变革。如同美国学者菲利普·库珀在其《合同制治理》一书中所说的，在当代，政府改革趋势和发展的一个共同点，就是通过政府机构来行使政府权力的行动转向了通过合同来治理。这是安排社会公共事务的基础发生的唯一重要的转变。③

作为一项重要的政府改革内容，私有化是在 20 世纪 70 年代末期英国的保守党政府推行一系列的公有企业国有化（Denationalization of Publicly-owned Enterprises）措施后流行起来的，这股潮流随后逐渐向全世界转移。根据萨瓦斯的研究，包括墨西哥、巴西、智利、阿根廷、保加利亚、罗马尼亚、斯洛文尼亚等国家都实施了不同程度的私有化形式。④

6.4.3　公共服务的"社会选择"

如布鲁·伍德瑞哲等指出的，"许多实干家和私有化的倡导者并没有认识到，或者他们不愿意考虑，即私有化的理论基础是公共选择理论，是市场理论在非市场决策中的运用"。⑤ 尽管人们相信竞争性的公共服务提供能够以更低的成本比政府提供更好的服务，因为竞争性市场提供了内在的激励，并使服务生产变得更为有效和节约。实际上，公共选

---

① DOMBERGER S，JENSEN P. Contracting out by the public sector：theory，evidence，prospects [J]. *Oxford Review of Economic Policy*，1995，20(1)：3-29.

② BECKER E W. Problems in privatization theory and practice in state and local governments[M]. Lewiston，N. Y.：Edwin Mellen Press，2001：4.

③ [美]菲利普·库珀. 合同制治理——公共管理者面临的挑战与机制[M]. 竺乾威，等译. 上海：复旦大学出版社，2007.

④ SAVAS E S. Privatization and Public-Private Partnerships [M]. Chatham，N. J.：Chatham House，2000：3.

⑤ [美]布鲁·伍德瑞哲，等. 私有化前景：公共选择理论视角[M]. 孙晓莉，译. 北京行政学院学报，2004(1).

择理论应用于实践，面临着一系列苛刻的条件，这包括衡量产品产出和效率充分信息、为数众多的供应商和消费者、严格的绩效标准和控制等。受限于这些条件，服务供给过程中的竞争往往是缺失的，从而导致更大的垄断和效率损失，并削减合同外包所获得的好处①。这意味着，基于个人主义的理性制度设计要取得成功，还必须增加额外的公共管理成本，这包括形成绩效评估方法和工具的成本、监督合约者的成本、发展竞争性市场的成本②。更为重要的是，方法论个人主义使得居民被视为“消费客体”(Objects of Consumption)，这可能会伤害到正义、安全和公民权等政治价值。

近年来，对公共服务“市场选择”的理性反思，促使了公共服务供给的制度设计路径再次发生了转向。正如沃娜(Warner)等所指出的，要理解公共服务市场供给的潜力，我们必须充分了解公共服务的“公共基础”(Civil Foundations)。这是因为市场在供给公共服务上的缺陷，是可以通过对“公共基础”的投资，如公共教育、规制标准和反托拉斯法等来加以解决的。③

已有研究指出，通过深思审议(Deliberation)，公民可以将他们的个体偏好(Individual Preferences)转向集体福利(Collective Well Being)。④ 弗鲁克(Frug)认为，社区建设是终极的公共物品(Ultimate Public Good)。民主社会中的公民必须发展一种能力来整合差异，发现共同问题并设计社会最优的解决方案⑤。登哈特夫妇也认为，政府要做的比简单地对市场导航要多得多，它还需要更好地服务于公民⑥。可以说，新的理论主张更多地强调竞争机制和民主协商的重新平衡。它不是简单地拒绝市场，而是创造一个具有公共性的公共服务市场；它不再是以市场为中心，而是以社会为中心，将公共利益、参与和合作等公共性导入服务供给过程。对于这一波理论主张，可以归纳如下。

1. 新公共服务与公共价值

新公共服务(New Public Service)是由美国亚利桑那州立大学登哈特夫妇最早于2000年在《公共行政评论》(*Public Administration Review*)上针对新公共管理提出的理论。新公

① PRAGER J, DESAI S. Privating local government operations [J]. Public Productivity and Management Review, 1996, 20(2): 185-203.

② KETTL D F. Sharing Power: Public Governance and Private Markets[M]. Washington, D. C.: Brookings Institution, 1993.

③ WARNER M E. Reversing privatization, rebalancing government reform: Markets, deliberation and planning[J]. Policy and Society, 2008, 27(2): 163-174.

④ SAGER T. Deliaberative planning and decision making: An impossibility result[J]. Journal of Planning Education and Research, 2002, 21(4): 367-378.

⑤ FRUG G E. Alternative conceptions of city services, In City making: Building communities without building walls[M]. Princeton: Princeton University, 1999.

⑥ DENHARDT J V, DENHARDT R B. New Public Service: Serving, not steering[M]. Armonk, NY: M. E. Sharpe, 2006.

共服务并不是反对传统公共行政、新公共行政和新公共管理，而是认为除了强调生产力、效率外，还需要关注公民精神、公共利益、人文主义等，特别是认为政府的角色不应是导航，而是服务。登哈特夫妇认为，新公共管理作为一种规范模型，它与美国的民主基础和传统是最为一致的①。

马克·穆尔(Mark Harrison Moore)于1995年在其《创造公共价值：政府中的战略管理》(*Creating Public Value：Strategic Management in Government*)一书中提出了"公共价值"(Public Value)模型。穆尔认为，公共行政者的角色必须深深地根植于一个清晰的伦理意识和公共使命，即"公共价值"当中；市民必须有充足的机会在政治选举过程中表达自己的声音。因此，这就需要取决于公共行政者运用自己的职业伦理和使命意识，判断哪些意见是有价值和起作用的。②

2. 社会资本与公民治理

在公共物品提供的政府绩效及其差异方面，现有的解释主要集中在民主和官僚制度所发挥的作用上，即制度设计理论。这种理论认为，良好政府的关键在于提供正式的民主制度并向地方层级授权，以让公民有效地监督和约束官员。③ 不过，兴起于20世纪70年代的社会资本理论则认为，自愿性协会、利益团体和结社活动同样能提高政府的公共物品供给绩效，实现良好的社会治理。

有研究指出，社会资本对公共服务供给有着重要的理论和实践意义，尤其在正式制度资源残缺的乡村社会。美国麻省理工学院蔡晓莉(LiLy L. Tsai)博士的一份对中国316个乡村的调查结果表明，即使正式责任机制相当薄弱，非正式惯例和规范的约束同样能够促使地方官员建立并履行其公共责任。这些非正式的责任机制可以由包含性(Encompassing)和嵌入性(Embedding)的连带团体(Solidary Groups)所提供。在其他条件都相同的情况下，存在这种团队的村庄，通常比没有这类团队的村庄更有可能获得较好的地方政府公共物品供给。④

美国学者博克斯(Richard C. Box)则认为，地方自治(中央政府无法为地方提供有效的公共服务的现实，要求地方有充分的自主权决定自己的行动和发展方向)、小而富有回应性的政府(对服务者友善的方式而不是以烦琐的官僚方式为公民做事)、公共服务职业者作为顾问而不是控制者(职业者或专家应是公共服务的咨询者和辅助者，而不是社区治理的

① DENHARDT J V，DENHARDT R B. The New Public Service：Serving rather than steering[J]. Public Administration Review，2000，60(6)：549-559.

② MOORE M H. Creating Public Value Strategic Management in Government [M]. Harvard University Press，1995.

③ DAHL R. Polyarchy：Participation and Opposition[M]. NEW Haven，C. T.：Yale University Press，1971.

④ TSAI L L. Solidary Groups，Informal Accountability，and Local Public Goods Provision in Rural China[M]. American Political Science Review，2007，101(2)：355-372.

控制者)的发展趋势要求我们实现公民治理。①

3. 合作与协作性公共管理

在过去的20年里，公共部门、营利部门以及非营利部门越来越多地使用组织内或组织间协作(Inter-and Intra Organizational Collaborations)来进行治理。那么，这里的"协作"和以往所说的"合作"和"协调"具有哪些不同呢？

一般来说，合作是指一群人共同工作的行动，其目的通常是为了解决某一特定问题或进行信息分享。它可能是偶然发生、非正式、短期和风险较小的行动过程；协调是指具有特定目的的合作团队(Orchestration of People)的行动，它一般涉及更正式、长期的互动以及利益回馈，而风险也随之增加；协作则意味着更紧密的关系、新的结构、资源分享、清晰的关系以及良好沟通等②。协作以"替代性争端解决"(Alternative Dispute Resolution，ADR)为基础，重点是指通过沟通、协商和紧密合作来解决团队间无法停止的争端(Not-hold-Barred Dispute)，是一种追求双赢和共识并解决冲突的方法。③

近年来，围绕"协作"这一概念，新的治理框架，如跨部门协作(Cross-Sector Collaboration)、协作性公共管理(Collaborative Public Management)、网络治理(Governing by Network)等先后出现，为公共服务供给过程中的跨领域治理和跨部门协调等提供了新的思路。所谓跨部门协作，是指超越传统公私部门的局限，由来自公共部门、私人部门或志愿部门的利害关系人、团体或组织促成合作的机制，共同参与具有跨区域、跨组织或跨部门特性的公共政策议题。协作性公共管理指通过促进多元组织安排(Multiorganizational Arrangements)形成，解决那些难以由单一行动者轻易解决的问题。它建立在互惠价值(Value of Reciprocity)的基础上，意味着多元部门或多重关系通过共同劳动(Co-labor)和跨边界运作达成共同目标。④

可以说，基于理性主义的公共服务供给制度设计，在激发了市场动力的同时，也使得"国家"似乎离公共服务供给渐行渐远。不过，正如彼得斯所指出的，尽管公共服务供给远离国家(政府)的潮流在一定程度上获得了效率或者(可能是)某种类型的民主化，但它同样创造了大量的治理问题，如国家去中心化后形成的大量机构如何协调等，这就使得改革的

① [美]理查德·博克斯. 公民治理——引领21世纪的美国社区[M]. 孙柏瑛，等译. 北京：中国人民大学出版社，2005.

② WINER M，RAY K. Collaboration handbook：Creating，sustaining and enjoying the journey[M]. Saint Paul，M. N.：Amherst H. Wilder Foundation，1994：22.

③ SNOW D. Coming home：An Introduction to Collaborative conservation[M]//BRICK P et al. Across the great divide：Explorations in collaborative conservation and the American west. Washington，D. C.：Island Press，2001：1-11.

④ AGRANOFF，MCGUIRE M. Collaborative public management：New strategies for local governments[M]. Washington，D. C.：Georgetown University Press，2003.

成本可能高过了收益。[①] 而罗茨(Rhodes)在 20 世纪 90 年代就开始警告我们，在过去的 30～40 年中，通过私有化、分权化、代理化所形成的国家分散化(Fragmentation of the State)，可以被视为一种“挖空国家”(Hollowing Out of the State)的过程[②]。

正是在这种背景下，不少国家经历了轰轰烈烈的政府改革运动后，正回过头来重新审视已经走过的道路，并提出了新的发展方向，重新强调公共服务供给中的公民价值、公共渠道和社会参与：在 20 世纪 90 年代末，新西兰对新公共管理运动进行了修正，重新强调政府的角色，重建公共部门能力以更好地向公众输送更好的服务。在英国，1997 年新工党政府上台后，开始在公共服务领域推行“最佳价值”(Best Value)管理模式，逐渐代替之前保守党政府的“强制性竞标”模式(Compulsive Competition Tendering，CCT)。在德国，具有新公共管理运动色彩的“新治理模型”(New Steering Model)已经逐渐“疲软”，许多一线的政府公务员对这一模型已经持消极的态度。新一轮改革中已经具有“新韦伯国家”的影子，如强调自上而下的引导(Top-down Steering)、组织重整(Organization Reintegration)、基于规则的决策制定(Rule-bound Decision Making)等。[③] 正如弗雷德里克森指出的，以往的公共服务供给深受公共选择、竞争、组织管理等因素的影响，而近年来的发展趋势则是合作理论、网络化、治理、制度建立与维持等议题发展，以回应管辖分割与国家分离(Fragmented and Disarticulated State)的问题。[④]

从理性制度设计到社会性制度设计，意味着公共服务供给逐渐把关注的重点从 3E 转到了具体的“公民”，以公民为中心来优化服务供给的过程，这包括：(1)强调参与和协商，认为公共服务供给并不是纯粹的技术过程，它还是一个社区构建的过程。[⑤] (2)注重市民呼声和评价，认为市民是公共物品和公共服务领域的终端用户，是所有利益相关者最为重要的，强调以“使用者”(或者“公民”)的导向来设计服务提供机制，或者在原有的服务提供

① PETERS G B，The role of the State in governing：Governance and metagovernance[M]//RAMESH M. Reasserting the public in public services：New Public Management reforms. New York：Routledge，2010：18-21.

② RHODES R A W. The Hollowing Out of the State：The Changing Nature of the Public Service in Britain[J]. The Political Quarterly，1994，65(2)：138-151.

③ KUHLMANN S，BOGUMIL J，GROHS S. Evaluating administrative modernization in German local government：Success or failure of the “New Steering Model ”? [J]. *Public Administration Review*，2008，83(5)：851-863.

④ FREDERICKSON H G. The repositioning of American public administration[J]. PS：Political Science & Politics，1999，32(4)：701-711.

⑤ MARMOLO E A. A Constitutional theory of public goods[J]. Journal of Economic Behavior and Organization，1998，38(1)：27-42.

机制中增添“公民”的声音。[①] (3)保持政府的公共责任，认为国家将仍然维持其在治理格局中的强势位置，并使用传统工具(如行政法、公共价值)来进行治理，只不过是还应用市场技术来作为传统工具的补充，以提高效率。[②] (4)培养网络合作能力，更加注重利害相关者的参与、不同价值观的交融以及结构性、多层次的治理体系，以应对日益俱增的跨部门、跨区域公共服务供给与治理问题，如交通运输、空气污染、犯罪等。

公共服务供给的理论和制度转向，提醒我们公共部门的任务是管理多元化的利益相关者和相互冲突的价值，创造出适应社会需要的公共价值。如果不再以先验的视角来审视当代政府的改革，我们就会发现当代社会公共服务供给机制的设计与选择逻辑产生了新的变化：不再追求单纯的市场化效率，而是平衡经济发展与社会福利；不再设定单一的服务供给机制，而是建立更加混合的公私合作机制；不再局限于服务供给方的改革，而是促进公共服务更加敏感地回应公众需求。正如著名行政学者全钟燮指出的，传统的“公共行政过多地强调了行政管理执行和管理项目及功能的一面，而忽略了其社会创新与想象力的一面。各种各样的案例研究表明，在一个富有创新能力的社区中，解决问题和寻求变革常常是行政管理者、公民、企业和公民组织之间努力合作的结果。”[③]在这个意义上，公共服务供给也是一种社会建构的过程，制度设计的起点应该是集体的、巨大的，致力于寻求最优社会结果的公民和纳税者，而不是基于个体选择和自身喜好的市场消费者。

6.5 公共服务的供给机制与实践

公共服务的供给机制与实践是公共服务管理的最重要的主题之一。加强对这一主题的研究，有助于加快我国的公共服务及公共管理理论的创新，推动我国公共服务供给机制和方式的变革。

6.5.1 传统公共服务供给机制

最早关于公共服务的思想都包含在对于政府和国家职能的论述中，这决定了公共服务思想对于政府或国家理论的依附，进而导致传统公共服务理论将公共服务的政府供给作为

① HEFETZ A，WARNER M. Beyond the market vs. planning dichotomy：understanding privatization and its reverse in U. S. cities[J]. Local Government Studies，2007，33(4)：555-572.

② POLLITT C，BOUCKAERT G. Public management reform：A comparative analysis，Second Edition[M]. Oxford：Oxford University Press，2004：99-102.

③ 全钟燮. 公共行政的社会建构：解释与批判[M]. 孙柏瑛，等译. 北京：北京大学出版社，2008：25-26.

必然。人们认为，公共服务的非竞争性和非排他性等特点，使得追求利润最大化的理性经济人对其望而却步，它的提供只有通过政府垄断组织集体行动来完成。政府运用其权威来供给公共服务具有天然的正当性和必要性，政府在提供公共服务时有市场无法做到的优势：政府可以凭借其政治权力，通过强制性的税收来解决非排他性和非竞争性的问题。因此，在 20 世纪六七十年代以前，福利国家的政府直接负责公共服务的供给，甚至是直接的生产。

福利国家认为，为民众提供公共物品的福利政策正是国家职能的一种积极表现。① 英国在 20 世纪 40 年代后逐步建立起福利国家制度，为公民提供社会保障、是国民健康服务、住房、教育、个人社会服务等公共服务。以国民健康服务福利制度为例，它在很大程度上代替了市场和民间的作用，甚至在相当程度上包括代替了家庭的作用，完全由政府包揽直接提供。政府直接经办全国的医疗服务体系，兴办医疗机构，雇用医务人员，向制药公司购买药品，向国民提供几乎免费的医疗健康服务。②

同时期，美国政府也不断加强自身经济职能的建设，直接负责公共服务的供给与生产。在公共工程方面，由政府主导投资修筑公路、桥梁、机场以及数以千计的学校、医院、电厂等。最著名的成就是 1956 年国会通过了《公路法》(Highway Act)，规定以征收新税的办法来筹措资金，美国联邦政府在 13 年中耗资 310 亿美元，建设了约 65983 千米的州际公路系统。在公共房屋建筑方面，联邦政府在 1953—1961 年，耗资 13 亿美元，用于建造公共住房和清理贫民窟。③

国家投资是德国政府调节经济、促进社会经济发展的重要手段。“二战”后，联邦财政预算支出总额中始终保持有 20%用于基本建设投资，其中大部分投资于私人资本不愿投资或投资不足而经济发展又不可缺少的公共物品，如修筑高速公路、桥梁、港湾，发展造船、电力、煤气、供水行业，以及教育、科研、卫生和环境保护等社会基础设施项目。④除了提供教育、卫生的服务设施，德国政府还提供免费教育和医疗保险，1959 年制定了发展社会主义基础教育法，规定十年制综合技术教育为全民义务教育，政府实施的义务教育对所有大中小学都不收学费，公民就医的一切费用，包括门诊、配药、手术、住院、疗养以及住院或疗养期间的伙食费，全部免费。⑤

但是，20 世纪六七十年代以来，福利国家危机开始出现。支撑着各国福利国家体制的完善和扩充的是战后国家的经济快速增长。但是 1973 年爆发的第一次世界石油危机，使整个西方各国的经济发展停滞，公共服务供给支出成了政府财政的沉重包袱，造成庞大

---

① 杨耐．西方福利国家的新政治经济学分析——以公共选择理论为视角[J]．法制与社会，2011(20)．

② 祁亚辉．福利国家的比较研究[M]．海口：海南出版社，2004：108．

③ 王晓峰．美国政府经济职能及变化研究[M]．长春：吉林人民出版社，2007：148-151．

④ 张清华．德国市场经济体制[M]．兰州：兰州大学出版社，1994：158．

⑤ 丁建弘．德国通史[M]．上海：上海社会科学院出版社，2002：437．

的财政赤字。与此同时，由政府大量直接生产的公共服务，也暴露出一些弊端：①公共产品生产无效率和质量低劣：由于政府作为公共产品的直接提供者，其本身并没有任何动力和激励去创新，当资产由公共官员拥有处置权，但不拥有剩余索取权时，政府官员或雇员没有动力降低成本和改进产品的质量，造成公共服务和产品的成本或价格居高不下。[①] 以卫生清洁服务为例，由政府垄断的垃圾收集行业所付成本比私营承包商高出30%～40%。②亏损和债务引发财政支付危机：由于公共产品的政府直接提供造成成本高昂，这会导致大量的公营事业部门出现大量的亏损和债务，造成预算紧张，进而对政府财政构成强大的支付压力，情势严重的还会造成支付危机。遍布世界各地的公营事业部门(可能还包括国有企业)的亏损已经是一个普遍现象，如阿根廷国有航空公司和铁路运输系统在实施民营化之前，每天亏损100万～500万美元。在美国，政府曾向联合铁路公司注入70亿美元，而1987年以公众认股形式出售该企业时，政府仅获得了16.5亿美元。③腐败和政府规模上升，影响民间和社会的自生能力，造成公众的普遍不满：由于大量的公共产品都是通过政府以税收的形式筹集收入，如果政府的税收形式比较复杂和隐蔽(主要通过流转税而非所得税)，会使人们误以为政府的支出和服务物有所值。这客观上会造成政府规模的增加和监督政府的困难，腐败因而不可避免并难以遏制。[②]

以上弊端实质是传统公共服务供给机制失败的体现，其在一定程度上引发各国政府对公共服务供给机制展开新的探索。

6.5.2 当代公共服务供给机制

20世纪70年代至今，世界各国的公共服务供给机制与方式经历了复杂的变迁过程。其中最为显著的就是试图在传统政府供给框架之外创造各种各样的“替代性服务供给机制”(Alternative delivery services mechanism)，通过生产和供给的分离让私人和非营利团体(NPO)广泛参与到公共物品和服务的供给过程中来。“替代性服务供给机制”可以理解为一种广泛的政策工具网络，它包含了从政府、市场到第三部门之间的各种机制，即包含了服务外包(如将公共服务包给私营部门、非政府组织，甚至是其他公共机构)、特许权(尤其是在供水、交通和电力等领域)、授权(如将责任移交至下级政府)、社区治理(如将责任转交给社区)等不同的安排形式。奥斯本和盖布勒曾经用“政府箭袋里的36支箭”来形容公共服务的主要供给机制，具体如表6-3所示。由此可见，公共服务供给机制与方式是丰富且多样的。

---

① SHLEIFER A. State versus Private Owner ship[J]. Journal of Economic Perspectives, 1998, 12(4).

② 赵奉军. 论公共产品供给方式的变革[J]. 中国发展, 2003(4).

表 6-3　公共服务供给机制①

传统类	建立法律规章和制裁手段、管制和放松管制、进行监督和调查、颁发许可证、税收政策、拨款、补助、贷款、贷款担保、合同承包
创新类	特许经营、公私伙伴关系、公共部门之间的伙伴关系、半公半私的公私、公营企业、采购、保险、奖励、改变公共投资政策、技术支持、信息、介绍、志愿服务者、有价证券、影响费、催化非政府行动、召集非政府领导人开会、政府施加压力
先锋类	种子资金、股权投资、志愿者协会、共同生产或自力更生、回报性安排、需求管理、财产的出售交换、重新构造市场

1. 公共服务供给的主要路径

公共服务供给机制的改革，不仅带来了丰富化的供给机制和方式，也形成了多样化的实践路径。具体介绍如下。

(1)市场化路径

英国于 20 世纪 70 年代末开始改革公共服务领域，这既包括对官僚组织进行改革，从而改革官僚服务的供给模式；也包括对教育、卫生服务领域进行改革，从而改革公共组织服务的供给模式。这些改革模式都体现了市场化的主题：①强调对公共服务支出的严格限制；②强调分权化管理，让管理者承担责任；③奉行的管理哲学是新泰勒主义。此后，公共服务的市场化改革迅速扩展到欧洲其他国家、澳大利亚、新西兰、美国以及其他发展中国家。关于市场化改革方面的研究，可以统一到"新公共管理"的号召下，各国采取了不同形式的市场化改革，这包括打破不必要的政府垄断，在自来水供应、街道清扫、垃圾收集处理、公园和树木维护等公共领域供给中引入竞争。②

不过，关于市场化改革的成效有不同的论点：有学者认为，市场化改革可以提高公共服务供给效率，促进政府更好地回应来自经济、制度、政治乃至意识形态方面的变迁；也有学者持不同意见，认为市场化改革可能"威胁那些引导公共行政的民主原则"，③ 甚至这些改革都可以追溯到公共行政改革的早期阶段，其不过是旧瓶装新酒而已。

对于公共服务供给而言，"自由化逻辑"也存在不少难以解决的问题：①责任与控制问题。在公共服务交由市场机制处理后，谁来承担最后的责任与控制角色，通过何种方式承担，承担何种程度的责任；②平等的问题。即使公共服务的私有化可以降低成本并符合公

① [美]戴维·奥斯本，特德·盖布勒. 改革政府[M]. 周敦仁，等译. 上海：上海译文出版社，2006：8-9.

② [美]E. S. 萨瓦斯. 民营化与公私部门的伙伴关系[M]. 北京：中国人民大学出版社，2002：83.

③ BOX B C，MARSHALL G S，REED B J，REED C M. New Public Management and Substantive Democracy[J]. Public Administration Review，2001，61(5)：608-619.

民(消费者)的去向，但是服务的分配平等却是一个棘手的问题，尤其是如何保证针对弱势群体和少数群体的服务可及性；③竞争基础的问题。公共服务的潜在供应者并非想象的那么充足，供应者往往由少数大卖家(资本金)所支配，缺乏适度竞争在很大程度上抵消了市场化所存在的优点；④挑肥拣瘦的问题(Creaming Practices)。以利润为导向的私人组织对于不具有经济效益的公共服务取巧规避，往往只挑利润高、易执行的项目，而不易执行的项目仍留待政府处理。

(2)社会化路径

与市场化改革并行的另一条改革线路就是社会化改革。20世纪80年代以来，无论是在发达国家还是发展中国家，由这些组织构成的"第三部门"所提供的公共服务已经呈现出加速增长的态势，在现代社会中占据着十分重要的地位。甚至有学者把第三部门输送公共服务的现象称之为"影子国"现象，认为社会与政府部门其实已经形成高度互相依赖的格局。[①] 著名学者莱斯特·赛拉蒙曾以肯定的口吻指出：一场有组织的志愿运动和创建各种私人的及非政府的组织的运动，正成为席卷全球的最引人注目的运动。民众正在创建各种团体、基金会和类似组织，去提供人道服务，促进基层社会经济发展，防止环境退化，保障公民权利，以及成千上万先前无人关注的或由国家承担的种种目标。他称这些因素为介于公域与私域之间的"第三域"(the Third Sector)，认为是四场危机(福利国家危机、发展危机、全球环境危机、传统社会主义危机)和两次革命性变革(通信革命、市民革命)一道导致了国家地位的衰落，并为有组织的志愿行动的发展开辟了道路。[②] 对此，托尼·马歇尔(Tonyu Marshall)进一步解释道，如果说私域(部门)建立了一个商讨物品价格的市场：那么志愿域(部门)(the Voluntary Sector)提供了一个市场来商讨社会价值和人际关系；相应地，公域(部门)可以被视为一个商讨合法权利的市场(托尼·马歇尔，1998)。总的来说，学者们指出，在西方国家里，政府部门与非营利组织合作提供公共服务已经成为一种崭新而活跃的途径：①在英国，政府与非营利组织的伙伴关系不再局限于布莱尔政府所提倡的股份社会(Stockholder Society)，而是发展为执行重要社会政策——都市发展和提高青年失业率的一项根本工具；②在匈牙利，政府与非营利组织的伙伴关系是后共产时期，政府提供社会需求的公共服务和发展市民社会的一种办法；③在欧盟，政府与非营利组织的伙伴关系是对抗社会疏离(Social Exclusion)、增进地方社区福利的整合性机制。

社会化路径的一个特殊分支就是自主治理。分析学家埃莉诺·奥斯特罗姆通过对警察服务和水资源等公共池塘资源的研究表明，表面上看来杂乱无序的公共服务领域(公共物品的具体表现形式)实际上是有章可循的，这就是公共物品不是完全相同的，不同种类的公共物品不仅可以而且完全应该通过不同的方式提供。埃莉诺·奥斯特罗姆为公共服务经

---

① KRAMER R M. A third sector in the third Millennium? [J]. Voluntas: International Journal of Voluntary and Nonprofit Organizations, 2000, 11(1): 1-23.

② [美]莱斯特·赛拉蒙. 第三域的兴起[M]//李亚平，于海. 第三域的兴起——西方志愿工作及志愿组织理论文选. 上海：复旦大学出版社，1998.

济的研究提供了一套概念框架，发展了公共选择与制度分析的理论和方法，提出了以多样化的公共物品提供方式取代单一的政府提供公共物品的方式。这种多样化既包括通过政府以外的其他主体提供，也包括政府可根据公共物品的不同属性，采取多种不同方式提供的可能性。①

(3)均等化路径

公共服务均等化，是指全体公民享有基本公共服务的机会均等、结果大体相等，同时尊重社会成员的自由选择权。② 推进基本公共服务均等化，保证公共服务的有效供给是当前促进我国科学发展与和谐社会建设的一项重要内容。近年来，我国各级政府分别从推进公共服务向农村延伸、改善公共财政支持制度、建立城乡统一户籍制度等方面进行了大胆的探索，也取得了令人瞩目的成就。在这些成就面前，我国的基本公共服务均等化仍面临一系列制度上和结构上的困境，如政治统摄上的公民权利差异性赋予制度、行政管理中的区划分割制度、经济社会运行发展中的二元结构等。针对基本公共服务均等化的路径选择，其重点在于匹配“事权”与“财权”，完善转移支付制度，如加大一般性转移支付的力度和规模、通过法律责任机制完善对转移支付的管理和稽查等。此外，基本公共服务均等化与有效供给是两个相互联系的整体，在利用财政手段等推进基本公共服务均等化的同时，还必须重视公共服务的有效供给，推动公共服务质量的持续改进。

(4)标准化路径

20 世纪 50 年代以来，公民对改进政府公共服务质量的关注推动着公共组织机构逐渐将注意力转移到提供更好的服务上来，理论界也开始了对公共服务质量的研究，尤其是探索将工商业应用成熟的质量控制圈(Quality Control Circle，QCC)、全面质量管理(Total Quality Management，TQM)应用到公共部门。亚洲国家，如韩国、日本、新加坡以及印度等国家已应用公共服务质量管理理念实施一系列改革，包括建设公共服务满意度、投诉与反馈机制，设立服务宪章制度、服务标准与质量奖，建立公共服务质量控制体，引入企业流程再造以及推行电子化政府。③

在新公共管理或者改革政府浪潮的推动下，标准化作为一种新的改革也被引入到公共服务质量改善的领域中来。所谓的公共服务标准化，是指以改革公共服务质量为目的，确定公共服务的原则、体系、绩效标准和评估框架，提高公共服务的规范性、及时性、经济性、准确性和响应性，英国政府于 20 世纪 90 年代颁布的《公民宪章》和《新公民宪章》，可以视为公共服务标准化的例子。21 世纪初，英国又制定了最佳价值服务指南，设定了公众可以期待的服务水平，并对地方政府的公共服务进行全面测量。新加坡则要求行政部门根据服务对象、内容建立服务使命和信念，并向公众公开。同时，对可计量的服务制定服

---

① [美]埃莉诺·奥斯特罗姆，拉里·施罗德，苏珊·温. 制度刺激与可持续发展[M]. 陈幽泓，谢明，任睿，译. 上海：上海三联书店，2000.

② 张永民. “基本公共服务均等化”浅析[J]. 中国行政管理，2009(11).

③ 陈振明，李德国. 公共服务质量持续改进的亚洲实践[J]. 东南学术，2012(1).

务标准，并以私人企业界的最佳作业准则作为比较基准。随着我国行政改革的深入，尤其是地方政府创新工作的推进，市民宪章在我国也得到了初步的应用，这尤其表现为服务承诺制。近年来，服务承诺制的形式进一步扩展，出现了更加细化、标准的承诺方式。例如，从2009年开始，深圳将往年的各部门年度责任目标白皮书改称为年度公共服务白皮书，所有部门及各区就公共服务公开做出承诺。同时，政府绩效评估也开始越来越多地采用公共服务满意度测评的方式。

(5)电子化路径

公共服务电子化，是指通过对政府部门进行流程再造，进行电子化的整合，形成“多个部门，一个政府”的在线服务格局，为客户提供无缝的服务。在以数据为核心的信息化时代，公共服务模式出现了新的特点，如根据市民的需求重组政府，提供更加具有选择性的服务，提供中立的信息帮助市民做出决策，定制服务(Customize Service)并注重政府与市民之间的交流，允许市民通过各种设备随地、随时地完成政府交易等。例如，为实现“任何公民在任何地点通过单击鼠标即可获得满意的政府服务”的建设目标，韩国政府通过构建“唯一视窗电子政府”(Single Window E-Government)服务平台，为公民在线提交政府服务申请文件、查询政府信息服务提供了有效、简易的方式，从而极大地提高了政府服务质量和公民的满意度。民众可以选择电子方式获取政府发布的各类文件，同时，在“唯一视窗电子政府”服务平台上，政府和各公共服务机构通过网络系统共享各类相关重要信息，大大减少了冗余的行政流程。① 新加坡则进一步提出了“智慧国”的建设目标，不断优化公共服务的网络平台。目前，每个新加坡公民或永久居民通过其唯一网上身份认证——“新加坡通行证”(SingPass)，可以处理超过1600项政府公共服务：缴税、购房、申请商业执照等。

(6)社交化路径

社交化路径可以视为电子化路径的最新发展，但其理念已有极大的不同。公共服务的社交化，是指政府充分利用各种Web 2.0的形式，包括Blog(博客)、TAG(标签)、SNS(个人社会网络)、RSS(简易咨询聚合)、Wiki(维基)、Twitter(微博)等，为民众提供无所不在、无缝、开放的公共服务。随着当代信息科学技术的进步，在Web 2.0网络模式发展下出现的与民众进行直接互动和沟通的一个整体、开放的平台的Gov 2.0逐渐显示出优于传统政府门户网站的特性，在政府公共服务领域中也得到更为普遍的应用。在国外政府的应用实例中，可以借鉴美国、英国、澳大利亚、韩国、新加坡等国家的经验，其中又以美国和英国为典型。通过对美国白宫网站、国防部、旧金山湾区捷运系统、Public. Resource. org，英国Number10首相办公室、UKTI贸易投资署以及新加坡电子市民(E-Citizen)等网站的浏览与总结，可以看出国外政府都十分重视政府信息的公开度、透明度、推广度、获取信息的途径，以及提供人性化的便利服务。公开度方面体现在政府大都以日程表或其他形式对政府已做过或将要做的事件加以罗列，同时大都对信息分以国防、经

① 王欣. 全球领先的电子政府[J]. 学习时报，2007(11).

济、教育、外交等类别，方便了公民有选择性地获取信息。美国白宫网站从 2009 年 9 月开启的博客(Blog)更是以每天更新的速度详细地介绍了以总统为首的美国政府在经济、民生、教育、军事等领域所做的努力，每篇博文还配以所属分类标签与相关视频，便于以市民为主体的阅读者通过多种渠道了解政府作为，通过纵向比较也可以看出美国政府在民生上的关注度不断加强：美国国防部和新加坡电子政府还根据市民在网站上提问的问题总结出常见问题并提供自助式问题查询，减少了对于相似度极高的问题的解答，提高了政府办事效率。在透明度方面，政府重点关注与市民息息相关的税收，并且详尽地向市民公开税收的使用途径。

2. 公共服务供给的主要趋势

20 世纪 90 年代中期至今，“合同外包”受到交易成本等因素的影响，增长相对缓慢。从当前各国实践情况来看，公共服务供给呈现出从强调“管理主义”①向注重“公民价值”和“政府作用”转变的趋势。具体来说：

新西兰是新公共管理的“范本”和领头羊，人们发现此处私有化是有限且不充分的。在 20 世纪 90 年代末，新西兰对新公共管理运动进行了修正，重新强调政府的角色。在 1999 年，海兰·克拉克(Helen Clark)在新西兰总理选举的竞选宣言中就指出，“在过去的改革中，我们曾致力于寻求一个更加有效率的政府，但无疑也是一个做得更少的政府(goverment)。现在，可以肯定的是，政府必须重建公共部门能力以更好地向公众输送更好的服务。”②2002 年，新西兰通过了一项新的法律，认为地方政府必须平衡以下目标：经济发展、社会福利、环境管理和市民参与。

在英国，1997 年新工党政府上台后，开始在公共服务领域推行“最佳价值”(Best value)管理模式，逐渐代替之前保守党政府的“强制性竞标”模式(Compulsive competition tendering，CT)。“最佳结果”(Best results)模式以伙伴的契约关系取代 CCT 的竞争和对抗关系，并将公民视为服务使用者和纳税人，使地方更好地发现需求，设定对象、优先性和目标。1998 年推出的《现代地方政府：与民众在一起》(*Modern local government*：*In touch with the People*)白皮书指出，“现代化就是要改变公共服务提供者的文化，使之更多地以公民为中心，提供更加良好的服务”。此外，英国近年来推出的“地方战略伙伴关系”(Local strategic partner ships，LSPs)和“地区协议”(Local area Agreements，LAAs)，更加强调增强地方政府的灵活性，鼓励地方政府与其伙伴(营利和非营利组织)根据当地实际情况来共同提供公共服务，以使公共服务更加敏感地回应当地的民众。

在加拿大，为了更好地提供以公民为中心的服务，加拿大政府从 1998 年起从后推出

---

①　这里所谓的管理主义(Managerialism)，也称新管理主义(Neo-Managerialism)，它与兴起于 20 世纪 80 年代的西方福利改革有很大的关系，其核心就是将市场的法则运用到政府管理中。从这个意义上看，管理主义与新公共管理并无根本性差异。

②　E. M. Warner，A. Hefetz，Service Characteristics and Contracting：The Importance of Citizen Interest and ComPetition，in *ICMA's Municipal Year Book* 2010[M]. Washington，DC：ICMA，2010：38-39.

了两项行动议程——“服务加拿大”(Service Canada Initiative)和“服务改善”(Service improvement initiative)。前者通过电子化的方式为公民提供整合式服务，后者则致力于提高公众对公共服务的满意度。从 1998 年起，加拿大还先后进行了一系列名为“公民为先”(Citizens first)的全国性调查，寻找影响公共服务品质的关键因素。

在美国，公共服务合同外包数量正在下降，取而代之的是更加混合的公私合作机制(mixed public/private delivery)。这种混合机制不仅创造公共和私人供给者之间的竞争，保持了政府在公共服务供给过程中的能力和内部知识，还促进了市民的参与。① 同时，应用网络治理或者说区域主义的新机制与方式正在大量地涌现，如在多重管辖区基础上设立地方特区(local special districts)、将服务进行功能转移(transfer of functions)、扩充城市服务范畴的吞并(annexation)、签订政府间服务合作协议(interlocal service agreements)等。

在南非，1996 年出台的《转变公共服务提供》(*Transforming public service Delivery*)绿皮书也指出，公共服务的使用者必须被摆到首要位置上，为此他们提出了咨询、服务标准、礼貌、信息提供、公开性和透明性、回应性、经济性这七条公共服务提供的标准(Department of public service and administration of South Africa，1996)。而坦桑尼亚等国家的政府部门也开始了从结构变革浪潮(Structural reforms wave)到能力建构浪潮(Capacity building wave)再到服务改善浪潮(Service improvement wave)的第三波改革浪潮，更加强调在公共服务的提供过程中，满足公众对于透明性和责任的要求在印度的班加罗尔，一种世界银行描述为“寻求使用者对公共服务的反馈的参与式调查”方法——市民评价卡(citizen report card)得到了广泛的应用。市民评价卡最早由一个民间社会团体推出，主要是评定公共服务使用者的感受。评价卡开放了服务提供者和使用者之间的对话，并最终得到了政府部门的积极回应，建立了官方层面的负责机构，并在其他城市进行推广。

总的来说，无论是欧洲、北美，还是非洲、亚洲，公共服务供给机制的选择在日益强调理性地发挥市场力量的同时，更加强调政府能力构建和责任承担，更加重视聆听公民的声音，更加关注服务的广泛网络和合作潜力。从这个角度看，服务供给机制选择的多重约束因素正在凸显：来自市场价值的约束因素要求政府持续地降低成本，提高效率；来自社会价值的约束因素要求政府注重需求方的偏好，提升公共利益；来自技术、区域理等方面的外部因素也要求政府引入现代化管理技术，发挥服务供给规模效益。

6.5.3 我国公共服务实践的发展变迁

总的来说，我们可以把中华人民共和国成立以来中国公共服务供给机制的变迁粗略地划分为三个阶段：第一阶段为“政府安排，政府生产”的“政府统筹”阶段，即政府完全主导服务供给；第二阶段为“‘半政府’安排，‘半市场’生产”阶段，即在政府不完全主导下，服

① WARNER E M，HEFETZ A. Managing Markets for Public Service：The Role of Mixed Public-Private Delivery of City Services[J]. Public Administration Review，2008，68(1)：155-166.

务供给机制走向市场化，但这种市场化并非完全意义的；第三阶段为“混合安排，混合生产”阶段，即服务供给机制的市场性和公共性都在不同层面得到强化，同时志愿性、区域网络性的供给机制也逐渐兴起。

1. 政府统筹阶段

1949 年中华人民共和国成立后，针对当时百废待兴的局面，我国的公共服务供给机制基本是按照“政府统筹”的模式进行设计的，即通过一个强有力的政治机构或政党，运用其政治力量、组织方法，提供社会必需的公共服务。

在 20 世纪 50 年代，国家进行了土地改革，并完成了互助组、初级社、高级社的社会主义改造，推行合作社制度，土地和财产一律收归公社所有。此后，随着计划经济体制的全面建立，政府既充当了全部公共服务的安排者，也成为实际的生产者。在当时的背景下，这种以全能主义为显著标志的公共服务供给机制也在一定程度上发挥了积极的作用。

在农业基础设施方面，随着“农业学大寨”运动的兴起，农村的水利、道路等基础设施建设得到了改善。1964 年 2 月 10 日，《人民日报》刊登了新华社记者的通讯报道《大寨之路》，介绍了他们的先进事迹，并发表社论《用革命精神建设山区的好榜样》，号召全国人民，尤其是农业战线学习大寨人的革命精神。

在医疗卫生服务方面，中华人民共和国成立后就提出医疗卫生要“面向工农兵”，并将农村“有医有药”作为发展我国医疗事业的首要目标。到 1953 年年底，全国县医院和卫生院已经从中华人民共和国成立前的 1437 所发展到 2102 所，并且开始发展县以下的区、乡基层卫生组织，为农村合作医疗制度的起步奠定了良好的基础。① 20 世纪 60 年代后，农村合作医疗制度逐渐建立。而后来的“文化大革命”并没有中断合作医疗制度的发展道路。据 1977 年年底统计，全国有 85%的生产大队实行了合作医疗，人口覆盖率达 80%以上。全国赤脚医生达 150 多万人，生产队的卫生员、接生员共有 390 多万。最鼎盛时，农村从事医疗卫生工作的(不脱产)人员达 500 多万。

在教育事业方面，尽管当时的教育工作出现了许多失误，但从全局来看，还是取得了一定的成就。1953 年，我国进入第一个五年计划时期，教育被纳入了国家计划渠道，各级各类学校的数量得到了大幅的增长(见表 6-4)。

表 6-4 1952—1978 年中国各级各类学校的数量② 单位：所

年份	普通高等学校	中等学校			小学	幼儿园	盲、聋、哑学校
			中等专业学校	普通中学			
1952	201	6059	1710	4298	526964	6531	
1957	229	12474	1320	11096	547306	16420	66

① 黄树则，林士笑. 当代中国的卫生事业[M]. 北京：中国社会科学出版社，1986.

② 整理自国家统计局发布的《1999 年中国统计年鉴》，网址为 http://www.stats.gov.cn/yearbook/indexC.htm。

续表

年份	普通高等学校	中等学校			小学	幼儿园	盲、聋、哑学校
			中等专业学校	普通中学			
1962	610	24756	1514	19521	668318	17564	261
1965	434	80993	1265	18102	1681939	19226	266
1970	434	106041	1087	10494	961131		
1975	387	125718	2213	123505	1093317	171749	246
1978	598	165105	2760	162345	949323	163952	292

总的来说，在中华人民共和国成立至改革开放之前，尽管经历了曲折的道路，但“政府安排供给”的“政府统筹”模式，还是在一定程度改善了我国的公共服务状况。这尤其表现为初步建立了农村医疗卫生防疫体系，基本普及九年义务教育，建立完善了从幼儿园到高等学校的教育体系，兴建了大量的水利工程。当然，这种模式极有可能出现大规模的集体性错误。例如，1959年“大跃进”期间，在“大炼钢铁”的号召下，当时全国大约有6000万人上山砍树烧炭，森林资源遭到空前浩劫。全国计划内木材消耗量比1957年增长45%，森林资源年消耗量第一次超过了生长量，历史上首次出现森林资源赤字。①

阿马蒂亚·森在对比中国和印度在20世纪所取得的成就时曾指出，中国在寿命期望值的提高和死亡率的下降上明显比印度成功得多，而且许多突出成就远在1979年改革以前就已取得(中国在提高寿命预期值上的总的进步，事实上在改革后比在改革前要慢得多)。尽管印度在一些地方(如克拉克邦)的寿命预期值上升得比中国要快，但总体上看，中国完全占了优势。不过，中国却发生过严重的饥荒，在“大跃进”失败之后的1958—1961年，许多人死于这场饥荒。与此相比，印度在自独立以来没有发生过饥荒。我们可以看出，政府统筹的供给机制，其根本的缺陷就在于缺乏学习能力、灵活性和活力，从而使许多公共问题丧失了公开讨论或者应用其他替代方式解决的机会。②

2.“市场化”改革阶段

1978年党的十一届三中全会后，我国的公共服务供给机制发生了重要的变化，其中最为显著的就是走向“市场”。总体上看，改革使得公共服务供给单位(如事业单位)“越来越不像政府机关，越来越像企业，这就是改革的市场化方向”③。

从1980年起，国家开始对国家机关和行政事业单位试行“预算包干”办法，即经费包干使用、结余留用、超支不补。具体地，实行全额预算管理和差额预算管理的行政、事业单位按照上级单位批准的行政工作任务、事业计划和年度预算，包干使用预算资金。年终

① 蔡守秋. 环境资源法学教程[M]. 武汉：武汉大学出版社，2000：447.

② [印]阿马蒂亚·森. 以自由看待发展[M]. 北京：中国人民大学出版社，2002：181.

③ 世界银行. 中国：深化事业单位改革，改善公共服务提供[M]. 北京：中信出版社，2005：14.

结余和增收都留归本单位下年继续使用，不上缴财政，如有超支或短收也不补助。“预算包干”在一定程度上提高了单位加强财务管理，统筹安排使用预算资金的积极性，更为重要的是，它使大量的公共服务供给单位，如研究机构、学校、医院“在业务决策方面获得了更大的自主权，如工作计划、预算制定、用自创收入进行投资、职工激励机制、建立或取消内部机构、非国家调控类服务的定价、从银行借款等。但是事业单位领导人员的任命权仍掌握在上级主管部门和有关党政机关手中，而且事业单位在聘用和解聘职工方面很少拥有完全的自主决策权”①。这种情况下，公共服务供给呈现出一种不正常的“市场化现象”。

一方面，公共服务供给单位为了自身的生存，越来越多地用市场化的手段来自创收入。以医疗卫生服务为例，改革开放前，国家建立了针对城市居民的公费医疗体系和针对农村居民的合作医疗服务体系。改革开放后，政府对医院的投资大幅下降。中国卫生部发布的《2006 年中国卫生统计提要》显示，从 1980—2004 年，中国的卫生总费用从 143.2 亿元上升到 7590.3 亿元，占 GDP 百分比从 3.17％上升到 5.55％，而政府卫生支出却从 36.2％下降到 17.1％。在这种情况下，医院必须依靠自主创收来维持收支平衡，逐利性不断加强。

另一方面，公共服务供给单位仍然保持了“半官方”的垄断性质，市场仍无法有效配置资源。再以医疗卫生服务为例，根据周其仁教授的计算，1978—2005 年全国的医院数目仅增加 101.13％，门诊部增加了 119.8％，医院、卫生院床位增加了 43.5％(同期人口增加了 35.8％，所以每千人床位只增加了 21.3％)；同期全国医护人员的增加数，医生为 87.6％，医师为 155.2％，护士多一点，也不过 231.9％。也就是说，相对于卫生总费用增长 77 倍、个人卫生开支增长 197 倍，所有医疗卫生供给方面的变化，最高的是护士，增加了两倍多，医师增加了 1 倍半，其余包括医院、诊所、床位和医生数目的增加皆不到 1 倍。②换言之，公共服务供给面的竞争仍然是非常有限的，公共服务总体资源的增加亦非常少。

在这种不正常的市场化机制下，公共服务的供给单位不断加强营利性，而这种盈利性给医院带来的“超额利润”却无法通过供给面的充分竞争而平均化下来。其后果就是在社会保障制度不完善的情况下，公共服务的个人付费(Out-of-Pocket)部分的直线上升，如图 6-4 所示。

个人公共服务上升，到 2002—2003 年已经造成了民怨四起的情形。这直接表现为住房难、(小孩)上学难、看病难等所谓的“新三座大山”。根据卫生部 2003 年进行的《第三次国家卫生服务调查主要结果》，医疗服务费用的增长速度超过了人均收入的增长，医药卫生消费支出已经成为家庭食物、教育支出后的第三大消费。过去五年，城市居民年平均收入水平增长了 8.9％、农村增长了 2.4％，而年医疗卫生支出，城市、农村分别增长了 13.5％和 11.8％。同时，医疗保障覆盖水平较低，在城市，没有任何医疗保险的占 44.8％；在农村，没有任何医疗保险的占 79.1％。

除了事业单位走向市场之外，不少地方政府也开始探索公用事业、公共资源的市场化道

① 世界银行. 中国：深化事业单位改革，改善公共服务提供[M]. 北京：中信出版社，2005：14.

② 周其仁. 这算哪门子“市场化”[EB/OL]. [2011-11-02]. http://www.eeo.com.cn/2011/1102/214857.shtml.

路。这其中典型的例子有广东省深圳市公用事业市场化改革和安徽省舒城县干汊河镇“小城镇公益事业民营化”。2001年6月以来在小城镇公益事业建设与运营方面进行了民营化探索，采取特许权拍卖、合同承包、公开招标、政府补助等方式，先后在镇自来水厂建设与运营、集镇卫生保洁、幼儿园和小学建设与运营、公祭堂建设与运营等公益事业中进行民营化改革。可以说，服务供给的市场化机制在我国已经得到相当充分的应用，其力度并不小。

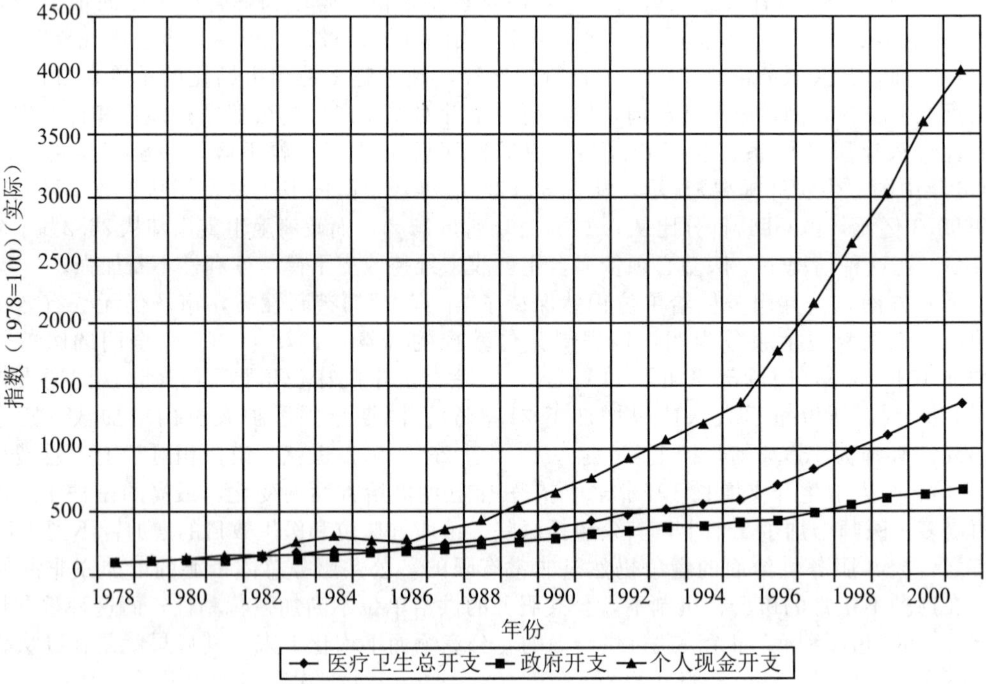

图 6-4　中国医疗支出情况的演变①

3. 重归公益阶段

2003年，中国发生了严重的“非典”疫情，长期以来经济和社会不平衡发展的问题集中地暴露出来。尽管疫情很快得到了控制，但这也促使人们进一步思考政府的职能定位问题，即政府在推动经济增长的过程中，是否需要将那些涉及人民生活健康等的公共服务也纳入职责范畴呢？2003年9月，温家宝总理在国家行政学院指出，“非典”疫情发生和蔓延的一个重要启示，就是要在继续加强经济调节和市场监管职能的同时，更加重视政府的社会管理和公共服务职能。此后，我国进入了公共服务体制机制改革的深化发展阶段，重归公益成为新的发展目标。

重归公益的第一个表现，就是促使事业单位回归公共服务本色。在我国，事业单位在

① 世界银行. 中国：深化事业单位改革，改善公共服务提供[M]. 经济研究，2005(8).

财政补助(全额或差额)和经费自理的原则性区分下，单位内部的创收往往与拨款混同一块。事业单位长期消耗约三分之一的国家预算开支。据多项统计研究，这些资源被越来越多地用于事业单位庞大的三千万人员自身。① 回归公共服务本身，主要是依据“公益性”标准，充分考虑不同行业、不同层次公共服务的特点以及特定经济社会发展水平下群众对公共服务的需求特点，对事业单位进行归口管理。例如，深圳市于 2006 年起推行事业单位改革，其思路就是“政事分离”，把不具备“公益性”的事业单位交给市场，把具备“公益性”的事业单位还原本色，由政府财政提供保障。实现政府职能归位，不应由政府提供的服务从现有事业单位剥离，交给社会去做。又如，2005 年 7 月，北京市海淀区启动了行政管理体制改革和公共服务供给体制创新试点，成立了公共服务委员会。同年 8 月，将海淀区卫生局、文化委所属 29 家承担公共服务职责的事业单位整建制纳入公共服务委员会管理；4 家承担社会管理职责的事业单位继续留在政府部门，并拟依照公务员管理；两家承担经营性服务职责的事业单位转制为企业，按照市场机制运作；将一家职能弱化的事业单位建制撤销。从组织体制上看，公共服务委员会体现了“政事分开，官办分离”的新型结构：政府负责宏观统筹规划；行业主管部门与事业单位脱钩，负责业务指导；公共服务委员会代表政府举办公共服务，对下属事业单位公共服务供给进行资源整合与规划、监督考核，促进其发挥公益性功能。

重归公益的第二个表现，就是推进基本公共服务均等化。1994 年分税制之后，原本承担大部分公共服务供给的地方政府的财政汲取能力大幅下降，尤其是基层出现了财政困难的现象。为此，党的十六届五中、六中全会后，党的十七大再次重申推进基本公共服务均等化，将实现基本公共服务均等化放在了经济社会发展至关重要的位置，指出要“按照全体人民学有所教、劳有所得、病有所医、老有所养、住有所居的要求，围绕逐步实现基本公共服务均等化的目标，创新公共服务体制，改进公共服务方式，加强公共服务设施建设，逐步形成惠及全民的基本公共服务体系。”国家在此阶段颁布了《关于进一步加强农村教育工作的决定》《关于进一步推进义务教育均衡发展的若干意见》《关于完善企业职工基本养老保险制度的决定》《关于发展城市社区卫生服务的指导意见》等政策。同时，地方各级政府分别从推进公共服务向农村延伸、改善公共财政支持制度、建立城乡统一户籍制度等方面进行了大胆的探索，也取得了令人瞩目的成就。

重归公益的第三个表现是，民营化出现“回撤”现象。这种逆转的现象，如美国的“合同回撤”似乎如出一辙。我国的这种“回撤”，主要是政府回购之前转制为民营企业的医院。2009 年，中共中央国务院发布《关于深化医药卫生体制改革的意见》，提出要强化政府在基本医疗卫生制度的责任，加强政府在制度、规划、筹资、服务、监管等方面的职责，维护公共医疗卫生的公益性，促进公平公正。此后，江西、上海、浙江等地陆续出现了回购民营化的举动。2010 年 11 月，杭州市余杭区更是大手笔地投入 3 亿元，将 7 年前以 7500 万元卖掉的 20 家乡镇卫生医院悉数回购。当然，这种“回购”尽管体现了医疗卫生重归公益的一个方面，但是也反映了我国的公共服务仍然缺乏一个长期、清晰的改革方向。

---

① 世界银行. 中国：深化事业单位改革，改善公共服务提供[M]. 北京：中信出版社，2005：14.

第 7 章

政府工具与绩效评估

政府工具是政府为了解决公共问题而采取的可辨别的行动机制。20世纪80年代以来，政府治理变革发生了很大的变化，政府工具变化殊深，从新公共管理到新公共服务进而公共治理的演进中，绩效评估一直都是政府“工具箱”中的有力武器，是政府治理和提高政府绩效的重要选择。

7.1 政府工具的含义与类别

7.1.1 政府工具的含义

政府工具也称政策工具或治理工具，按照《公共政策与行政国际大百科全书》的定义，是指“实现公共政策目标的手段”。欧文·E. 休斯在《公共管理导论》中指出，“政府的工具是指政府的行为方式，以及通过某种途径用以调节政府行为的机制”。[①] 莱斯特·M. 萨拉蒙等在《政府工具——新治理指南》一书中认为“政府治理工具，又称公共行动的工具，是一种明确的方法，通过这种方法集体行动得以组织，公共问题得以解决”。[②] 简言之，政府治理工具是为人们为了解决某一社会问题或达成一定政府目标而采取的具体手段与方

① [澳]欧文·E. 休斯. 公共管理导论[M]. 张成福，等译. 北京：中国人民大学出版社，2001：95.

② SALAMON L M. The Tools of Government：A Guide to the New Governance[M]. Oxford，New York：Oxford University Press，2002：19.

式，[①] 是政府为了解决公共问题而采取的可辨别的行动机制。可以从政府工具的本质、结构、可辨别性三个方面来解释其含义。[②]

1. 政府工具的本质是政府活动机制

具体包括四个层次：①某种物品或服务，例如，为公众提供住房信贷资金、教育代用券或信息服务。②提供某种物品或服务的媒介，例如，政府可以采取凭单制、合同外包、特许经营等多种方式来提供公共服务，这些不同的方式就构成了不同的政府工具。③提供物品或服务的部门，例如，政府部门、非政府部门或者盈利部门。④一套规则，包括正式的或者非正式的，主要用于界定各提供者之间的关系。[③] 通常情况下，提供服务的部门按照某种规则组织起来，选择一定的工具，向公众提供某种物品或服务，就形成了一套政府活动机制。

2. 政府工具的结构化

当代社会公共问题的日趋复杂，使得任何单一的政府治理工具都不足以完全解决某一公共问题，这便需要政府在“工具箱”中考虑和选择各种不同的治理工具，使不同的工具相互组合、互相作用以实现最优效果，这就涉及政府工具组合的结构化问题。而政府的治理过程正是由这些按照某种固定方式相互作用并组合起来的一系列政府行动所构成。由此，政府工具实际上是政府治理过程的一种结构化的显现，政府工具建构着政府行动。萨拉蒙指出，政府工具的这种结构化特征是相对稳定的，工具所要加强的政府行动之间的关系不是自由或短暂的，相反，是制度化的行动模式。

3. 政府工具的可辨别性

萨拉蒙指出政府工具的可辨别性是指每一类政府工具都有某种共同的属性，这种属性使其在被运用到政府治理的过程中能够被识别，同时，属于一类的各种工具在运行上又有独特的属性，使其与其他工具得以区分。

7.1.2 政府工具的类别

在政府工具的研究中，工具分类一直是重要的基础性研究领域，对政府工具的分类研究有利于更清晰地了解不同政府工具的性质、差异和特点。由于分类所依据的标准不同，学者们形成了不同的工具分类结果。

罗威、达尔和林德布洛姆按照强制性标准将政府工具分为强制性工具和非强制性工具。霍莱特和拉梅什用同样的标准提出了志愿性工具、强制性工具和混合性工具的三分法(见表 7-1)。强制性工具的特点是用规制和直接行为的方式对市场组织和社会个体施加影响，以实现期望的政策目标。志愿性工具是指在所期望实现的任务上，减少政府的介

① 陈振明. 政策科学——公共政策分析导论[M]. 北京：中国人民大学出版社，2004：170.

② 张璋. 理性与制度——政府治理工具的选择[M]. 北京：国家行政学院出版社，2006：19-23.

③ SALAMON L M. The Tools of Government：A Guide to the New Governance[M]. Oxford，New York：Oxford University Press，2002：36.

人，而是由民间力量或市场自主运作。混合性工具的强制性介于强制性工具和志愿性工具之间。胡德在《政府治理工具》一书中从控制论的角度出发，首先将政府工具分为获取信息的工具和影响社会的工具两大类，并从政府可利用资源的角度提出政府治理工具的四种基本类型：信息类工具、财资类工具、权威性符号和组织类工具。麦克多内尔和艾莫尔根据工具所要获得的目标，将政府治理工具分为命令性工具、激励性工具、能力建设工具和系统变化工具四类。萨拉蒙等在《政府工具》一书中将政府常用的治理工具分为直接行政、社会管制、经济管制、合同、拨款、直接贷款、贷款担保、保险、税式支出、收费、用户付费、债务法、政府公司、凭单制等(见表7-2)。

表7-1　政府工具分类①

志愿性工具	混合性工具	强制性工具
家庭与社群	咨询与劝告	管制
自愿性组织	公营事业	补助
私有市场	征税与使用者付费	直接提供服务

表7-2　政府工具的类别②

政府工具	物品/行动	工　具	供给系统
直接行政	物品或服务	直接提供	政府当局
社会管制	禁止	规则	政府当局或管制者
经济管制	公平价格	进入和比率控制	管制委员会
合同	物品或服务	契约和现金给付	商业和非营利组织
拨款	物品或服务	付款或现金给付	下级政府和非营利组织
直接贷款	现金	贷款	政府当局
贷款保证	现金	贷款	商业银行
保险	保障	保险政策	政府当局
税式支出	现金和激励	税收	税收系统
用者付费	商业罚款	税收	税收系统
凭单制	物品或服务	消费补贴	政府当局
政府公司	物品或服务	直接提供或贷款	准公共机关
债务法	社会保护	侵权法	法院系统

随着各国由工业社会向后工业社会或信息社会的转变，传统的公共行政学理论及实践

① HOWLETT M，RAMESH M. Studying Public Policy：Policy Cycles and Policy Subsystems[M]. Oxford University Press，1995：82.

② SALAMON L M. The Tools of Government：A Guide to the New Governance[M]. Oxford，New York：Oxford University Press，2002：21.

模式显得越来越不适应，西方各国相继开始了公共管理领域的改革。到了 20 世纪 80 年代末 90 年代初，随着各国政府改革运动的深入展开，新公共管理作为政府管理领域的新范式以及政府管理实践的新模式形成和发展起来。① 这场改革的核心不只是政府管理的范围与规模发生了根本性的变化，公共行为的工具也发生了根本性的变化。② 与传统的公共行政主要局限于由政府官僚机构直接提供公共产品和服务相比，新公共管理范式下，政府治理工具呈现出多元化的发展趋势，当代政府改革与治理中常用的政策工具可以分为市场化工具、工商管理技术和社会化手段三种类别。③ 这三类政府工具在当代政府治理过程中得到了广泛的运用。市场化工具是指在某一方面具有明显市场特征的方式、方法和手段，包括民营化、用者付费、合同外包、特许经营、凭单制、税收与补贴、分散决策、放松管制、产权交易和内部市场等。政府治理中常用的工商管理技术包括全面质量管理、目标管理、绩效管理、标杆管理和流程再造等。社会化手段包括社区治理、志愿者服务、公私伙伴关系、公众参与及听证会等。

7.2　政府工具的选择与评价

7.2.1　政府工具选择与评价的标准

1. 政府工具选择的标准

明确了政策目标之后，政府部门和公共管理者必须设计和选择某种有效的治理工具，使目标群体的行为朝着预设的政策目标的方向发展，从而顺利实现政策目标。那么，在琳琅满目的政府工具中，应该如何选择合适的工具来实现有效的治理呢？这就涉及了政府工具的选择问题。在选择政府工具的过程中，决策者并不是盲目地凭个人喜好作出选择，而是根据一些选择标准作出决策的。在评价一项公共政策时，通常会考察它的效率、公平和有效性情况，但在选择一个政策工具时，还要考虑到这个工具在具体治理过程中的可行性和它在政治、法律方面的合法性。也就是说，政府工具的选择是多种价值权衡的结果。因此，选择政府治理工具的标准主要有：有效性、效率、公平、可行性和合法性。

(1)有效性

有效性衡量的是治理工具对治理目标的实现程度，它是判断公共行动是否成功最为重

① 陈振明. 评西方的"新公共管理"范式[J]. 中国社会科学，2000(6).

② [美]莱斯特·M. 萨拉蒙. 新政府治理与公共行为的工具：对中国的启示[J]. 李婧，译. 中国行政管理，2009(11).

③ 陈振明. 政府工具导论[M]. 北京：北京大学出版社，2009：41-43.

要的标准。若一项公共行动达到了目的，那就是有效，如果一项公共行动没有达到预设的目标，那么这项公共行动就没有任何意义。按这个标准，最好的政府治理工具就是能够充分解决公共问题的工具。但是，有时很难判断政府治理工具是否有效，一方面是因为公共行动的目标具有多重性和模糊性，另一方面是因为不同的工具适应不同的环境和制度基础。因此，很难设立具体的、科学的、客观的评价指标体系来衡量政府工具的有效性程度，尤其是当公共行动的目标涉及某种价值目标，例如，促进社会公平、维护生态安全、提高交易效率等时，政府工具的有效性就更难衡量了。这些价值目标不仅难以量化和测量，而且大多数治理工具见效的周期也相对较长，尤其是生态环境价值这一类，难以在当期进行评价。

(2)效率

我们既要关注一项公共行动是否达到预设目标，又要关注实施这项公共行动所需耗费的成本，也就是说我们不仅要关注工具结果，还要关注工具成本，效率就是用来衡量政府工具的收益和成本比例的。政府治理工具的成本不仅包括政府的直接成本，即政府运用工具完成公共行动的各项支出，还包括其行动对象为接受公共服务或管制所需要付出的代价，以及与政府合作完成公共行动的私营部门、非营利组织的成本。例如，住房券工具提升了受补贴家庭的住房支付能力，改善了其居住条件，但同时，这一工具的使用会提高住房市场价格和租金水平，使得没有受到补贴的家庭需要多承担住房支出。从成本的类别来看，政府工具的成本不仅包括生产成本，还包括工具的制定和实施过程中产生的一系列交易成本。例如，在“补砖头”住房保障政策工具的运行中，相关住户的住房支付能力调查及信息收集成本，公共住房建造规模与区位选择，建造成本核算，租价水平拟定等协商与决策成本，公共住房分配与管理过程中准入与退出制度实施的信息成本、协调成本及监督的成本等，都构成了这一政府工具的交易成本。按照这一标准，最有效率的政府工具是成本最少的工具，在计算成本时要将各类社会成本及交易成本都统筹在内，全面地评价某一政府工具的效率。需要指出的是，工具的收益和成本在时间分布上往往会不一致，例如，成本是未来支付的延期成本，而收益是当期兑现的直接受益，这时就要选择合适的贴现率计算收益和成本的现值。在实际管理中，有些工具能很好地实现预设目标，但是成本过高，有些工具花费的成本不高，但又达不到预期效果，即缺乏有效性，这些都不能称之为高效率的工具。

(3)公平

公平是相对的，没有绝对的公平。对政府工具的公平性的评判有三层含义：①一般意义上的公平。在经济治理中，政府工具的选择首先要保证个人的贡献和收益成正相关，谁从服务中获益，谁就要承担相应的成本。在环境、资源的治理中，还要考虑到代际公平问题，不能以当代人的发展为理由损害未来各代人的利益。②伦理道德上的公平。这层公平的含义，即罗尔斯所说的，要将社会资源平均分配给社会上的所有人，使境况糟的人境况变好，这从全社会的范围来看是比较公平的。对社会公民基本权利的保障以及对需要特殊照顾的弱势群体的扶持，也是政府工具应具有的基本道德情怀。③程序制度上的公平。这层含义主要指政府资源和服务在社会各个阶层和群体之间的公正分配，即政府行为的公正对待。任何一个公共问题，都会涉及或多或少的利害关系人。在进行政府工具的制定和选择时，必须公平地对待各方利害关系人，将其纳入政府工具的选择过程中，充分表达他们的利益诉求，使政府工具对象和其他利害关系人受到平等的对待。

(4)可行性

政府工具的可行性包括两个方面，一是可执行，二是可管理。当前社会问题日趋复杂，单纯一个工具的使用已经很难完全解决一个公共问题，需要多种工具相互配合使用。工具越是复杂，所涉及的参与者就会越多，相对应的执行的难度就越大。有些工具从理论上看能带来很好的效果，实践中却往往因执行难度大而失效。为此，有学者甚至把是否可执行作为评判政府工具的第一标准。在可执行的情况下，还要保证执行过程的可管理性。随着政府工具涉及越来越多的私营部门及非营利组织等主体，第三方逐渐分享了政府对公共权力的自由裁量权和对公共财政资源的使用权，政府已经很难完全将所管理的项目置于自己的控制下。例如，在特许经营、合同外包等政府工具的使用中，与政府合作的这些组织在选择与政府形成合作关系时都带有自身的目的、条件、期望等，如果在执行中没有受到一定的约束，就很可能会偏离政府期望的目标，因此必须事先将约定在双方签订的合同中注明，以方便后期管理。因此，可管理性也是政府工具选择中不得不考虑的一个重要标准。按照以上可执行和可管理的标准，那些最简单和最直接的工具就是最好的政府治理工具。

(5)合法性

合法性包含政治意义上的合法性和法律意义上的合法性。政治意义上的合法性即民众对政治系统的同意与支持，这是有效治理和政治稳定的基础。运用间接性的政府工具来提供公共服务时，一方面，公民享受服务与纳税之间的联系变得不像传统行政模式下的那么紧密；另一方面，政府的间接工具割裂了层级控制，使得部门管理者缺乏手段来保证实现所希望的政策结果。这可能会削弱政府统治的合法性。[①] 法律意义上的合法性即政府工具的选择必须符合各项法律规定，不能违宪犯法。在法治社会，依法行政成为公众评判一个政府是否具有合法性的重要标准。因此，在选择政府工具时要注意考虑所选的工具的使用对政府合法性的影响。

2. 政府工具评价的标准

选择政府工具的过程其实就是评价政府工具的过程。评价一个政府工具或一套政府工具组合，可以从有效性、效率、公平、可行性、合法性等方面进行考量。从有效性的角度看，要能够解决公共问题，充分实现预设目标；从效率的角度看，要实现收益与成本的比率最大化；从公平的角度看，要维护社会各方的利益、扶持社会弱势群体并实现最大程度

① [美]莱斯特·M. 萨拉蒙. 新政府治理与公共行为的工具：对中国的启示[J]. 李婧，译. 中国行政管理，2009(11).

的民主参与；从可行性的角度看，既要可执行又要可掌控和管理；从合法性的角度看，不仅要符合法律法规的要求，还要维护政府的合法性。当然，一般情况下所选的政府工具不能满足以上所有的要求，这时就要对众多工具的优势进行对比，根据具体的公共行动的需求，在政府工具箱中选择合适的工具。

7.2.2 政府工具选择与评价的影响因素

1. 影响政府工具选择的因素

政府工具的选择是一个复杂的政治经济过程，不仅取决于政府公共行动的目标、政府工具自身的特性，还受到当时当地的政治经济状况和社会环境的影响，是一个比较复杂的选择过程。

(1)公共行动的目标

公共行动具体要达成的目标是选择政府工具的首要影响因素，也是选择政府工具的依据和出发点，工具为目标服务，目标决定工具。如果政府工具选择不当或运用不好，无法获得应有的社会效益，那么即使它花费的成本再少，单位时间内效率再高，该公共行动也没有太大意义。因此，在政府工具的选择和运用中，不仅要求公共行动的目标要具体、明确，还要求政府工具与公共行动目标相匹配。随着经济社会发展面临的复杂性和不确定性的增加，许多公共问题的解决不仅牵一发而动全身，而且蕴含着越来越大的政治、经济和社会风险，如此一来，政策目标的设定就面临着不确定环境下的多个关联甚至冲突的子目标之间的平衡，政府工具的选择过程也就相对更加复杂。以中国住房市场调控为例，地方政府在设定公共行动目标时面临着多元因素的统筹兼顾：辖区居民基本居住权利的保障、地方经济发展与地方财政收入增长、增加就业与社会稳定等，这使得多年来调控目标的设定呈现出模糊化的特征，如“保持房价稳定”等，进而影响到了调控工具的理性选择。

(2)政府工具的特性

每种政府工具都有其自身的优缺点，都有其特有的运行特征、技术要求和适用条件。政府工具在强制性、自治性、直接性、可见性等方面的特征，对工具的有效性、效率、公平、可行性和合法性等绩效标准产生很大的影响。在对公共行动对象的行为进行约束和规制时，不同政府工具之间的强制性程度具有很大的差异性。例如，公共信息就属于强制性较低的政府工具，它不要求公共行动对象完全服从，民众可以自由选择自己的行为。而针对破坏社会和市场秩序的行为进行的规制和惩罚，则属于强制性较强的一类，目的是维护政府管理的权威性，预防和制止混乱局面产生，高效完成公共行动目标。考察自治性可以看某一政府工具为公众提供公共服务的过程中，起主体作用的是政府机构还是市场。如果一项公共行动完全由政府机构承担，该政府工具的自治性程度就比较低。反之，如果政府工具利用非政府机构来提供公共产品和公共服务，那么这种政府工具的自治性程度就较高。自治性程度较高的政府工具效率较高，适应性较强，但是公平性和有效性都较差。自治性程度较低的政府工具则在公平性和有效性方面较高，在效率、适应性方面较差。直接性衡量的是政府为社会提供的产品或服务是政府直接提供的还是间接提供的。受限于政府的规模和功能，很多公共服务和公共产品很难完全由政府直接提供，而需要政府通过市场机制引入第三方机构来间接提供。间接的政府工具可以让民众在众多的公共服务提供者中自由选择，有利于引进竞争机制，提高公共产品和公共服务的质量。由于提供主体的复杂性对政府的管理带来挑战，因此对政府管理而言，直接性强的政府工具更受欢迎。可见性衡量的是政府工具所需要的资源能否进入一般的政策辩论过程，特别是能否在预算过程中反映。如果政府工具运行过程中花费的人力、物力、财力及最终的效益都能用具体的数据进行测算，能够通过表格的形式清晰地反映出来，这类政府工具就属于可见性程度较强的，也正是因为这类政府工具的投入和产出容易测算和把握，所以更容易受到公众的赞同和支持，但公共部门和行政人员的责任和绩效也更加明确了。随着政府面临的问题变得越来越复杂，单一工具难以实现多元化的政策目标，政府工具的选择呈现出协调互补的多元组合特征。以污染治理为例，排放限额、设备投入等直接管制工具具有更易见效和更具公平性的优点，但是要付出高昂的信息成本和监督成本，而且不能提供促进企业技术进步的激励。治污补贴、排污权交易等基于市场的政府工具则具有自治性和间接性的特征，不仅考虑到污染源的异质性，实现了污染治理中的经济效率，而且能够激励企业不断进行技术创新。但是，这种工具比较复杂，也存在污染许可初始安排、排污指标转换比率设定等方面的公平性问题。实际上，各国基本都综合运用罚款、标准许可、补贴、排污权交易等多种政府工具来治理污染。因此，需要在权衡各工具优缺点的基础上，寻找与公共行动目标最为匹配的政府工具组合。

(3)公共行动的组织

工具选择过程是在复杂的决策链条的众多节点上达成共识的过程。首先，政府组织决定了政策过程的正式舞台和程序，并规定了政策参与者之间的权利关系。职能目标、组织文化与管理能力决定了政府官僚组织对各项政府工具的基本偏好。随着公共问题复杂性的增加，所涉及的部门数量越多，职能交叉也就越显著，因此，部门的政策工具之争成为官僚组织的职能职权之争。以中国房地产市场调控为例，为了协调各行政部门之间的意见分歧，各地方政府组建了领导小组。其次，随着合作伙伴关系在公共问题解决中的广泛运用，第三方部门在分享关键的公共权力的同时，也削弱了政府组织的直接控制能力。企业公司、非营利组织、行业协会、社区自治组织等组织的发育成熟程度对市场化和社会化工具的选择有着重要的影响。例如，可竞争市场的存在是合同外包、特许经营等工具有效运用的必要条件；非营利组织严格遵守公益性的价值是其行为不偏离公共目标的基本条件。

(4)社会团体的影响

理性的个体或团体会出于维护自身利益的需求而影响政策过程，以期公共部门选择使其受益最大而负担的成本最小的工具。在特定政策过程中，具有共同利益趋向和政策倾向的组织和个人形成的利益集团会影响政府工具的选择。迫于利益集团的压力，具有经纪人性质的政府官僚往往会选择具有较低可见性和较高可接受性的工具。例如，通过采取颁发许可证、规定进出口配额等管制工具来阻止新竞争者的进入，以实现利益集团的高额垄断利润。现阶段，随着中国政府治理的重点从速度型发展转向规制型发展，经济治理涉及存量利益的重新分配，政策损益表现出不确定性，不一定是帕累托改进的过程[①]，政府工具选择面临着来自利益受损的社会群体及利益受到威胁的既得利益集团的越来越大的压力。在房地产调控领域，在既有的中央和地方关系的背景下，房地产商作为特殊利益集团，利用增加地方政府财政收入的“捐税”行为，成功捕获了地方政府，促使其选择性地执行中央旨在抑制房地产的宏观调控政策。[②] 与经过有效组织的利益集团相比，社会公众作为政策最为广泛和直接的利益相关者，趋向于选择具有较高的可见性和公平性的政府工具，当公众广泛参与政府工具的选择过程并形成相对集中的意见时，也会形成一定的政策压力。相对于利益集团有组织的施压形式，公众形成的压力往往会引发突发性事件或群体性事件。

2. 政府工具选择中应注意的问题

要对政府工具作出科学的选择，发挥政府工具应有的作用，还应注意以下两个问题：一是政府工具的选择要考虑到具体的行政条件和环境，包括行政人员的特点。不同的政府工具具有不同的特征和使用对象，没用任何一种政府工具是万能的，因此要充分运用权变理论，根据具体的条件进行具体分析。尤其是在引进国外先进治理理念和政府工具时，不能照抄照搬，而要结合我国政治、经济、文化传统等因素，使之能够达到政府的预期目标。二是政府工具的选择要建立在对各个政府工具进行充分分析研究的基础上。要详细分析每一种政府工具的优缺点及其使用的条件，比较不同政府工具的属性和特点，综合考虑既定环境下选择某种政府工具的后果，权衡利弊得失，尤其要注意的是政府工具的可操作性和环境的支持度问题。

7.3 政府工具运行特征及操作规则

7.3.1 政府工具的运行特征

从价值判断的角度来看，政府工具在强制性、直接性、自治性和可见性等方面有着各自的运行特征，这对政策有效性、公平性以及合法性等产生了不同的影响。[③]

1. 强制性

强制性是指政策工具施加鼓励或惩罚手段而对个人和群体的行为进行限制的程度。它

---

① 薛澜，陈玲．制度惯性与政策扭曲：实践科学发展观面临的制度转轨挑战[J]．中国行政管理，2010(8).

② 杨帆，卢周来．中国的“特殊利益集团”如何影响地方政府决策——以房地产利益集团为例[J]．管理世界，2010(6).

③ SALAMON L M. The Tools of Government：A Guide to the New Governance[M]．Oxford，New York：Oxford University Press，2002：25-37.

反映了一个政策工具偏离市场机制进行资源配置的程度，经济学家们通常称这种偏离为“市场缺陷”。从政治学的角度来看，强制性能揭示出政治系统尤其是民主体制的运行状况。政府治理工具的强制性越高，那么个人和群体的自由活动空间就越小，个人和群体的自由也就越容易受到侵犯。

虽然任何政府工具都具有一定程度的强制性，但是每种政府工具在强制性上还是存在很大差异的。税式支出、社区治理、利害相关人听证是强制性最低的政府工具。这些工具要求个人和群体采取自愿行动，个人权利的行使不受政府权威的挑战，从而不会对市场机制产生显著的扭曲，并能够获得很高的政治支持。凭单制、合同外包、特许经营、贷款担保、政府公司、用者付费、政府保险是强制性较为适中的政策工具。这些工具通常都通过建立激励约束机制对个体行为施加影响，也不会对市场机制产生显著的扭曲，且能够产生较高的效率。进入许可、价格规制、标准设定等经济性和社会性管制工具的强制性最高。这些工具对个人和群体的行为施加了直接限制，具有较高的有效性，并有助于再分配目标的实现，但是，由于政府要同时面临无数个个体，管理过程较复杂，因此这些工具的管理成本会很高，而且适应环境的能力也很差。

2. 直接性

直接性主要指的是某一个实体为执行具体的行动任务而运用权威、投入资本或采取行动的程度，或者是在一个集体行动中加入的行动实体的复杂程度。它包括两方面的含义：①任何解决一个公共问题的行动都是由一系列单独的活动组成的。②这些活动并不一定都由一个组织实体来开展。例如，用修建地铁的方式来解决城市日益拥堵的交通问题，在这一公共问题的解决过程中，涉及决策、融资、地铁建设、地铁运营管理等方面的工作，如果这些活动都由政府来承担，那么直接性就很高。也就是说，一个机构在某项公共活动中涉及的功能的数目越多，其直接性就越强。

在政府工具箱中，社区治理、贷款担保、凭单制等工具具有很强的间接性。这些间接的治理工具可以让公众有更多的选择权和自主权，在公共服务提供者之间创造出更多的竞争，因此具有较高的效率。但是由于涉及的竞争主体较多，不易管理，在缺乏成熟的市场和公民社会的条件下，它的有效性就会受到影响。税式支出、合同外包、标准设定等工具是直接性较为适中的工具。这些工具的运用通常也涉及不同层级的政府部门、私营部门、非营利组织等组织实体，会形成公司合作伙伴关系，其有效性也相对较低，容易受到市场基础、第三部门发展等外部环境的约束。经济管制、政府公司、直接行政等工具具有很强的直接性，因此这些工具在有效性、公平性和易于管理性方面占有优势，但往往造成显著的效率损失，适应性也很差。

3. 自治性

自治性测量的是政策工具是利用现有的行政机构来运作，还是创建独立的特别机构来运作。政策工具的自治性随着依赖政府机构来运作的程度的加深而降低，而那些利用市场机制和自我治理的政策工具，其自治性程度就较高。

在政府工具箱中，经济管制、社会管制、直接行政、国有化等工具具有较低的自治性程度，都需要依靠特定的政府机构或者政府组建的国有公司来运行，这使得这些工具尽管公平性和有效性较好，但是效率较低且适应性较差。政府补贴、贷款担保、合同外包等工具是自治性程度较为适中的工具，这些工具的运行基本可以利用现有的税收系统、金融系统、法院系统等管理机构，并且主要依靠市场机制来提供公共产品和服务，具有较高的效率。凭单制、用者付费、税式支出、社区治理等工具的自治性程度较高。例如，凭单制里面的教育券，将购买服务的权力赋予接受服务的家庭而不是提供服务的学校，家庭可以通过市场机制而不是行政机制来选择其所需要的教育服务。由于这些工具是充分利用市场机制或自我治理机制来实现治理目标的，因此这些工具具有很高的效率和很强的适应性，但是在公平性和有效性方面则不大理想。例如，住房抵押贷款利息所得税减免的税式支出工具的最大受益者往往是那些买得起更好住房的中高收入家庭，而低收入家庭则很难从中获益。

4. 可见性

可见性描述的是工具所需要的资源能否进入一般的政策辩论过程，特别是能否在预算过程中反映。[①] 工具的可见性越强，采用它们的公共行动所担负的责任就越大，工具的可见性越低，采用它们的公共行动的无效率和不公平性就很难被发现和意识到。

在政府工具箱中，经济管制、社会管制、标准设定等工具具有较低的可见性。由于这些工具的成本和收益不容易计算，难以在预算中准确反映出来，所以这些工具通常能够获得政府的政治支持，但是通常情况下效率较低，而且，由于容易受到特殊利益集团的影响，这些工具可能会偏离社会公平性目标。合同外包、贷款担保、税式支出等工具的可见性程度适中。直接行政、政府公司、政府补贴、凭单制等工具的可见性程度则较高。因为这些工具的成本和收益较清晰，通常情况下可以在预算中体现出来，也常常成为政策辩论的焦点，因此这些工具的效率和公平性可以得到一定程度的保证。例如，面向消费者的住房券工具相比面向生产者的税收减免工具具有更高的可见性，不仅给符合条件的低收入家庭提供了更多的选择空间，同时也避免了开发商及不符合条件的家庭等经济主体的寻租行为。

7.3.2 政府工具的操作规则

明确了政府工具的运行特征之后，应该如何使用这些工具以实现经济治理目标呢？这就涉及了政府工具操作方面的问题。总的来说，理论界形成了两种可供政府选择的操作规则，即规则行事和相机抉择。同时，不同政府工具存在不同长短的政策时滞，需要政策制定者或工具选择和运用者给予关注。

1. 规则行事论

如果政策制定者事前宣布政府工具如何对各种情况作出反应，并承诺始终遵循这种宣

① 陈振明. 政府工具导论[M]. 北京：北京大学出版社，2009：30.

布，那么对政府工具的操作就是按规则行事的。① 规则行事往往以法律法规等形式出现，例如，一个货币政策规则就是在一定模型下在给定社会福利目标下的货币政策工具操作指南，是在货币政策实施之前事先确定并据以操作政策工具的程序或原则。

按规则行事的治理方式具有时间一致性，即经济动态情境下，规则治理可以阻止工具运用者盲目操作，有利于经济个体形成稳定和一致的预期，在制度层面建立经济行为规范。但是，规则治理的效率依赖于规则能否得到严格遵守和规则制定是否科学这两个因素。② 以法律为例，完全的执行力意味着各类规范经济行为的法律法规一旦制定，必须得到严格执行。规则能否体现经济发展的内在客观规律则受到立法者对经济理论的认知与掌握情况、立法程序与过程的科学性等一系列因素的影响。

2. 相机抉择论

相机抉择也称为斟酌使用，是指政府根据经济运行的阶段特征和政策效果来相机抉择使用不同的经济治理工具。例如，货币当局在运用货币政策工具调节经济的过程中，不受遵循任何显性或隐性的程序或原则的约束，而是依据实际经济状况相机而动，以实现特定的货币政策目标。麦卡勒姆(McCallum，1997)指出，相机抉择意味着货币当局要在政策的每一阶段都实现优化，而规则意味着货币当局在每一阶段执行原来选取的用于一般情况下的决策区间的偶然性公式。

与规则行事相反，相机抉择能够最大限度地给予政府治理经济的灵活性，它赋予政策制定者或政府工具的运用者对那些没有预见到的或是在规则中不可描述的偶然情况作出快速反应的灵活性。例如，相机抉择的货币财政政策能够针对不利的供给波动或意外的需求波动迅速、灵活地进行政策调整，以缓解不利冲击可能引起的危害。但是，这种治理方式存在两方面的典型缺陷：①时间非一致性问题(Kydland 和 Prescott，1977)③。在某些情况下，决策者会提前宣布他们将遵循的政策，以便影响私人决策者的预期。但在私人决策者根据他们的预期行事后，这些决策者又可能会因为受到某种诱惑而违背自己的宣言。例如，为了鼓励投资，政府宣布将不对资本的收入征税，但在工厂建成之后，政府受到诱惑并放弃承诺，以便从中得到更多的税收收入。认识到决策者可能前后不一致，私人决策者就不会再相信政策宣言。因此，若政府无法对未来决策作出有约束力的承诺，那么就会面临可信度的问题，公众也就无法从政府的相机抉择治理中识别并形成稳定的预期，也会对政府的公信力产生不利的影响。②决策者的失误和政治过程问题。在相机抉择的治理方式中，受限于治理机构的知识边界和经济系统的复杂性，有限理性的决策者往往不能做出有根据的判断。从政策制定的政治过程来看，当决策者的目标与公众福利冲突产生机会主义

① [美]N. 格里高利·曼昆．宏观经济学[M]．张帆，梁晓钟，译．北京：中国人民大学出版社，2005：369.

② 庞晓波，刘延昌，黄卫挺．经济治理理论与中国经济发展[J]．经济纵横，2010(5).

③ KYDLAND F，PRESCOTT E. *Rules Rather Than Discretion*：*The Inconsistency of Optimal Plans*[J]. The Journal of Political Economy，1997，85(3)：473-492.

行为时，相机抉择的治理方式为政治家谋取政治利益提供了条件。这种为政治利益而操控经济的现象被称为政治性经济周期。上述缺陷意味着：在一个民主社会中，政府应该选择简单而易于被公众理解的政策规则，同时保持对政策的坚定约束，提高政策的稳定性和可信度，而不是进行相机抉择。

3. 政策时滞性

在政府工具的操作中，无论采用何种操作规则，都应该注意一点，那就是政府工具的使用是存在时滞性的，且不同的政府工具存在不同长短的政策时滞，需要工具使用者或政策制定者给予关注。政策时滞性是指从经济形势发生变化或出现问题，客观上需要调整现有政策或出台新的政策，到公共政策的决策层和执行对经济社会产生效力，实现预期的治理效果或目标所需要的时间，即一项公共政策从认知、制定到产生效果所必须经历的一段时间。

通常，政策时滞包括内在时滞和外在时滞。内在时滞是指从经济现象发生变化，需要采取对策对其加以校正开始，直至决策者对这种冲击作出采取适当的政策工具的反应为止的时间。内在时滞可分为认识时滞和行政时滞。前者是指当经济现象发生变化时，决策者获取准确的数据资料、分析判断问题的实质、将此问题纳入政策议程所花费的时间，后者是指决策者明确公共行动的目标，设计、评估与选择适当的政策工具与政策方案等所花费的时间。外在时滞是指从决策者采取行动开始，到其采取的政策工具产生经济影响之间的时间。外在时滞可以分为中间时滞和生产时滞。前者是指决策者将政策传达到具体政策执行机构和微观市场主体，从而影响个人、企业或非营利组织等部门的消费、投资或支出决策的时间，后者是指市场主体作出决策后，对社会经济运行状况产生影响的时间。

政策的时滞性要求政策的制定和执行必须具有预见性。在政府工具箱中，不同的政策工具的政策时滞性具有显著差异，货币政策工具有着相对较长的外在时滞，税式支出、政府补贴等财政政策工具的内在时滞则相对较长，直接行政、经济管制等直接性较高的政策工具则具有相对较短的时滞性。

7.4 政府工具运用的绩效评估

7.4.1 绩效评估的作用

新公共管理理论认为，西方治理危机发生的根源主要在于传统政府定位失误，政府既是掌舵者，又是划桨人。为了重塑和改造科层制的政府官僚机构，提高政府绩效，需要在政府管理实践中引入市场管理规则，将大部门划为小单位，把公共服务内容外包给私人承包者，在政府人事管理制度中引入政府绩效激励机制，使政府从划桨人的身份中解脱出来，变成一个掌舵者。绩效管理在本质上是一种关注技术、方法和工具的机制管理，在持续发展的新公共管理运动中，承担着核心机制和重要工具箱的双重使命。绩效评估在绩效管理工具箱中发挥着基础工程、技术核心、运行导向和推动机制等多重价值效应。[①] 绩效评估对于提高公共部门的绩效管理有直接的促进功能，在整个绩效管理体系中，起承上启下的作用。[②] 政府工具运用的过程其实就是政府管理的过程，对政府绩效的评估在很大程度上就是对政府工具绩效的评估。

1. 绩效评估是政府工具运用的反馈机制

在政府工具运用的过程中，要提高绩效，首先必须确立一个信息贯通机制，即一个了解机制。对政府工具进行绩效评估，不仅要了解内部机构比例、人员匹配、领导职数等静态结构，更要了解工具运用的具体情况，了解工具运行的动态过程，了解工具目标的实现程度，了解民众对工具实施结果的满意程度等。如果没有这样的了解机制，就不知道所运用的政府工具是好是坏、有没有起到作用、是否能很好地实现政策目标、群众是否满意等，自然也就不会有什么绩效。绩效评估就是这样一个了解和反馈的机制，通过真实有效的评估，可以帮助我们较客观全面地把握一段时间以来政府工具运用的相关信息，为落实其他绩效环节收集资料，也为提高总体绩效水平提供依据。对于评估的作用，戴维·奥斯本和特德·盖布勒在《改革政府》中作了概述：测量可以推动工作，若不测定结果，就无法辨别成功还是失败，看不到成功就不能予以奖励，不能奖励成功就有可能在奖励失败，看不到成功就不能从中学习，看不到失败就无法纠正失败，展示成果才能赢得公众支持。美国著名的公共管理学家马克·霍哲也指出："为了对政策制定者和服务对象强调他们从税款中得到了什么收益，机构需要能够评估，并衡量和报告他们完成了什么。"[③]

2. 绩效评估是政府工具运用的约束机制

"对于怀疑自己竞争能力的服务项目经营者来说，关于效率和实效的确凿可靠的信息可能是极大的威胁……在政府职能之内，不论什么时候把干得最好和最差的挑出来是有威胁的"[④]。绩效评估的目的就在于落实责任，为奖优罚劣、奖勤罚懒提供依据。绩效评估本身只是一种工作状况的综合反映，但是，把评估结果与原先设定的工具目标进行纵向对比时，就会发现其间的差距，而经常将某个部门的绩效信息与其他部门的绩效信息进行横向对比，也会发现很多问题。有对比就会有差距，公开这种差距将加大工作压强，促使落后者向先进者看齐，让优秀的人得到鼓励而更有动力，这一过程其实也是对政府工具的实践考验。同时，通过规范化、制度化的评估工作，可以推动公共部门对民众的需求及时作出反应，提高政府的回应性。并且，"组织绩效评估，提供组织绩效方面的信息，鼓励和

---

① 卓越，赵蕾．绩效评估：政府绩效管理系统中的元工具[J]．公共管理研究，2008(00).

② 卓越．公共部门绩效评估[M]．北京：中国人民大学出版社，2004：15.

③ [美]马克·霍哲．公共部门业绩评估与改善[J]．张梦中，译．中国行政管理，2000(3).

④ [美]戴维·奥斯本，特德·盖布勒．改革政府：企业精神如何改革着公共部门[M]．周敦仁，等译．上海：上海译文出版社，1996：155.

促进单位之间的竞争，有助于公众的监督，还可以诊断组织中的问题并提出针对性的改进措施，从而推动效率和服务质量的提高”①。在这个意义上，有些学者把绩效评估看作市场信号的替代物。在具有规范的监管制度的竞争市场中，价格反映了市场对物品、质量及服务需求的信号，可以说价格是市场运作的重要机制。在公共部门提供公共产品和公共服务的过程中，没有利润的刺激，缺乏竞争机制，更没有价格信号，因此很大程度上存在绩效低下的现象。通过绩效评估，公共部门有了横向和纵向的比较参数，可以从中获得关于服务质量、服务需求的真实信号，所以绩效评估在一定程度上起到了价格信号的作用。

3. 绩效评估是政府工具运用的调试机制

绩效评估的功能不仅在于反映过去的工作情况，为奖优罚劣提供依据，通过评估还可以发现问题，找出不足之处，重新整合资源，调试工具目标，起到承上启下的作用。评估过程就是组织行为和工具运用情况诊断的过程，通过评估，发现政府工具存在缺漏、时滞性、不适应环境等情况，可以及时采取措施完善；发现人力资源方面存在技术和素质等问题，就可以当即着手去开展人员教育和培训工作；发现社会公众反映的带有典型意义的热点问题，就可以形成下一步的工作思路和工作重点，等等。可以说绩效评估既是政府工具运用管理的一个过程，又是一个新的管理阶段的开始。

7.4.2 绩效评估的方法

公共部门目标多样性和功能结构复杂性的特点，决定了政府工具绩效评估方法的多样性和复杂性。政府工具绩效评估的方法可以在指标及指标要素的构建过程、技术指标的确定过程、组织实施的过程和再评估过程中体现出来。②

1. 指标及指标要素确立过程中的方法

构建政府工具绩效评估指标及指标要素时，常见的方法有以下几种：文献调查法、调查问卷法、访谈法、观察法、测量法。下面具体介绍这几种方法的相关内容。

(1)文献调查法

文献即文字、图形、符号、声频和视频等记录人类知识的物质形态。文献的种类很多，从历史时期看有古代文献、近代文献和现代文献；从载体形式看有文字文献、数据文献、声像文献。按对文献内容加工程度的不同，文献可以分为一次文献、二次文献、三次文献等类型。文献调查是收集信息和数据的一种重要方式，是公共部门评估指标要素构建的主要方法之一。

文献调查法也称历史文献法，就是通过收集各种文献资料，摘取、调查与公共部门有关的信息，如要考评政府部门的教育局，首先必须查阅有关教育局的材料和信息，了解教育局的职能。文献调查法的主要特点是：

① 周志忍．公共性与行政效率研究[J]．中国行政管理，2000(4)．

② 卓越．公共部门绩效评估[M]．北京：中国人民大学出版社，2004：93．

第一，历史性，它是对以往所获得的知识的调查，可以超越时间和空间的限制获得公共部门比较全面、客观的信息。可以通过网络来查阅不同地区的相同部门的情况，可以知道随着社会、经济的变化公共部门职能的改变，从而更好地把握要考核的公共部门。

第二，间接性，其调查对象大都是间接的第二手资料，文献调查对于每个调查者来说，能够广泛涉猎此领域的一些成果，超越自身调查研究的局限性，对被考评的部门有更全面的了解，建立的考核指标也更客观、准确。

第三，无反映性，文献调查不直接接触被调查对象，不会受到被调查对象心理或行动的干扰，因此，在一定程度上可以避免调查者与被调查对象在互动中的不良影响，使数据和资料的收集更具有权威性。

文献调查的途径一般有两条：通过网络进行跨部门查找和直接查阅本单位材料。前者通过互联网跨越部门限制来查找有关信息。如要构建厦门市思明区政府外事侨办的考核指标，通过互联网查阅，不仅可以了解其他地方关于外事侨办的职能定位以及外事侨办的工作重点；而且可以利用现有的文献管理工具方便有效地进行比较和梳理，做到对外事侨办比较系统、全面的了解，为构建评估指标的要素奠定基础。然而，涉及一些内部情况时，只有通过查阅本单位的材料才能更科学、更全面地了解。通过查阅一个单位的材料，可以了解本部门具体的职能和工作重点，知晓一个部门到底做了哪些事。而且不同的地区以及同一地区不同时期的公共部门的职能也有区别，通过查阅材料比较客观地了解一个部门。例如，要考核安全生产监督局，可以查阅本部门的年终总结和本部门的目标责任书，以及以前上级部门的考评方案，这样就会比较了解一个公共部门的情况，建立的考核指标也就比较切实可行。

文献调查法的实施步骤主要有：第一，编写文献调查大纲。根据评估的目的和评估对象本身的情况，事先可以确定要查阅资料、文件的范围，提出明确的要求和人员安排，科学地做到分工查阅。如可以首先大概确定公共部门的职能，然后在查阅后进行补充和完善，同时可以指定人员分工查阅，有的查年终总结，有的到上级部门查找所需要的材料。第二，筛选和分类。筛选就是根据评估的目的和要求，从众多的文献中选择有用的材料；分类就是对选定的材料根据要评估的职能进行分类。第三，复印或摘录。为了便于分析和讨论及以后的使用，评估者可将一些重要的档案材料复印后分发给小组的各位成员。对一些篇幅较长的材料可以摘录其要求，以便作集中讨论，节约时间，提高效率。第四，文献核实和汇总。为了使评估结论建立在可靠的材料基础之上，评估者还要对选定的材料进行核实，重要的结论一定要汇总来自不同渠道的材料，最好标明材料的来源，这样在最后的指标构建时可以再次核实。第五，分析研究材料，写出报告。对汇总和核实的材料进行分析研究，得出明确的结论，并确定公共部门考核的具体指标以及根据职能的不同确定指标的权重。

(2)调查问卷法

为了科学评估公共部门的绩效，收集充分而有效的基础信息资料，保证评估结果的客观和公正，调查问卷法也是一种比较常用的指标构建方法。调查问卷法是指评估者将一些需要了解的公共部门的一些方面设计成书面问卷向被调查者(通常是公共部门服务的对象)

询问，并要求被调查者以书面文字或符号形式作出回答，然后进行归纳整理分析，并得出一定结论的方法。

根据回答问卷的方式不同，调查问卷可分为结构式和非结构式两种。结构式调查问卷提供备选答案，供被调查对象进行选择或排序。例如，要确定考核教育局职能的权重，可以通过设计问卷的形式来确定：请您对教育局以下的职能进行排序——A. 教育管理职能；B. 招生工作；C. 队伍建设和继续教育工作；D. 教育教学的管理；E. 教育综合改革。通过对回收问卷的统计，基本可以知道教育局的职能的权重情况，从而确定考核指标的不同分值。

非结构式调查问卷则要求被调查对象写出自己的情况或看法，然后再对此进行分析和处理。在实际运用时，这两种类型常常结合起来，以结构式问题为主，辅以若干非结构式问题，以便收集到更加全面、完整的公共部门的信息。

调查问卷设计的科学与否决定着问卷的回收率和有效性，直接关系到问卷调查的效果。一份优秀的调查问卷必须满足两个要求：一般目标要求和设计要求。一般目标要求即调查问卷的内容要紧扣调查的目标；问卷的每一个问题都与所要评估的一个方面相关；内容尽量简单扼要、清晰明了，而且没有歧义，方便被调查者回答。一般而言，调查问卷的具体内容和形式有评估机构根据要评估的目标和成本预算以及公共部门要评估的职能的特点确定。设计要求即问卷在具体设计过程中的要求，明确调查目的和设计重点；要符合公共部门和服务对象的特点；要包含评估方面的所有信息；还要灵活运用条文技巧，尤其是不便于直接调查的内容；问题要适量；主要问题的合并，相同的问题排列在一起，问题的难易要注意；在设计问卷时要请教专家。

作为一种常用的方法，调查问卷法的主要优点在于：可以通过针对性强、设计科学、控制有效的问卷调查，获得大量的比较客观且有助于评估的第一手资料，提高评估的正确性和科学性。例如，对公共部门提供服务的群众满意度的评估，仅仅凭领导的自评和下级部门的评估是不够的，还必须直接听取公共部门服务顾客对象的意见，了解顾客的反应。通过不记名的问卷调查，大大减少被调查者的心理压力，可以了解很多真实的情况。便于对所获得资料进行定量处理和定性分析，可以避免主管偏见，减少人为误差，有利于得出正确的评估结果。

但调查问卷法也存在其固有的缺点：第一，限制发挥、不够灵活；第二，无法控制填写时的情景，不能进行正确引导；第三，收集的信息容易流于形式，难以深入了解被调查者内心的想法；第四，被调查者需要有一定的文化程度；第五，回收率较低(尤其是通信调查)；第六，难以了解数据缺失的原因；第七，被调查者在回答时会受到趋中现象、随即反应、社会性要求定势等因素的干扰，影响答案的可靠性。

(3)访谈法

访谈法是指评估主体通过和评估对象及其有关人员进行面对面交谈、讨论并收集有关的信息资料，并就评估对象的情况作出评估的一种方法。访谈法最大的特点在于，整个过程是评估者与被访问者在谈话过程中相互影响、相互作用的过程，因此他所获得的信息更全面、更直接且更真实。但是，此评估方法也是一种难度比较大的方法。

根据被访谈的人数不同，可分为个别访谈法和集体访谈法(座谈会)两种。两者各有所长，个别访谈容易减少顾虑，谈得比较深入，既可以与本部门的工作人员进行访谈，也可以和本部门前职员进行访谈，这样更容易了解被评估部门的具体情况；而座谈会则有利于相互启发、补充和核实，但是座谈会的人数一般控制在 6～12 人为宜，同时也要注意在座谈会之前把座谈的主体提前告诉与会者，以便被访谈者做好准备，是访谈取得预期效果。

访谈的主要设计内容包括访谈对象和访谈内容两者的确定。首先，要确定访谈的对象。毋庸置疑，被访谈者必须是知情者，能够提供被评估部门的相关信息，选择访谈对象时还要做到点面结合，既有典型性，又有代表性，以便全面获取公共部门的信息。其次，要根据评价目的以及评价对象的情况确定访谈内容，如要考评教育局，就要访谈有关教育教学方面的内容。同时，拟定适当的访谈提纲、访谈表和访谈工作细则。访谈内容可分为：一是实施调查，要求被访者提供所了解的情况；二是意见征询，征求被访者的看法、意见和建议；三是了解被评估公共部门的具体情况。

既然是人与人面对面的交互，势必访谈存在一定的方法和技巧。首先，要明确访谈中所提出的问题。提问是访谈的关键，提什么样的问题、如何提，不仅反映出访谈者的水平，而且决定着访谈的成败。访谈中所提的问题主要有两类：一是实质性问题，即与所要了解的内容有关的问题，如可以问：您认为要考评政府中的教育部门可以从哪些方面进行考核？二是功能性问题，即在访谈中为了更好地接近被访谈者和为了使访谈更有效地进行所作的提问。如可以试探性的提出“您是否愿意对领导工作中的问题提出批评和建议?”。

在访谈中，要通过恰当的方式来接近被访谈者，打消他们的顾虑，使两者之间建立起亲切友好的关系，这需要一定的方法和技巧，比如称呼要亲切自然，还要注意不同时期称呼的特点、不同地域的区别等。与被访谈者达成良好的互动关系后，访谈者应注意提问的方式方法并学会倾听。提问的方式多种多样，至于具体要使用哪种方式要根据所提问题和要达到的目的而定。如果所提问题是一般性问题，可以直截了当、具体明了；对于那些敏感性的问题，则要先投石问路，再一步步推进，避免引起被访谈者反感。访谈者不仅要“善问”，还要“会听”，既要提高听的有效性，还要有感情地听，对被访谈者作出恰当的反应。

访谈法的主要优点在于：简便易行，便于双向交流，主客双方有交互作用；实施过程灵活，便于控制，既可以随时澄清问题，纠正对问题理解的偏差，又可以随时变换问题和方式，捕捉新的或深层次的信息；有效地防止问题的遗漏不答现象；使用面广，能有效收集各个方面的信息；能在交谈的同时进行观察；建立主客双方的融洽关系，消除顾虑，反映真实想法；团体座谈时，可相互启发，促进问题的深入探讨。

访谈法的主要缺点在于：人员和时间成本高，访谈样本小；访谈者的特性(价值观、信念、偏向、亲情态度、交谈方式等)会影响被访谈者的反应；访谈者需要事先受较严格和系统的培训；被访谈者的言不符实，或对某些问题的偏见会导致所获得信息的失真。此外，对访谈结果的处理和分析也比较复杂。

(4)观察法

观察法一般分为自然观察法和实验观察法。前者是被观察对象在实际运行时产生的一些基本情况，此种观察不受观察者因素的影响，比较真实，此方法在公共部门绩效评估指标的构建中也会使用。后者是事先确定观察范围，然后在严密的条件控制下，有意识地获得所需要的信息，此方法应用较少。

观察设计包括确定观察对象和内容、选择合适的观察方式和工具、培训观察人员。首先，要确定观察对象、时间，观察的具体内容，其次，要确定观察方式并制定观察提纲和记录表格。最后，对观察人员进行培训。

观察结果通常以一定的方式记录下来，记录要力求真实，并标明时间、地点等。同时要保证观察的顺利进行，取得良好的观察效果，在观察中应坚持正确的原则和采用科学的方法，观察要遵循的原则主要有客观性原则、全面性原则和深入持久原则。

观察法的主要优点在于：首先，观察是在现场进行的，一般不需要任何其他中间环节直接感受，比较真实可靠。其次，可以获得评估对象不愿意或没有报告的行为表现，以及其他情况。再次，不会影响评估对象的正常工作。最后，一般观察法记录得比较全面、准确，具有真实性和客观性。

(5)测量法

测量法即运用各种测量工具(心理测验或其他量表)测定评价对象的特性，从而收集有关评价信息的方法。测量即按照一定的法则和程序将评估对象的属性和特征划定一个分值或等级，而测验是对评估对象团体进行客观、科学和标准化测量的程序过程。

测量一般借助量表完成，按照所测得结果的种类及特点，量表一般可分为四种：第一，名义量表，其测值表示彼此不同的事物，用以区别研究对象的某一特征，只允许进行次数运算；第二，顺序量表，其测值表示事物的相对关系，允许按次序统计，但不能作加减乘除运算；第三，间距量表，其测值可以作加减运算，但不允许作乘除运算；第四，比率量表，其测值可进行加减乘除四则运算。

在设计测量工具时，应注意以下四个指标：信度、效度、难度、区分度。

信度是指测验的可靠性、一致性和稳定性程度的指标，大体包括内部一致性信度和稳定性信度。前者是同一测验内部各部分之间相关的程度；后者是指同一测验先后两次在同一被测总体中实施，两次测验结果的相关程度即为稳定相关系数。一般大型测验要求信度系数在0.9以上，单位自测测验一般认为信度系数不能低于0.6。

效度是指测验的有效性或准确性，即测验对其所要测试的特性准确测量的程度。一般常用的有内容效度和效标关联效度。所谓内容效度，是指实际测验内容与预定测验内容之间的一致性程度。提高测量内容效度的方法一般是采用编制双向细目表来保证测验取样的合适性。效标关联效度，这是指测验分数与效标之间的一致性程度。所谓效标，即衡量测验有效性的外在参照标准，是指测验所要测量或所要预测的行为特质，这一行为特质通常以另一种测验分数或形式来表示。

难度是指测验的难易程度，一般可分为客观性测验难度和主观性测验难度两种。客观性测验问题的答案只有两种结果，非对即错。其难度的计算方法通常有基本公式法和极端分组法。基本公式法通常用某一方面的排位百分比数值表示客观性测验难度，难度值越大则测验难度越小。极端分组法适用于被测对象较多的情况，但应注意样本容量的确定，当测验成绩进入各分数段的数量比较合适时，题目难度值的计算比较方便。

主观性评估的难度可用被测对象的平均得分与该问题满分值的比值量化表示，在设计测验时，问题的难易程度应因测验目的而定。在常模参照性测验中，平均难度值在 0.5 左右比较合适，同时应使 2/3 的题目难度值保持在 0.3～0.7，全部题目的难度值基本靠近平均值呈正态分布。这样的测验表可以体现出测验对象的差异性，可信度较高，有利于鉴别被测对象的水平高低。在目标参照性测验中，评估问题难度可以不受限制。

区分度指评估问题区分、识别不同测验对象的能力。如果评估结果可以很明显地反映被测单位的实际能力水平的差异，即实际能力强时测评成绩高、实际能力弱时测评成绩低，则该评估问题具有较高的区分度。客观性问题与主观性问题各自有具体的区分度计算公式。一般认为，区分度在 0.4 及以上，则这个问题已经非常良好了；区分度在 0.3～0.39，则可以认为这个问题良好，但仍有一定改进上升空间；区分度在 0.2～0.29，则这个问题只能算勉强及格，使用时需要改进；区分度在 0.19 以下，则该问题不能采用，必须作修改以提高区分度。

测量法的主要特点是：第一，测量法具有效率高(每个单位时间可得到最多的信息)，获得信息的种类较为广泛和便于作定量处理的优点。由于被测对象愿意无保留地表现其最高水平，应试动机较强，因此，测量结果比较客观、可靠。第二，测量往往是根据被测对象对测验评估问题所作出的反应，推断出单位的职能完成情况和单位的发展状况，具有间接性。此外，在进行书面测验时，对测验工具的编制要求较高。在进行操作测验时，对主试的要求较高。

2. 技术指标确立过程中的方法

所谓技术指标，就是指反映指标的重要程度，或者达到指标要求的程度，有利于对指标进行定量化处理，以获得评估信息的相关要素。① 技术指标用权重、等级、分值等表示，指标权值的运用方法有定量统计法、专家评定法、比较平均法和对偶比较法。

定量统计法，即首先就各项指标的重要程度等级(重要、一般、不重要等)进行问卷调查统计，各等级给定相应的权重值(如重要＝0.5，一般＝0.3，不重要＝0.2)，根据统计结果对各等级权重值进行加权求和后作归一化处理，作为各项指标权值。

专家评定法，就是将拟定好的指标体系通过征询专家的意见，给出相应的权重，然后将专家组给出的权重推荐值进行平均计算，最后将推荐权重的平均值进行归一化处理，使各项指标的权重值之和为 1，最终确定指标。

比较平均法，将每一级指标中最不重要的指标作为基础，以之为分母，求出其余各指

① 卓越．公共部门绩效评估[M]．北京：中国人民大学出版社，2004：102.

标重要程度值与之比值，然后对比值进行归一化处理得出各指标的权重。

对偶比较法，即将相同层次的各项指标进行两两比较，根据两者的相对重要性给出相应比值，进而计算出各项指标的相应权重。层次分析法，这是一种定性与定量相结合的多目标决策方法，在 20 世纪 70 年代由美国运筹学家萨泰教授提出。其基本方法是将系统各因素按照同一性划分成相互联系的若干层次，对相关因素进行定量分析，确定出每一个层次所有因素的相对权重，最后通过计算综合评估值获得资信的高低程度。

不同于指标权值，各指标在指标体系中的重要程度也可以采用由高至低或由低到高的顺序等级表示。指标等级的运用方法有百分等级和等级鉴定法。

百分等级制，是基于评估的原始分值结果划定等级的方法。常模样本群体中，某一原始分值的等级定义为群体中低于该分值的样本数占样本总数的百分比。例如，某项对政府行政人员的测评中，有 1/2 的参评人员得分低于 80 分，则 80 分这一原始分的等级为 50 百分等级。百分等级高于 50，意味着其成绩高于中间水平，百分等级低于 50 则不及中间水平。25 和 75 百分等级代表群体中最低和最高 1/4 的分界点。显然，百分等级是个体成绩在团体中的相对位置，等级越高，原始分越高，个体所处位置越优秀。因为是百分比，所以无论测验分数成何种分布形态，个体成绩在样本群体的位置都可以用百分等级表示；也可以对同一个体在两侧不同测评中的成绩进行比较；甚至可以将两个部门的测评结果进行比较分析。但是，百分等级制等反映排序位置，等级差异与测评原始分差异无比例关系，因而不能进行代数运算；百分等级只表明某评估对象在群体中的优劣位置，并不能反映其测评成绩分值的高低；不同段位的百分等级对测评结果的原始分的变化反应不一致，两端等级对分数变化不敏感，正态分布中心区域的分值变动对等级影响严重。

等级鉴定法，理论成熟应用也很广泛。首先由评估者确定绩效评估的标准，给每个评估指标列出多个行为程度供评估对象选择，最后给出评估总结果。这种方法成本低，使用便捷。但要注意的是：各评估项目及备选行为程度的含义应该清晰明确，对评估结果要进行理性清晰地分辨。

将指标要求的达成程度用数值表示即指标分值，是技术指标中最重要的一种类型，运用十分广泛，最常用的包括：累积分数法、标准分数法和模糊综合评估法。

累积分数法，就是对各项评估指标的得分进行直接累加或加权累加，以总分反映指标的达成程度。

标准分数法。由统计学和心理测量知识可知，测评结果的平均差和标准差与测评指标的难易程度密切相关，中等难度水平的测评指标得出的结果标准差较大，难度较低或较高都会使测评结果的标准差减小。为消除测评指标难易程度的影响，便于比较分析不同测评的结果，可以将原始分值转换成标准分数，统一各测评结果的平均数和标准差，这就是标准分数法。标准分数又有多种不同的表示方式：①Z 分数，即平均数为零，标准差为 1。当原始分数呈正态分布，转化成 Z 标准分数后成为标准正态分布，所以可以使用 Z 分数对不同测评的结果进行比较。但需注意的是，如果两个测评结果的分布形态相去较远，则不能使用 Z 分数进行比较。②T 分数，为避免 Z 分数中出现小数和负数而且单位过大造成计算和使用不便，通常将 Z 分数转换成 T 分数使用，将数值范围调整为 20～80，计算公式如下：

$$T=Z+50$$

模糊综合评估法，即采用模糊数学对受到多种因素制约的事物或对象作出一个总体的评估，公共管理中的人、事、物都可以采用模糊综合评估进行比较全面正确的定量评估。

3. 组织实施过程中的方法

评估实施的方法是对评估对象进行客观评价的基础，有效的实施评估才能获得公正的评估结果，“否则我们永远都不会知道是结果本身变化了，还是我们的测评方法改变了”①。

在选择评估对象时可以采用抽样法。

抽样包括简单随机抽样和等距抽样。简单随机抽样即按照随机原则直接从总体 N 个单位个体中抽取 n 个单位作为样本，关键在于保证总体中的每个单位个体都有均等的被抽中的机会，常用的是抽签法、随机数表法等。该方法适宜单位个体之间差异不大且总体数量适中的情景。等距抽样首先将总体全部按照某一标志排序，然后以固定顺序和间隔抽取样本。该方法同样不适于总体容量过大的评估目标，当总体中存在数量相差悬殊的个案类别或抽样间隔接近个案类别的分布间隔时，会造成样本缺乏全面代表性或周期性偏差。

选择好抽样方法后就要确定样本数量，样本数量主要由 3 个量确定：一是总体方差 δ，若总体方差未知，可用样本标准差的校正值取代，或者用以往统计资料及试验性调查资料估计。二是最大允许误差 d，可以评估预期事先给定。三是可信度系数 $Z_\alpha/2$，应由设计者预先提出的置信概率要求决定。

评估实施过程中的方法有主观评估法、客观评估法和目标管理法。

主观评估法，是在被评估对象进行相互比较的基础上进行排序，提供一个被评估对象的相对优劣的评估结果。主观评估法主要包括以下几种：①图尺度法，是最简单和运用最普遍的绩效评估方法之一。首先对每一个被评估对象从每一项评估要素中找出最符合其绩效状况的分数，然后评估机构将每一个被评估对象所得的所有分值进行加总作为其最终的绩效评估结果。②交错分布法，是针对极端的情况易出现而中间情况较少见的原则形成的，评估者将评估对象由成绩最优向成绩最差排序，首先挑出成绩最好和最差的评估对象，分别排为第一和最后，以此类推接着再排列其他的，最终将所有的评估对象形成一个完整的序列。③成对比法，是按照某一标准对评估对象所有的评估要素与其他评估对象进行一一比较，然后“＋”和“－”标明孰优孰劣，最后将每一评估对象的优和劣加起来，就可以看出评估对象结果的情况。④强制分布法，强制即“按照一条曲线进行等级评估”，即将

① ［美］凯瑟琳·纽科默．迎接业绩导向型政府的挑战[M]．张梦中，李文星，译．广州：中山大学出版社，2003：114.

被评估对象的绩效进行分级，在根据事先确定好的比例将每个评估对象归到一个等级上。这一方法可以有效地将绩效优与劣的部门区别开来，为了强制分布法顺利实施并提高结果的真实性，应使各评估对象“尽量对评估标准达成一致意见，一方面，在定义标准时尽可能地用比较清晰、避免歧义的语言；另一方面，在进行绩效评估前，让评估双方对评估标准进行学习和沟通，掌握一致的评估标准”。[①]

客观评估法，就是按照评估的标准给出一个量化的分数或程度判断，然后对评估对象在各个方面的分数求和，作为最后的评估结果。客观评估法包括关键事件法和行为锚定法(BARS)。1关键事件法根据主管单位领导对评估对象在平时工作中所表现出来的非同寻常的良好行为或不良行为记录对其进行评估，确定其绩效。2行为锚定法实质上是结合等差图表法与关键事件法的主要要素形成的，此方法为每一个评估指标设计一个评分量表，并给出一系列典型行为描述与该量表的各评分标准相对应联系，即锚定，作为评估者的评分参考依据[②]。过程可总结为以下5个步骤：确定关键事件→建立评价等级→重新分配关键事件→评定关键事件→完整工作绩效评价体系。

目标管理法，是根据部门领导与部门预先确定的目标作为标准，评估者以评估对象在规定时间内达成目标的程度来评估其绩效的方法。目标管理并不是独立的一次评估，而是一套全备的计划和控制系统。部门领导需要经常进行进度检查，对阶段性成果进行评估，并及时确定下一阶段的目标。

得出评估结果后，需要对评估结果进行检验反馈，主要采用正态分布的方法。

由正态曲线的特性可知，无论是何变量，只要它符合正态分布，从平均数开始，向左或向右相同个数各标准差δ，变量出现的概率总是相等的。正因如此，正态分布曲线成为检验评估结果的优秀工具，具体经常使用的有五级评定法、三级评定法和四级评定法。

①五级评定法，即以标准差为单位，作适当划分将全部样本划分为五个等级，可以对群体中的个体进行较为科学的相对评估。通常是在5δ范围内，以1δ为间隔划分优、良、中、差、不及格或A、B、C、D、E五个等级。2三级评定法，即在6δ范围内，以2δ为间隔划分好、中、差或A、B、C三个等级。3四级评定法，即在6δ范围内，以1.5δ为单位划分好、较好、不太好、不好四个等级。

4. 再评估过程中的方法

绩效评估在实施过程中难免会出现一些偏差，如评估方法不恰当、评估指标设计太主观等，这些偏差不仅会造成资源浪费，还会因低劣的评估得出错误的结论，导致管理上的误导。因此，评估本身也称为被评估的对象，以保证评估的质量。再评估的方法有效度鉴定和信度鉴定。

评估效度是判断评估质量的重要技术指标，是评估结果的有效性或准确性。良好的评

---

① 钱江. 高绩效的政府管理实务全书[M]. 北京：新华出版社，2003：1755.

② 陈天祥. 人力资源管理，中山大学出版社[M]. 广州：中山大学出版社，2001：181.

估效度要求评估结果符合评估目的，其真实准确反映评估对象的实际情况。再评估者必须十分重视以往评估的效度鉴定。

评估指标体系的效度鉴定方法：评估体系的有效性主要表现在两个方面，一是能够充分覆盖所要评估的内容并准确反映评估对象的本质特性，是指标体系的内容效度，常采用专家鉴定判断的逻辑分析法进行鉴定；二是评估结果符合制定指标体系的期望设想，是指标体系的结构效度，常采用因素分析法。

评估结果的效度鉴定方法：评估结果既可采用定性方法也可采用定量方法进行鉴定。定性鉴定常采用三角互证法，即采用不同来源的定性材料互相作证，看能否达成同一结论。定量鉴定常采用自身一致法，先分别求出每一部分评估指标与整个指标体系的等级相关系数，然后根据各部分指标与指标体系的等级相关系数来综合判断评估结果的效度。

实施经验表明，对评估效度产生较大影响的因素包括：评估指标体系的科学性、合理性、针对性和可操作性；评估实施的质量，是否严格执行程序，时间和地点是否恰当等；被评估者的特性和样本的代表性等。

评估信度也是判断评估质量的重要技术指标，包括评估指标的可靠性、一致性和稳定性程度。如果某一评估的信度很低，那么其结果必然缺乏可靠性。

评估信度的鉴定方法包括：①斯皮尔曼等级相关公式法，适用于两人评多目标或一人先后两次评多项目标；两人评同一群体中的多个个体或一人先后两次评定同一群体中的多个个体。②肯德尔和谐系数(W)法，这种方法适用于三人以上评估多项指标或三人以上按照某一项指标评定同一评估对象中的多个个体。③分组折线图检验法。这种方法的主要依据是一个公正、客观的评估者在评估过程中的状态，评估的比较宽松或比较严苛，同等对待。

影响评估信度的因素主要包括评估对象与评估者的状态、评估指标的设计以及评估实施过程中的干扰因素。

7.4.3　绩效评估的进展

绩效评估最早运用于企业领域，其在提高组织效率、实现组织目标、促进组织成员发展方面具有重要作用，使企业成本降低、收益增长并实现企业长期良性发展。在新公共管理运动中，西方各国政府在内外部行政环境充满挑战的情况下，借鉴企业绩效管理的方法，引用企业绩效评估的理念和技术，建立了以绩效为导向的政府管理机制，以增进政府行政效能。其中，对政府工具的绩效评估是一块重要的内容。对政府工具的绩效评估也就是对政府绩效的评估，是政府自身或社会其他组织通过多种方式对政府工具的选择和运用所产生的政治、经济、文化、环境等短期和长远的影响及效果进行分析、比较、评价和测量。对政府绩效进行评估，是规范政府行政行为、提高政府行政效能的一项重要制度和有效方法。对于绩效评估的发展历程，许多学者根据时间顺序将其分为几个发展阶段，但往往时间界线较模糊且很难厘清各个阶段的发展成果及特征。本节根据绩效评估主体的变化，将政府工具绩效评估的应用大致分为三个阶段，第一阶段主要是政府内部进行的绩效评估，第二阶段在内部评估的基础上结合了外部评估主体，第三阶段在内、外部评估主体之外又加入了第三方评估主体，总体而言，对政府工具的绩效评估主体实现了由单一主体向多元主体的发展趋势，当前评估主体仍以内部主体为主，同时结合外部评估主体和第三方评估主体。

1. 内部评估

内部评估主体是指从评估对象的组织管理体系中产生的评估主体，包括政府部门的上级、政府部门自身以及部门内部的工作人员等，他们对政府及其所属部门进行的绩效评估称为内部评估。内部评估可大致分为纵向评估、横向评估和自我评估。纵向评估可以是行业内政府主管部门对其所属企事业单位的评估，比如卫生部门对医院的评估，也可以是上级政府对下级政府的评估，或是对本级政府所属职能部门的评估。横向评估多为有业务关联的同级之间对彼此的评估。自我评估则一般由政府内部的专业机构来执行，如监察部门等。

显然，相对于其他评估主体，内部评估主体对政府内部的工作运转机制更加了解，其对政府工具的绩效情况也更了解，但这种内部信息优势往往带来一些自利行为，如为了避免暴露缺陷，内部评估只强调取得成绩的一面，注重收集对政府自身有利的证据，以避免外界的责难等，这可以说是内部评估最根本的弱点。再者，不管采用何种评估方式，内部评估主体都是直接或间接的利益相关者，这种评估主体的局限性和封闭性也会导致公众对评估结果的公正性产生质疑，不利于权威政府的建设。如果政府既是裁判员又是运动员，那么对政府工具的绩效评估就会变成一种走过场和数字游戏，这样不仅浪费评估成本，也很难发挥绩效评估改进组织工作的作用。因此，单纯的内部评估缺乏客观性，还需引进外部评估以弥补其不足。

2. 内外部评估

政府工具的绩效评估发展到第二阶段逐渐吸纳了外部评估主体，即从政府体系外部对政府绩效进行评估的主体，包括权力机关、司法机关、审计部门、政协、公众及企业等公共服务对象等。应该说这是政府工具绩效评估发展的一大跨越，外部评估主体的加入使得政府从原先的迎合自足的模式中走出来，开始更客观地认识到自身存在的问题，也更注重评估结果的反馈。

外部评估的兴起导源于内部评估实践的困境，尤其是公众作为外部评估主体的加入，公民的满意度成为政府治理工具绩效评估的重心，这对转变政府职能、推进服务型政府建设具有良好推动促进作用。因为公众是政府权力的来源，其对政府提供的公共产品和公共服务具有最直接的感受，他们是政府工具运用的结果的直接承担者，而公共机构作为公共权力的代理人及其提供公共服务的宗旨，也决定了必须要将公众纳入政府工具绩效评估的主体结构中来，但是，公众评估的重要意义并不代表其评估是完美的，公众缺乏相关的评估技术，也很难掌握到政府部门的内部信息，这种专业能力的不足和信息不对称，使得公众的评估往往只停留在一些具体公共服务项目的满意度或整体绩效的满意度这种定性评价上，参与评估的层次较低，其评估结果的可用性也较低。此外，公众的评估还受到经济社会地位、教育程度、个人偏好等的影响，且大多数公众往往会注重眼前利益和个人利益而忽视长远利益和整体利益，因此其结果也并不完全可靠。

更进一步说，在外部评估中，不同评估主体往往因为各自的组织目标不同而存在评估目标的差异，评估的目标不同使其评估体系中的测评指标也有所侧重，例如，财政部门的评估会偏向于评估政府工具运用在财务方面的效能，公众评估也仅仅是某些指标，这不仅是不同主体利益差异的结果，还受到评估主体认识局限性的影响，因此，需要有一个专业的第三方机构来弥补这一缺陷。

3. 第三方评估

政府治理工具绩效评估发展到第三阶段则引入了第三方评估，第三方是区别于服务方和被服务方的主体，相对于内部评估而言，其评估结果更客观公正，相对于外部评估而言，其评估技术更专业全面，可以说第三方评估机构既具有专业的评估技术，又能保持中立的立场，而使其发挥作用最关键的一点就是保持第三方机构的独立性。

第三方评估是指由与政府无隶属关系和利益关系的第三部门和民间机构所组织实施的评估政府及其部门绩效的活动。可以从以下几个方面理解第三方评估的内涵：首先，从评估主体上看，第三方评估是指由独立于政府及其部门之外的第三方组织实施的评价，也就是说第三方评估主体相对于政府是独立存在的，这些主体可以是社会组织、高等院校、民间智库、民意评价机构等。其次，从评估对象上看，第三方评估包括政府绩效评估和公共服务评估，也包括政策制定、执行、效果评估，评估的目的是改善和优化政府行为。再次，从评估结果上看，第三方评估通过问卷调查法、随机抽样、统计技术等方法，对于结果分析采用目标图形转化法、价值澄清、价值评论、交互影响分析、折扣等技术手段，有利于将利益相关者潜在的目标明确化。最后，从评估方式上看，第三方评估倡导公民参与的多样化途径，如问卷或访谈、电话调查、现场测评等评议政府机构及其工作人员。随着大数据时代的来临，还可以是网上评议，通过在线系统填写调查问卷或以其他方式参与评估。

第三方评估作为一种外部制衡机制，弥补了政府自我评估的缺陷，能够有效整合社会资源，合理规避权力寻租，过程公开透明，结论相对客观，是破解评估角色重叠的现实途径，在推动政府治理创新中具有重要的作用。第三方评估在政府治理中的运用，可以改变单向命令式和被动服从型的传统管理理念，对于什么样的公共服务是必备的，什么样的公共服务是不符合要求的，第三方评估能够指明政府的责任方向，呈现政府服务的质量报告。更重要的是，第三方评估由于与政府不存在直接的隶属关系或是不处于政策执行的过程当中，能够通过专业化的技术确保评估结果科学、有效，将评估的内容、方式和过程透明公开地呈现在社会面前。第三方评估以专业机构作为载体，能够调动公民参与的积极性，通过第三方评估对政府进行监督，以社会评价方式影响政府行为。

第 8 章

政府治理与交易成本

治理理论的兴起给政府管理带来了新的发展理念，但不论何种形式的政府治理，都难免会产生交易成本，政府治理交易成本的大小由很多因素综合决定，其中政府治理结构是影响政府治理交易成本的主要因素，如何进行政府治理结构改革，降低政府治理的交易成本，是政府经济学需要探索的问题。有效控制政府治理的交易成本，不仅可以从制度创新的方向进行改善，还可以将大数据技术运用到政府治理中。

8.1 政府治理的兴起与实践

8.1.1 政府治理的含义

1. 治理的含义

“治理”最早源于希腊语，其对应的英文单词是 governance，含有“统治、管理和统辖”的意思。一直以来，人们都将它与“统治”(governing)联系在一起，并主要用于与国家公共事务紧密相关的管理活动及政治活动中。世界银行于 1989 年首次提出“治理危机(Crisis in Governance)”，而后各国学者便开始广泛使用“治理”一词，并从不同角度给出了这一词的定义。

治理理论的创始人之一詹姆斯·罗西瑙在其代表作《没有政府统治的治理》和《世纪的治理》等文章中，将治理定义为一系列活动领域里虽未得到正式授权、却能有效发挥作用的管理机制。他认为，治理与统治不同，治理指的是一种由共同的目标支持的活动，管理活动的主体不一定要是政府，治理也无须依靠国家的强制力量来实现。罗西瑙对“治理”的定义是非常典型的一种，从他的定义中可以看出，治理与统治并没有质的区别，只是在范围上治理比统治更为宽泛。与罗森瑙将治理定义为“一种活动”不同，罗茨认为治理是一种新的规则，治理意味着统治的含义发生了变化，形成了一种新的统治过程，也意味着有序统治的条件已经不同于从前，或是出现了新的方法来统治社会。同时，库伊曼和范福利埃特也指出治理的概念是它所要创造的结构或秩序不能由外部强加于它，它之所以发挥作用，是依靠多种进行统治的以及互相发生影响的行为者的互动。

联合国全球治理委员会在一份题为《我们的全球伙伴关系》的报告中，对“治理”给出了具有代表性和权威性的一个定义，报告认为治理是各种公共的或私人的个人和机构管理其共同事物的诸多方式的总和。它是使相互冲突或不同的利益得以调和并且采取联合行动的持续过程。它既包括有权迫使人们服从的正式制度和规则，也包括各种人们同意或以为符合其利益的非正式制度安排。从这一定义可以看出治理的四个特征：治理不是一整套规则也不是一种活动，而是一个过程；治理既涉及公共部门也包括私人部门；治理过程的基础不是控制而是协调；治理不是一种正式的制度而是一种持续的互动。

总的来说，学者们对于“治理”的讨论主要集中于三点，一是多元主体，即改变原来政府作为单一行政主体的行政模式，使非政府组织、社区、公民等社会主体加入到治理体系中，共同参与国家治理；二是双向互动，即改变原来政府单向度行使权力的模式，还权于社会，实现政府与多元主体之间的良性互动；三是整合资源，即充分利用不同主体的优势，资源共享以提高治理效率。“因此，治理即社会多元主体通过平等、协商、合作等方式构建公共部门、企业、社会组织和公民之间的信任关系与交互网络，以激发社会活力，实现社会的和谐稳定与有效运转。”①

2. 政府治理的含义

政府治理有广义和狭义之分。就广义的政府治理而言，整个公共行政的发展过程可以称之为政府治理从传统的统治迈向“善治”的过程。就狭义的政府治理而言，其具有不同于传统公共行政模式的特殊含义。大致说来，公共治理模式主要有三种：一是由国家作为唯一的管理主体，实行封闭性和单向度管理的国家管理模式；二是由国家与各种社会自治组织共同作为管理主体，实行半封闭和单向度的公共管理模式；三是由开放的公共管理与广泛的公众参与这两种基本元素综合而成的公共治理模式，其典型特征是开放性和双向度。狭义的政府治理是指第三种公共治理模式。

从政治学的角度来看，政府治理主要指政治管理的过程，包括处理政治事务的方式、对公共资源的管理以及政治权威的规范基础，并且特别关注在特定领域内维持社会所需要的政治权威的作用和对行政权力的运用。对政府的治理实际上就是在寻求和建立一个公正又有效率的政府。政府治理过程不只是政府单方面行使权力、提供产品、维持管制、解决

---

① 胡税根，王汇宇. 智慧政府治理的概念、性质与功能分析[J]. 厦门大学学报(哲学社会科学版)，2017(3).

社会问题的过程，更重要的是政府与市场、政府与企业、政府与社会、政府与公民之间的互动过程。国家的建设与发展需要政府与社会各种力量合作，一个国家政府与社会各种力量合作的能力越强就越能产生巨大的能量。政府治理的基础是公民社会，治理实际上是国家权力向社会的回归，没有一个健全和发达的公民社会就不可能实现治理的目标：善治。

围绕政府治理的对象，国内外学者对政府治理的理解不大相同，国外学者一般将政府与社会、市场等视为并行的主体，因此其理解的政府治理为政府对自身的治理，即治理政府内部，而国内学者一般将政府治理视为政府对自身以及社会事务的治理。国内学者俞可平、何增科、包国宪、张成福、张国庆等都对政府治理有所定义，根据他们的定义可以看出"政府治理是以法律为基础，以制度为保障，由政府主导、社会参与、多元主体相互协作，并形成社会网络，进而构成政府和社会间有效互动的治理机制，推动社会的有序运转。"①

8.1.2 政府治理的兴起

治理理论的兴起给政府管理带来了新的发展理念，这种理念以协调、合作、互动为特征，引起了政府管理模式的变革，在这样的背景下，政府治理理论也随之发展起来。

1. 治理理论的兴起

世界银行最早将具有现代意义上的"治理"的概念引入人们的视线。在1989年的《撒哈拉以南非洲发展问题的报告》中，世界银行在概括当时非洲的情形时，第一次使用了"治理危机"这一词，并指出"治理"就是"为了发展而在一个国家的经济与社会资源的管理中运用权力的方式"。在这之后，"治理"一词就首先在有关政治发展的研究中得到了广泛应用，例如，世界银行将1992年的年度报告标题设为"治理与发展"；经济合作与发展组织于1996年发布了一份名为"促进参与式发展和善治的项目评估"的报告；联合国开发署在1996年发布的一份年度报告也题为"人类可持续发展的治理、管理的发展和治理的分工"；联合国教科文组织也在1997年提出了一份名为"治理与联合国教科文组织"的文件等。这些国际组织之所以极力推广治理这一概念，有其深刻的背景和目的。例如，世界银行、国际货币基金组织等国际组织在利用贷款等手段推动世界各国经济发展的过程中，经常受到一些非市场因素的干扰，尤其是在非洲一些政局不稳定的国家，更是重重阻碍，但这些国际经济组织参与别国意识形态范畴内的争端是不合适的。新出现的"治理"这一理念成为他们手中一件趁手的工具，由此提出了在像非洲国家这样缺乏牢固国家结构的国家中有效治理和权力定位的问题。通过开发"治理"的功用，这些国际组织得以绕开原先无权过问的政治问题，转而通过关心"公共事务的管理"的方式来解决问题。在"治理"的框架下，它们得以不预先设置合作对象，取而代之的是与能够解决问题的组织合作，不管这个组织是合法

① 胡税根，王汇宇. 智慧政府治理的概念、性质与功能分析[J]. 厦门大学学报(哲学社会科学版)，2017(3).

的政府还是某个有影响力的社会组织。政治学家和经济学家们很快发现了“治理”的这一神奇作用，对这一词形成了广泛的认可。因此，他们依据自己的价值判断及政策需要，不断赋予“治理”以新的内涵，使其涵盖的内容远远超出了传统上的意义，“治理”由此被广泛用于社会经济、国际关系等领域，并逐渐在世界范围内流行起来。

有学者认为，治理理论之所以受到政治学家和经济学家们的重视并兴起的根本原因是由于西方福利国家出现了管理危机。第二次世界大战后，民族国家内部的政府被视为“超级保姆”，机构臃肿、职能扩张、效率低下、服务低劣、财政危机等问题遍布全国，社会分裂及文化分裂也同时出现。政府与公民社会的联系越来越少，公民很难监督政府的公共行为，政府也很难预测自己的行为后果。此外，治理理论的兴起还与市场和等级制的调节机制发生危机有关。市场机制在促进经济发展和提高资源配置效率方面显示出巨大的优越性，但市场不是万能的，市场机制同时也会造成分配不公、外部性、失业、市场垄断等现象。而等级制调节机制则造成政府机构效率低下、行政信息失真等弊端。因此，社会急需一种新的调节机制，这个新的调节机制就是治理理论的网络管理体系。在先前的理论和实践中，它处于边缘地位，直到后来人们对市场和国家的作用不再抱有“幻想”，它才重新进入人们的视线。“资本主义在西方取得统治地位已有几百年了，在这几百年中，围绕政府的大与小、强与弱、宽与窄的争论，从来就没有停止过，但是这种‘政府中心论’的研究视角限制了人们的讨论范围和思考能力。治理理念的提出，使人们得以从一种更为灵活的互动论视角，从政府、市场、企业、公民、社会的多维度、多层面上观察、思考问题。”①

2. 政府治理的兴起

20 世纪 70 年代末 80 年代初，伴随着市场化、信息化、全球化的来临，西方社会甚至是整个世界都发生了根本性的变化。在政府治理方面，科学技术的快速发展以及经济结构的重新调整对公共管理提出了更高的要求，社会民众对公共产品和公共服务的要求也越来越多元化。实践表明，以信息控制、集权、技术治国为基础的科层体制越来越不能适应社会发展的需要，其赖以建立的两大理论基础：威尔逊和古德诺的政治行政二分的行政理念与韦伯的官僚制理论，都无法回答并解决当时政府普遍面临的政府财政危机、政府信任危机以及政府管理危机等困境，曾经主导西方公共行政领域一个世纪之久的主流公共行政模式，面临着严峻的挑战。在这一背景下，西方国家以及理论界都在试图探索出一种新的治理模式，以解决日益严重的政府治理危机。因此，在政府治理理念、治理结构和运作方式与过程所构成的三位一体的有机框架的指导下，西方国家以政府再造运动为契机掀起了政府治理改革。这种治理模式的变迁，绝不仅仅是政府管理内容、管理手段或管理形态上的小幅变化，而是包括政府治理理念、政府治理方式、政府职能与角色定位以及政府与公民社会的关系的系统变革。有学者将这场变革的动力或目标归纳为三点：一是解决西方国家 20 世纪 70 年代开始普遍存在的财政危机；二是解决经济稳定和发展的问题，提升本国经

① 戴长征．中国政府的治理理论与实践[J]．中国行政管理，2002(2)．

济在世界经济中的竞争力；三是消除官僚主义，为消费者提供更好的产品和服务，改善政府在公众心中的形象。“治理理念所包含的‘权力的多主体、多中心’‘回应性’‘互动’‘公开性’‘透明度’‘法治’‘公正’‘有效’等质素”①，向我们展示了一种崭新的公民社会存在及发展的格局。

政府治理打破了社会科学中长期存在的传统的两分法思维方式，即将研究对象简单地分为对立的两个方面，比如市场与计划、公共部门与私人部门、政治国家与公民社会、民族国家与国际社会等，禁锢了各个事物之间存在联系的发散思维。政府治理理论致力于把有效的管理看作一个合作的过程，并力图发展起一套管理公共事务的全新技术。它强调管理就是合作，主张政府不是合法权力的唯一源泉，公民社会也是合法权力的来源，并把治理看作当代民主的一种新的现实形式。政府治理的创新，就在于它重新认识和界定了政府、市场与社会组织之间的相互关系，并据此重新认识和确定了政府在管理市场经济和驾驭市场机制方面的角色，调整了政府组织结构和权力运行机制，不断寻求最有效的政府行政模式。

8.1.3 政府治理的实践

“治理理论已成为有关政府改革的一个全球性话题。改革开放以来，在推动经济发展和社会全面进步的同时，中国政府加大了自身改革的力度。以市场经济体制为平台，以政府职能转变为中心枢纽，以民主法制建设为基础，中国政府正在努力营造新型治理格局，并取得了相当的成效。中国政府的治理理论与实践成为对世界范围治道变革的有力呼应。”②在全球化的背景下，各国在政府管理的方法和理念上互相取长补短，不断推进治理的现代化发展，中国也结合自身国情，努力将治理理念付诸实践。

1. 实现经济体制转型

20世纪末中国基本建立起了社会主义市场经济体制，以市场为取向的经济体制改革给计划经济时代画上了一个句号。与计划经济体制相比，市场经济体制更具有生机与活力，它给中国社会带来的一系列深刻变化从各方面冲击了旧的国家管理体制，使治理理念在中国的实践成为可能。

一方面，经济体制转型使人们的思维方式和行为习惯发生改变，人们的权利意识、平等意识、法治意识得到了空前的提高。仓廪实而知礼节，衣食足而知荣辱。市场经济给旧的经济体制注入了新的活力，它所带来的经济快速发展大大提升了人们的物质文化生活水平，加之互联网技术的发展更加密切了人们之间的信息交流和资源共享，在此条件下，人们逐渐萌生出强烈的道德自主意识。不同于人们的权利意识和自主意识都被淹没在“泛道德主义”空谈中的计划经济时代，在市场经济体制下，人们的利益开始分化，所有制结构

① 戴长征．中国政府的治理理论与实践[J]．中国行政管理，2002(2).

② 戴长征．中国政府的治理理论与实践[J]．中国行政管理，2002(2).

的变化使得众多利益差别或利益竞争的行为主体逐渐涌现，全民所有制、个体、私营、集体、三资等各类经济实体既相互竞争又具有共同的利益诉求，即维护自身合法权益。为此，不同的经济实体为了维护自身权益积极参与到社会治理中。“意识形态律令和道德说教的作用正在降低，利益驱动机制在国家治理中的重要性越来越大，政府治理中的制度色彩和技术色彩越来越浓。”①各个利益不同的行为主体逐步取代了计划经济体制下绝对划一的利益无差别的受令者，因此政府必须改变过去的命令型体制以回应这种社会需求。为此，国家以《宪法》的形式肯定了各种所有制经济主体的地位和作用，《行政诉讼法》《国家赔偿法》《行政复议法》等法律和法规的制定也适应了这种社会关系的调整和变化，国家正试图用新的方式将市场经济所带来的变化纳入治理框架之中。

另一方面，经济体制转型为多元主体的形成和发展提供了有利条件，使得民间社会力量得以壮大并参与国家和社会的共同治理。在计划经济体制下，国家对社会实行全面管控，国家与社会之间是单向度制动的格局。市场经济体制改变了国家与社会之间的关系，两者之间逐渐形成了双向互动的关系，联系也更加紧密了。以经济市场化和产权多元化为基本内容的经济改革，使得国家与社会之间以及政治与经济之间的结构逐步分化，在此条件下，一个相对独立的民间社会开始形成，过去建立在政治、经济、社会一体化基础上的全能型政府的职能和结构已不适应转型期社会对政府管理的要求，政府必须重新界定自己在社会中的地位和作用，让市场和民间社会可以承担的职能回归社会，并自觉承担市场和民间社会解决不了的问题，分工明确、彼此合作才能实现更好的治理效果。这不仅满足了民间社会力量对公共权力的需求以及在治理中争取自身话语权的愿望，也有助于国家在社会对公共行政管理的要求多元化的条件下，借助社会力量来共同实现有效的治理。作为治理的主体之一，民间社会主体在参与治理的过程中具有政府不具备的优越性，其非官方性，使其行为不代表国家和政府的立场；其独立性，使其拥有自己的组织、管理机制，并有独立的经济来源可以维持自身的运作和开展活动；其自愿性，使得参加社会组织的成员对社会活动的参与不受强迫，具有较高的积极性。政府与民间社会之间逐渐形成了良好的双向互动，这种多元主体公共参与社会管理的过程不再是统治，而是治理。实践也说明了，中国实行的改革开放政策正在从早期的政府主导型，逐步演变为社会推动型。

同时，经济体制转型给中国治理提出了更高的要求，经济体制转型带来的治理环境变化要求中国必须以更高的治理水平来适应环境的变化。市场经济体制包容开放的特点要求中国密切联系世界经济的发展，并积极容纳和吸收有利于自身发展的价值、技术、规则、观念等。通过多年努力，中国已被纳入世界经济一体化之中，中国政府的治理环境在加入WTO之后发生了很大改变，国际经济、法律环境成为制约政府治理能力与行动的重要因素，任何有悖于国际法则和国际经济规律的政府行为都可能产生不良的国际影响，都可能招致所在国际组织的联合抵制，使国家利益受损。为了适应这种外部治理环境的变化，中

① 戴长征．中国政府的治理理论与实践[J]．中国行政管理，2002(2)．

国政府在关注行政管理国际化趋势的同时，采取了一定的应对措施，例如，实行了汇率并轨、外贸出口结汇和售汇制及新的外汇账户管理办法，改进了重要商品进出口配额管理，调整了关税税率，改革了外汇体制，等等。世界市场变化迅速、机遇与挑战并存，政府不仅要参与国际市场竞争，更要为本国的各类利益主体提供帮助和服务。服务、引导、规范、保障是中国政府追求的理想的治理方式。

2. 加强民主法制建设

民主和公正是治理理论的核心价值，民主和公正的实现建立在人民平等参与国家、社会管理的基础上。民主法制建设是公民参与公共生活的基石和制度性保障，也是获得有效治理的秩序及环境的前提条件，因此，中国在民主法制的建设中作出了许多实践探索并取得了一些成就。

第一，积极推进依法治国战略。中国在总结历史经验教训的基础上提出了依法治国、建设社会主义法治国家的方略。党的十五大报告将民主法治建设列出专章进行阐述，指出："依法治国，就是广大人民群众在党的领导下，依照宪法和法律规定，通过各种途径和形式管理国家事务、管理经济文化事业，管理社会事务，保证国家各项工作都依法进行，逐步实现社会主义民主制度化、法律化，使这种制度和法律不因领导人的改变而改变，不因领导人看法和注意力的改变而改变。"由此可见，中国政府所推行的依法治国首先是以法律形式保障公民的民主权利，其次是将国家整个治理过程纳入法治化轨道。在建设社会主义法治国家的过程中，中国政府突出强调了依法治官、依法治吏、依法治政，严厉惩治公务员滥用职权、贪污腐败等现象。有法可依、有法必依、执法必严、违法必究是中国政府一向奉行的准绳，其与治理理论对法治的强调相呼应。

第二，努力推进决策和管理民主化。治理理论所强调的公开、透明、回应等理念需要通过公民的民主参与来实现，公民民主参与是决策和管理民主化的体现，中国政府奉行的民主集中制和群众路线则是公民参与公共生活的重要保障。为了扩大公民参与公共事务的渠道，保障其参与权并使之制度化、法律化，中国政府先后推行了政务公开制度、任前公示制度、举报制度、听证制度、人大旁听制度、公开审判制度、检务公开制度、警务公开制度、政府上网工程、咨询和建议制度等。除此之外，政府还通过推行社会服务承诺制、政府采购制度，开通市长热线等，主动寻求政府和公民之间的互动，着力于实现"善治"目标。

第三，实行民主选举和基层自治。选举制度也是当代治理理论的基石，中国政府在改善国家层面选举制度的同时，着力建设和完善基层选举制度，例如，实行县级以下人大代表由选民直接选举产生；在农村和乡镇引入"海选"机制，候选人不作事先"内定"；推行村民委员会制度，村民委员由村民直接选举产生；在各级权力机关的选举中引入差额选举办法；在极个别地方尝试乡、镇长直接选举等。城市基层单位也推行了类似的选举制度。不仅如此，国家还在着力保障基层群众的公共参与和民主监督权利，例如，20世纪80年代中期，基层行政机关创造了"两公开一监督"形式，即公开办事制度，公开办事结果，监督行政机关及其办事人员；中共中央办公厅则在1998年发出《关于在农村普遍实行村务公开和民主监督制度的通知》等。在中国，基层民主与基层自治密不可分，除了民族区域自治外，中国还实行了农村村民自治、城市社区自治和行业自治。基层自治有力推进了中国民主进程，众多城乡自治网络所蕴含的制度创新使社会治理焕发出勃勃生机。这些制度的建立和措施的实行都是治理理念在中国的深刻实践。

3. 推动政府职能转变

中国政府既是推动社会进步、实现国家现代化的力量，又是接受现代化过程冲击和考验的客体。以职能转变为中心枢纽、实行政府机构改革是中国政府实践治理理论的重要内容。

首先，审慎考量并逐步缩小政府管治的范围和内容，合理配置政府和社会的权力，还权于社会，致力于有限政府的构建。合理划分国家与社会、政府与市场、公共与私人之间的权力关系是实践治理理论的必然要求，为了实现有效治理，中国政府正致力于转变政府职能，在实现中央向地方下放权力的同时推动国家向社会开放权力，以政府“职权”的改变来实现政府“功能”的转变。中国政府的职权转变，首先是在承认政府权力有一定限度的前提下，改变过去政府包揽一切的做法，还权于社会、企业、市场及公民。其次是在承认社会、企业、市场及个人享有合法权利的前提下，调整政府与其他权力主体之间的关系，形成新型的权力关系，充分发挥其他主体的能动作用，共同营造新型的治理格局。中国行政体制改革伊始就找准了权力下放这个突破口，行政权力的下放使地方政府掌握了更大的财政收支、经济管理及人事管理权限，地方政府有权依照国家法规制定地方性法规或政策，有权通过地方税收和预算调节本地区经济活动，有权调配和运用地方资源，推动地方经济和社会的发展，特别是推动医疗、教育、卫生、住房和社会保障等民生事业的发展等，中央政府则保留涉及国民经济发展的重大决策权。1998 年，九届人大一次会议通过的《关于国务院机构改革方案》对政府职能进行了科学定位，明确把政府职能定为宏观调控、社会管理和公共服务。除此之外，国家还积极将逐步壮大的社会权利导入与国家合作的轨道，建立国家与社会各种权利主体的合作伙伴关系，形成多元主体共同参与、协同治理的良好局面。

其次，转变旧的管治方式和管理手段，担当国家治理的掌舵者。政府治理的多元主体理念意味着在限定范围内，政府与其他治理主体之间是合作性的平行关系，而不是包含性的垂直关系，因此政府权力不能无限延伸，国家干预不能无休无止，要抛弃过去那种凌驾于社会之上包揽一切的“全能型”政府管理模式，实现政府管治方式由命令性转向说服性、由行政性转向契约性、由控制性转向协商性、由主动与被动转向互动、由微观干预转向宏观调控，以精简、统一、效能为标准进行政府机构改革，实现政府职能的根本转变。当前，中国政府职能正在发生结构性的变化，政府管理手段从以行政手段为主转变为以法律和经济手段为主；社会资源的配置从国家计划安排转变为以市场为基础；经济运作主体从政府转变为市场、企业和生产经营者，政府则通过市场对经济发展进行间接引导和控制；企业也一改过去作为政府“附属品”的历史，成为独立自主的经营者，政府则负责统筹规划并提供服务。可以说，中国政府治理正在努力朝着多元共治的方向前进。

同时，中国政府还致力于提升服务水平，构建服务型政府。治理理论强调政府服务能力的提升，中国政府在实践政府治理的过程中强调合作与服务，不断激发社会活力和人民创造力。中国政府一直在公务员队伍中推行“为人民服务”的理念，政府提供服务的内容不仅包括秩序、安全、福利，还包括制度、价值、规则。在治理理论的指导下，中国政府努力调动各社会主体的积极性，通过政府的鼓励和引导，企业、个人以及民间组织纷纷投身社会公共事业中，例如，个体公民参与国家污染治理，并在维护社会治安、发展社区自治中发挥重要作用；企业对各种类型的运动会的大力赞助以及对受灾地区实施捐赠活动；民间组织自主兴办各种福利机构，发展救济事业等。一个自上而下，从政府到公民的治理网络正在出现。

8.2 政府治理的模式与特征

8.2.1 政府治理的模式选择

政府治理模式是政府治理理念、治理制度和具体治理方式的总称。① 政府治理模式随社会发展而不断变化，其历史变迁是内外因素共同作用的结果。

早期的行政系统是个人性质的，以效忠某个特定个人为基础，这导致了政治和行政的一体化和政党分赃制的形成。一个新政党选举获胜后，从高层到基层的每个行政职位都被获胜党指定人选占据，这种制度安排缺乏规范化、透明化和程序化，导致了巨大的交易成本，因此逐渐被传统的公共行政模式所取代。传统的政府治理模式以威尔逊的政治行政二分法和韦伯的官僚制理论为基础，政治与行政的分离避免了政府频繁更迭所带来的巨大交易成本，官僚等级制则在政府部门内部提高了公共品的供给效率，但这种官僚等级制在政府系统规模日趋庞大的情况下存在使交易成本增大的风险，而政府部门内部并没有特定的机制来防范和化解这种风险。所以，仍需要一种新的治理模式来解决这些问题。20世纪70年代，西方国家掀起了一场新公共管理运动，推动了公共管理的实质性变革，市场理念、市场机制和市场手段被广泛运用于公共管理过程，其所倡导的治理模式具有以下特征：较为注意结果的实现和个人管理责任；明确表示了脱离古典官僚制的意图，欲使组织、人事、任期和条件更具有灵活性；明确规定组织和人事目标，这样可以根据绩效指标对工作任务的完成情况进行测量和评估；政府职能更可能接受市场的检验；通过民营化和市场检验、签订合同等方式，抑制政府职能膨胀的趋势。

在这场声势浩大的公共管理运动中，各国政府都在探索一种符合本国国情、有利于本

① 李莉. 政府治理模式的路径变迁与现实选择[J]. 岭南学刊，2009(2).

国发展的治理模式，因此对于治理模式的选择，各国都视自身国情而有所不同。由于当前我国正处在社会转轨变型期，市场体制刚建立，适应市场体制的行政体制尚未完全培育起来，且现阶段公民社会力量还不够强大，政府治理仍带有很强的管制痕迹等现状，笔者认为当前中国可以采用“政府主导的合作治理模式”。主张政府主导的原因有：第一，传统的政府行政模式在短时间内不会改变，当前政府仍在提供公共物品、维护社会秩序、拥有合法权力、进行制度安排和制度创新方面拥有无可比拟的优势。第二，当前我国公民社会的培育要靠政府的引导和培育，公民社会的发展需要政府提供良好的制度环境，使公民社会的发展步入法制化、规范化轨道。合作是指政府与非政府的多元主体之间的合作，政府需要寻求合作的原因一是减轻政府的负担，二是其他主体可以给政府提供“智力”支持，三是消除民众对政府的信任危机。当然，这种模式并不是最理想的治理模式，它只是符合我国目前国情的一种治理形式。

总的来说，未来政府治理模式的选择应具有以下价值取向：第一，要秉持多元主体共同治理的理念，将“民间力量”和“社会智囊”纳入国家治理体系中，充分发挥各个主体的优势，合作完成国家公共事务的管理，共同实现“善治”目标。第二，要转变政府职能，把不该管的交还给市场，把管不了也管不好的交给社会，把可以做和能做好的事务办好，把应该承担而没有承担的责任担起来，减轻政府的负担，专心把分内事做好做实。第三，积极培育和发展各类非政府组织，建立政府与非政府组织的合作伙伴关系，充分依靠社会组织改善经济、社会管理，让社团、行业组织和社会中介组织提供服务。政府则将主要精力用于加强城市管理、社会服务和提供更多更好的公共产品上。将单一的政府行政管理转变为多元的社会化管理，最终达到有效处理社会公共事务的目的。第四，加强民主法治建设，为更好地实现多元主体协同治理提供政策和法律保障，为非政府组织的发展提供良好的法治环境。第五，要以顾客为导向，建设服务型政府，把顾客的需求作为政府管理活动的根本，加大对医疗、卫生、教育、社会保障、环境保护、社会安全、公共基础设施等领域的投入和供给，公正透明且高效地为民众提供优质的公共产品和服务。

8.2.2　新治理范式的兴起及基本特征

20 世纪 90 年代末以来，随着市场化工具、工商管理技术和社区化手段普遍运用到社会经济治理中，新治理范式(网络化治理)开始在西方国家蓬勃兴起。新治理强调政府和社会组织势力通过面对面合作方式组成社会网络管理系统，强调社会经济治理的多元化和有效政府的功能角色定位，强调政府、私营部门、第三部门等社会主体通过工具的选择和应用来进行有效的治理。这与奥斯特罗姆的多中心治理理论相契合。

网络治理是为了实现与增进公共利益，政府部门和非政府部门(私营部门、第三部门或公民个人)等众多公共行动主体彼此合作，在相互依存的环境中分享公共权力，共同管理公共事务的过程。合作网络治理模式涉及四个理论命题：多中心的公共行动体系、反思性的“复杂人”假设、合作互惠的行动策略、共同学习的政策过程。在网络治理模式中，公共事务的完成是相互依存的管理者通过交换资源、共享信息和谈判目标而展开的有效的集体行动过程。在这个过程中，公共行动者是有限理性的，有着复杂的动机，利己与利他共存。但是，通过对话、合作和合约机制，能够减少交易费用和抑制机会主义；通过持续学习和改进，行为人能够提高适应风险社会的能力。通过反思性决策，行动者在利益互惠基础上采取合作行动实现共同利益，合作互惠的行动策略成为参与者的基本行为方式。通过各种治理主体之间的交易信息、对话协商、增进合意，有约束力的政策成为公共行动者共同学习的产物。①

本质上看，新治理范式(网络化治理)是超越于“公”与“私”二元结构的、实现社会网络体系化的策略创新。萨拉蒙教授指出，与传统的公共行政和新公共管理相比，新政府治理使得公共目标的实现机制发生了以下五个方面的改变。②

①政策研究的“分析单元”从机构或单独的项目转移到解决公共问题、实现公共目标的工具上。由于每种工具都有自身的操作程序、运作法则以及实施机构，而相应的行为主体各有自己的角度、价值观、技能及激励机制，因此，工具的选择在决定行为主体的同时也会对结果产生重要影响。即在政策研究和公共管理中，分析单元应从公共部门或公共项目转移到工具上。因此，在网络治理中，需要培养具备网络建构和管理能力的官员，而不是只会下命令的管理者。

②从注重纵向控制的科层制组织向综合性的社会网络体系转变。由于许多具有高度间接性工具的运用，政府失去了完全控制自身项目运作的能力。因此，与管理科层机构完全不同，管理网络需要更多的综合性框架，包括使网络关系结构化、促使各方对政策目标达成共识；协调价值观、促进互信关系；设定绩效目标、整合激励机制；分享信息、分担风险，评估绩效和管理。

③政府部门与其他部门的关系从公私对立转向公私合作。传统公共管理认为政府与私营部门(不管是营利机构还是非营利机构)之间存在着冲突。工具途径则认为公共部门与私人部门不能被清楚地区分，它们谁也离不开谁。在治理网络中，协作替代竞争成为组织间关系的基本特征。

④政府管理的方式从命令与控制转向谈判与磋商。传统的行政管理强调命令与控制是实施公共项目的不二法门，私有化学派完全忽略行政控制的重要性。在网络治理中，公共管理者通过谈判与磋商方式促进政府只有部分控制权的行为主体实现公共目标，而不是只会颁布行政命令。

⑤要求公共部门的管理者及他们的协作方式从适应公共行政的种种管理技能，向适应治理要求的授权技能转变。传统行政管理和新公共管理从根本上强调的是管理技能，即控制科层制官僚机构内部的众多人员。新政府治理将重点从管理技能以及对官僚机构的控制

---

① 陈振明. 公共管理学：一种不同于传统行政学的研究途径[M]. 北京：中国人民大学出版社，2003：88-90.

② [美]萨拉蒙. 新政府治理与公共行为的工具：对中国的启示[J]. 李婧，译. 中国行政管理，2009(11).

转移到了赋能技巧。这种能力转移需要关注激发能力、指挥能力和调控能力，以横向合理安排网络中各方参与者，促进复杂的政策工具网络中互相依赖的行为主体之间的合作，从而实现共同目标。

8.3 政府治理结构与交易成本

8.3.1 政府治理结构描述

治理结构原为法律用语，意为公司权力机关的设置、运行及权力机关之间的法权关系。这一词最初用于对公司结构的分析，后来逐渐运用到行政领域，形成了政府治理结构的概念。政府治理结构是指中央政府与地方政府及地方政府之间的权力配置和运作，以及在此过程中所形成的各种关系的总和。具体来说，对政府治理结构的分析包括三个组成部分。一是纵向关系，即不同层级的政府间的关系问题，不仅包括政府层级的优化，还包括在层级不变的条件下，政府间的联合、合并问题。二是横向关系，即同级政府之间的关系问题，包括政府间的联合、合作等。纵向关系和横向关系就构成了政府治理结构的十字框架。三是政府治理机制，政府治理机制是政府治理结构十字框架的中心，也是决定政府治理效率高低的一个重要因素。

改革开放以来，随着我国经济体制改革的不断深化和我国地方政府职能的不断调整，地方政府的治理结构也随之发生了很大的变动。分析地方政府治理结构可以遵循行政视角和财政视角两条主线。行政视角主要将核心置于事权，重点分析地方政府在行政上的合作和隶属关系，其本质是一种行政权力的划分；财政视角则以财权在地方各级政府的分配为核心，进一步划清各级政府及同级政府之间的机构关系。从整体的作用来看，行政和财政是密不可分的，财权的大小决定事权的执行力，反过来，事权也为财权的来源提供制度保障，二者有效结合才是治理结构的全部内涵。从行政视角出发，纵观中华人民共和国成立以来中国地方政府治理结构变迁的轨迹，在政府治理结构三个维度的分析框架下，我们可以看出中华人民共和国成立以来，我国地方政府治理结构经历了一个较大的转变过程：纵向由多层级的集权政府发展到少层级的分权政府；横向由蜂窝状结构逐渐转变为区域网状结构；治理机制也由同质同构的单一化机制变为多任务委托—代理机制。从财政视角出发，“改革开放以来我国政府治理结构最引人注目的改革就是中央政府和地方政府的财政分权改革”①。我国从 1979 年就开始从财政分级包干的角度探索如何建立有效率的各级政府间的财力分配关系，而到了 1994 年，则开始在全国全面推进分税制财政体制。然而分

① 王小龙．中国地方政府治理结构改革：一种财政视角的分析[J]．人文杂志，2004(3).

税制改革后地方财政体制仍然存在许多问题，例如，中央与地方财权和事权不匹配等，需要进一步作出调整。

根据交易成本经济学的基本思想，在政府治理中，市场(Market)、混合形式(Hybird)、科层(企业)(Hierarchy)、官僚组织(Public bureaucracies)是四种最主要的用于组织交易完成的治理结构。这四种组织形式在工具(激励制度、行政控制)、绩效(自发性适应能力、协调性适应能力)和契约法安排(雇佣关系、争端解决办法)等方面具有不同的特征，在降低不同类别契约风险、节约各种交易费用方面有各自不同的作用(见表8-1)①。在四种治理结构中，市场和官僚组织处于两个极端状态。市场提供了高能激励，不存在一方对另一方的行政控制，依靠法律来解决争端，具有很强的自发性适应能力，但是会造成协调性不强和签约支出过高的问题。官僚组织则具有低能激励，拥有权威的一方对另一方具有很强的行政控制能力，任务执行者服从于领导，与领导的目标保持一致。官僚组织提供了稳定的工作保障，依赖自制契约法来调节争端，具有很强的事后协调性适应能力，但是会产生很高的官僚主义成本。根据区别性匹配原则，不存在资产专用性的标准契约，无论交易频繁与否以及不确定性程度如何，都属于古典契约，适合通过市场来完成；资产专用性程度高、交易频率较快、不确定性程度较大的交易属于关系型契约，主要通过企业科层组织来提供统一治理服务；处于上述两者之间的交易属于新古典契约和另一种关系型契约，分别对应第三方治理和双方治理，通过除市场、科层和官僚组织之外的混合形式来完成②；当交易因资产专用性、信息不对称和正直性导致需要依赖稳定的工作保障来保证成员正直性和很强的权威来进行反复的、复杂的事后协调时，公共官僚组织成为最后诉诸的治理结构。

表8-1 不同治理结构的特征

治理结构	激励强度	行政控制	自发性适应	协调性适应	契约法	官僚主义成本
市场	+++	0	+++	0	+++	0
混合形式	++	+	++	+	++	+
科层(企业)	+	++	+	++	+	++
官僚组织	0	+++	0	+++	0	+++

注：+++表示很强，++表示中强，+表示弱，0表示很弱。

① WILLIAMSON O E. Transaction Cost Economics: The Natural Progression[J]. The American Economic Review, 2010(100): 673-690.

② [美]奥利弗·E. 威廉姆森. 资本主义经济制度——论企业签约与市场签约[M]. 段毅才，王伟，译. 北京：商务印书馆，2011：113.

8.3.2　政府治理交易成本的构成

交易成本(Transaction Costs)又称交易费用，由制度经济学的代表人罗纳德·哈里·科斯所提出。科斯认为，企业和市场都是资源配置的组织形式。企业或市场的组织边界取决于一项交易在其中的交易成本。奥利弗·威廉姆森将科斯开创的交易成本理论进一步深化，把市场和企业一体化都看成是特定的治理结构，指出任何一种治理结构发生作用都取决于治理成本。根据制度经济学的观点，政府本身也可以理解为与企业一样是对市场的一种替代性的制度安排，两者都是为了发挥分工的优势同时又降低由分工所导致的交易成本。只不过企业降低的是私人物品领域资源配置的交易成本，而政府则是要降低公共产品领域资源配置的交易成本。为此，威廉姆森把交易成本定义为"为完成任务需要花费的计划成本、调整成本和监督成本"[①]由于交易成本泛指所有为促成交易发生而形成的成本，因此很难进行明确的界定与列举，不同的交易往往涉及不同种类的交易成本。就政府治理而言，主要存在以下几方面的交易成本：

1. 信息成本

信息成本是指政府与选民、利益集团等在信息互动过程中所产生的成本，在政府治理的交易成本中，信息成本所占的比例较高。信息成本主要源于政府与选民之间信息沟通不畅、信息收集成本高昂、信息不对称现象严重。一方面，选民要花大量的时间和金钱去收集政治信息；另一方面，因报酬不匹配，选民也会对自己掌握的信息有所保留，因此，政府治理者也需要支付高昂的信息成本去获取选民所掌握的信息。另外，由于信息的时限性与对信息的加工、处理的不同，以及政府信息公开度不够、各利益集团为实现集团利益常常试图对决策者施加影响等，都加剧了信息的不对称，使得政府治理的信息成本居高不下。

2. 代理成本

政府治理中的代理成本，指的是委托人与代理人之间签订某种契约(通常表现为口头上的契约形式)，委托人为了使代理人按照契约去执行其意愿而支付的成本，主要包括契约金和监督成本。其中监督成本是影响政府治理中代理成本大小的最关键因素。委托—代理理论认为，当交易双方就一项交易达成契约后，邀约人与受约人，也就是委托人与代理人就以该契约为基础达成了特定的委托—代理关系，代理人要承担在约定条件下为委托人服务的责任。但是，委托—代理关系内生的一些缺陷导致了代理人的契约责任难以完全得到兑现。因为在委托—代理关系中，委托人与代理人之间往往存在信息不对称和激励不相容的问题，代理人很可能采取通常被称为逆向选择和道德风险等会对委托人利益造成损害的机会主义行为来逃避责任。逆向选择是一种事前风险，主要指劣质的候选代理人可能会通过隐藏信息来误导委托人，从而不正当地获取优先缔结权或者缔结有损于委托人利益的

---

① ［美］奥利弗·E. 威廉姆森. 资本主义经济制度——论企业签约与市场签约［M］. 段毅才，王伟，译. 北京：商务印书馆，2011：10.

契约条款。而道德风险是一种事后风险，主要指代理人利用自己已掌握的相对于委托人的信息优势，违背契约规定来追逐自己的非契约利益，从而造成委托人的利益损失。以上两种卸责行为表明了，尽管委托人可以通过契约的方式使代理人履行契约承诺，但代理人仍有可能利用契约漏洞规避责任或低效率地履行责任。因此具有委托—代理关系特征的政府行政模式中，监督成本比较高，要降低政府治理成本中的代理成本，必须降低监督成本。

3. 运行成本

任何制度的运行都要花费相应的运行成本。[①] 运行成本是制度在运行过程中所产生的成本总和，它是典型的交易成本。为了保证制度的有效运行，这些成本通常都不会是一个小数目。运行成本主要源于两个方面：一是建立健全政策运行的制度框架所产生的成本；二是制度框架日常运行所需要的投入，如人事管理成本、信息技术投入成本、公共关系的维持和游说以及监督、度量工作绩效等需要花费的成本。因此，为了有效控制运行成本，在制度设计的初始阶段就要有长远的目标和考虑，尽量从源头上减少因前期制度设计不科学而增加的后期运行成本。

4. 决策成本

决策成本是指为制定出切实可行的治理方案所支付的利益博弈和方案比较等方面的成本，它着重指决策过程中(决策必需、获取知识的成本、优化决策的能力)的成本，而不是决策本身需要花费的成本。政府要将治理目标转变为具体可行的行动方案，就要进行相应的决策行为，比如信息收集、方案比较、文案印刷、讨价还价等，这些都构成了政府治理的决策成本。从一定意义上而言，决策的成本直接影响执行的成本，因此，在条件允许的情况下，可以适当增加决策环节的投入，在这一环节中尽量将各方面的可能问题与困难纳入利弊得失的分析中，谨慎科学地决策，以减少后续的执行成本或避免因决策失误而产生的沉没成本。

5. 沉没成本

政府治理中的沉没成本，主要是指决策失误所产生的成本损失。由于决策信息的不完全性或目标的不一致，使得政府治理中存在大量因决策失误所产生的成本损失。更甚者，在发现决策失误后，政府往往为了纠正决策偏差、挽回失败局面而继续追加投入，原本目标是为了避免已投入的成本浪费，结果却使得沉没成本进一步增加，陷入沉没成本悖论。因此，为了降低沉没成本，公共决策者应该科学决策，在作出决定前审慎思考可能产生的后果，当决策出现偏差时，要理性思考是否继续执行决策，根据已有的条件作出科学的判断，该叫停的决策就应该及时叫停，切不可让沉没成本进一步增加。

8.3.3 政府治理交易成本的成因

科斯从契约角度提出了交易成本的概念，将其定义为“通过价格机制组织生产的、最

① 黄新华. 政治过程、交易成本与治理机制——政策制定过程的交易成本分析理论[J]. 厦门大学学报(哲学社会科学版)，2012(1).

明显的成本，就是所有发现相对价格的成本”。诺思认为，交易成本是“测量被交换事物的有价值的属性的成本，保护产权的成本以及制定和实施协议的成本”。从本质上说，交易成本类似于生产成本，也是一种机会成本，同样受稀缺资源约束。在现实的政府运行过程中，无交易成本的假设是不现实的，政治科斯定理是难以成立的。那么，政府治理的交易成本的产生具体源于哪些因素呢？

1. 央地信息不对称的影响

在计划经济时代，我国实行高度集中的政治经济体制，地方对中央的政令绝对服从，地方政府和各部门也没有自己的利益。改革开放后，尤其是分税制改革之后，中央将一部分财权和事权逐步下放到地方政府，权力下放在搞活地方经济、增强地方积极性的同时，也伴随着地方政府时常违背中央政府意愿行事的现象的出现，例如，对于一些国家实行严格管控的项目，地方政府往往为了自身利益而违反相关规定，不仅没有采取相应的管控措施，还盲目扩大投资，这种现象是普遍存在的。中央政府和地方政府之间的矛盾实质上是整体利益与局部利益的矛盾，从整体上而言，中央要保证国家政令得到有效执行，就必须采取措施对地方政府实施有效的监督，监督的过程就需要耗费大量的人力、物力、财力等。而地方政府为了维护地方自身的利益，也会花费很大的成本用于规避中央政府或上级政府的监督，这一过程同样也会消耗大量的交易成本。另外，由于政府层级多，信息在不同层级政府间传递的过程中所耗费的时间成本也很大，而且因信息扭曲或信息阻塞而造成的失真程度也会更严重，在这种情况下，政府要获取真实、及时的信息也要花费高昂的成本，并且中央与地方政府之间缺乏有效的信息沟通机制，信息不对称现象较为严重，也会增加政府协调成本与信息获取成本。尤其要注意的是，地方政府与中央政府之间“上有政策、下有对策”的相互博弈，消耗了双方大量的交易成本，这不仅降低政府职能发挥的有效性，还造成政府系统产生无为内耗，降低政府治理效率。

2. 地方政府双重身份的影响

在我国当前的体制下，地方政府实质上具有双重身份，一方面，地方政府作为公共部门，其目标是服务公众，维护公共利益；另一方面，地方政府又是一个具有相对独立的经济利益的行为主体，其目标是实现本地区或本单位利益的最大化。因此，从横向来看，地方政府之间，尤其是地域上接近的平行的地方政府之间会产生激烈的竞争，这也会造成大量资源的无谓浪费。例如，对于一些有利可图的项目，由于缺乏政府之间的统一协调，各地方政府往往跟风上马，重复建设，结果非但没有获取预期利润，反而造成很大的损失。在这种情况下，地方政府就有强大的动力去游说中央政府，从而使有利于自己的经济政策得以维持，很容易造成锁定效应，虽然看起来并没有效率。地方政府之间的恶性竞争还体现在以环境为代价追求 GDP 上，特别是在同一条河流流域上的地方政府，上游的地方政府往往为了发展经济不顾环境污染，从而影响下游地方政府的利益，而他们合作治理时，又因为行政单位的划分而存在诸多不便，在交接的过程中也会产生很多交易费用，由于各地方政府之间交易成本高昂，难以形成稳定的合作，往往狡黠地追求私利，最终给国家带来利益损失，给社会带来不良影响。

3. 公务人员有限理性的影响

各种主客观因素决定了人不是完全理性的，政府公务人员也是有限理性的，因此，他们在进行决策时会面临各种信息限制，无法对事物的发展有一个全面准确的认知，也很难根据事物的复杂性和不确定性进行调整。在这种情况下，有限理性及机会主义的存在，使得政府内部管理普遍存在下级讨好上级、下属盲从上司等唯上是从的短视行为，很多政府公务人员忽视了自身作为社会公仆，担负着为人民服务的责任，将过多的财力、物力、精力花在人际交往上，不办实事。下级为了获得上级领导的认可以谋取私人利益，就对上级领导俯首帖耳，有时甚至还采取非生产性的寻租行为。这不仅助长了政府官员独断专行的风气，还影响了决策的科学性与合理性，同时还助长了官员腐败的不良风气，无法进行创新。同时，由于同事之间存在晋升的竞争压力，加上在中央反腐败的高压态势下，政府公务人员往往都十分谨慎，常有“事不关己，高高挂起”的“不作为”行为，这就不利于同事之间的信息交流与协调，明明是在一个分工合作的集体中，却往往变成个人单打独斗，导致个人在获取信息时要花费更大的成本，这不仅影响了个人办事效率，还降低了政府治理效率。

4. 职能部门权责不清的影响

在计划经济时代，我国政府职能部门之间分工较为明确，各部门按部就班较少出现冲突，协调成本(交易成本)也较低，但存在机构臃肿的问题，规模成本太高。改革开放以来，政府进行了体制改革，但是职能转变不到位，权责利划分不清晰，传统观念和利益格局一时难以打破，职能交织、错位的现象大量存在。对于棘手问题的处理和责任承担上，往往又相互推卸责任，争端解决机制也并不完美，例如，很多行动事后无法观察，即使事后可以观察，强制执行的外部人也难以加以证实，往往耽误最佳的处理时机，造成了不必要的损失。为了协调好各方关系，政府不仅要付出高昂的交易成本，还要付出大量诸如政府形象受损等社会成本，这些不仅影响了政府的内部治理效率，还会降低公众对政府的信任度。

5. 公务人员机会主义行为的影响

改革正处于进行时，当前政府内部存在着机构臃肿、机构重置、人浮于事、官员腐败等现象，给社会造成严重的负面影响，机构臃肿、人浮于事最直接的成本就是佣金的支付，而反腐败本身就需要耗费大量的交易成本，包括设立和完善相关法律法规制度的成本、监督成本、发现腐败的成本和执法成本等，造成我国反腐败成本高的根本原因在于制度的缺失及不完善。有的部门官员权力过度集中，缺乏有效的监督机制，为官员腐败的滋生提供了土壤；有的部门虽有较完善的相关制度，但又缺乏有效的执行机制，使相关规定成了一纸空文，往往造成“谁最不讲原则，谁就能最大限度地占有讲原则的便宜”的现象，这种机会主义行为严重降低了政府内部运行效率，效率降低就意味着成本的提高。例如，对于大型工程招标，政府事前制定了严格而细致的规定，如果严格按规定程序执行，那么就不会出现工程腐败交易。因此，政府治理的交易成本很大一部分是人为造成的成本，要降低交易成本还需从公务员素质上着手整治。

8.3.4　政府治理结构改革与交易成本控制

政府治理结构不合理是政府治理的交易成本居高不下的主要原因，降低政府治理的交易成本需要不断对政府治理结构进行改革，然而政府治理结构的改革不是一蹴而就的，它是一个循序渐进的过程，涉及多方利益，需要从各方面进行改进，以促进政府治理结构的逐步调整。当前，为有效控制我国政府治理的交易成本，不仅可以从制度创新的方向进行改善，还可以将当下的大数据技术运用到政府治理中，以降低政府治理的交易成本。

1. 通过制度创新控制交易成本

政府要运行就不可避免地存在交易成本，所以交易成本是无法完全消除的，但是可以通过制度上的改进来降低交易成本，具体而言，可以从以下几个方面进行改进。

①健全法律法规体系。法律法规的完善可以大大降低政府治理的内部交易成本。由于人是有限理性的，所以我们无法提前预测或者完全掌握到交易双方的不确定性行为和机会主义行为，也就无法对这些行为加以规定，因此，为了避免公务人员利用职权垄断信息，在政府治理过程中，要利用法律法规的武器，让公务人员按照程序依法办事，充分保证公民的民主、平等及其他权利，秉承法律至上的原则，依法行政，消除任何不受法律限制的公共权力，减少公务人员的机会主义行为，避免不必要的办公成本损失。同时要求法律法规信息透明，一方面使公务人员做到有法可依、执法必严、违法必究，另一方面也有利于公民进行监督。

②加强事前和事后治理。对事前和事后的治理可以大大减少公务人员的机会主义行为。由于事前信息不对称，往往存在逆向选择，使得不合格的应聘者进入公务员队伍，造成政府行政效率低下。同时，根据委托—代理理论，当代理人，即公务人员的行为无法被观察到时，委托人就不会按照契约规定的条款行事，往往偷懒、不努力工作，从而造成委托人的利益损失，也就是存在道德风险。因此，不仅要对公务人员实行事前监督和激励，还要进行事后治理，建立科学的奖惩机制和严格的解聘机制，通过打破“铁饭碗”，加大公务人员的流动性，以提高政府公务人员的积极性与竞争压力，不断提高政府内部治理效率以降低交易成本。

③明晰政府内部公务人员的责权利关系。权责明确可以有效减少委托—代理成本，从而降低政府内部交易成本。应根据社会经济发展的需求，明确规定各级岗位的职责，实行目标和标尺管理。尤其是在多头领导的情况下，要划清领导之间以及本级政府与上级政府职能部门之间的权力范围，处理好领导与指导的关系，防止出现政令冲突造成决策混乱而产生决策成本。职责的明确还可以减少不同部门之间的相互扯皮，使各部门按时按质完成本部门的任务，减少无效率带来的时间成本。

④健全政府内部公务人员晋升考核制度并完善行政决策体制。晋升考核是鼓励公务人员认真积极工作的重要砝码，在对公务人员的绩效评估指标中适当地加入有效降低政府治理交易成本的指标要素，可以引导公务人员在日常工作中自觉控制交易成本，比如用效率来减少时间成本、用节能办公来减少信息成本、用降低决策失误率来减少沉没成本等。总的来说，

一方面，要有科学、民主、健全的晋升决策体制，提高决策透明度，做到不偏不倚，奉行公平、公开、公正的原则；另一方面，要充分利用绩效评估等手段，对公务人员实行潜移默化的价值引导，逐渐养成节能高效的办事态度，避免因人为因素造成的交易成本。

2. 利用大数据技术降低交易成本

丹尼斯・C. 缪勒在《公共选择理论》中指出官僚有预算最大化偏好①，也就是说，在产出一定时，官僚机构所花费的单位成本要远大于私人企业。交易成本的存在促使政府有膨胀成本的偏好，政府治理成本不降反升、政府机构总是陷入庞大—精简—庞大的怪圈，这就是很好的证明。由此可见，交易成本不仅是政府治理成本的重要构成部分，降低政府治理交易成本更是控制政府治理成本的关键。政府治理交易成本包括政府在信息收集、监督、制度运行、决策等过程中所产生的成本。大数据时代的到来，对于政府治理各种交易成本都具有极大的影响。将大数据应用于政府治理中，可以从降低政府交易成本着手。

(1)政府治理应用大数据的主要优势

对于政府治理来说，大数据具有比其他行业更突出的优势，一是开发的难度小，二是价值潜力大。在大数据的开发方面，政府具有先天优势。首先，政府在数据占有上具有质与量的优势，也就是说政府相对于其他行业来说，占有数量更大且质量更高的数据资源。其次，政府在开发主体上占有优势，因为政府不但有自己专业的数据收集和处理队伍，还能够召集社会上的专家、专业人士为其服务。在大数据的价值利用方面，政府利用大数据的潜在价值较之其他行业来说要更大。首先，政府治理的本质是对整个社会的资源进行优化分配，大数据的开发对政府治理的潜在价值涉及面广，不仅影响政府治理效果，而且会影响到整个国家的政治、经济、社会、文化的发展。其次，大数据开发将有利于实现政府治理体系与治理能力现代化，对于政府来说，技术变革既可以带来治理手段的创新，也可以推动治理机制的创新。

(2)大数据时代降低政府治理交易成本的可能性

政府应用大数据进行治理，对政府治理成本控制是非常有利的，尤其在降低政府治理交易成本上的体现更为突出。

第一，大数据能够较好地解决政府治理中的信息不对称问题，降低信息成本。大数据时代，为实现政府治理信息成本的控制提供了可能。首先，在大数据时代，信息的传递可以跨越时间、空间的限制，实现信息的高速传递和实时共享。其次，大数据使获取信息的价格趋于平民化，大大降低了信息交换成本。再次，在大数据时代，民众从信息的被动接受者转变成了信息制造者，且随着互联网技术的发展，民众收集信息的渠道多元化，可以实现足不出户便知天下事，同时，政府收集信息的渠道也大大增多，这降低了信息传递和接收的成本。另外，政府可以通过自己的渠道收集到海量真实可靠的数据信息，避免政府

① [美]丹尼斯・C. 缪勒. 公共选择理论[M]. 杨春学，等译. 北京：中国社会科学出版社，1999.

决策被利益集团所绑架，即减少利益集团在政府决策过程中施加的影响。

第二，大数据能够优化政府治理中的监督和激励机制，降低代理成本。委托—代理理论认为，降低监督成本的两大有效途径是约束与激励。在我国传统的政府治理结构中，由于存在多重委托代理链，治理信息不对称现象普遍，致使我国政府治理中存在大量的监督成本。在大数据时代，政府治理中的监督成本有望得到控制。首先，大数据能够优化政府治理的监督形式。在传统的政府治理中，政府既是执行主体，又是监督主体，这种双重身份的约束效果往往不尽如人意。而大数据时代能够促进网络监督力量的发展壮大，实现对政府治理的全方位监督，提高监督效率，降低监督成本。其次，大数据时代能够促使政府组织结构向扁平化发展。委托代理链变短之后，政府治理过程中的监督费用也会得到一定的控制。最后，可以将大数据技术与政府绩效评估相结合，实现绩效评估指标尽可能量化，充分发挥绩效评估的监督和激励作用，提高工作人员的积极性，从而降低政府治理的代理成本。

第三，大数据能够促进政府组织结构创新，降低运行成本。原有的政府治理结构层级过多，规模庞大，信息指令的上传下达要经过烦琐的程序和多层次的加工，这个过程必然产生巨大的运行成本。大数据时代将数据贯穿于政府治理的各个环节，旨在建立“智能化”政府。随着大数据的推进，政府组织层级将逐步向扁平化发展，既加快数据信息传递速度，又为信息的真实性提供保证。另外，随着大数据的推进，政府组织结构设置上也会随之革新，数据信息处理部门的地位会逐步凸显，并且会设立专门的部门负责，实现人与人之间的合作及任务之间对接的精准，从而降低整个政府治理的运行成本。

第四，大数据能够为政府提供大量的决策信息，降低决策成本。在传统的政府治理中，信息孤岛现象较为严重，即部门之间的信息难以实现共享，以致产生大量的决策沟通成本，并且在这种情况下，政府应对突发事件的行动也比较缓慢。大数据的应用将打破这种条块分割的局面，实现信息共享和资源整合。另外，大数据也改变了政府基于小数据制定决策的传统模式，海量的决策信息，不仅为公共决策者提供了大量真实、可行的决策信息，还可以从中找出信息之间的相关性，预测事物未来的发展趋势，便于决策者做出科学决策，从而降低政府治理的决策沟通、方案比较和讨价还价的成本。

第五，大数据能够提高决策科学性并完善决策评估机制，降低沉没成本。政府领域的投入额度一般都很大，这意味着一旦决策失误就会带来很大的损失。大数据时代，能够有效降低政府治理中的沉没成本。首先，在政府决策过程中，它使“样本”=“全体”的数据处理成为可能，将决策所需要的各方面信息摆在决策者面前，分析信息相关性，预测事物发展趋势，提高决策的科学性，降低人为决策或片面数据所引起的决策失误。其次，在具体的实施过程中，大数据技术能够实现对决策实施过程的实时评估，发现偏差就及时纠正。最后，在整个决策—执行完成之后，大数据能够对整个过程进行评估，为后期的决策提供依据，避免发生决策失误后继续追加投资的行为。

(3)运用大数据控制政府治理交易成本的途径

第一，开发与引进并举，加大大数据处理技术优化升级的力度。当前，我国大数据技术应用与开发时间较短，技术不够成熟，大数据技术的应用和处理区域差距大，数字鸿沟现象严重。因此，优化和升级大数据技术是应用大数据控制政府治理成本的当务之急。首先，我国政府要加大大数据处理技术研发的投入力度，设立专项研发基金。必要的投入是后期产出的保障，当前我国的大数据应用技术还处于初级阶段，更离不开资金支持。其次，要充分整合、调动社会资源，支持和推进企业、大学、社会等多元主体在大数据技术研发上的积极性，因为数据处理技术的升级与完善离不开技术人才。再次，适当引进国外先进的大数据处理技术，使我国在大数据研发上少走弯路。最后，要重视落后地区大数据处理技术的建设，努力消除数字鸿沟。

第二，建立跨层级、跨部门的信息共享机制。我国传统的政府运行结构存在严重的条块分割现象，部门、层级之间信息沟通不畅，不仅难以实现信息共享，甚至还会产生信息孤岛及业务流程与实际应用脱节等问题，增加了政府治理的信息成本。解决这一问题的有效途径是建立跨层级、跨部门的信息共享机制。首先，要在垂直方向建立纵向信息整合系统。当前我国政府内部上下级之间的信息沟通障碍较多，信息通过层层传递，在效率和真实性上都难以保证。因此，要建立涵盖中央、省、市、县、乡的信息共享系统，设立专门的信息共享机构以推进信息共享。其次，要在水平方向上建立地区间、部门间信息共享系统。随着电子政务的推行，我国很多部门、地市已建立起电子政务信息系统，但部门间缺乏信息共享机制。因此，可以运用大数据技术整合不同地区、部门间的电子政务信息并实现横向信息共享。最后，要完善相关立法，以法推进共享制度的实施，最终实现政府治理的全面信息共享。

第三，完善信息公开和信息安全的保障措施。在我国传统的政府治理中，政府对信息有选择性的单向公开形式，使得公民与政府之间出现严重的信息不对称问题，一方面公民对政务信息知之甚少，另一方面政府习惯于对政府信息进行保密，使得公民对政府的认同感大打折扣，甚至出现严重的网络舆情。因此，在大数据时代，政府信息的公开显得尤为重要。要充分利用大数据技术，建立大数据信息公开平台、扩大政府信息公开的领域和力度，尤其要公开教育、交通等民生领域的信息。同时，要将大数据技术与回应型政府构建结合起来，建立起公开回应型的双向信息公开形式。此外，大数据时代必须要重视公民信息和政府信息的安全问题，不仅要在技术上构建信息安全网，加大数据安全加密技术的研发，还要在思想意识上要树立安危意识，从源头杜绝信息安全事件的发生。

第四，建立与大数据推进相适应的制度安排。大数据本质上来说是一种技术革命，但技术并不必然引起政府治理交易成本的降低。布罗代尔在评述工业革命时说："只有当技术和经济的必然趋势以及制度安排相互作用、相互协调的时候，技术才在大不列颠引发了一场'革命'"。这表明大数据能否发挥控制政府治理交易成本的作用，取决于是否有相应的制度安排。从制度层面来讲，我国在大数据利用上做得还不够。国家要制定大数据应用与维护的制度保障，确保大数据的开发、来源、审核、处理等各个环节都能有序地进行。中央要完善大数据立法，以法推进政府治理与大数据应用的结合，将政府治理的大数据应用提升至国家战略层面。地方政府则要制定相关的法律法规，具体规范当地的大数据运用。

第 9 章

政府收支与预算管理

财政是国家的根基。但是，只有现代财政制度确立以后，国家才发展出一种有效率的、有生产力的而且更为公正的财政管理体系。政府收入、支出与预算构成了一个国家公共财政的核心，是政府参与经济生活的主渠道，对一国的经济社会发展、人民生活福利具有重要的影响。

9.1 政府收入与支出

政府肩负着受托责任，其收入来源于社会私人部门，是政府履职尽责的财力保障，是其提供公共服务的基础。政府支出反映了政府的政策选择。一旦政府决定提供什么物品或服务，以及这些物品和服务的数量和质量，政府支出就表示执行这些政策的成本。政府收入和支出涉及不同的形式，也有着不同的经济和社会影响，与此同时，政府收支政策也是政府管理国民经济的有效手段。

9.1.1 政府收入的原则与形式

政府收入，也称公共收入，指政府为履行其职能而筹集的一切资金的总和，是政府在一定时期内为履行各项职能而取得的财务资源。政府收入是政府履行职能的财力保障，是政府参与国民收入分配的主要形式，是政府活动的起点与基础。政府收入的内涵包括四个方面：(1)它的主体是政府；(2)它的目的是满足政府履行各项职能的资金需要，为社会公众提供公共产品与服务；(3)它是政府凭借政治权力和经济权力从私人部门获取的；(4)它形成了政府、企业和个人之间特定的分配关系。

1. 政府收入的原则

政府收入一方面要提供充足的公共物品所需资金从而保证政府职能的有效履行，另一方面也要把政府部门所生产或提供的公共物品或服务的成本费用恰当地分配给其社会成员。前者要求公共收入规模要随着经济社会发展而正向变动，并处理好政府、企业和个人的分配关系；后者要求政府收入要合理而公平地分摊于社会成员。为此，经济学家们提出了不少可供依循的原则，由于这些原则在阐述政府收入的具体形式时还会提到，这里只对其中几个较为重要的原则进行概述。

(1)可持续增长原则

可持续增长原则指政府收入既要随着经济社会发展而增长以满足当下的需要，也要存在潜在的增长能力。西方国家历史发展过程告诉我们，随着经济社会发展，政府支出规模不断扩大，财政赤字规模日益提升，政府收入不断增长才能应对日益庞大的政府开支，避免财政危机的发生。政府收入与经济发展是叶与根、流与源的关系，要实现政府收入的可持续增长，必须不断扩大经济发展规模，提高经济发展速度，提高经济发展效益，从而为政府收入的可持续增长开辟充裕的财源。

(2)合理负担原则

合理负担原则指政府收入要与政府职能相匹配，也要形成良好的国民财富分配格局。政府收入是政府部门筹集资金以满足公共需要和提高人民生活水平的重要途径，也是政府部门调节生产、引导消费以及抑制市场波动的重要调控手段，这要求政府要有足够的资金。另一方面，政府收入来源于私人部门，要充分考虑企业、个人部门的负担能力。著名的拉弗曲线(Laffer Curve)已经向我们表明，过重的税收负担不仅无益于政府收入的提高，反而会扭曲企业、个人的经济行为，对经济整体发展产生不利影响。

(3)受益原则和能力原则

受益原则(benefit principle)指政府所提供的公共产品的成本费用的分配，要与社会成员从政府所提供公共物品中获得的效益相联系。如同人们根据自己消费的面包数量按比例向卖者支付货币一样，公共物品的成本分担也与其能够从公共物品中获得利益的情况相对应。能力原则(ability-to-pay principle)指的是政府所提供的公共产品的成本费用的分配，要与社会成员的支付能力相联系。通常按照支付能力原则设计的收费制度也具有再分配性。这两种原则存在一定的对立，但也都普遍存在于我们的社会之中。例如，若建造一座新桥的资金要靠过桥费来补偿，则这里所体现的就是受益原则。但若建桥资金来自于所得税，则它所依据的就是支付能力原则。

(4)便利原则

政府收入的便利原则体现在两个方面：一是政府收入应当符合政治上的便利，收入政策要能够在政治上为大多数人所接受，公众认同度高，易于通过政策制定程序；二是政府收入应当符合管理上的便利，与一项政府收入相关的管理流程要简便高效、技术难度低，同时与收入筹集相关的管理成本、公众的遵从成本要尽可能地低。

2. 政府收入的形式

从我国目前的财政实践来看，政府收入包括财政收入和公债收入。其中，财政收入又包括预算(内)收入和预算外收入。纵观世界各国，政府获得收入主要通过三种方式：征税、发行公债和收费，由此形成了三种主要的收入形式：税收收入、公债收入和政府收费。从财政学的规范分析来看，除了以上三种形式的收入，还有一种隐蔽性很强的政府收入，即货币创造。本部分将对主要对税收收入、公债收入、政府收费以及货币创造进行分析。

1)税收收入

税收是政府收入的主要来源，是由政府部门实行不直接偿还的强制性征收。《新大英百科全书》认为，“在现代经济中，税收是国家公共收入最重要的来源。税收是强制的和固定的征收；它通常被认为是对政府公共收入的捐献，用以满足政府开支的需要，而并不表明是为了某一特定的目的。税收是无偿的，它不是通过交换来取得。这一点与政府的其他收入大不相同，如出售公共财产或发行公债等。税收总是为了全体纳税人的福利而征收，每一纳税人在不受任何利益支配的情况下承担了纳税义务。”[①]“通过征税，政府实际上是在决定如何从公民和企业的手中取得资源以用于公共目标。通过税收所筹集的货币实际上只是一种载体，经由它才能将那些现实的经济资源由私人品转化成公共品”。[②] 与其他公共收入形式相比，税收具有以下几个特征：①税收是依据课税权进行的，具有强制性；②税收是不存在直接返还的特殊课征；③税收以取得公共收入为主要目的；④税收负担应与国民的承受能力相适应；⑤税收一般以货币形式课征。

(1)税收要素

尽管世界各国的税收制度千差万别，但规定税制内容的基本要素大致相同。税收要素指的是构成税收制度的基本要素，它表明谁征税、向谁征、征多少以及如何征的问题。这些基本要素就是首先要交代的几个基本的税收术语。

①课税权主体。课税权主体是指通过行政权力取得税收收入的各级政府及其征税机构。税收总是由政府及其课税机构征收，但具体而言，不同的税有不同的课税权主体。按照课税权主体的不同，税收可划分为以下两类：a. 本国税与外国税；b. 中央税和地方税。

②纳税主体。也称“纳税人”，是指税法规定的负有纳税义务的单位和个人。纳税人可以是自然人，也可以是法人。自然人是指法律上作为一个权利和义务主体的普通人，他以个人身份来承担法律所规定的纳税义务。法人指依法成立并能独立行使法定民事权利和承担法定民事义务的社会组织，如企业、社团、事业单位等。按照纳税人的不同，税收可以

① 王传伦，高培勇. 当代西方财政经济理论：上册[M]. 北京：商务印书馆，1998：159.

② [美]保罗·萨缪尔森，威廉·诺德豪斯. 经济学[M]. 萧琛，等译. 北京：人民邮电出版社，2008：284.

分为以下两类：a. 个人税和法人税；b. 买方税和卖方税。①②

③课税客体。也称“课税对象”，指课税的目的物。每一种税首先要明确对什么征税，每种税的课税对象不会完全一致。课税客体是一种税区别于其他税种的主要标志。与课税对象密切相关的概念是税源、税基和税目。③

税源(source of taxation)是指税收的经济来源。不同的税种有不同的经济来源。有的税种的课税对象与税源是一致的，如所得税的课税对象和税源都是纳税人的所得。有的税种课税对象和税源不同，如财产税的课税对象是纳税人的应税财产，但税源往往是纳税人的财产收益。特别是各种商品课税，课税对象是各种应税商品和服务，税源则是这些商品和服务的销售收入。

税基(tax base)包括两个方面：一是指被征税的项目或经济活动，是税收的经济基础，通常分为三大类，即收入(所得)、消费和财富。这是税收经济分析时经常使用的一般性解释，与上述课税对象几乎没有差异。二是指计算税额的基础或依据，简称税收依据(tax basis)，通常在计算应税额时使用。

税目(items of tax)是指税法对课税对象的细化所形成的具体征税品种和项目。税目规定了一个税种的征税范围，反映了征税的广度。一般来说，一个课税对象往往包括多个税目，如关税就有上百个税目，当然也有不再划分税目的税种。税目的划分，可以使纳税人更透彻地了解税收制度，也可以使国家灵活地运用税收调节经济，如对各个税目规定不同的税率，就是调节经济的方式之一。

④税率。税率(tax rate)，指政府征税的比率。税率是税收制度的核心，反映的是对税基征税的程度，体现国家的税收政策。税率可以从两个角度划分：从税法角度，税率可划为定额税率、比例税率和累进税率，如图9-1所示；从经济分析角度，税率可划分为平均税率和边际税率。

定额税率(fixed-sun tax rate)是指按税基一定的计量单位直接规定一个固定的税额，是以绝对数的形式表示的税率。定额税率在计算上比较简便，而且由于采用从量计征办法，不受价格变动的影响。但是，由于它是一个固定的数额，随着税基规模的增大，纳税的比例变小，故税率具有累退的性质。定额税率是典型的累退税率(regressive tax rate)。

---

① 黄新华. 公共部门经济学[M]. 厦门：厦门大学出版社，2010：250.

② 在商品和要素市场上，纳税人不是处于交易的买方就是交易的卖方，根据纳税人在交易中所处的位置，税收可分为课征于卖方的税收(卖方税)和课征于买方的税收(买方税)。卖方税指纳税人在交易过程中处于出售方地位的税收。例如，在商品市场上，向销售方的课征属于卖方税；在要素市场上，向资本所有者、劳动力所有者即土地所有者的利润、工资和地租的课征也属于卖方税。买方税指向在交易过程中处于购买者地位的纳税人课征的税收。例如，向商品的消费者的支出课征的税即为买方税。对商品和生产要素的课税可以向其销售者征收，也可以向其购买者征收。但从征收管理的难度上看，课征于买方还是卖方会有显著的不同。

③ 郭庆旺，赵志耘. 财政学[M]. 北京：中国人民大学出版社，2002：295.

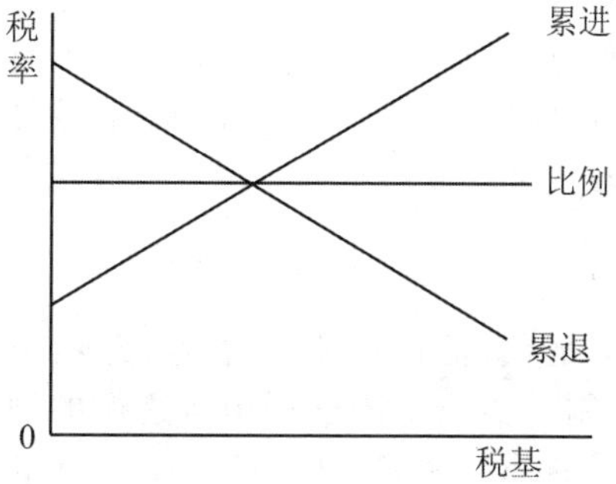

图 9-1　定额税率、比例税率和累进税率

比例税率(proportional tax rate)是指对同一税基统一按一个比例征税。在比例税率下，同一课税对象的不同纳税人的负担相同，具有鼓励生产、计算简便的优点，也有利于税收征管。比例税率的缺点是不能体现量能课税原则。我国大部分税种采用的都是比例税率。

累进税率(progressive tax rate)是指税基规模越大，纳税比例越高的税率。具体来说，按税基数额的大小，划分若干档次，每个档次由小到大规定由低到高的税率。在实际应用中，累进税率又分为全额累进税率和超额累进税率。全额累进税率是按照税基适应的最高档次的税率统一征税，超额累进税率是按每一个档次的税率分别计税并进行加总。累进税一般适用于所得税，我国现行的个人所得税税率就是超额累进税率，企业所得税税率实质上就是全额累进税率。

平均税率(Average Tax Rate，ATR)是指纳税总额占税基的比例。计算公式为：

ATR＝(纳税总额/税基价值)×100％

边际税率(Marginal Tax Rate，MTR)是指随着税基增加，额外一单位税基价值的税额比例。计算公式为：

MTR＝(纳税总额的增加额/税基价值的增加额)×100％

平均税率和边际税率的区分非常重要，因为在确定引起效率损失的行为变化时，边际税率比平均税率更为重要。平均税率描述的是纳税人的纳税比例，通过收入效应(income effect)影响纳税人的行为。边际税率描述的是税基增加部分的纳税比例，通过替代效应(substitution effect)影响纳税人的行为。当平均税率与边际税率不等时，边际税率是影响纳税人行为的决定性因素。从这个角度出发，我们可以发现，比例税率就是指平均税率等于边际税率的税率；超额累进税率是指随着税基价值增加，平均税率上升但始终低于边际税率的税率；累退税率是指随着税基价值增加，平均税率下降但始终高于边际税率的税率。

⑤起征点和免征额。起征点(tax threshold)指税法规定的对课税对象开始征税的数额。免征额(tax exemption)指税法规定的对课税对象全部数额中免予征税的数额。起征点和免

征额有相同点，即当课税对象小于起征点和免征额时，都不予以征税。两者的本质区别在于，当课税对象大于起征点和免征额时，起征点制度要求对课税对象的全部数额征税，而免征额制度则要求仅对课税对象超过免征额部分征税。在税法中规定起征点和免征额是对纳税人的一种照顾，但二者的侧重点显然不同，前者照顾的是低收入者，后者则是对所有纳税人的照顾。

(2)税收原则

税收原则规定政府对什么征税(征税对象)、征收多少(征税规模)、怎样征税(课税方式和方法)，是政府在设计税制、实施税法过程中所遵循的理论准则，也是评价税收制度优劣、考核税务行政管理状况的基本标准。从现代经济学理论来看，税收原则可以归结为三个主要方面：一是效率原则——税收应能促进资源的有效配置；二是公平原则——税收应由所有社会成员共同承担并有助于缩小贫富差距；三是经济稳定和增长原则——税收应能促进生产发展、价格水平的稳定以及生产力的发展。而且，在现代市场经济条件下，公平和效率问题，作为税收的原则，在理论上得到了更为详尽的论证。

①效率原则。一个社会的资源配置能否达到最优状况，取决于消耗既定数量的生产资源所能提供的社会福利能否达到最大化。税收作为政府调节经济的有力工具之一，应有助于效率状态的实现，这就是税收的效率原则。为实现这一目标，税收应满足下述要求：

充分且有弹性。充分是指税收应能为政府活动提供充裕的资金，保证政府实现其职能的需要。与此同时，充分原则并不意味着税收所提供的收入越多越好，而应以整个社会的利益为准，因此对充分原则的理解，应从公共部门和私人部门的整体角度判断。有弹性是指税收制度应能使税收收入随着国民经济的增长而增长，以满足长期的公共物品和私人物品组合效率的要求。税收的弹性还意味着税收收入能根据经济周期政策的需要而变动，起到自动稳定器的功能。即在经济过热时期，税收收入因课税对象的增加而自动增加，从而抑制总需求扩张和通货膨胀；在经济紧缩时期，税收收入因课税对象减少而自动下降，从而扩大总需求使经济紧缩得以控制。即使在经济扩张和紧缩时期税率不变，税款收入的自动增减在某种程度上也会使经济自动趋于缓和，从而避免过量需求造成的通货膨胀和生产萎缩造成的资源闲置，有利于宏观经济的稳定。

节约与便利。税收是通过强制性手段将一部分资源从私人部门转移到公共部门，这种转移不可避免地会造成资源的耗费，主要是政府税收“征管成本”。所谓节约就是要尽可能地减少征管成本。纳税人在进行税务活动时会产生税收的“缴纳成本”，便利即要求税收制度能方便纳税人，优化税收环节，减少缴纳成本。节约与便利作为效率原则的一项要求，要以社会的福利为准则，并与其他原则相权衡。

中性与矫正性。税收中性指对不同的产品与服务，不同的生产要素收入，不同性质的生产者课征应采取不偏不倚、不抑不扬的税收政策，使不同产品、服务、生产要素的相对价格能反映其相对成本，保持市场自发调节所能达到的资源配置效率状态。税收的矫正性指通过税收来矫正市场缺陷。与中性税收一视同仁的要求相反，税收的矫正性要求区别对待，例如，对有外部成本的产品课征额外的税收，或者对具有外部效益的产品以税收优惠或补贴，使内外部效应内在化。要是税收有助于实现效率目标，关键在于合理地划定中性原则与矫正性原则的适当范围，争市场对资源的配置效率。

②公平原则。所谓税收的公平原则，就是指纳税的平等。这种平等又可分为横向公平和纵向公平。横向公平(horizontal equity)指那些在实质上没有差别的人在纳税上也应该没有差别。纵向公平(vertical equity)指税收应使不同的人承担不同的税负。因此，公平原则也可具体化为受益原则和能力原则。

受益原则(benefit principle)认为个人所承担的税负应与他从公共服务活动中获得的利益相一致。根据这一原则，横向公平可以解释为从政府公共服务活动中获益相同的人应承担相同的税负，纵向公平可以解释为收益多的人应该承担较多的税负。显然，受益原则强调的是政府所提供的物品或劳务成本费用的分配，应与社会成员享有政府所提供的物品或劳务的效益相联系。然而，由于政府提供的大部分具有联合消费或受益性质的物品或服务，就很难确定简单的收益对等关系。于是，有必要强调支付能力原则。

能力原则(ability-to-pay principle)指根据个人的纳税能力的大小来确定个人应承担的税收。根据能力原则，横向公平可以解释为具有相同纳税能力的人应承担同等的税负，纵向公平可以解释为具有不同能力的人应承担不同的税负，能力大的人多纳税。由此可见，支付能力原则强调的是政府所提供的物品或劳务成本费用的分摊，与社会成员获得的效益无关，而只能依据社会成员的支付能力征收，对社会成员实行有差别的税收征收制度，收入能力强的社会成员比收入能力弱的社会成员负担更多的税收。

(3)税收转嫁与税收归宿

在市场经济运行中，各种税的征收都要影响到经济中的相对价格，从而产生引起资源配置和价格变化的各种力量。显然，在法律上必须付税的家庭或企业，不一定就是承担税负的人。税收通过价格变化，可以转嫁到经济中的其他家庭或企业。这就是税收转嫁和税收归宿的问题。

税收转嫁(tax shifting)指纳税人在名义上缴纳税款之后，主要以改变价格的方式将税收负担转移给他人的过程。这就是说，最初纳税的人不一定是最终的实际承担者。依据税收转嫁的程度，可以分为全部转嫁和部分转嫁。依据转嫁的不同途径，税收转嫁的形式大致分为前转嫁、后转嫁和税收资本化等。前转嫁(forward shifting)又称顺转，指纳税人将其所纳税款通过提高商品或生产要素价格的方法，向前转移给商品或生产要素的购买者的一种形式。后转嫁(backward shifting)亦称逆转，指纳税人将其所纳税款通过压低生产要素进价或降低工资等方法，向后转移给生产要素提供者的一种形式。税收资本化(capitalization of taxation)又称资本还原，指生产要素购买者将所购买生产要素的未来应纳税款，通过从购入价中预扣除的方法，向后转移给生产要素的出售者的一种形式。简单来说，税收资本化就是现在承担将来的税收，比如土地交易的课税。

税收归宿(tax incidence)是指税收负担的最终归属或税收转嫁的最终结果。每种税以及不同种税收在不同的经济条件下，其转嫁的方式、过程是不一样的。一旦最终的负税人确定了，税收转嫁的过程也就完结了，税收问题也就解决了。依据税收的实际负担情况，税收归宿可以分为法定归宿和经济归宿。前者指法律上明确规定哪些人负有纳税义务;后者指税收导致的纳税人实际资源配置或收入分配的变化。税收法定归宿与经济归宿之间的差异,表明了税负转嫁的程度。为了实现有效的税收调节,政府在制定税收政策时,首先要考虑清楚每种税收的税收归宿。

2)公债收入

公债是政府以债务人的身份,按照国家法律的规定或合同的约定,同有关各方发生的特定的权利和义务关系。一个国家的政府在组织公共收入时,一方面可以凭借政治权力,采取无偿的形式来进行(征税);另一方面还可以依据信用原则,采取有偿的形式来进行,如发行公债。这就是说,公债是政府取得公共收入的一种有偿形式。一般情况下,国家以债务方式筹措资金的条件是:代价合理、期限固定和风险共担。其中,代价合理表示公债的收益即政府借入资金的代价不能低于债权人的边际投资收益,否则公债将不能成为一种投资选择,政府也难以实现筹措资金的目的。期限固定指公债发行前必须根据资金需求的性质明确规定借款时间。风险共担指借款人和贷款人在共享一笔资金创造的收益的同时,必须承担运用这笔资金的风险。

如同税收的分类一样,对于公债,也可以根据不同的标准,采取不同的方法进行分类。①按发行地域,可将公债分为国内公债和国外公债;②按偿还期限,可将公债分为短期公债、中期公债和长期公债;③按举债主体,可将公债分为国家公债(国债,由中央政府发行)和地方公债(即地方债,由地方政府发行);④按举债方法,可将公债分为强制公债(利用政治权力强行发行的公债)、爱国公债和自由公债;⑤按公债本位,可将公债分为货币公债和实物公债;⑥按照公债的流动性,可将公债分为上市公债(可以在市场上公开买卖的公债)和非上市公债(不能在市场上公开买卖的公债)。

作为政府取得公共收入的有偿形式,公债的发行与还本付息称为公债的过程,即政府债务活动的过程。各国所采用的公债发行方法可以说是多种多样的,综合各类发行方法的特点及其对经济所产生的不同影响,可将公债发行方法归纳为三种:公开发行法、银行承受法和特别发行法。公开发行法指政府预先将各项公债发行条件公之于众,然后依照所公布的发行条件,公开向社会发售公债券。银行承受法即银行等金融机构承购政府所发行的全部公债,然后再转向社会销售。特别发行法是指政府向其管理的某些非金融机构直接发行公债的方法,这种方法具有非公开性,是政府对政府部门暂时存款的利用。

公债管理主要包括公债设计、公债发行、公债流通与偿还环节。公债设计是确定公债的类型、发行总额、公债票面价值、利息、偿还期限等的过程。公债进入市场流通是全面实现公债目标的根本途径。公债流通包括两个市场:作为发行市场的一级市场、作为流通与转让市场的二级市场。公债最终需要偿还,能否如期如数偿还关系到政府的信用和声誉。公债还本付息资金主要来源于预算盈余、政府预算拨款、偿债基金和发行新公债的收入等。政府还本付息的方式主要有分期逐步偿还、抽签轮次偿还、到期一次偿还、市场购销偿还和以新替旧偿还等。

公债作为公共部门经济行为的直接体现,它不仅是政府筹集资金的手段,而且是政府调节经济的重要工具。公债的发行实际上是政府对GDP的再分配和对社会资源配置态势的调整，公债的收入及其使用，将对经济社会各领域产生诸多影响。政府在公债管理中要控制一定公债发行规模，防止债务依存度(公债发行额与年度财政支出额的比重)偏高，债务风险加大。另外，要优化债务结构，在不助长经济波动的前提下，调整不同债务的比重和规模。

3)政府收费

政府收费是政府提供特殊服务或规制某些经济行为而向相关主体收取的费用。与税收和公债不同，政府收费具有直接有偿性、排他性和非规范性的特点。直接有偿性是指缴费人可以从政府的服务或特许行为中直接受益，而税收支付并不与获得的服务直接挂钩，而且不单独针对某个人。排他性是指缴费人所获得的服务与利益是排他的，谁缴费，谁受益。非规范性是指相对于税收规范而言，政府收费具有很大的灵活性与变动性，缺乏完备的法律规范，并且政府收费的征收主体不是单一指定机构，而可能是政府各个部门，甚至是经授权的社会中介组织。必须注意的是政府收费和私人的盈利性收费是不同的。政府收费总体上仍是一种财政分配行为，收费的目的不是为了盈利，而是体现受益补偿原则，收费用于补偿具体行政行为的管理或服务成本。

政府收费主要包括两类：使用者费(User Charges)和规费(Fees)。使用者费是政府对特定服务或特许权收取的价格。使用者费可划分为三种形式：①直接费，指使用公共设施或消费政府提供的商品或服务的费用；②公共事业特种费，即政府出于公益目的对公共设施进行新建、改建或修缮而对受益人收取的工程补偿费用；③特许费，即政府授予某些特定的人以某种特别的权利，而对其收取的费用，比如娱乐场所开设特许费、临街建筑物特许费等。规费是公共部门在履行社会经济管理职能过程中，提供特别行为或服务而收取的补偿费用。规费包括行政规费和司法规费，行政规费是行政机关收取的费用，如执照费、商标登记费、商品检验费等。司法规费是司法机关收取的费用，如诉讼费、执行费等。

政府收费管理需要注意四个方面的问题。①确定课税还是收费。通常，收费的范围集中于准公共产品和混合产品。②如何有效收费。收费能够得到缴费者的支持，取决于两个方面：一是缴费数额要与收益成正比，二是费用支出清晰明确，让缴费者清楚除非付费，否则被排斥。③合理确定收费水平。以使用者费为例，使用者费包括准入费、使用费和拥挤费，准入费承担固定成本，使用费承担经营成本，拥挤费承担拥挤成本。④防止乱收费。要规范行政自由裁量权的使用，限制政府收费的“非规范性”，防止无谓的效率损失。

4)货币创造①

理论上讲，货币创造(money creation)也是政府筹措收入的一种重要的方式。货币创造最简单的方法就是印刷发行新钞票，较为“高级的”方法是向中央银行出售政府债券。货币创造的结果是更多的货币，所以这种融资方法也称赤字货币化(deficit monetization)或

① 郭庆旺，赵志耘. 财政学[M]. 北京：中国人民大学出版社，2002：305-306.

公债货币化(public debt monetization)。

如果货币创造不会引起通货膨胀，它应该是一种无伤痛的政府融资方式。可是，如果货币创造引起价格水平上升，而通货膨胀又被普遍认为是不可取的，政府为什么还要用货币创造筹措财政收入呢？主要原因有两个：①征税在政治上可能会遇到很大阻力，在经济上可能会产生扭曲效应；发行公债不仅要有还本付息负担，而且还会对利率和投资产生不良影响。因此，如果政府为了使征税和发行公债的不良影响最小化，或政府不想增加税收或债务，就只能主要依赖货币创造。②由于货币创造引起的通货膨胀会与征税和债务融资发生相互作用，从而提高货币创造的收入筹措能力，或者说，通货膨胀为政府产生的收入超过货币创造本身的数量。

货币创造通过通货膨胀为政府筹措收入的手段主要表现在以下三方面：

第一，在累进税制下，名义所得越高，适用的税率就越高。在实际所得既定的情况下，增加税收的一种方法是要经过法律批准提高税率。可是，提高税率通常会有政治阻力，因此，政府一般不想通过法律程序来增加税收。增加税收收入的另一种方法就是通过货币创造造成通货膨胀，把纳税人推进到较高的纳税档次。这种现象称为档次爬升(bracket creep)。由于通货膨胀引起人们的名义所得增加，适用较高的税率，从而增加税收收入。

第二，通货膨胀引起实际资产的名义值增加，对此课征的税收收入就会增加。如果在某一年购买的一项资产在若干年以后出售，就会产生虚拟资本利得(phantom capital gains)，即完全是因为通货膨胀而形成的名义资本利得，这种名义资本利得需要纳税，但实际上并没有资本利得。

第三，通货膨胀会降低货币币值，从而有利于债务人而牺牲债券人的利益，因为利息和本金的实际值因通货膨胀而下降。一般而言，在一个社会中，中央政府通常是最大的债务人。持有政府债券的人会因通货膨胀而遭受损失，但政府却因其负债的实际值降低而受益。

总之，货币创造除了通过新发行货币而直接为政府筹措收入外，还可以引致通货膨胀，通过档次爬升和对资本利得征税来增加税收收入，通过降低债务的实际值，有助于财政赤字的弥补。

9.1.2 政府支出的分类与形式

政府支出，又称公共支出，是政府在一定时期内为履行其职能而消耗的一切费用的总和。政府根据经济社会发展以及公众的需要进行政策选择，决定提供公共产品和服务的种类、数量和质量，因此，政府支出是执行这些政策决策所付出的成本。在市场经济条件下，公共财政对经济的影响作用主要表现在公共支出上，政府干预和调节经济的职能主要是通过支出政策来实现的。政府支出的数额和规模反映了政府活动的范围和政府介入经济社会管理活动的规模及深度，也反映着公共财政在经济生活和社会生活中的地位。

政府支出的基本目标是维持宏观经济稳定、优化资源配置以及促进收入分配公平。政府支出的特征主要有三个方面：①公共服务性。政府支出主要是为了满足社会的公共需要，向社会和公众提供公共产品和服务，促进社会发展。②非市场营利性。政府支出利用经济利益调节市场经济运行，着重解决市场失灵问题，不以盈利为目的。③计划性。政府各项支出是事先通过预算审核批准而后进行的，其施行过程必须严格按照规定的支出进度而不能任意更改其方向和用途，支出变动也要按照法定程序进行而后施行。

面对项目繁多、内容庞杂、数额巨大的政府支出，无论是为了财政管理的科学化，还是提高财政监督有效性，都需要对政府支出进行科学的分类。在分类的基础上，分析每一政府支出的形式，全面把握政府支出的运行逻辑。

1. 政府支出的分类

政府支出是由不同的项目构成的。对此，可以用不同的方法加以分类。本部分将从支出性质、支出目的、支出控制、受益范围和预算分类等角度进行政府支出分类的阐述。

第一，按照支出的性质，可以将政府支出分为消耗性支出和转移性支出。[①] 消耗性支出(exhaustive expenditures)直接表现为政府购买物品或服务的活动，包括购买进行日常政务活动所需的或用于进行投资所需的物品或服务的支出。前者如部门行政管理费用，后者如部门投资拨款。由于这些支出所占用的资源排除了私人部门运用它们的可能性，所以被称为消耗性支出，在这样的支出中，政府如同其他经济主体一样，从事等价交换的活动。转移性支出(transfer expenditures)直接表现为无偿的、单方面的转移，主要包括政府部门用于养老金、补贴、债务利息、失业救济金等方面的支出。这些政府支出并不反映公共部门占用社会资源的要求，相反，转移只是在不同社会个人之间进行资源再分配，在这种再分配过程中，政府部门只是起了一个中介人的作用。[②]

第二，按照支出的目的，可将政府支出分为预防性支出和创造性支出。预防性支出(precautionary expenditures)指的是用于维护社会秩序和保卫国家安全，不让它受到国内外敌对力量的破坏和侵犯，以保障人民生命财产安全与生活稳定的支出。这类支出主要包括国防、警察、法庭、监狱以及其他行政部门的支出。创造性支出(creative expenditure)指的是用于改善人民生活，使社会秩序更加良好，经济更加发展的支出。这类支出主要包括经济、文教、卫生和社会福利等项的支出。对政府支出做出这样的区分，可以揭示政府支出的去向及其在经济生活中的作用。

第三，按照支出的控制能力，政府支出可以分为可控制性支出和不可控制性支出。控制能力是指政府可以根据经济形势的变化和政府收入的多寡进行调整(增减)的能力。据此标准，不可控制性支出指根据现行法律和契约所必须进行的支出，即在法律和契约的有效期内必须按照规定准时如数支付，不得任意停付或逾期支付，也不得削减其数额。这类政府支出主要包括两大项：一类是国家法律已有明文规定的个人所享受的最低收入保障和社

① 也有人将此分类称为政府采购支出和转移支付。

② 郭庆旺，赵志耘. 财政学[M]. 北京：中国人民大学出版社，2002：177.

会保障，如失业救济、最低生活保障金等；另一类是政府遗留义务和以前年度设置的固定支出项目，如债务利息、对地方政府的补助等。可控制性支出指不受法律和契约的约束，由政府部门根据每个预算年度的需要分别决定或加以增减的支出。对于政府支出作这样的区分，可以表明政府对其支出项目的控制能力，哪些支出有伸缩的余地，哪些支出是固定不变的。

第四，按照支出的受益范围，可以将政府支出分为一般利益支出和特殊利益支出。所谓一般利益支出，指的是全体社会成员均可享受其所提供的效益的支出，如国防支出、司法支出、公共服务支出等，这些支出具有共同消费或联合收益的特点，所提供给各个社会成员的效益不能分别测算。所谓特殊利益支出，指的是对社会中某些特定居民或企业给予特殊利益的支出，如教育支出、医药支出、企业补助支出等。这些支出所提供的效益只涉及一部分社会成员，每个社会成员所获得的效益大小有可能分别测算。据此标准，可以说明公共支出所体现的分配关系，进而分析不同阶层或不同利益集团的投票者在公共支出决策过程中所可能采取的态度。

除了上述标准外，在政府工作的实践中，通常是按照预算对各种政府支出加以分类。一般分类的项目主要有：行政管理支出、国防支出、教育事业支出、卫生事业支出、科技事业支出、社会保障支出、支农支出、环境保护支出、财政补贴支出和中央政府对地方政府的转移支付等。

2. 政府支出的形式

在对政府支出进行分类的基础上，需要对政府支出形式进行探讨，政府支出的形式指政府支出以何种形式进行。本部分主要从政府采购、社会保障、财政补贴三个方面进行介绍。

1)政府采购

政府采购(government purchase)，是指政府及其所属机构为了开展日常政府活动或为公众提供公共服务，在财政的监督下，以法定的方式、方法和程序，对货物、工程或服务的购买，是政府及其所属机构为实现政府职能和公共利益，使用公共资金获得货物、工程或服务的行为。政府采购不仅是指具体的采购过程，而且是采购政策、采购程序、采购过程及采购管理的总称，是一种对公共采购进行管理的制度。政府采购支出属于购买性支出。[①]

政府采购和私人采购在许多方面是相似的，如需求导向、遵循市场机制和商业惯例等，但二者也有相当大的差别。具体而言，政府采购的特点有：①采购资金来源具有公共性；②采购主体具有特定性；③采购活动具有非营利性；④采购行为具有政策性[②]；⑤采购活动的管理具有规范性；⑥采购对象具有广泛性和复杂性。

---

① 楼继伟．政府采购[M]．北京：经济科学出版社，1998：1.

② 政府作为国内市场上最大的买家，其采购规模的扩大或缩小、采购结构的变化，对社会经济发展状况、产业结构以及公众的生活环境都有着十分明显的影响。因此，政府采购已经成为各国政府通常使用的一种宏观经济调控手段，承担着执行国家政策的使命。

针对承担单个采购任务的具体采购实体而言，政府采购是一种微观行为；针对政府整体而言，政府采购又是实现政府宏观政治、经济、社会管理职能的工具。通过政府采购，政府可以将宏观调控和微观经济行为结合起来，以实现政府的重大政策目标。[①] 具体而言，政府采购的职能目标主要有[②]：①加强政府支出管理，提高财政资金使用效率；②强化宏观调控，调节国民经济运行；③保护民族产业，壮大民族经济；④开拓市场，促进国际交往；[③] ⑤减少负外部效应；[④] ⑥强化对国有资产的管理。

为了保证政府采购目标的实现，必须明确政府采购遵循的主要原则。总体而言，政府采购的基本原则主要包括有效竞争、公开性、公平性和效益等方面。有效竞争原则要求邀请尽可能多的供应商参与竞争，通过促进供应商、承包商或服务提供者之间最大程度的竞争，促进政府采购目标的实现。公开性原则也称透明性原则，是指有关采购的法律、政策、程序、活动都要公开，使每个潜在的或已参与的供应商都能获得同等的信息。公平性原则又称非歧视原则，指要求给予每一个有兴趣参与竞争的投标商均等的机会和同等的待遇，使其享有同等的权利并履行相应的义务。效益原则又称经济原则，指在政府采购中要鼓励充分竞争，使财政资金的使用效益最大化。

2)社会保障

社会保障支出是世界各国政府支出的一个重要项目，在转移性支出中所列是第一位的。它与国家的社会保障制度联系在一起，为政府实施社会保障制度提供了财力保障。这一支出在保障社会成员的基本生活，缓和不公平的分配制度造成的两极分化，维护社会稳定等方面，都起着十分重要的作用。

(1)社会保障的特点

社会保障是指国家向由于各种原因暂时或永久丧失劳动能力、失去工作机会或面临困难的社会成员提供基本生活保障的活动。它既是一个生活保障系统，也是一个社会稳定系统；它既是公民依据宪法应享有的一种基本权利，也是政府对全体社会成员承担的社会责任。

社会保障的理论和实践由于各国国情差异而呈现出不同特色，但是大体具有这几个基本特点：强制性、公平性、全民性和最低保障性。

社会保障的强制性是通过国家专门的法律制度来实现的。凭借各种权力，国家对一定

---

① 郭小聪. 政府经济学[M]. 北京：中国人民大学出版社，2015：183-184.

② 楼继伟. 政府采购[M]. 北京：经济科学出版社，1998：7.

③ 政府通过加入国际性或区域性经济组织的政府采购协议，能以比较优惠的价格从国际市场上获得优质产品和服务，获取国际贸易中的"比较优势"利益。同时也可以为国内企业开辟了国际市场，促进国内企业到外国政府采购市场上争取合同，增加出口。

④ 政府可以对所采购的产品或拟建的工程提出技术上的指标要求，对不符合规定指标要求的产品不得采购。这些技术上的指标要求往往有利于环境保护、技术安全等，在一定程度上有助于减少负外部效应。

时期内的社会保障加以规范并使之对社会成员具有普遍的约束力。社会保障的强制性除了表现在任何一位公民只要符合社会保障法律的有关规定，都必须参加社会保障外，突出表现在社保资金的筹集上——无论是征税还是缴费，都是以法律或法规为依据强制执行。

公平性。社会保障所要达到的主要目标之一就是实现分配的公平。社会保障的公平性主要表现在两个方面：①社会成员享受社会保障待遇的机会是均等的。②社会保障通过征税或缴费等手段，参与国民收入再分配；通过转移支付，使得贫富差距在一定程度上缩小，整个社会收入分配更趋公平。

全民性。社会保障的对象是全体社会成员，只要符合社会保障的条件，就有享受社会保障待遇的权利。虽然在实施社会保障的过程中，只有那些不具有劳动能力或丧失劳动能力以及具有劳动能力但生活困难的社会成员得到社会保障的帮助，而其他社会成员似乎游离于社会保障之外。我们不能因此认为社会保障的对象具有特殊性，实际上获得社会保障帮助的对象并非固定不变，随着个人收入生活等状况的变化，享受社会保障待遇群体也在变动，因此从整体上看，社会保障的覆盖面具有全民性。

最低保障性。政府所提供的社会保障水平是以保障公民的最低生活水准为原则的。实践证明，过高的社会保障水平会诱发道德风险，如不努力工作而宁可失业享受社会救济，或提前退休靠领取养老金维持生活。这些现象的存在不仅直接增加社会保障支出，而且从长远看，会阻碍经济增长，甚至降低经济发展水平。当然，各国社会保障水平是随着国家经济社会发展而不断改变的。

(2)社会保障的主要内容

社会保障包括社会保险、社会救助、社会福利和社会优抚四大部分。其中，社会保险是社会保障的核心，社会救助是社会保障的基础，又被形象地称为“最后一道防线，最后一道安全网”。

社会保险是国家通过立法手段，运用社会力量对劳动者因遭遇生、老、病、死等风险暂时或永久性丧失劳动能力，或虽有劳动能力，但因失业而丧失收入来源时给予一定的物质帮助，以维持其基本生活的一种社会保障活动与制度。这里主要介绍五种最主要的社会保险项目。

①养老保险。养老保险是国家通过立法规定一个年龄界限，当劳动者达到这个年龄时，即依法判定其进入老年，解除劳动义务，由国家、社会提供一定的物质帮助和服务，保障其晚年生活的制度。在各国社会保险体系中，养老保险是最重要的项目之一，尤其是在21世纪全球人口老龄化加剧的背景下，养老保险的重要性进一步突出。

②医疗保险。医疗保险是国家通过立法，对劳动者给予假期和收入补偿，提供医疗服务以帮助其进行治疗和维持基本生活的制度。疾病风险的不确定性较大，医疗保险的作用也不言而喻。在世界各国的社会保险体系中，医疗保险的重要性仅次于养老保险，与人们的生活联系更加密切。

③失业保险。失业保险是国家通过立法，对劳动者由于非个人原因而暂时失去工作和收入时，给予物质性援助帮助其维持基本生活的制度。市场经济是风险经济，经济波动导

致劳动者失业的现象时有发生，通过失业保险提高劳动者抵御失业风险的能力，也有利于社会安定。

④工伤保险。工伤保险是国家通过立法，对在生产、工作中遭受意外事故或患职业病而暂时失去劳动能力的劳动者基于医疗保障待遇和收入补偿的制度。

⑤生育保险。生育保险是国家立法对女性劳动者因生育期间中止劳动而影响收入时，给予医疗保障待遇、假期和收入补偿，从而保障其基本生活的制度。

社会救助。社会救助是国家按照法定程序和标准，向因自然灾害或其他社会、经济原因而难以维持最低生活水平的社会成员提供保证其最低生活需求的物质援助的一种社会保障活动与制度。它是现代社会保障体系中最基础的部分，保障的是公民的生存权，这也是政府的法定责任。社会救助提供的资金和实物仅仅是满足陷入贫困中的社会成员最低生活需求，助其渡过难关。社会救助的主要内容有贫困救助、灾害救助和其他救助。

社会福利。社会福利有广义与狭义之分，此处取狭义社会福利，指对特定的社会成员的优待和提供的福利。社会福利体系主要包括各种福利事业(如政府举办的社会福利院、精神病院、儿童福利院等)、残疾人劳动就业和社区服务等主要是对孤老残幼等有特殊困难的社会成员进行基本生活保障，提高其生活水平和自理能力。

社会优抚。社会优抚是国家和社会根据宪法及有关法律、政策的规定，对现役军人、退伍军人和烈军属等提供保证一定生活水平的资金和服务的活动，是一种带有褒扬优待和抚恤性质的特殊社会保障制度。

(3)社会保障的支付手段

社会保障的支付手段主要有直接支付和间接支付两种。直接支付是政府有关部门以货币或相当于货币价值的实物将社会保障资金直接发放给符合一定条件或标准的个人。例如，养老金、失业救济金、食品券等。间接支付指政府有关部门或机构利用社会保障资金兴建各种福利设施，提供各项公共服务，通过提供就业服务等方式救济生活困难者或利用政策优惠等形式救济生产困难的企业。例如，设立公立学校、开展就业与职业培训、提供住房补贴等。

直接支付和间接支付各有特点，直接支付更能让个人切身感受到从社会保障中获得的利益。然而，公共支出具有不同的效果：实现收入与财富的均等或实现机会的均等。从实现机会均等及个人道德的角度来看，间接支付手段比直接支付手段更可取。目前，各国政府都是同时在社会保障中运用直接支付手段与间接支付手段，两种支付手段相辅相成，分别作用于社会保障资金支付的不同层面，共同发挥作用。

3)财政补贴

财政补贴是国家为了某种特定的需要，向企业或个人提供的无偿补助。从性质上看，它是政府将从纳税人手中取得的一部分收入无偿转移给企业或居民支配使用，是政府财政进行收入再分配的一种形式。政府通过财政补贴可以调节供求关系，稳定市场价格，促进特定产业的发展，维护企业和消费者的自身利益，从而影响全社会资源配置结构以及经济社会整体发展。

财政补贴具有其他经济政策不可替代的特点：①灵活性。财政补贴可以根据经济形势变化和政策调整，直接针对具体对象选择不同的补贴方式，补贴金额也可以灵活调整。②时效性。当某项政府政策效力丧失或经济形势逆转后，与之相适应的财政补贴也随之终止。因此，财政补贴往往成为政府改革的“润滑剂”，协调改革过程中出现的利益矛盾，增强人们的心理承受能力。

财政补贴项目和种类繁多，主要有以下四类。

价格补贴。价格补贴是政府为了安定城乡人民生活，加强国民经济薄弱环节，由财政向企业或个人支付的与价格有关的补贴。价格补贴是财政补贴的主要内容，在财政补贴中所占比例最大。

企业亏损补贴。这一补贴是财政向由于国家经济政策的多方面干预而发生亏损的企业提供的补贴。企业发生政策性亏损的责任在政府而不是企业，所以这类亏损应由政府给予财政补贴。

财政贴息。财政贴息是政府财政对某些企业或项目的贷款利息，在一定时期内给予全部或一定比例的补贴。它是一种比较隐蔽的财政补贴，其实质是财政代替企业向银行支付利息，是政府财政支持有关企业或项目发展，帮助其承担市场风险的一种形式。

税式支出。税式支出指的是政府财政根据税收制度的各种优惠规定对某些纳税人或课税对象给予的减税免税。它也是一种比较隐蔽的财政补贴，减少了政府财政收入，实质是以税收方式发生的一笔政府支出。

9.1.3 政府支出增长的理论解释

政府支出不断增长是一种全球经济现象。当一个人回顾西方世界在20世纪走过的历程时，将会发现公共部门的增长已经成为西方世界在20世纪决定性的特征……政府支出的增长，并不是一个随机事件，而是一个“法则”。[①] 政府支出的增长既可以表现为绝对规模增长，也可以表现为相对规模增长，前者用政府支出的绝对量的扩大来刻画，后者用人均政府支出额或政府支出在GNP中所占的比例来表示。政府支出的不断增长，已严重影响了经济的持续增长，也成为发达国家和发展中国家面临的共同问题。应该如何解释政府支出不断增长的现象呢？本部分选取政府支出增长方面具有代表性的理论进行阐述。

1. 支出增长发展模型

这是由美国经济学家马斯格雷夫和罗斯托(W. W. Rostow)提出来的模型。在对不同国家不同经济发展阶段的支出状况进行了大量的比较研究后，他们从政府支出作用变化的角度对政府支出增长进行了深入的分析。在他们看来，在经济发展的不同阶段，导致政府支出增长的原因是不同的。

---

① [美]詹姆斯·M. 布坎南，理查德·A. 马斯格雷夫. 公共财政与公共选择：两种截然不同的国家观[M]. 类承曜，译. 北京：中国财政经济出版社，2000.

在经济发展的早期阶段，由于交通、水利、通信等基础设施落后，直接影响到私人部门生产性投资的效益，从而间接影响整个经济的发展。而这类经济基础设施的投资往往投资大、周期长、收益小，私人部门不愿投资或没有能力投资，但这些经济基础设施的投资又是具有较大外部经济效益的。因此，需要政府提供这类产品以克服经济发展中的瓶颈效应，为经济起飞创造一个良好的外部环境。此外，在经济发展的早期阶段，由于私人资本的积累是有限的，这就使得某些资本品必须公共生产，即使这些资本品的利益是内在的，不具有外部经济效益，也要求通过政府预算提供。所以，这一阶段公共资本的作用很大，政府支出必然增长。

当经济发展进入中期阶段以后，私人产业部门业已兴旺，资本存量不断扩增，私人企业和农业的资本份额增大，那些需要由政府提供的具有较大外部经济效益的基础设施也已基本建成，此时私人资本积累开始上升，公共积累支出的增长率就会下降，从而政府投资便开始转向对私人投资起补充的方面，政府支出在整个社会支出中所占的比重就可能下降。但是，由于这一时期市场失灵的问题日益突出并可能阻碍经济发展向成熟阶段迈进，客观上也要求政府部门加强对经济的干预。而对经济的干预显然要以政府支出的增加为前提。

随着经济发展由中期进入成熟阶段，公共支出的结构会发生相应的变化。从以基础设施投资为主的支出阶段，逐步转向以教育、保健和社会福利为主的支出结构。这是因为随着人均收入进一步增长，人们对生活的质量提出了更高的要求，私人消费形式发生变化，从而政府支出也要发生变化。在大规模消费阶段(the mass consumption stage)，收入维持计划(income maintenance programs)和为福利再分配制定的政策所花费的政府支出，相对于政府支出的其他项目及相对于 GNP 来说，都将会有显著的增长。

2. 政府活动扩张法则

这是 19 世纪的德国经济学家阿道夫·瓦格纳(Adolf Wagner)提出来的一种理论，它用来解释公共部门支出在 GNP 中所占比例为什么不断上升。瓦格纳的思想当时并没有以定律的形式表述出来，后来的西方学者把这一思想称为“瓦格纳定律”(Wagner's law)。这一定量可以表述如下：随着经济中人均收入的增长，公共部门的相对规模也将增长。这里的相对增长是指政府支出占 GNP 的比率增长。对此，他的解释是：

首先，随着社会的发展，工业化经济所引起的社会组织形态变革以及公私行政活动的集中化管理，会产生社会和经济制度的非人性化和劳动的高度专业化，从而使经济和社会的复杂性和相互依赖性增加，由此产生的各种摩擦因素也会不断增多。对于这一切，私人部门无法处理和协调，唯有政府制定法律，增设一定的机构以维持社会秩序，才能解决这些由于工业化本身带来的社会经济问题。

其次，随着工业化经济的发展，经济不完全竞争状况会日益加剧，整个社会的资源不可能完全通过市场机制得到适当的配置，因而有必要由政府对经济进行干预和管制，促进资源优化配置。而且，对那些具有极大外部经济效益的行业，由于规模与技术要求等方面的原因，私人企业不愿或不能进行生产经营，也要求政府接管进行直接的生产经营。

瓦格纳一方面用需求收入弹性来解释在教育、文化、卫生和福利等方面公共支出的增长。在瓦格纳看来，这些服务代表较高的需求或收入弹性需要(income-elastic wants)，即对服务需求的收入弹性大于1。因此，在经济和收入增长的同时，在这些服务上的政府支出将以更大的比率提高，由此导致政府支出在GNP中的比例不断上升。另一方面瓦格纳又用私人企业在这些方面的低效率来解释政府服务的增加及由此带来的政府支出的增加。

据此，瓦格纳得出结论：随着经济发展过程的发生，政府支出必定比产出以更快的比率增加；政府活动不断扩张所带来的政府支出不断增长，是社会经济发展的一个客观规律。

3. 梯度渐进增长理论

皮考克和魏斯曼(J. Wiseman)在对英国1890—1955年的政府公共支出情况作了开拓性研究之后，于1961年提出了政府公共支出的梯度渐进增长理论，即增长年间政府支出呈现一种渐进的上升趋势，只有当社会经历"激变"(战争、经济危机或其他灾害)时，政府支出才会急剧上升，而过了这个激变期，支出水平就会下降，但一般不会再回到原来的水平。因此，政府支出的统计曲线呈现出一种梯度渐进增长的特征，如图9-2所示。皮考克和魏斯曼将导致政府支出梯度渐进增长的原因归为两类，即内在因素和外在因素，故也称之为内外因素论。

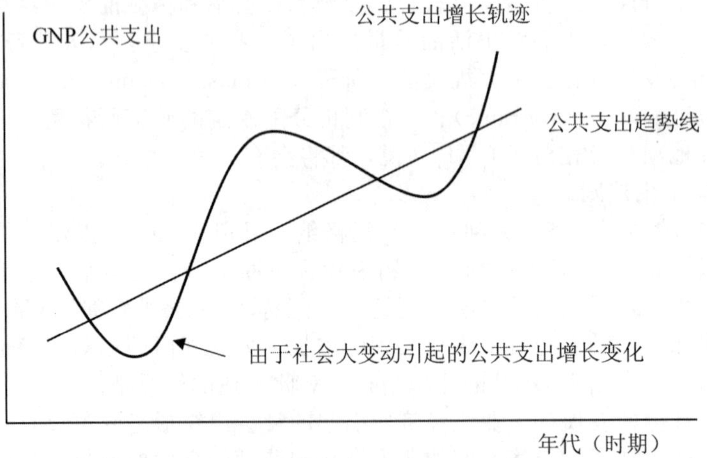

图9-2　公共支出增长趋势与过程①

财政支出增长的内在因素是指公民可以忍受的税收水平的提高。一般来说，政府的意愿是财政支出越多越好，这样可以使政府的权力不断扩大，而民众的意愿却是税收负担越低越好。政府的征税水平一旦超过了公众的忍受限度，他们就会通过手中的选票行使否决

① 方福前. 公共选择理论[M]. 北京：中国人民大学出版社，2000：176.

权。因此，政府的支出水平一定程度上受到税收水平的制约。但是，随着经济的发展和人均收入水平的提高，即使税率保持不变，税收收入也会随之增加，政府支出便与 GNP 呈同步增长。这揭示了正常情况下财政支出呈渐进增长趋势的内在原因。

财政支出增长的外在因素是指社会动荡对财政支出造成的压力。在危急时期，私人部门无法解决战争、饥荒、经济危机等所造成的种种社会经济问题，只有政府采取行动才能缓解这些灾难对社会、经济的消极影响。因此，此时的财政支出必然呈阶梯式上升。皮考克和魏斯曼利用三个互相联系的概念，即置换效应、审视效应和集中效应，分析了非常时期的政府支出增长过程。

(1)置换效应(displacement effect)。置换效应包括对以前政府支出水平的置换和对私人部门支出的置换。前者是指在危急时期，新的、较高水平的支出(税收)代替了以前的、较低的支出(税收)水平；而在危机时期过后，这种新的支出水平因公众的税收容忍程度(纳税能力)提高而不会逆转；即使支出水平有所下降，也不会低于原来的趋势水平。后者是指在社会总资源的配置中，私人部门的份额因公共部门的份额增加而减少。也就是说，在危急时期，政府支出在一定程度上会取代私人支出，而且政府支出的增长呈阶梯状。

(2)审视效应(inspection effect)。社会动荡暴露出诸多问题，迫使政府和公众重新审视公共部门和私人部门各自的职责，认识到有些社会经济活动当纳入政府活动范围，公共部门需要提供一些新的公共产品。与此同时，随着公众觉悟水平的提高，可容忍的税收水平在危急时期过后明显增加。这样，公共部门规模的扩张、政府支出规模的增长趋势不可避免。

(3)集中效应(concentration effect)。在非常时期，中央政府显然要集中较多的财力，甚至会发行大量公债以满足其猛增的需求。不仅如此，即使在正常时期，为了促进经济增长，中央政府的经济活动在整个公共部门的经济活动中所占比重也具有明显提高的情形。

梯度渐进增长理论可以用图 9-3 来阐释，它突出了战争支出对政府支出变化格局的影响，即战时的支出激增对战后支出状态的影响。

图 9-3(a)描述了民用财政支出在战后又恢复其原来的增长路径的情况，图 9-3(b)说明的是战时财政总支出的增长趋势延续至战后，因为民用财政支出水平提高了。最后一种情况如图 9-3(c)所示，民用支出在战后暂时增加，而后又逐渐恢复到它原来的增长路径。其实，这三种情况都说明民用支出在战后财政总支出增长中的作用。

4. 福利经济微观分析

福利经济学对公共支出不断增长的解释，主要是在一系列假设下，从微观经济角度进行研究的。福利经济学将市场有效供应原理运用到政府公共物品的供应中，通过效用最大化的分析方法，研究影响公共物品供应和需求的各种因素。认为这些因素正是影响公共支出增长的主要变量，包括对公共物品的需求、提供公共物品的生产组织形式、公共物品的

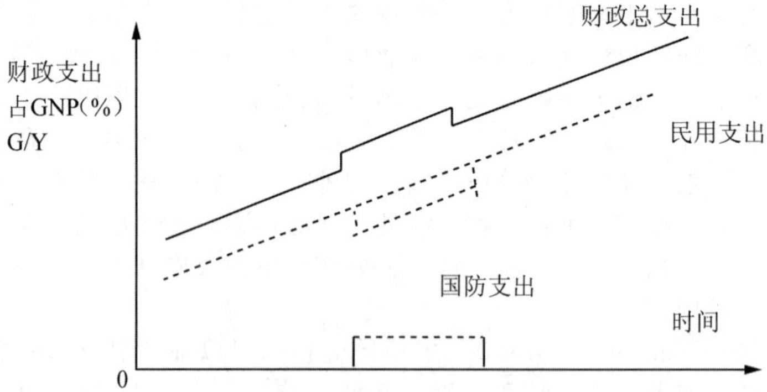

(a) 民用支出保持原来增长趋势

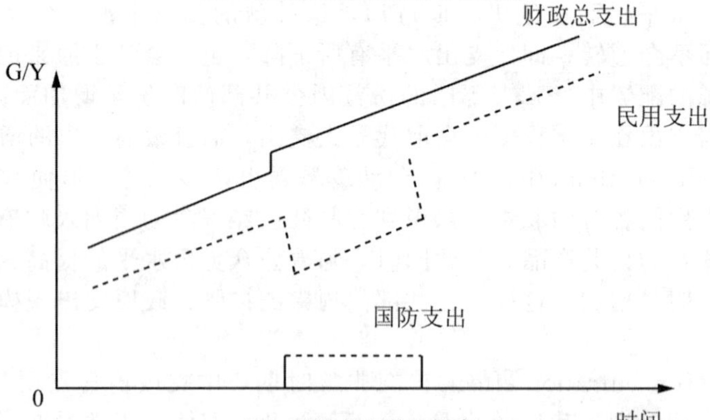

(b) 民用支出增长提高

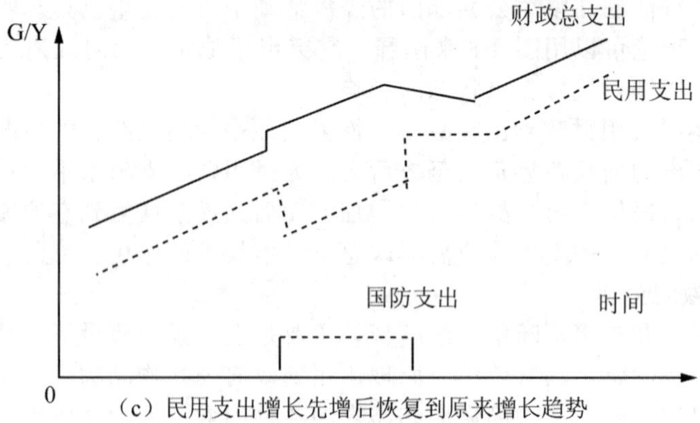

(c) 民用支出增长先增后恢复到原来增长趋势

图 9-3　梯度渐进增长理论①

① [美]理查德 · A. 马斯格雷夫. 比较财政分析[M]. 董勤发, 译. 上海: 上海人民出版社, 1996: 83.

质量、公共部门投入价格等。

第一，需求对公共支出的影响。福利经济学指出，如果公共支出的收入弹性大于1，则公共支出相对于GNP的比重将上升。这是因为中间投票人的收入增加时，公共物品的需求曲线会右移，而且如果这种收入增加是整个经济总收入的一个部分，则随着总收入的提高，劳动力成本也将增加，平均成本曲线将上升。

第二，生产组织形式对公共支出的影响。福利经济学认为提供公共物品的生产组织形式将会随着环境的变化而变化，而环境的变化会引起公共支出的增加。这里的“环境”指影响某一公共产出水平所需资源的社会、经济和地理因素的组合。例如，治安状况恶化时，若想恢复，提供服务的总成本会上升。

第三，公共物品质量对公共支出的影响。如果中间投票人对质高价贵的产品有较大需求，公共支出就会增加。随着产品质量的变化，公共支出也会变化，新需求也会刺激公共物品的供应。

第四，人口因素对公共支出的影响。人口增长是对公共支出增加的一个重要原因，因为人口增加促使各方面的公共服务，如警察、教育、医疗的需求和管理成本的提高，这些都促使公共支出增加。

第五，公共部门投入的价格效应。公共支出增长也导致源于公共部门生产函数中投入价格的提高。这是因为公共部门平均劳动生产率偏低，生产率偏低不仅致使其产品的单位成本不断上扬，而且要维持生产率偏低的部门的产品质量在整个国民经济中的比重，必须使劳动力不断涌入该部门，从而导致政府规模越来越大，公共支出不断增长。

5. 公共选择理论观点

公共选择学派是西方经济学中以经济学分析方法研究政治问题的一个重要理论流派。公共选择理论主要通过考察政治制度的特征、政府预算决策过程中政治家和官员的关系及行为来说明政府规模(预算)不断膨胀的原因，认为导致公共支出增长的主要因素存在于以下几个方面：

(1)利益集团的存在和行动促成政府支出增长。塔洛克最早对政府规模增长和多数票规则、利益集团的关系进行了分析，他认为多数票规则下的利益集团的存在是政府增长的原因。[①] 利益集团是现行政治结构的必然产物，利益集团的大量存在直接促使了政府要・规模的扩张，因为在各自谋求自身利益最大化的前提下，利益集团、官僚和政治家会结成利益联盟，力争增进某一方面的预算支出，这必然会扩大政府的支出规模。根据缪勒、默雷尔(P. Murrell)和奥尔森的研究[②]，20世纪70年代以来，发达国家的利益集团数量对政府规模有正的、显著的影响，也就是说，一个国家的利益集团越多，政府规模就越大；稳

① TULLOCK G. Some Problems of Majority Voting[J]. Journal of Political Economy，1959(12)：571-579.

② 方福前. 公共选择理论[M]. 北京：中国人民大学出版社，2000：190.

定的经济和政治环境有利于利益集团的成长，而利益集团的增加又增加了扩大政府开支的压力。

(2)财政幻觉的存在导致政府支出增长。财政幻觉假说认为立法机构能在政府的真实规模方面欺骗纳税人。这种理论假定，纳税人是按照他们的税收账单的规模来衡量政府的规模。在纳税人不愿意为这种政府规模增长作出资源支付的情况下，立法—行政机构必须给纳税人制造一种幻觉：纳税人的税负增加了，但是纳税人却不知道他们付出了或者将要付出更多的税。如果税负能够用这种方式伪装起来，纳税人就有政府规模比它实际要小的幻觉，因而政府增长就能超出纳税人偏好的水平。在公共选择学派看来，以下几种情况的存在会产生政府增加收入，扩大支出的财政幻觉：①隐瞒公共支出中个人机会成本的份额；②在纳税人认为可能有利的时期或活动中征税；③在重大的或令人愉快的活动时征收直接的名义服务费；④进行威胁式的吓唬战术制造影响个人反应的财政幻觉；⑤将个人的总税负分成若干部分，使纳税人面对许多小额征收而不是少数的大额征收，制造财政幻觉；⑥在个人不能真正明白谁是最终支付者的情况下征税；⑦利用公众对社会问题态度的转移作为征税的基础。此外，政府还可以从另外两个方面制造财政幻觉以使政府支出规模扩大：一是政府向公众隐瞒预算项目的规模及其真实性；二是预算条款显示出把较大的数额用于更为大众化的项目。“统治集团总是尽力创造财政幻觉，这种幻觉会使纳税人觉得所承受的负担比实际的负担要轻，使受益人觉得提供给他们的公共物品和服务的价值比实际价值要大。”[①]正是由于财政幻觉的存在，政府支出不断超过公众的意愿而扩大。

(3)官僚政治的必然性。公共选择学派认为，官僚和市场经济中的任何人一样，都是企图利用现存制度实现自己利益的最大化。但是在市场取向的私人部门中，个人为了获得成功，必须使他的公司获得尽可能多的利润，当公司的利润增加之后，个人的收入也会增加。而对于官僚们来说，类似于私人企业中所拥有的增加收入的机会是很小的，因此，他们更关心的是额外的津贴、荣誉和权力等。然而所有这些目标都是与官僚的预算规模正相关的，如果官僚们预算最大化的目标能够获得成功，那么政府部门规模就会扩大，政府支出将不断增长。

9.2 政府预算管理

政府部门的收支决策是通过预算的编制过程来完成的。政府收支测算背后反映的是政府在未来某个时期内(例如一年)的活动选择以及相应的成本估算，是政府的政策选择以及相应的政策成本。一个完整的政府预算报告能够向每个公民提供这样的信息：政府在未来

① 詹姆斯·M. 布坎南. 民主财政论[M]. 穆怀朋，译. 北京：商务印书馆，1993：139-140.

的一年或者更长的时期内准备做什么事情，这些事情分别要花多少钱。一个没有预算的政府是“看不见的政府”，而一个“看不见的政府”不可能是负责的政府。如果政府没有预算，或者不向社会公开，我们就无从知道政府在做什么，它做的事情是不是政府该做的，是不是大多数公民希望它做的，我们更无从知道政府活动的绩效。反之，如果政府预算能够反映政府的全面活动以及相应的活动成本，能够反映政府支出或活动的绩效，而且这样的预算是向社会公开的，那么，我们就有望建立一个真正负责的政府。

9.2.1　作为治理工具的政府预算

国家财政为了保证政府行使相应职能而筹集和分配资金时，必然要对资金进行预计与测算，使资金的收入量满足政府支出的需要，做到“量入为出”。一国政府编制的一定时期的财政收入计划、财政支出计划和财政收支平衡表，这就形成了政府的基本财政计划。这种用法律形式表现，反映和规定一定时期内财政活动的预期收入指标与平衡关系一览表以及管理制度，就是政府预算。在现代混合经济体制下，政府预算是政府为了实现有效管理社会公共事务、增进公共利益，按照政治程序对未来一定时期内(通常为一个财政年度)所需资源和可用资源所做出的并经权力机关审查批准的具有法律效力的财政计划。① 政府预算是具有法律效力的财政计划。它是政府分配集中性财政资金的重要工具和调节、控制、管理社会经济活动的重要经济杠杆。

1. 政府预算的特征和原则

(1)政府预算的特征

政府预算是一个对公共收支进行集体决策的过程，其涉及为数众多的经济个体，是协调社会公众行为的正规途径。一般而言，政府预算具有如下特征。

从内容上看，政府预算反映政府控制和配置公共资源的全过程。政府通过预算安排，采取证书、发行公债、收费等方式，集中掌握国民财富。同时，通过确定支出的范围、结构、规模及项目优先权，参与国民财富再分配。因此，政府预算通常反映着政府职能，体现着政府参与分配活动的全过程。

从形式上看，政府预算体现为政府年度货币资金收支计划。政府预算具体体现为政府收支的说明书。它依据一定的标准，将政府年度收支活动量化为货币资金计划，并以一览表的形式确定下来。通过这个一览表，人们可以清楚地找出财政资金的具体来源和用途，并便于进行收支是否平衡的对比。

从性质上看，政府预算是经立法程序通过的具有法律效力的文件。政府预算经由国家立法机关的审查和批准后生效从而具有合法性，并且，它要始终处于立法机关的监督之下。正是在这个意义上，政府预算是国家重要的法律文件，具有高度的权威性。政府预算的这个特征，表明预算不仅仅是个将资金与政府目标联系起来的技术性概念，它更是一个

① 卢洪友．政府预算学[M]．武汉：武汉大学出版社，2005：7.

政治概念，它是政治声明，表明了预算编制者的实际选择和价值观念。①

从功能上看，政府预算是政府改进公共管理的重要工具。政府预算不仅仅记录政府活动，其本身也可以作为政府进行公共管理的工具。政府通过对预算收支规划的控制，可以调节社会总供给和总需求的平衡；通过确定一定的支出结构，可以调节国民经济和社会发展中的各种比例关系；通过预算转移支付，可以在一定程度上促进社会资源分配的公平性，并促进社会福利最优化。在实施积极的财政政策时，政府预算对国民经济的影响更加突出。

(2)政府预算的原则

政府预算作为独立发展的一项制度，形成了一定的编制、执行、监督、决算的规则和做法，并经法律形式予以固定下来，成为预算法的立法原则。目前，世界各国在实践中遵循的主要原则既包含有古典预算原则的传统，也体现了现代预算原则的要求。OECD(经济合作与发展组织)将这些通行的原则概括为十项。②

①权威原则(Authoritativeness)。权威原则在各项原则中居于首位。它要求预算须经过立法机关批准，并且预算执行机构要按照立法机关的要求向立法机关提供报告。

②年度原则(Annual Basis)。年度原则要求每年均需提供年度或中期的预算方案。在方案中需要明确上年度的决算量以及本年度的决算量，在确定具体的支出拨款前，年度或中期计划的收支量应得到立法许可。

③广泛原则(Universality)。广泛原则要求所有的收入和支出都要包括在一个总的预算框架内，不论是中央与地方各级政府，还是各个预算部门单位，或是各类财政资金，都必须建立在同一个总预算中。

④统一原则(Unity)。统一原则要求预算收入和预算支出必须同时写入同一个文件中得到批准。

⑤专门原则(Specificity)。专门原则要求预算收入和预算支出都必须分类，细化为具体的专门项目，并且支出授权或拨款必须注明达成具体目标的最大法定限额。

⑥平衡原则(Balance)。平衡原则要求预算收支之间必须实现平衡，预算支出量应等于收入数。这已经成为保证总体经济稳定的一条财政纪律。

⑦责任原则(Accountability)。责任原则要求预算执行机构要定期向立法机关提交有关其责任落实情况的报告，包括月报、季报、年终结算、年度决算等，并且至少每年要向立法机关提交经外部审计的执行情况报告。

⑧透明原则(Transparency)。透明原则要求在对各级政府责任做清楚的划分的基础上，预算部门必须及时向公众公布有关预算的一切(财务的与非财务的)信息。国际货币基

---

① [英]戴维·米勒，韦农·波格丹诺. 布莱克维尔政治学百科全书[M]. 邓正来，等译. 北京：中国政法大学出版社，1992：75.

② OECD. The Legal Framework for Budgeting System：An International Comparison，OECD Journal on Budgeting[J]. OECD publications，2004，4(3)：132-150.

金组织对这一原则提出更加具体的要求，包括政府及公共部门作用与责任的澄清，公众容易获得财政信息，公开预算编制、执行和报告，外部审计机构对信息的真实性进行担保。

⑨稳定原则(Stability)。稳定原则要求在中期预算框架中制定年度预算，预算支出量及公债的目标增减必须有规律可循，税收收入和税基应该是相对稳定的。

⑩绩效原则(Performance)。绩效原则要求在预算报告中说明预算计划的预期目标与最近的执行结果，预算的绩效主要以效率、效益和效能来衡量。

在这十项原则中，第一项原则是总的原则，第二项至第六项原则反映的是古典预算原则的传统，第七项至第十项原则反映了现代预算原则及其新近发展。

2. 政府预算的职能和作用

(1)政府预算的职能

政府预算作为财政的一个重要政策工具，在国家政治经济生活中发挥着重要的作用，主要表现在分配职能、经济稳定职能和管理监督职能三个方面。

分配职能。政府预算的分配职能，包括积累资金和合理安排资金两个方面，即集中性财政资金由预算筹集，形成预算收入，再通过预算把筹集起来的集中性财政资金转化为各种预算支出。

经济稳定职能。政府预算的经济稳定职能是指通过实行预算赤字政策、节余政策或中性政策，以分别刺激社会总需求、抑制社会总需求或保持总需求总体不变，调节不同经济时期的社会总需求水平，从而最终实现社会总供给与社会总需求的平衡，促进国民经济的稳定协调发展。

管理监督职能。政府预算的管理监督职能是指在预算资金的筹集、供应和使用过程中，按照国家的法律法规和相关政策，对预算分配活动的合理性、正确性、及时性进行监督和制约，以保证预算分配的规范性。

(2)政府预算的作用[①]

建立目标和优先性。预算过程涉及许多技术方法的运用，但预算主要不是一个技术工具，而是现代政府最重要的政策工具。在一个十分复杂、充满不确定性并且资源有限的世界里，通过预算为政府部门建立目标并设定其优先性极其重要。政策目标是可以定量的，例如提高国民的识字率；也是可以定性的，例如纠正市场失灵。有些政策目标可以通过管制、贷款担保或其他干预方法达成，并不需要直接或立即的支出达成。然而，大部分政策目标需要财务资源，预算是这些财务资源最重要的来源。公共预算将覆盖经济、社会和政治领域的诸多政策目标纳入政治过程，借助政治程序确定旨在促进可持续发展的一系列目标和优先性。由于资源是有限的，而达成目标的资源需求是无限的，因此，必须建立适当的优先性顺序。另一方面，由于所有的政策目标都需要消耗资源，政策目标及其优先性排

① 冯淑萍. 完善财税制度　推进科学发展——有利于科学发展的财税制度若干重大问题研究(上册)[M]. 北京：中国财政经济出版社，2012：221-225.

序应与预算程序衔接起来。

连接目标和活动。政策目标是抽象的并具有高度概括性，它需要通过与公共部门的一系列活动相联系，才有可能转换为实际行动并产生有意义的结果。政府的科学管理要求将政策目标转换为具体的活动或规划。例如，就农业事务而言，实现“绿色农业”这一政策目标要求开展土壤保护、种子优选、病虫害防治、环保型新农药等许多具体活动，预算为这些活动提供资金。另外，负责这些活动的预算单位要在预算申请文件中，清晰阐明其打算采纳的活动、各项活动预期的成本效益、这些活动如何促进“绿色农业”这一政策目标。预算是链接目标和活动的工具，它能帮助我们厘清二者之间的内在联系。

促进受托责任。政府的资源取之于民，也应该用之于民，并产生民众期望的结果。理论上讲，政府权力的合法性来自受托责任。为促进合法性和政府的可信性，政府必须就其资金来源、使用和使用结果向民众承担受托责任。政府预算作为一个阐明政府法定义务和责任的工具，在促进政府向人民履行受托责任方面发挥着关键性作用。要促进科学发展落实到制度上，最重要的就是建立有效的问责制和加强回应性，而预算在受托责任的这两个核心因素方面的作用很关键。只有当问责制与预算制度紧密衔接时，问责制才会有效。为此，有两个关键措施可以促进问责制的施行：第一，在预算执行报告和支出绩效报告中，清楚地陈述特定支出的结果，尤其是这些支出给当地居民和经济带来了哪些具体的成果，问责的关键是过问“结果如何”；第二，在预算资源分配方面，对公民需求最强烈的支出项目做出适当和及时回应，这进一步要求引入鼓励公民参与预算的机制，包括预算听证和参与性预算，以使公民的声音、需求和愿望能够表达到预算程序中。没有指向这两个方面的预算改革，问责制的效果将大打折扣。

控制政府支出。我们在“公共选择与政府决策”一章中已经指出，政府官僚的政治行为特点，是追求公共机构权力的最大化，而公共权力的增长与公共支出的规模正相关。这就意味着，如不对公共支出加以有效的控制，很可能会出现公共物品的供给过剩。预算恰恰就是控制政府支出规模的一个有效手段。一方面，政府的全部收支项目及其规模都纳入预算，预算能够全面反映政府的收支状况。另一方面，预算作为公共选择的一个重要内容，必须经过国家立法机关的审批才能生效，并最终形成国家的重要立法文件。这就使得政府支出被置于公民和代议机关的监督和控制之下。而通过这一监督和制约，实际上形成了对政府支出规模的有效控制(即便存在“公共选择”中的双边垄断关系，这种约束在一定程度上仍然能发挥作用)。

支持社会规划与政府改革。许多与公民的社会权利相关的改革，例如，教育、医疗卫生和社会保障体制的改革，如果没有预算和预算变革的支持，往往难以取得有深度的进展。为推动有效的政府改革，必须进行各种形式的预算改革。长期以来，发展中国家的许多改革忽略了预算改革对于政府改革的重要性，这些改革过于侧重组织、人力资本和制度层面，但却缺乏预算改革的推动。实践证明：没有预算改革的政府改革，其效果将是令人怀疑的。政府改革涉及诸多议题，包括低成本政府、有效政府、责任政府、绩效政府和透明政府等，所有这些议题的改革，如果没有预算改革的支持，将很难达到科学配置资源的要求：激活预算过程的资源再分配机制，确保资源从优先级较低用途转入较高用途。

3. 政府预算与有效治理

自有国家，就有财政。然而，只有预算制度确立以后，国家才终于发展出一种“被广泛视为有效率的、有生产率的，而且比以前更加公正的”①财政制度。在现代社会，预算作为通过强制方式从事经营公共财货的国家活动，既涉及市场经济条件下政府活动的范围、方向和效能，影响如储蓄、消费、就业和物价的总体水平，从而成为实现资源配置和社会福利最优化的重要政策工具。同时，作为通过权力控制方式实现责任政府的制度安排，又直接构成国家建设和政治发展的重要组成部分，体现和制约着国家政治发展的水平和程度，从而成为促进国家治理、政治认同与社会和谐的重要途径。② 政府预算是一个历史现象，与特定的时间和地点相联系，而不是一成不变的制度。③ 现代国家的发展催生了预算制度，预算制度又反过来推动了政府治理的科学化和精细化。

在西方现代国家建设的历史上，发生过两次意义深刻的财政制度转型。它们不仅改变了国家汲取和支出财政资源的方式，而且也导致了国家治理制度的转型。第一次财政制度转型是从“领地国家”向“税收国家”转型，第二次是从“税收国家”向“预算国家”转型。前者使得国家汲取财政收入的方式发生了根本性的转变，后者不仅从根本上改变了国家使用财政资源的方式，而且从整体上重构了国家的收支管理。预算国家有两个标志：集中统一和预算监督。财政上的集中统一指在财政的收支管理方面实行权利集中，将所有的政府收支集中于同一本账，建立统一的程序和规则，对所有的收支进行管理，这样才能确保预算是全面的、统一的、准确的、严密的、有时效的。预算监督是指代议机构能够监督政府的财政收支，确保预算是依财政年度制定的、公开透明的、清楚的、事先批准的、事后有约束力的。这两个特征互相支持、缺一不可。④⑤ 现代预算制度的建立，带来了政府管理以及国家治理的理性化，财政领域落实财政责任，为建立责任政府奠定了坚实的基础。⑥ 随着

---

① 靳继东．预算改革的政治分析：理论阐释与中国视角[M]．北京：科学出版社，2015：18.

② 靳继东．预算改革的政治分析：理论阐释与中国视角[M]．北京：科学出版社，2015：18.

③ CAIDEN，N. A new perspective on budgetary reform [J]. Australian Journal of Public Administration，1988，48(1)：53-60.

④ 王绍光．从税收国家到预算国家[M]//马骏，侯一麟，林尚立．国家治理和公共预算．北京：中国财政经济出版社，2007.

⑤ 领地国家是欧洲封建制度的产物。在封建制下，国家的财政收入主要有两个来源，一部分来自国王自己的领地，另一部分来自诸侯进贡以及来自司法收费方面的收入；国家无权直接对诸侯领地进行征税。由于领地国家的统治者主要依赖其领地收入而生存，因此，国家财政对于社会的影响是有限的。有税收的国家不一定是税收国家。税收国家是中央政府及下级政府在全国范围内用税收的方式来汲取财力，而且，更重要的是，国家的财政收入主要来源于私人部门的财富，这使得税收国家的财政收入高度依赖于私人财富。

⑥ 王绍光，马骏．走向“预算国家”——财政转型与国家建设[J]．公共行政评论，2008(1).

财政制度的成功转型，这些国家开始迈向现代国家。在很大程度上可以说，如果没有这两次财政制度转型，现代国家建设是不可能成功的。

1978年经济改革以前，中国是一个“自产国家”，国家的财政收入主要来自于国家自有的财产形成的收入，国家以国有企业为核心自己生产财政收入。1978年的改革开放不仅从根本上改变了中国经济体制，也使得中国从自产国家开始向税收国家转型。[①] 在向税收国家的转型过程中，中国也在不断地对财政制度进行改革，调整财政职能，以适应经济体制改革和政府职能转变的需要。然而，由于财政改革的重点一直集中在财政收入方面，在传统的以计划为核心的预算管理体制瓦解之后，并未能及时建立一个现代预算制度来规范性地管理整个政府财政收支。在这一时期，财政改革重点是如何来钱，来不及考虑如何把钱管好用好。1999年，中国启动了预算改革，包括部门预算、国库集中收付体制改革、政府采购等，迈出了建立现代预算制度的第一步，开始走向预算国家。[②] 一方面，在政府内部将整个政府收支集中统一起来进行规范性的管理；另一方面，随着财政集中统一的推进，政府提交人大审查、批准的政府预算越来越全面、完整和详细，这为人大加强预算监督创造了条件。虽然全面评估预算改革的成效并不容易，不过，许多证据表明，随着现代预算体系的逐步制度化，预算的约束性和权威性正在逐步确立，政府各个部门的行为也正日趋规范。预算改革也使得中国的腐败治理开始进入一个通过制度建设来减少腐败动机和机会的新阶段。同时，资金的使用开始呈现出节约和经济。与此同时，在建立预算国家的道路上，无论是在集中统一，还是预算监督方面，中国还面临很多挑战。如果能不断检讨制度方面的缺失，加强制度建设，中国就可以最终成功地建立预算国家，实现国家治理转型。

9.2.2 政府预算的编制、执行和决算

政府预算的编制是预测、审查、汇总和批准预算收入与支出指标体系并进行收支综合平衡的过程，它既是预算管理工作的起点，又是政府预算能否顺利实现的前提。政府预算经由法定程序审议批准后，就转入了预算的执行阶段。政府预算的执行就是将由立法机关批准的、体现国家意志的、具有法律效力的预算付诸实践，以保证政府正常行使。预算执行的结果如何，只有通过政府决算编制才能准确地反映出来。可以这样说，政府预算的编制是预算管理的起点，预算执行是预算管理的关键，政府预算决算则是预算管理结果最后的全面检查。

1. 政府预算编制

政府预算的编制是政府有意识地规范公共财政活动的计划安排行为。编制政府预算是一项细致而又复杂的工作，准备工作充分与否，直接影响到预算编制的质量。一般来说，

---

① 马骏．中国预算改革：理性化与民主化[M]．北京：中央编译出版社，2005：33-34.

② 王绍光，马骏．走向“预算国家”——财政转型与国家建设[J]．公共行政评论，2008(1).

编制政府预算的准备工作主要有以下四个方面：一是对本年度预算执行情况的预计和分析；二是拟定计划年度预算收支目标；三是颁发编制政府预算的指示和规定；四是修订预算科目和预算表格。

编制政府预算一般分为两个阶段：一是测算预算收支指标。根据报告年度预算的预计执行情况、计划年度国民经济和社会发展的要求，以及计划年度的各种变化因素，初步测算计划年度的收入支出情况。经过对计划年度收支情况的初步测算，摸清计划年度的财力状况，然后根据国民经济和社会发展计划中的具体指标逐项核算。二是编制预算草案。这是指各级政府和财政部门，以及各部门各单位编制的未经法定程序审查批准的公共收支计划。预算草案的编制，一般采取自下而上和自上而下相结合的办法。

从管理的角度，政府预算编制的主要组织形式可分为单位预算、部门预算、本级政府预算和各级总预算。单位预算是公共预算的基本组成部分，它以资金的形式反映国家机关、社会团体和其他单位的活动，是单位实现其职能和事业计划的财务保证，是各级总预算的基本构成单位。部门预算由各主管部门在部门所属单位上报的预算基础上汇编而成。本级政府预算和地方各级总预算的编制，由同级财政部门在各部门上报的部门预算的基础上汇总编成本级政府预算。地方各级财政部门还应及时将下一级政府汇总编制的下级政府总预算进行汇总，编制本级总预算，并报上级政府和财政部门备案。

为了保证公共预算编制的质量，各国都对编制的各级政府预案草案进行审批。在我国，预算审查的主要内容有：上一年预算执行情况是否符合本级人民代表大会预算决议的要求；预算安排是否符合相关法律的规定；预算安排是否贯彻国民经济和社会发展的方针政策，收支政策是否切实可行；重点支出和重大投资项目的预算安排是否适当；预算的编制是否完整，对下级政府的转移性支出预算是否规范、适当；预算安排举借的债务是否合法、合理，是否有偿还计划和稳定的偿还资金来源；与预算有关重要事项的说明是否清晰等。

政府预算按规定程序审议、批准后，预算工作就转入了新的预算年度的执行阶段。政府预算的执行关系到国家方针政策的贯彻执行、国民经济和社会发展计划的完成，如果预算不能得到切实遵守和执行，国家财政就会遭到破坏，就会影响整个国民经济的发展，以至于带来政治上的不安定。

2. 政府预算执行

政府预算执行是指财政部门和其他预算主体组织预算收入、安排预算支出、促进预算平衡的实践活动。这是政府预算从可能变为现实的必经阶段。要保证公共预算实际执行与原定计划协调一致，就要在预算的实施过程中做好一系列组织、管理、协调工作。从执行政府预算的过程上看，政府预算执行的任务主要有以下四个方面。

(1)政府预算收入的执行

积极组织预算收入是全面确保政府预算达到预期效果的前提和保障，是预算执行的首要任务。只有及时、足额地完成预算收入任务，才能保证预算支出的各项资金需要，促进国民经济和社会的发展。根据预算收入的不同性质和征收的不同方法，在我国，公共预算收入分别由财政部门和各主管收入的专职机关负责管理、征收，并由财政部门统一组织。

为确保政府预算收入的执行，保证预算年度的预算收入达到立法机关审议、批准的预算收入指标，在政府预算收入执行过程中，财政部门和其他征收机关应完成以下三方面的任务。

一是落实收入任务。财政部门根据年度预算确定的预算收入任务，下达到各个负责预算收入的组织部门。这些部门接受任务后，一方面要认真制定完成收入任务的措施，另一方面要将收入指标分解，落实到本部门各有预算上交任务的单位，并帮助其制订方案，解决存在的问题，确保完成预算收入任务。

二是积极组织预算收入。各负责组织预算收入的部门必须依照法律、行政法规的规定，及时足额征收应征的预算收入，不得违反法律、行政法规的规定，擅自减征、免征应征的预算收入，不得截留、占用或者挪用预算收入，保证预算收入及时足额解缴国库。同时各预算收入组织机关还要通过预算收入工作，检查监督企业、事业单位的财务收支活动，大力促进企业改善经营管理，提高产品质量，降低成本费用，提高经济效益，争取为政府提供更多的预算收入。

三是根据实际情况的变化，组织新的预算收支平衡。在预算的执行过程中，由于实际情况复杂多变，经常会出现一些影响收入计划完成的问题。因此，要积极抓好日常收入进度，以便财政部门及时掌握公共预算收入的完成情况，分析新的经济形势以及预算收入执行的动态，提出调整预算收入指标的意见，采取新的增收措施，尽可能的弥补减少的收入，不断组织新的预算收支平衡。

(2)政府预算支出的执行

政府预算支出执行是指各执行机构按照支出计划分配和使用财政资金的活动与过程。预算支出执行被新公共管理视为预算管理中最关键的环节，这个环节事关总支出控制、资源配置效率和资金运作效率的问题，并最终会影响公共财政的三大目标(公平、效率与稳定)能否实现。因此，预算支出的执行管理是公共财政管理的核心。

预算支出执行主要包括支出授权的下达、做出支出决定、支出审查、支付等阶段。各国都对预算支出执行尤其是预算拨款进行严格的限制，我国《预算法》明确了预算拨款需遵循的三项原则：①按照预算拨款，即按照批准的年度预算和用款计划拨款，不得办理无预算、无用款计划和超预算、超计划的拨款，不得擅自改变支出用途；②按照规定的预算级次和程序拨款，即根据用款单位的申请，按照用款单位的预算级次和审定的用款计划，按期核拨，不得越级办理预算拨款；③按照进度拨款，即根据各用款单位的实际用款进度和国库库款情况拨付资金。

预算支出的拨款方式可以分为财政直接支付和财政授权支付两种途径。财政直接支付是由各级政府财政部门开具支付拨款凭证，通过国库单一账户体系，直接将资金拨至用款人账户。适用直接支付的范围是工资支出、购买性支出和转移支出。财政授权支付是由预算单位按照财政部门授权，自行开具支付拨款凭证，通过国库单一账户体系将资金拨到用款人账户。适用授权支付的范围是未由直接支付的购买性支出和预算单位的零星支出。

(3)政府预算执行中的平衡

坚持预算收支平衡，是执行公共预算的重要任务，也是编制和执行公共预算的基本准则，不仅要求编制年度预算时要坚持量入为出的原则，实现全年预算收支平衡，更重要的是把预算收支平衡的方针贯彻始终，使公共预算执行的结果达到收支平衡。在实践中，经常性预算的编制是平衡的，但是由于在公共预算的执行中也存在着大量的不确定性。一方面，国民经济情况不可避免地发生一些或大或小的变化，预算收入可能超额完成或者完不成原定的收入计划；另一方面，随着经济发展和社会事业的进步，预计支出会增加或减少。此外，由于自然灾害和某些难以预料的新情况和新问题，以及由于人们的主观认识和客观实际之间总会存在一定的差距，预算编制的内容与执行中的具体情况之间不可能完全适应，也会引起预算收支的变化，导致公共预算经常出现新的不平衡。为了避免年终出现赤字，在执行公共预算中，必须深入实际调查研究，针对变化了的具体情况，加强宏观调控，采取有效措施，不断调整预算计划，经常组织预算收支的新平衡。可见，不断组织预算收支的新平衡就成为预算执行中的一项重要任务。

在预算执行中，从预算年度一开始就坚持不懈，加强对预算执行情况的分析，编制预算收支季度计划，及时正确地调整预算，是组织预算平衡的重要手段。编制季度收支计划的要求是：①收入积极可靠，支出分配合理；②坚持收支平衡的方针；③要注意与其他计划协调平衡。

(4)政府预算执行中的调整

尽管公共预算是在年初按照客观经济规律的要求，经过科学的预测和反复的核算编制而成的，但由于人们的主观认识不可能完全符合实际，客观实际情况也在不断发生变化，公共预算的某些部分的分支可能超出或达不到原定计划，影响着原有预算的执行。为了随时解决预算执行中出现的新情况和新问题，让年度预算符合客观实际，保证公共预算在执行中的平衡，就需要对公共预算进行及时的调整。

在我国，按照《预算法》的规定，经全国人民代表大会批准的中央预算和经地方各级人民代表大会批准的地方各级预算，在执行中出现下列情况之一的，应当进行预算调整：需要增加或者减少预算总支出的；需要调入预算稳定调节基金的；需要调减预算安排的重点支出数额的；需要增加举借债务数额的。政府预算调整因幅度不同而分为全面调整和局部调整。

政府预算的全面调整并不是经常发生的。只有在某些特殊情况下，由于遇到国家大政方针的调整，或者经济情况发生较大变化，对预算执行产生重大影响时，才对政府预算实行全面调整。

公共预算的局部调整，是在预算执行过程中，为了适应客观情况的变化，不断组织预算的新平衡而经常发生的某些部分调整，这种调整一般有四种情况：一是经费留用；二是动用预备费；三是预算的追加和追减，在正常情况下，追加支出，必须有相应的资金来源，追减收入，必须相应地追减支出；四是预算划转。

3. 政府决算

政府决算是指经法定程序批准的年度政府预算执行结果的会计报表。决算由决算报表和文字说明两部分构成。在我国，政府决算通常按照统一的决算体系逐级汇编而成，包括中央决算和地方总决算。

政府决算和政府预算的体系构成相同，也是按照国家政权结构和行政区划来划分。在我国，根据宪法和国家预算管理体制的具体规定，存在一级政权，便建立一级预算。凡是编制预算的地区、部门、单位都要编制决算。因此，我国政府决算由中央决算和地方总决算组成。中央决算由中央主管部门的行政事业单位决算、企业财务决算、基本建设财务决算、国库年报和税收年报等汇总而成。地方总决算由省级行政单位(省、自治区、直辖市)决算汇总而成。

各种决算按隶属关系汇总，下级决算包括在上级总决算中，地方决算包括在全国总决算中。省、自治区、直辖市总决算由本级政府决算及其所属的地级单位，如设区的市、自治州等的总决算组成；设区的市、自治州总决算由本级政府决算及其所属县、自治县、不设区的市、市辖区的总决算汇总而成；县、自治县、不设区的市、市辖区的总决算由本级政府决算及其所属乡镇决算汇总而成。

各级政府的本级决算由同级主管部门汇总的直属单位的单位决算、企业财务决算、基建财务决算等汇总而成。行政事业单位决算，由执行单位预算的国家机关工交商、农林水利、科教文卫等单位编制。企业财务决算由国有企业和基本建设单位编制。实行差额预算管理或实行自收自支的单位，也要编制单位决算。此外，参加组织预算执行、经办预算资金收缴和拨款的机构，如国家金库、税务部门、企业利润监缴机关、建设银行、农业银行等也要编制年报和决算。各级财政部门还要编制由财政部门监督、管理的预算外收支决算。这些单位或部门编制的各种年报和决算，都是各级总决算和全国总决算的重要组成部分。

公共决算的编制涉及财务、会计、税收、金库和统计等各部门的核算系统，是一项十分复杂细致的工作。我国政府公共决算编制，是从执行预算的基本单位开始，再进行年终清理，根据决算编报办法和决算表格的内容，自下而上编制、审核和汇总。

为维护国家法律，保证决算数字准确无误，必须对政府决算进行审查。公共决算的审查内容一般可分为三个方面：一是政策性审查；二是技术性审查；三是预算管理审查。这三个方面的审查虽各有侧重，但应该是相互补充、相辅相成、不可偏废的，因为政策性或预算管理方面的问题有时是从数字关系中发现的，数字关系上反应的技术性问题有时又是从审查的政策性或预算管理问题中发现的。

9.2.3 政府预算的管理模式与改革趋势

政府预算管理是指政府规划、组织、控制、协调预算收支，提高运作效率，实现预算目标所进行的管理活动，它是公共财政管理的一项重要工作。美国是现代政府预算改革、创新的典型。美国现代预算的发展变迁生动阐释了控制、计划和管理这三位一体的预算功能体系，成为诸多国家效仿的对象。本节主要以美国为例，介绍政府预算管理的模式选择及其预算管理的改革趋势。

1. 美国政府预算管理模式

从美国预算制度变革和创新的历史过程看，它主要是围绕预算编制制度和编制方法的改革创新展开的。但不同的编制制度和编制方法却反映了不同的公共选择原则和预算管理的哲学理念。美国现代政府预算制度的发展变迁大致经历了七个阶段，如表 9-1 所示。

表 9-1　美国公共预算变革历程表①

特征	分项排列预算(1921—1939)	绩效预算(1940—1964)	计划项目预算(1965—1971)	目标管理预算(1972—1976)	零基预算(1977—1980)	从上到下预算(1981—1992)	结果预算(1993 以来)
主要倾向	控制	管理	计划	管理	决策	控制	管理
范围	输入	输入和输出	输入、输出、效果和备选方案	输入、输出和效果	备选方案	任务明确的输入和效果	输入和输出，与可选择方案相联系的备选方案
个人能力	会计	管理	经济学和计划	管理“常识”	管理和计划	与体制相关的政治、协调与知识	管理、计划和交流
重要内容	开支对象	部门活动	部门宗旨	方案效力	方案或机构的宗旨	方案或机构是否促进了体制目标	部门活动
决策方式	增量	增量	系统	分权	增量和参与	系统和进取性	增量、参与和分权
计划任务	责任不大	分散	集权	全面但各负其责	分权	集权	与预算总量共同承担
预算部门角色	财务会计	效率	决策	方案的效力和效率	政策的优先权	实现单一体制目标	保证可信赖度

(1)分项排列预算模式

美国现代预算体系初步建立的标志是 1921 年《预算与会计法》的颁布，该法案引入了分项排列预算。分项排列预算(Line-Item Budgeting)是最基本的预算组织形式，主要功能是控制政府的预算开支。这种管理模式以预算支出的若干特定目标为核心，采用分项排列的方法依次列出特定目标的预算资金，由拨款机构加以拨付。

① ［美］尼古拉斯·亨利．公共行政与公共事务［M］．项龙，译．北京：华夏出版社，2002：208.

分项排列预算在会计上有着简便的优势，可以按照总科目、科目、二级科目、明细科目等分类清晰地看出资金预算在不同项目中的分配情况。这种便利性使得分项排列预算至今仍在不同国家和地区运用。但是，分项排列预算管理过于简单化的缺陷，使之不能适用于较大规模的组织层次，并且，其管理效率主要取决于拨款机构能否不折不扣地执行拨款计划，这就要求其要有特殊的制度基础。但是，如果说分项排列预算只关注资源的控制，不关注政府目标和资源使用的结果，却是不恰当的。在功能财政尚未出现之前，守夜人职能的政府没有太多抱负，没有也不需要中长期的预算规划，年度预算即是计划。① 但是随着现代公共管理的复杂性、多变性的增加，特别是行政机关自由裁量权的膨胀，分项排列预算显得越来越不适应当代公共预算管理的需要。

(2)计划项目预算模式

计划项目预算模式(Planning-Programming-Budgeting，PPB)发端于美国企业界，20世纪60年代时任美国国防部长麦克纳马拉(Robert McNamara)将这一模式引入美国国防部，后由约翰逊总统将之推广到所有联邦非军事部门和机构，并成立了隶属于总统的行政管理和预算局来进行预算管理。

计划项目预算模式的要点包括五个方面：①确定预算项目目标；②从众多目标中选择最紧迫的目标；③运用成本收益分析设计实现各目标的备选方案；④说明实施这些方案的以后年度成本(如5～10年)；⑤对这些方案的实施效果作长期评价衡量。

计划项目预算实际上是一种以项目而非组织为重点来评价短期与长期需求的预算管理模式。采用计划项目模式的首要意图是使行政部门的预算摆脱渐进主义决策体系，转向合理化的综合决策方法。计划项目预算的主要缺陷是大部分采用这一制度的联邦政府机构过于注重技术分析，忽视了政治、社会因素对预算过程的影响。② 计划预算项目虽然被后来的领导人放置一边，但其重视中长期计划与年度预算之间的整合，强调项目绩效评价等主张，也在后来的实践中得到了继承。

(3)目标管理预算模式

目标管理预算模式(Management by Objective，MBO)是指通过组织成员的预期成果来确定组织目标的一种预算管理制度。MBO鼓励自我管理和分权，主张综合整体管理，强调交流和反馈，鼓励组织发展和变革，并强调政策调研和领导的支持。其基本程序和方法是确立目标，跟进方案的进程，评估方案实施的效果。在这个过程中，通过把组织目标分解为运作目标，并让每个管理者有的放矢地来完成既定目标，实现组织有效的分权管理。从MBO的定义及程序来看，MBO并不是一种预算形式，它常常与项目管理联系在一起使用。尽管如此，20世纪70年代的美国联邦政府仍将其视为一种政府预算管理形式，它与政府预算的关系一直非常紧密。MBO尤其适合于地方预算管理，20世纪80年代，

---

① 苟燕楠，王海．公共预算的传统与变迁：美国预算改革对中国的启示[J]．财政研究，2009(6).

② 卢洪友．政府预算学[M]．武汉：武汉大学出版社，2005：45-46.

美国三分之二的州政府至少在某些部门采用的是 MBO 预算制度。①

MBO 的目标是管理，最关注方案的有效性，而不是方案本身。其决策方式是鼓励自主性，MBO 把完成任务的责任赋予第一线的管理人员，这样预算部门就可主要关注方案的效果和效率问题。其主要功能体现在两个方面：①在提高公共商品产出质量和效率、解决特殊问题方面，具有相当大的灵活性。②MBO 的分权思想有助于提高管理者特别是基层管理人员的主动性、积极性和创造性。其主要缺陷是：与其他以量化为基础的所有制度和管理方法一样，MBO 既可以改善和增强公共管理效率，但若量化、分权不适度，运行体制不健全，MBO 也会削弱公共管理效率。

(4)零基预算模式

零基预算模式(Zero-Base Budgeting，ZBB)是指根据公共活动的目的及公共资源约束，对预算中的每个支出项目以零为起点重新进行评估，并在系统分析的基础上按重要性进行排序，最终做出预算资金分配决策的一种预算管理制度。其基本思想是：在对公共部门或预算单位所负责的所有方案定期进行重新评估并确定其预算取舍的基础上，来确定公共财政资源。② 零基预算模式的出现暗示着长期左右预算理论的渐进主义开始走下坡路。零基预算不按上年度的“渐进增量”来考虑预算，而要求用一个假想的零基(Hypothetical Zero Base)对原有项目进行重新审核。它要求每个机构重新评估所负责的全部项目，并要说明每个项目继续或中断的理由，在要求划分项目优先顺序及项目评估方面，它与 PPB 模式相似。

零基预算模式的要点包括四个方面：①由高层管理者提出基本目标和总原则；②责成下级部门将赋予他们的目标具体化并形成一揽子决策；③对备选方案分别进行排序，确定优先项目，排列的顺序依次为终止、保持最低限度、缩减、维持、扩充；④由高层管理者选定方案。

零基预算模式综合了设计、评估、预算等单一程序，对预算程序与目标进行综合分析，使各级主管人员能清晰地辨认成本—效果比，按决策的绩效高低作为最终决定预算的依据，显著地体现了绩效导向特征。其主要缺陷在于：零基预算不能自动推测出现有程序在未来年份的预算数，所有现存的和经提议的业务活动必须每年重新提供，大大增加了管理部门的工作负担。由于零基预算更注重程序而非内容，其特有的缺陷还表现为决策上高昂的交易成本和苛刻的技术要求。因此，这一方法适合对选择性的支出规划进行审查，其在小范围和特定的情况下才是有效的。

(5)绩效预算管理模式

绩效预算模式(Performance Budgeting)是一种以绩效或结果为导向的预算管理模式。“绩效预算以比较容易确定现存的经济性和效率的方式来安排预算资源，它只根据项目本身的经济性和效率来确定最终的政策方向，根据绩效单位和项目对预算进行分类，其核心

① [美]尼古拉斯·亨利．公共行政与公共事务[M]．项龙，译．北京：华夏出版社，2002：214．

② 卢洪友．政府预算学[M]．武汉：武汉大学出版社，2005：49-50．

是结果及与结果相联系的资源(投入)。”①20 世纪 40 年代末，美国政府成立胡佛委员会，这一委员会对在联邦政府范围内实施绩效预算改革的前景进行了系统评价与展望，绩效预算在美国全面推开。

1993 年美国《政府绩效与成果法案》的颁布实施以及那一年稍后出版的《国家绩效评论》结束了绩效预算的“流放”生涯，使其再次冲上了预算改革的前沿阵地。② 其改革大致经历了三个阶段：一是 1993 年《政府绩效与成果法案》的出台，提出了新绩效预算改革的基本理念与思路；二是 2001 年的总统行动议程，形成了新绩效预算改革的战略实施框架；三是 2002 年绩效评级工具(PART)在联邦层面的实施，建构了新绩效预算改革的微观基础。新绩效预算汲取了以往预算改革中一些有价值的成分，包含了早期绩效预算的绩效测量、计划项目预算的功能分类、目标管理预算的目标协商、零基预算的目标排序等。它的总体思路是，与政府绩效相关的是社会目标与结果，而不是机构的直接产出或活动，并根据其结果对机构进行考核，应关注这些结果到底是如何实现的。

一个完善的绩效预算体系应该至少包括八个方面的内容：①使用工作计划和活动。②设置工作评估标准并运用绩效的标准。③改进管理报告，使之包括绩效报告，并沿着直线职能结构建立层层递进的数据报告系统。④设立并维持适用的或者合乎需要的会计方法。⑤提供一个综合而连续的管理分析、评估及改进的系统，这个系统要包括一个内部审计系统。⑥通过把支出分为当前的运营支出和资本支出，提出、论证并批准支出。⑦被管理的计划和活动，修正拨款结构。⑧在同一政策上，上述因素要达到一致。绩效预算系统评价如表 9-2 所示。

表 9-2　绩效预算系统评价③

评价绩效预算系统标准	
所有应与主要的国家政策相一致的因素	有仔细定义花费的、确定的、很好的工作计划和活动吗?
	运用一个工作计量系统和绩效标准吗?
	实用基础上的报告包括在管理报告之内吗?
	记录是根据所完成的功能性活动制作的吗?
	有在适当时候使用的成本会计和应计制会计方法吗?
	有对包括内部审计员系统在内的连续管理分析和改进的规定吗?
	支出被合理分类了吗?
	有根据要完成的项目和活动制定的拨款结构吗?

① LYNCH T D. Public Budgeting in America[M]. Englewood Cliffs: Prentice Hall, Inc, 1979: 276.

② 戴璐. 美国绩效预算管理及其启示[J]. 财会月刊, 2007(2).

③ [美]凯瑟琳·塞克勒-哈德林. 政府的绩效预算[M]//阿尔伯特·C. 海迪, 等. 公共预算经典(第二卷)——现代预算之路. 苟燕楠, 董静, 译. 上海: 上海财经大学出版社, 2006: 590.

目前，绩效预算已成为西方国家主要的政府预算管理模式。各国进行绩效预算的做法各有特色，总体来看，绩效预算主要可分为五个管理阶段：①公布绩效报告，系统地向公众发布有关政府服务的信息；②明确绩效目标，目的是要影响政府活动；③将绩效报告提交审计师审核；④预算机构与支出管理机构或某个机构与其管理者之间订立绩效合同，详细规定机构在可使用资源的条件下应取得的绩效；⑤编制绩效预算，一方面列出支出，另一方面列出与此投入相应的预期绩效，绩效预算体现了绩效合同的内容。

2. 发达国家预算管理改革趋势

20世纪90年代以来，政府预算管理改革突飞猛进，预算管理理念不断更新，预算管理方式方法更加多元化。总的来看，政府预算改革呈现出五大趋势：结果导向的预算管理、富于灵活性的预算管理、有使命感的预算管理、中长期的预算管理和公民参与的预算管理。

(1)结果导向的预算管理

20世纪90年代中期起，美国的绩效预算改革推动世界主要国家出现了向"结果导向预算"转变的浪潮。结果导向预算更关注支出结果的质量，进一步强化了公共产品和服务的消费者是顾客的观念，把公众的回应性引入绩效测量和评估中。同时，在对预算主体的要求上，要求预算官员同时也是非常优秀的公共事务管理者。在信息要求上，不止要求支出结果的有关信息，而且要求支出机构活动的相关信息，实行更为全面的透明度规则。结果导向型的预算管理还暗含着一种新的预算方式，即由于公共支出最终要以"顾客"的满意程度来衡量，那么，公共产品和服务的生产者或提供者就需要拿出不同的方案供"顾客"选择，预算就不只要反映在什么项目上支出多少，还要反映这样的支出结构或那样的支出结构哪一种最能得到人们认同。

(2)富于灵活性的预算管理

在多数的预算管理模式中，对政府官员或部门进行控制，防止他们哪怕多花立法机关确定下来的一分钱是主要的目标之一。但通常的情况是，每个项目如果在财政年度结束时还有没花完的钱，那么，第二年执行项目的官员将失去这些节省下来的钱，而且第二年批准下来的预算资金将比上年减少。这种制度实际上导致了对节约行为的逆向激励，预算执行者往往尽力花光"法定"的每一分钱，不管项目是否已经完成且不再需要新的投入。富于灵活性的预算管理就是要增加预算的灵活性，形成鼓励节约的正激励机制。如美国加利福尼亚州的费尔菲尔德市为了有效控制支出，实行了一项新的预算制度：取消明细分类项目，实行资金总额预算，允许各部门保留其没有花掉的预算经费。明细分类项目的作用只是帮助管理者核算，而不是用来控制支出。市议会也不再审查明细分类项目支出，或对这些支出进行表决。如果市议会希望有一项重大的新举措，它会追加资金。这项制度取得了令人惊叹的效果，1991年该市各部门的支出比其得到的拨款少610万美元。费尔菲尔德市还用历年节省下来的资金建立了对支付经济衰退的非专项的储备金和政府内部服务贷款基金。费尔菲尔德市的预算模式此后为不少政府采纳。[①] 20世纪80年代以后，澳大利亚、瑞典、加拿大等国也开始运用“整笔拨款方式”，这种方式即向政府部门整笔拨款，各部门可以自行决定提供服务所需的最佳投入组合。

(3)有使命感的预算管理

公共选择理论揭示出政府机构及其官员是缺乏责任心的，而20世纪末期的新公共管理运动则力求解决行政管理者的责任心等伦理问题，解决办法之一就是实行“责任管理”(Accountable Management)。责任管理的原则来源于私人部门。即公共管理者应为自己的行为及所属机构的行为负责任而不能声称所有的行为应是政治责任而否认他们自己的职责。在责任管理思想指导下，有使命感的预算管理(Mission Budgeting)被推到前台。有使命感的预算管理授权各个机构去实现自己的使命，而不要受过去支出范围的束缚，由此产生了新的激励动力，“把钱花掉，不然就丧失掉”的想法让位于“把钱剩下来，进行投资”。有使命感的预算管理对于控制支出具有突出的优势，它激励每个政府雇员努力节约资金，自发地去储备资金和人力，并且创造了可以预计的环境，进而简化了预算程序，节省了预算成本。

(4)中长期的预算管理

自20世纪60年代计划项目预算模式得到推广后，将公共预算的长期目标与近期目标结合起来的努力就一直没有中断，中长期的预算管理作为公共部门战略管理的一部分，逐渐成为公共预算管理的趋势之一。相对于传统的一年制预算，世界银行(1998)把这种跨年度的预算规划成为“中期支出框架”(Medium-Term Expenditure Framework，MTEF)，它的目标“一是通过建立一个连贯和现实的资源框架，增进宏观经济平衡；二是按照部门间和部门内的战略优先权来改进资源配置；三是增加政策与资金的可预见性来使各部门能提前规划并使项目得以延续；四是为下属机构提供一个硬预算约束和不断增加的自主权，以为资金的有效利用不断提供激励”。目前，不仅美国，包括OECD多数国家在内的政府都建立了中期支出框架，预算规划甚至与10年期的资源配置预算联系在一起。

(5)公民参与的预算管理

在推广运用绩效管理的努力中，人们慢慢意识到“评估墙”的问题，政府为了更为准确地评估绩效，不得不花费大量的精力来组织和分析绩效信息。但是即使有了这些经过长期跟踪得来的信息，也不能保证政府官员或议员会在决策过程中对这些信息给予充分关注并使用这些信息，也就是说评估信息对预算决策的影响是有限的。于是，公共预算管理改革开始转向如何使更多的社会公众成为预算决策主体，而不是由公众事后来评判“别人”所制定的政策。公民参与式预算已在多个国家得到运用。公民参与预算的最大特点是公民直接而非间接通过其代表参与预算决策，公民可以部分甚至全部决定公共资金的分配优先顺

---

① [美]戴维·奥斯本，特德·盖布勒．改革政府：企业精神如何改革着公营部门[M]．东方编译所，译．上海：上海译文出版社，1996：100-102.

序。在美国，公民参与预算主要通过公众听证、公民问卷、焦点小组、社区会议、政府咨询顾问委员会、公民陪审团等途径来实现。公民参与预算提高了公共预算安排的针对性，增进了公民对政府及制度的信任感。随着协商民主理论的流行，公民参与的预算管理越来越受到各国的重视。

9.3 政府间财政关系

政府间财政关系主要是探讨府际关系如何促进资源配置效率。政府部门如何有效提供公共产品，以解决市场失灵，是财政学关注的重点主题。有效提供公共产品需要解决三个问题：显示问题、公共选择问题和公共产品的供给问题。由于机会主义倾向、投票悖论和搭便车等一系列问题的存在，公共产品的有效供给并不容易实现。为此，作为财政主体的政府如何通过府际间的协调合作来共同促进最优公共产品供给，是一个理论问题的同时，也具有很强的现实意义。

9.3.1 政府间财政关系的理论基础

政府间财政关系有关理论的起源是公共产品理论和财政分权理论。公共产品理论研究如何实现最优公共产品供给问题，财政分权理论则讨论政府职能如何在不同层级政府间划分才能更有效率。各级政府在提供其地域范围内公共产品的过程中，必然存在事权与财权、收入与支出怎么划分，各级政府的财政利益如何得以保障，各级政府存在非均衡时如何协调的问题。通过对政府间财政关系理论的梳理，可以更清楚地看到现代国家财政体系得以建立的内在逻辑。

1. 公共产品理论

公共产品理论是现代财政学的基本理论之一，其核心是如何能够实现最优公共产品供给。霍布斯在其名著《利维坦》一书中首先从哲学和政治学的角度提出了公共产品这一思想，随后，威廉·配第、休谟、亚当·斯密等人对公共产品进行了研究，瓦格纳第一个明确提出了公共产品的概念。萨缪尔森在1954年对公共产品的概念做出了其后广为接受的表述，并建立了分析公共产品的萨缪尔森模型。由于公共产品的非排他性和非竞争性的性质，自由市场经济无法实现公共产品的有效供给，只有通过税收“收入—支出”机制才能形成有效供给。最终，公共产品理论由萨缪尔森、马斯格雷夫和维克里(Vickrey)完成，并形成了维克塞尔—林达尔—马斯格雷夫—维克里公共产品理论体系，该体系为财政联邦主义的发展奠定了基础。

公共产品具有效用的不可分性、消费的非竞争性和收益的非排他性，而且存在着区域性，所以，由政府提供公共产品符合经济效率的要求。从消费空间看，公共产品可以分为全国性公共产品、地方性公共产品和准地区性公共产品。全国性公共产品指消费者不分区域范围的公共产品，它可以使全国公民共同受益，如国防、外交、中央政府劳务等。地方性公共物品指那些消费区域受限的公共物品，这类公共物品一般情况下是为地方居民需求服务的，超越一定空间范围会大大减少效用，即便人们主观上希望扩大物品的适用范围，由于受各种条件的限制，也不会流动到其他区域中，这类产品包括城市基建、公园等。准地区性公共产品在空间上分布不均等，其效用往往外溢出某一特定区域，如跨区域的基础设施、高等教育等。公共产品的层次性要求实行分级财政，以确保公共产品的有效提供。

公共产品的供给是需要费用的，消费者使用公共产品需要支付一定的价格，这就是税收。瑞典经济学家林达尔对公共产品成本分摊问题进行了研究，他认为：①税收水平的确定与人们享受公共产品的意愿相联系，但往往没有人愿意如实表达自己的受益程度和愿意分担成本，个人组成的社会也无法对每个人的偏好及其真实经济状况做出判断，税收水平实际上是政府和纳税人互相讨价还价的结果。②由于搭便车现象的存在使公共产品的供给始终低于所需水平，为解决公共产品的有效供给问题，最好的办法是准确揭示人们的社会偏好，让纳税人充分表达自己的意愿和要求。

美国经济学家特里西认为，政府在提供公共产品的过程中会出现“偏好误识”，即政府对居民偏好的认识存在不确定性。距离与传递信息的真实性存在某种反比关系，即距离越远，信息失真的可能性越大。相比较而言，中央政府离公众的距离更远，地方政府在信息获取方面比中央政府的不确定性更小一些，所以在公共产品和居民偏好的关系上，地方政府更具有优势，因而从理论上看，地方分税自治是合理的。庇古从解决外部性问题的角度对公共产品进行了研究，他提出：公共产品存在外部性，即当某个地方政府提供的地方性公共产品的受益范围超出了本辖区，使其他地区不需承担任何成本而免费享受这种公共产品，如水源地的保育对下游地区的积极影响。庇古提出在某种经济活动存在正外部性时，提供外部性的经济单位应该获得一笔等于其所创造的外部受益的补助金。这一观点成为分税制下建立转移支付的理论依据之一。①

对公共产品做出地域划分，可以让我们全面认识公共物品在不同空间范围的政治、经济、文化意义，准确把握公共物品与各级政府、公共物品与私人资本的关系，从而进一步理解公共物品有效提供路径选择。

公共产品的提供受地理因素和行政区划的限制。全国性公共产品使全民受益，由中央政府提供能确保提供效率。第一，全国性公共产品具有很强的正外部性，受益范围往往超出某一具体区域，特定地方的政府往往激励不足，即使勉强提供，大多数情况下也会造成社会效率损失。第二，某些公共产品只有在全国范围内提供，其效果才能实现最优，如社

---

① 李奕宏. 政府预算管理体制改革研究[D]. 北京：中国财政部财政科学研究所，2012.

会保障[①]。同理，地方性公共产品的受益范围限于特定区域，由地方政府提供最为合适。若由中央集中提供，则“一刀切”的做法会忽视地方社会公众偏好，也会导致一些地区过度供给而浪费，而另一些地区供给不足，无法实现配置效率。地方政府提供诸如消防安全、垃圾清理、路灯照明等公共产品，能更好地满足当地居民的实际需求，从而优化资源配置。地方政府也可根据这些成本而有效地课征相应税收，实现收支良性循环。

2. 财政分权理论

财政分权是指中央政府给予地方政府一定的财政收支权力，允许地方政府独立决定自己的预算收支规模和结构。财政分权的理论肇始于美国经济学家蒂布特(Tiebout)于1956年发表的《地方支出的纯理论》一文。经历了半个多世纪的发展，财政分权理论根据不同的研究重心大致可分为第一代财政分权理论和第二代财政分权理论两个阶段。

(1)第一代财政分权理论(FGFD)

传统财政分权理论以新古典经济学为分析框架，主要研究中央政府和地方政府的职能分配、财权事权划分等问题，代表人物有蒂布特、奥茨(Oates)、马斯格雷夫等。鉴于三人的先驱性贡献，FGFD也称为TOM模型。[②] TOM模型的贡献在于，将主流公共产品理论中对全国性公共产品研究扩展到对地方性公共产品的分析，并系统论证了中央与地方之间的职能分工及公共品融资问题。

蒂布特发展的模型最初旨在解决公共部门信号显示问题。他构建了一个地方公共物品供给模型，使得居民能够以选择居住地的方式来表达自己对该地区公共物品和公共服务的偏好，以此来实现各地区之间公共物品供给和资源配置的帕累托最优。他假定居民(投票者)有自发选择适合自己的公共物品的能力，可以在不同地区之间的自由迁移，这一“用脚投票”提供了保证居民的真实偏好和地方政府公共收支模式达到最优匹配的机制，并以此机制来刺激各地方政府相互竞争以提供满足居民需求的公共物品。这一模型从公共物品的需求显示角度说明了财政分权的有效性。

奥茨讨论了分权的成本与收益，并提出了分权定理。一方面，在分权供给公共物品时，地方政府很难协调跨地区之间存在的外溢性，也无法获得集中供给的规模经济效应。另一方面，集中供给公共物品的困难在于，中央政府无法对地区在公共物品类型和质量上的差异化偏好做出调整。分权定理认为，对于某种公共产品来说，如果对其消费涉及全部地域的所有人口的子集，并且关于该物品的单位供给成本对中央政府和地方政府都相同，则地方政府能够向各自的选民提供满足帕累托效率的产出量，而中央政府却不行。分权定

---

① 社会保障不仅保障人民的基本生活需要，而且能够促进资源要素在全社会范围内合理流动。若通过特定地区的收入再分配，来对低收入者提供社会保障支出，则低收入者多的地区的负担显然会重于低收入者少的地区。该地区只有提高本地税负水平或者降低本地社会保障水平，才能保证社会保障制度正常运行，结果将会导致人口和资源的逆向流动，不利于低收入地区经济社会发展，违背了社会保障政策的经济目标。

② 杨之刚，等. 财政分权理论与基层公共财政改革[M]. 北京：经济科学出版社，2006：33-35.

理也可以表述为：由于各个辖区居民偏好不同，由分级的地方政府来提供本辖区的产品比中央政府统一提供更能增进社会福利。

马斯格雷夫提出公共部门活动的三个领域包括资源配置、收入分配与稳定，并提出了税收在政府间进行分配的原则。他指出，财政分权的核心在于如下命题：有关资源配置职能的政策，允许各州之间不同，这取决于各州居民的偏好；而收入分配职能和稳定职能的目标实现，主要是中央政府的职责。他根据税收的公平与效率原则，可通过分税制来实现财政分权：具有收入再分配性质、促进经济稳定、税基分布不均和流动性大、税负容易转嫁的属于中央政府税收；以居住地为依据课征的，如对消费品的销售或国内产品所课征的税收属于州政府的税收；税基分布均匀和流动性小、税负不容易转嫁的税收应划归地方政府课征；受益税及使用费则对各级政府都是适用的。关于各国政府如何对国际性的公共支出进行合理分配的问题，如国际间合作性的公共项目所涉及的费用分摊问题，可根据得益多少直接运用某些模型来解决。

第一代财政分权理论的财政分权是一种立宪的、公共的、民主的财政观，都坚持社会福利最大化目标假设下的政府竞争，核心与前提是政府事权的划分，通过匹配融资权力，达到事权与财权的统一。①

(2)第二代财政分权理论(SGFD)

20世纪80年代以来，财政分权成为伴随着世界各国经济发展的普遍现象，尤其是中国和东欧等经济转型国家都实现了不同程度的财政分权。在此背景下，形成了第二代财政分权理论，也就是主要以蒙蒂诺拉(Montinola)、钱颖一、温加斯特(Weingast)、麦金农(McKinnon)、内希巴(Nachyba)等学者主张的"市场维护型财政联邦主义"(Market Preserving Federalism)。市场维护型联邦主义包括五个制度方面的内容：①存在一个政府内的层级体系，例如，在中央政府之下还有一个地方政府；②在中央政府和地方政府之间存在一种权力划分，从而任何一级政府都不拥有绝对的制定政策法规的垄断权，同时又在自己的权力范围内享有充分的自主权；③制度化的地方自主权对中央的任意权力造成强有力的制约，使得中央与地方的权力分配具有可信的持久性；④地方政府在其他地域范围内对地方经济事务负有主要责任，同时，一个统一的全国市场使得商品要素可以跨地区自由流动；⑤各级政府都要面对硬预算约束。

市场维护型财政联邦主义反对传统理论的大公无私政府假设，也不赞成公共选择理论的理性经济人假设。政府并不是超脱一切的，也有自己的物质利益考虑，各级政府不是一个利益一致的整体，而是一个委托代理组织，有必要对政府的经济与政治加以激励和制约。财政分税制、硬预算约束和对政府的限制三种力量相互作用，促使各级政府之间以及政府与企业、社会公民等纳税人之间，形成收益共享、风险共担的关系，相应的激励约束

---

① 冯淑萍. 完善财税制度 推进科学发展——有利于科学发展的财税制度若干重大问题研究上册[M]. 北京：中国财政经济出版社，2012：275-276.

机制也得以建立。首先，通过分税制实现地方财政收入与支出的相互挂钩，激励地方政府更加积极地发展本地经济，以获取更多税收收益。其次，硬预算约束意味着地方政府有可能破产，地方公共品融资可能会面临极大困难，从而激励地方政府改善地方财政状况以寻求出路，走出困境。最后，通过限制政府行为，削弱寻租和政治保护，将对经济活动的干预降到最低程度，可减少对市场活动的扭曲从而提高经济效率。

第一代财政分权理论的研究核心在于分权的必要性，第二代财政分权理论则从激励相容角度来考虑分权制度。市场维护型财政联邦主义提供了市场据以运行的政治基础。它将微观经济学和企业的相关理论引进其分析框架之中，认为其最重要的经济效果是引发了辖区间的竞争，即由此而形成的一系列对地方政府的经济和政治激励机制。地方政府对经济事务的决策权的扩大，地方分权如何为市场经济发展提供有力的制度性基础，被市场维护型财政联邦主义视为诸多经济体转型成功的制度性因素。

9.3.2　中央政府与地方政府间的财政关系

中央政府和地方政府间财政关系和核心内容是如何在各层级政府中有效合理地分配职责和财政资源，这在每一个国家都是一件重大而又复杂的课题，而且政府层级越多，职责和资源的分配就越复杂。本节主要阐述分税制这一财政体制安排及其分类，联系我国分税制改革的路径探讨我国财政分权与财政体制的演变。

1. 分税制财政体制

根据上述分析，当今世界市场经济国家通行的财政体制是分税制财政，这是根据市场经济的原则和公共财政理论确立的一种分级财政管理制度，它是在划分事权的基础上，按照税种划分中央和地方财政收入，合理确定中央与地方的财权与财力，并且使预算管理上的责、权、利划分科学化、规范化，从而正确处理各级政府间财政分配关系的一种财政管理体制。

分税制包括四个方面的基本含义：①合理划分中央和地方事权，按照划定的事权，合理确定各级政府的预算支出范围；②按照事权与财权相结合的原则，将税种在中央和地方政府之间进行归属划分；③分别建立中央和地方的税收体系，相应地设置中央和地方两套税务机构，各自负责其税收；④科学确定地方收支数额，实行比较规范的中央对地方的转移支付制度。世界各国实行的分税制具体做法不尽相同，与各国的国情和政体紧密联系。从总体上看，世界各国的分税制大体可分为三种类型。

联邦式分税制。实行这种分税制的国家主要有美国、德国、加拿大等。该模式的主要特征是：①三级政府共享全国主体税种，联邦收入以直接税为主；②税收管理权限相对分散，三级政府都有征税权；③各级政府在分税的同时建立了相应的自上而下的纵向财政调整制度。

集权式分税制。实行这种分税制的国家一般为单一制国家，包括英国、法国、意大利等。该模式的主要特征是：①税源划分清晰，税种及收入高度集中于中央；②税收立法权限统一于中央，地方没有立法自主权，地方在中央立法范围内只能对属于本级政府的税种享有征收及适当的税率调整权、税收减免权；③实行以一般性补助为主要内容和特征的纵向财政平衡机制。在集权式分税制下，中央给地方以大量的财政补助。

混合式分税制。实行这种分税制的国家主要是日本、澳大利亚等国。这些国家的财权主要集中于中央，事权则大部分分散于地方，其主要特征有：①法律规定各级政府的税种，中央政府征多用少，中央控制着全国的关键性税种；②税收立法征收权集中，管理使用权分散；③建立了以中央一般性补助和专项补助并重为基本形式的自上而下大幅度财政平衡机制。

2. 我国财政体制演变[①]

中华人民共和国成立以来，我国的财政体制变革大概经历了三个阶段：第一阶段为1978年改革开放之前，主要实行统收统支的财政集中体制；第二阶段为从1978年到1993年，中央政府逐步放权，实行分成和财政包干体制；第三阶段为1994年实行分税制改革之后。

1980年，我国开始了财政领域的分权改革，实行了被称为“分灶吃饭”的财政收入分成体制(也称财政承包制)。这时期的财政分权是一种行政性的分权，把传统体制下高度集中的行政体制转变为地方拥有相当自主权的行政体制。财政分配使原来的所谓“条条”为主变成了“块块”为主。财政收入被划分为“中央固定收入”和“地方收入”两部分，中央收入全部上交中央，用于分成的只是地方收入这一部分。1988—1993年，共使用了六种基分成类型。一些省财政收入的增长部分100%自留，极大地调动了地方财政创收和发展地方经济的积极性。这一分成原则也适用于省级政府与它的下级政府的收入关系。这调动了地方政府发展地方经济和建设地方税基的积极性、乡镇企业得到快速发展。与此同时，财政收入占GDP比重以及中央财政占总财政的比例开始逐渐下降，地方政府及其行业主管部门的所谓“预算外收入”则有所扩大。预算外收入占GNP比重由1978年的9%提高到1991年的15%。[②]

1994年开始了分税制改革，这一阶段主要是经济性分权阶段，主要是在中央和以省为代表的地方之间，构建好分税制的框架。分税制改革的一个主要目的是逐步提高税收收入占国民收入的比重和中央财政收入占全国财政收入的比重。分税制改革的主要内容之一就是把税收划分为中央税、地方税和共享税。通过按税种划分并由国税局和地税局分开征收，以及清理预算外收入等措施，地方政府的预算约束得到了显著强化。1994年推行分税制改革以来，税收收入大幅度向上集中，改变收入分享规则并增加转移支付力度，但却没有调整支出责任(事权)。这种财权与事权不同步的改革引起了较大的纵向财政不平衡，省级以下财政困难更加突出。省级行政单位也开始有明显的税收集权行为，我国政府间财政体系中存在的一个重要问题是，在省以下不同级别的政府间缺少一个清晰的责任安排制

① 冯淑萍．完善财税制度　推进科学发展——有利于科学发展的财税制度若干重大问题研究．上册[M]．北京：中国财政经济出版社，2012：285-287．

② QIAN Y Y，WEINGAST B R。ederalism as a Commitment to Preserving Market Incentives[J]. ⊙orking Papers，1997，11(4)：83-92．

度。省级政府的反应就是从下级政府税收收入中攫取更大的份额，并且同时委派更多的财政支出责任给他们。收入集权再通过转移支付的方式，被认为是胡萝卜加大棒的手段以加强对地方政府的控制。这也是为什么中央拥有越来越多的财政资源，却没有增加一般性的均等化的转移支付，而只是显著地增加了专项转移支付。

我国财政体制变革的最大特色就是行政色彩浓重。公共财政理论从一开始最大的难题就是政府提供的公共产品由于需求的偏好难以通过市场来表达，因此，必须通过“良好”的政府来完成，公共选择理论提供了偏好表达的一些方式。我国政府一直是在放弃布坎南的理论前提下按照其定义来提供“公共产品”，即只要是由集体来提供的产品就可谓之公共产品。在这种思维模式下，支出责任(事权)从一开始就是模糊的。居民的公共产品偏好没有表达途径，政府提供公共产品的决策方式就是行政的。浓重的行政色彩还体现在收支划分上面。20 世纪 80 年代实行的“分灶吃饭”，频繁的财政体制调整使得中央与地方财政分配关系缺乏稳定性。

9.3.3　地方政府间的财政关系

政府间财政关系有竞争与协调等多种形式。政府间的财政协调有利于地区外溢效应，如区域环境保护、跨区公共基础设施建设问题的解决，但我们认为，在市场化环境和财政分权体制下，政府是竞争性的，竞争性是政府的内在属性。本部分主要讨论地方政府间的财政竞争关系。

1. 财政竞争理论

财政竞争理论最初是与财政分权理论一起发展起来的。在分权化的财政体制内，各级政府都是理性的利益主体，GDP 最大化、财政收入最大化、公共服务均等化和经济社会发展等是各级政府的具体行为目标。政府官员为了在与现实或潜在政治精英的竞争中取胜，获得升迁、名誉等效用，必须创造优秀的政绩，即获得足够的财力来履行公共职能并实现经济社会又好又快发展。由于现实中资源总是稀缺的，各级政府在实现利益最大化的过程中，常常出现非均衡状态，各级政府之间不可避免地会产生财政竞争。为了保持政权稳定，必须大力发展经济，尽力提供高质量和均等化的公共产品或服务，以化解财政危机，求得长治久安。所以，各级政府必须采取各种竞争手段来获得稀缺要素，确保在竞争中立于不败之地。

政府间财政竞争有财政支出竞争、财政收入竞争和招商引资竞争三种方式。财政支出竞争就是要改善当地公共支出，提高公共服务水平；财政收入竞争旨在争取更多的财政资源，获得更多的财政收入；招商引资竞争则是为了吸引更多资本，发展地方经济。这三种财政竞争方式没有本质上的区别，只是竞争目标不同。总之，财政竞争就是如何通过提供更具吸引力的“公共产品—税收”组合，吸引流动要素、发展经济，使政府获得更多的财政收入，更好地满足本地的公共需要。

政府间财政竞争可能发生在同一层级政府之间，也可能是在上下级政府间展开。在实行分级财政的国家中，中央与地方政府之间事权与财权的配置，地方政府间争取资源的努力都通过财政竞争予以实现，财政竞争已成为政府间财政关系的调节手段。财政分权明确了中央与地方各级政府间的职能分工，并且导致了政府间的财政竞争；反之，财政竞争也可导致财政进一步分权。

2. 地方财政竞争

我国从20世纪90年代中后期的分税制改革以后，各地的财政竞争在税收竞争基础上，又力图通过提供优质的公共产品和公共服务来吸引外来资源，扩大税基，从而使地方财政竞争逐步从单纯的税收竞争转向税收竞争和支出竞争并存的阶段，并且在发达地区，财政支出竞争的作用愈加凸显。与此同时，我国地方政府竞争的范围和重点在不断变化。我国的经济体制改革实质上是对政府、市场和企业关系的重新调整过程，改革的一个大方向是政府逐渐退出竞争领域，大量缩小提供私人产品范围，着力改善公共品的供给。正是因为政府提供的产品范围的不断变化决定了地方政府竞争内容的不断变化，由以往的兼顾私人产品和公共产品领域到主要是在公共产品领域(如制度供给，基础设施建设等)开展竞争。

地方财政竞争促进了地方公共服务的供给，地方政府的税收竞争却抑制了地方公共服务的供给。这种关系也存在地区和经济发展差异，在经济发达的东部地区，财政竞争对公共服务供给水平有负的效应，而在经济不发达的中部地区和西部地区，财政竞争对公共服务供给水平有正的效应。① 地方政府间的财政竞争为中国经济持续高速增长和公共服务水平的提高发挥了积极作用，与此同时，缺乏秩序和约束的竞争也给中国经济的可持续发展带来了巨大成本。②

以地方政府公共支出项目为例，我国多地存在着公共基础设施的重复性建设。例如，在机场建设方面，珠三角地区共拥有5家机场：深圳机场、珠海机场、广州机场、香港机场和澳门机场，各机场间的距离还不足200千米，且都靠近香港，五大机场同属于一个市场却各自为政，一味竞争客源，导致各家机场利用率很低，其中投资巨大的珠海机场客流量不及设计能力的5%，最后不得不将其65%的股份转让给香港机场管理局。在港口建设方面，珠三角、长三角和环渤海地区都制定了庞大的港口扩建计划。但在货源增幅平缓的情况下，超前建设港口，争做“海运枢纽”，许多港口为争夺货源，又开始展开价格战，在货源增幅不大的情况下，许多港口入不敷出，吞吐能力远远超过实际需求，导致了地方竞争加剧和资源的闲置。

9.4 预算过程的政治学③

① 邹蓉. 地方政府财政竞争与公共服务供给：1999—2011[J]. 湖南社会科学，2013(3).

② 李永友. 转移支付与地方政府间财政竞争[J]. 中国社会科学，2015(10).

③ 黄新华. 预算政治学研究进展与前瞻[J]. 学海，2014(6).

作为政府筹集、分配和管理财政资金的重要工具，公共预算不是一个简单的技术问题，而是关乎国家治理的重大政治问题。但是长期以来，对预算问题的研究主要是经济学家的事情。1964年，阿伦·威尔达夫斯《预算过程中的政治学》一书的出版，标志着预算政治学研究的开端。以此书的发表为标志，美国公共预算研究进入了理论建构的时期，公共预算研究越来越成为政治学和公共行政学中一个十分重要的研究领域。随后的几十年间，在阿伦·威尔达夫斯基、艾伦·鲁宾、艾伦·希克、罗伯特·李、罗纳德·约翰逊、内奥米·凯顿、玛格利特·利瓦伊等众多学者的努力下，作为"政治与经济领域中极为复杂的一个分支",① 预算政治学研究取得了长足的进展。

9.4.1　预算政治学的含义

基于对公共预算政治本质的认识，预算政治学认为，公共预算的实质在于通过政治程序配置稀缺资源，在通常情况下，预算行动者们都会利用预算过程来获得更多的资源，并进而巩固或扩大其政治上的支持度与影响力。因此，公共预算是国家政治的主题，它包括如何在公共部门和私人部门之间分配社会经济和财富资源，以及如何在竞争的公共部门需求之间分配这些资源。不管有意或者无意，在不同机构、不同活动或不同成果之间分配资源揭示了资源分配者的偏好。但是"在制定最终决策，决定如何分配资源时，使用政治的方法有时会使各种有关价值判断、实际情况以及可能变化的情况的信息产生混乱，并且常常产生冲突。"②在厘清公共预算中政治的含义后，预算政治学提出了一系列不同于预算经济学的理论观点，这些观点试图从政治学的视角重新解释预算的本质与功能。

1. 预算是承诺交易的政治合同

从形式上看，公共预算是以货币形式表现的政府活动，是关于将金融资源转变为人们目的的过程，所以预算可以被看作附有价格标签的一系列目标，由于资金有限且必须用于不同的用途上，所以预算必须在不同支出之间进行选择，公共预算因此反映和规定着一定时期内政府活动的范围、方向和重点，当这些选择相互关联以达到理想目标时，预算可以被称为承诺交易的政治合同，"合同是政策与选票的交易承诺。"③预算合同中的两个关键问题是，为签订可能最有效的合同能做些什么？怎样才能维持合同？因为作为承诺交易的手段，合同约束的是交易各方未来的行动，所以会出现不确定性和风险问题。立法机构承诺在指定条件下提供资金，行政机构则按既定用途支出资金。合同是否得到执行，合同涉及的各方是否实际上认同合同的主要内容，是一个存疑的问题。因此，预算承诺的可靠性

① [美]罗伯特·D. 李，罗纳德·约翰逊. 公共预算系统[J]. 曹峰，慕玲，等译. 北京：清华大学出版社，2002：25.

② [美]罗伯特·D. 李，罗纳德·约翰逊. 公共预算系统[M]. 曹峰，慕玲，等译. 北京：清华大学出版社，2002：1.

③ [美]阿维纳什·迪克西特. 经济政策的制定：交易成本政治学的视角[M]. 刘元春，译. 北京：中国人民大学出版社，2004：35.

是预算合同的关键，在公共预算中，政治产权的不确定性使得预算合同承诺的可靠性无法保证。但是，从合同执行的程度来看，它的确使合同涉及的各方相互承担义务，并相互控制。“由此看来，预算既是法律关系，又是一种社会关系。”①资源分配过程所涉及的各方面相互之间发生作用，从而形成的错综复杂的关系揭示了预算过程可能产生多种多样的困难，因为人们的需求和偏好不同。无论一个人是偏好条件平等，还是机会平等，或者这两种方式之间进行各种组合以维持社会的稳定，都使人们对公共政策进而对预算政策具有非常不同的观点。

2. 预算权力是最重要的政治权力

预算制度是政治制度的重要组成部分，预算权力是最重要的政治权力，它体现了利益权威分配的政治过程。在政治过程中，预算既为控制权力的需要，也是权力之间博弈的工具。尽管在不同的国家治理结构中预算权力主体各自的地位和作用大相径庭，但其均会从不同的方面对预算的形成及运行产生影响。因此预算过程“总是与权力的行使紧密相连的，预算过程如不与权力概念相联系是难以完全理解的。”②在预算资源的配置过程中，权力通常会被广泛地运用，权力的使用决定预算编制，也决定了资源的优化配置，资源越是稀缺，权力运用的程度也就越大，因此“预算过程中做出的资源配置实际上反映了政治权力的分配。”③因为在预算资源稀缺的条件下，预算过程中的利益冲突会转化为政治冲突，导致预算过程充满权力斗争，预算过程因此是政治权力发挥作用的过程。“预算过程影响着政府的行政与立法机构之间和内部，以及政府与公众(既可以是个人也可以是有组织的利益)之间的权力分配”④。决策者对于权力的使用是影响公共预算资源分配的关键变量。如果预算制度的理性化程度很高，那么预算过程就能在规范的政治程序下运行，能够对政治行为构成制约避免权力滥用。如果预算制度的理性化程度较低，不能对权力的使用进行有效的约束，那么政治权力决定资源的配置往往会导致寻租行为的产生。

3. 预算过程是一个政治交易过程

公共预算不是政府简单的财政收支计划，预算意味着平衡，它需要一定的决策制定过程。考察公共预算过程各利益相关主体之间的博弈和互动影响，不难看出预算是一个政治决定程序，是政治家和公民之间的“交易”过程。“因为公共财政预算有许多不同的行动者，他们有各自不同的目的，所以预算的选择必然导致行动者之间的相互竞争，项目之间以及

---

① [美]阿伦·威尔达夫斯基，内奥米·凯顿．预算过程中的新政治学[M]．邓淑莲，魏陆，译．上海：上海财经大学出版社，2006：2.

② [美]杰克·瑞宾，托马斯·D. 林奇．国家预算与财政管理[M]．丁学东，等译．北京：中国财政经济出版社，1990：73.

③ 邓研华，叶娟丽．公共预算中的政治：对权力与民主的审视[J]．深圳大学学报(人文社会科学版)，2012(2).

④ [美]爱伦·鲁宾．公共预算中的政治：收入与支出，借贷与平衡[M]．叶娟丽，马骏，等译．北京：中国人民大学出版社，2001：88.

受益人之间的相互竞争。有时候，这种竞争的结果是导致非常明显的政治权衡。”[①]预算过程由此往往是不同预算主体之间的政治交易过程。“通过对稀缺资源的分配，预算意味着对潜在支出、交易对象之间的选择。这种交易的基础是存在赢家和输家。”[②]由于交易各方的信息不对称、机会主义和资产专用性，预算过程存在大量交易成本，“最重要的交易成本包括协商合同、度量岁入来源、监控服从、使用代理人或其他中间人、惩罚不服从者以及创造准自愿服从的成本。”[③]道格拉斯·诺斯指出，政治市场的交易成本高于经济领域，因为“政治市场更倾向于无效率。其原因很简单，要衡量政治市场中交换的东西以及最终强制执行协议，实在是太困难了。”[④]但是，如果预算过程的政治交易成本过高，它就是不可行的，因此必须寻找节约交易成本的方法。“节约交易成本具有潜在收益。规则和制度应该而且确实应该为服务于这一目的而发展。”[⑤]如果能够找到节约交易成本的方法，那么预算过程中的所有参与者都可以从政治交易中获利，就像人们能够通过节约生产资料成本而在经济交易中获得共同的收益一样。

4. 预算是国家治理的政治工具

预算是治理的同义词，“如果你不能制定预算，你怎能治理?”[⑥]预算已经成为我们时代的重大问题，“对于公共预算，我们不能仅仅将其理解为是资源配置的技术手段，它更是民主政治下实现诸如组织财政收入、分配选民利益、维护公共财政等一些至关重要的任务的工具。”[⑦]可以说，一个国家治理能力的高低，在很大程度上取决于一个国家的预算能力。因为“所有公共预算的根本问题在于公共部门的适当规模问题”[⑧]，而这一问题涉及对什么是政府应该做的，什么是政府不应该做的，以及什么是政府能做的，什么是政府不能做的等基本政策问题的认识。因此，“实际上，在政治和政策过程中，无论政治家的目标

---

① ［美］爱伦·鲁宾．公共预算中的政治：收入与支出，借贷与平衡[M]．叶娟丽，马骏，等译．北京：中国人民大学出版社，2001：148.

② ［美］阿曼·卡恩，W. 巴特利·希尔德雷思．公共部门预算理论[M]．韦曙林，译．上海：格致出版社，2010.

③ ［美］玛格丽特·利瓦伊．统治与岁入[M]．周华军，译．上海：格致出版社，2010：24.

④ NORTH D C. A Transaction Cost Theory of Politics[J]. Journal of Theoretical Politics 2，1990：355-367.

⑤ ［美］阿维纳什·迪克西特．经济政策的制定：交易成本政治学的视角[M]．刘元春，译．北京：中国人民大学出版社，2004：44.

⑥ ［美］阿伦·威尔达夫斯基，布莱登·斯瓦德洛．预算与治理[M]．苟燕楠，译．上海：上海财经大学出版社，2010：302.

⑦ ［美］埃里克·M. 佩塔斯尼克．美国预算中的信托基金：联邦信托基金和委托代理政治[M]．郭小东，等译．上海：格致出版社，2009：20.

⑧ ［美］罗伯特·D. 李，罗纳德·约翰逊．公共预算系统[M]．曹峰，慕玲，等译．北京：清华大学出版社，2002：25.

是什么，预算过程都是一个政治工具。”①随着卫生保健和社会事业成本的膨胀以及财政赤字的增加，“由于财政赤字引起的严格控制，预算成为治理过程的中心。”②这是因为大多数需要政府做的事情或者需要政府满足的利益都需要资金，但是“相对于欲望来说，资金更稀缺，因此，预算成为分配资源的一种机制。”③在预算资源稀缺的条件下，如何解决问题就变成了预算的关键，并由此带来了对稀缺资源的持久竞争。因此为了提升国家的治理能力，可以将预算改革作为突破口，通过预算改革实现国家治理转型，有效改善社会经济状况，富有人情味地分配成本和收益，并创造一个更加丰裕的未来。

5. 预算改革取决于政治过程的改革

预算政治学认为，“预算决策的制定受制于正式的政治程序，这一政治程序在各种职能和各种关系相互交错的政治框架中发挥着作用。”④因此，预算改革在表面上是技术性的，事实上却没有纯粹技术性的预算改革，所有预算改革都是有政治含义的，也就是要做出“谁得到什么”和“谁应该得到”，甚至“谁应该决定什么值得得到”这样的政治决策。⑤ 作为政治体制的一种表现形式，不改变政治权力的分配格局，而只想在预算编制上进行改革的想法是没有意义的。但是政治改革是非常艰难的，“每个个人和机构都从改革中政治力量如何重新排列的角度评价预算改革。”⑥在谁收益、谁受损的权衡中，能够影响未来的一种彻底的、根本性的政治改革是很难实现的，“任何真正的预算改革都被迫接受决策制定的政治本质。”⑦如果不能改革影响预算决定的政治过程，预算改革很难实现目标。“实际上政治改革决定预算改革，影响预算最有效的方式是进行基本的政治变革。”⑧不改变政治过程，预算过程不可能进行重大变革。“如果最后的结果与以前完全一样，修补预算机制

---

① 邓研华，叶娟丽．公共预算中的政治：对权力与民主的审视[J]．深圳大学学报(人文社会科学版)，2012(2).

② [美]阿曼·卡恩，W. 巴特利·希尔德雷思．公共部门预算理论[M]．韦曙林，译．上海：格致出版社，2010：1.

③ [美]阿伦·威尔达夫斯基．预算：比较理论[M]．苟燕楠，译．上海：上海财经大学出版社，2009：4.

④ [美]阿伦·威尔达夫斯基，内奥米·凯顿．预算过程中的新政治学[M]．邓淑莲，魏陆，译．上海：上海财经大学出版社，2006：392.

⑤ [美]阿伦·威尔达夫斯基，内奥米·凯顿．预算过程中的新政治学[M]．邓淑莲，魏陆，译．上海：上海财经大学出版社，2006：327.

⑥ [美]罗伯特·D. 李，罗纳德·约翰逊．公共预算系统[M]．曹峰，慕玲，等译．北京：清华大学出版社，2002：17.

⑦ [美]罗伯特·D. 李，罗纳德·约翰逊．公共预算系统[M]．曹峰，慕玲，等译．北京：清华大学出版社，2002：19.

⑧ [美]阿伦·威尔达夫斯基，内奥米·凯顿．预算过程中的新政治学[M]．邓淑莲，魏陆，译．上海：上海财经大学出版社，2006：329.

是没有意义的。”①

9.4.2　预算政治学的内容

预算政治学探讨的是发生在预算决策制定中的政治，“在预算决策制定的条件下，政治有着特定的含义。预算决策的制定必须有弹性、适应性和灵活性，这样就导致了含有五个相对独立的决策束的结构：预算收入、预算过程、预算支出、预算平衡和预算执行。每一决策束都呈现出各自的政治特征。”②

1. 预算收入中的政治

税收是预算收入的主体，公共预算将纳税人和决定税收及其支出水平的决策者进行了分离，这种分离导致了收入政治的三个主要特点：第一，当公共官员认为额外的收入必要时，就会以一种能使反对最小化和支持最大化的方式来分配税负，并选择合适的时间，使强大的环境压力看起来都在要求增税。第二，它发展出了一种侧面，一种景象，一种免于征税的保护和减税与例外的政治。第三，小心增税的努力和保护个人、利益集团免于纳税的努力，导致了一个零碎、复杂、非连续和不公正的税收结构，这种结构需要周期性地矫正，导致收入政治具有周期性致力于改革的特征。

2. 预算过程中的政治

预算过程涉及如何做出预算决策，过程中的政治因此主要围绕着个人或团体企图通过重组预算过程以使他们的权力最大化而展开。过程的政治可以分为两大类：宏观变化的政治和微观变化的政治。在第一类中，预算行动者试图重塑该过程以影响他们在方向上支持的政策，在第二类中，行动者谋取权力以影响具有短期效果或者只影响一个部门或利益集团的特定决策。因此预算过程不仅影响权力分配，而且影响政策和开支决策，该过程的内容反映了民主政治的程度。

3. 预算支出中的政治

预算支出涉及将对哪些项目进行资助，以及在什么水平上进行资助，谁将从支出中获益，谁不能从中获益，如何消减预算支出，以及谁的利益将被保护。“由于资金有限且必须用于不同的用途上，所以预算就成为在不同支出之间进行选择的机制。”③因此，关于预算支出的政治归根结底是如何进行政治选择和取舍的问题，处理竞争是支出政治中的关键主题，当各个部门或各个项目为了资源而相互竞争时，他们会想方设法将其项目和政治目标联系起来，预算因此常常是一个困难的、充满冲突的过程，因为“不论预算有多大，永

---

① ［美］阿伦·威尔达夫斯基，内奥米·凯顿．预算过程中的新政治学［M］．邓淑莲，魏陆，译．上海：上海财经大学出版社，2006：329.

② ［美］爱伦·鲁宾．公共预算中的政治：收入与支出，借贷与平衡［M］．叶娟丽，马骏，等译．北京：中国人民大学出版社，2001：34.

③ ［美］阿伦·威尔达夫斯基，内奥米·凯顿．预算过程中的新政治学［M］．邓淑莲，魏陆，译．上海：上海财经大学出版社，2006：2.

远没有足够的钱满足所有的需要。制定预算就是在钱和钱能买到的东西之间斗争。”①随着预算增长并且在政治和经济生活中变得更加重要，冲突的范围扩大了。

4. 预算平衡中的政治

理论上预算平衡所要做的就是增加收入或削减开支，或两者兼而有之。而实际上预算平衡并不围绕着使预算得以平衡的决定而展开，它更多地涉及预算如何和为什么会不平衡，以及一旦预算不平衡，应该如何使之重新获得平衡。预算平衡中的政治涉及是否平衡必须通过增加收入、减少支出或者两者同时来实现，进而反映了关于期望的政府范围的政策选择。因此，涉及预算平衡的许多问题不是直接的分配问题，而是政府的结构和规模问题、税收标准问题，有时甚至是政府形式上的问题。因为平衡取决于是提高税收来维持现有的政府规模，还是削减开支以缩小政府支出规模，因此，“预算的计算过程其实是政治的计算过程——它决定了预算政策和预算结果。”②

5. 预算执行中的政治

预算执行表面上看起来具有很高的技术性，成为政府官员和会计师们的特有领域，缺乏政治内涵。事实上，预算执行也具有政治性，因为它可以调节预算中公共责任的程度，涉及执行和立法之间政策控制的斗争。更为重要的是，因为经济形势的改变以及公众关注问题的焦点转移等原因，执行中的预算案不可能与通过时的预算案是一样的。在预算年度内对预算所做的某种程度的变通与改变，可能是必要的和合乎需要的，但是，预算执行的调整会带来一些潜在的政治问题，因为在预算执行中允许技术性的改变为政策性的变化打开了大门，给予行政部门执行预算的行政裁量权，容易被政治和政策目标所利用，虽然这些政策性的改变通常被仔细地监控着，但是它们一旦发生将会引起冲突。

通过对预算决策制定的每一个环节政治问题的考察，艾伦·鲁宾指出：“公共预算具有高度的政治性。”③从表面上看，公共预算是一个技术性问题，而实际上公共预算是政治过程的中心。“预算——即企图通过政治过程配置稀缺金融资源，以实现各种美好生活——是政治过程的中心。”如果有人问“政府将资源都给了谁”，那么答案就记录在预算中。如果人们将政治看作政府动员解决紧迫问题的过程，那么预算就集中反映了这一努力。“胜与败、妥协与讨价还价、对中央政府在社会中的作用问题上所形成的共识和冲突，所有这些都会反映在预算中。”④

---

① [美]艾伦·希克，联邦预算——政治、政策、过程[M]. 苟燕楠，译. 北京：中国财政经济出版社，2011：2.

② [美]艾伦·希克，联邦预算——政治、政策、过程[M]. 苟燕楠，译. 北京：中国财政经济出版社，2011：51.

③ [美]爱伦·鲁宾. 公共预算中的政治：收入与支出，借贷与平衡[M]. 叶娟丽，马骏，等译. 北京：中国人民大学出版社，2001：329.

④ [美]阿伦·威尔达夫斯基，内奥米·凯顿. 预算过程中的新政治学[M]. 邓淑莲，魏陆，译. 上海：上海财经大学出版社，2006：7.

9.4.3 预算政治学的意义

20 世纪 60 年代以来，在众多学者的努力下，预算政治学研究取得了显著成果。预算政治学的“贡献在于超越了狭隘的预算编制领域，将预算研究转向政治学家关注的焦点问题。对专家而言，预算不仅是技术问题，而且是政治的重要体现。预算就是政治，因为它所研究的基本问题是：社会如何进行组织协调以决定政府和私人活动的相对主导地位以及谁获利、谁损失、谁受益、谁支付。”①因此，预算政治学打破了从技术层面研究公共预算的局限。“如果不理解预算政治，任何对正式预算过程的说明都是不完整的和误导的。”②更进一步说，预算政治学揭示了预算的政治属性，拓宽了预算研究的范围，开启了预算理论研究的一个新途径，从跨学科的角度看，预算政治学研究促进了政治学与经济学的交叉与融合，“有效勾连了公共预算研究的经济、政治取向，平衡了效率与民主的价值诉求”③，为建立更加具有解释力的预算理论奠定了基础，从此“预算理论发展的焦点，是公共组织的性质如何影响资源配置过程，以及资源配置过程的性质又是如何影响公共组织的运作。”④

预算政治学的兴起与发展也为市场经济发达国家 20 世纪六七十年代以来的预算改革奠定了理论基础。“在世界各国政治制度变迁过程中，财政成为政治冲突与博弈的核心，这表明财政、权力、政治三者的不可分割性。”⑤预算政治学强调预算的政治本质，描述了预算决定的政治维度，解释了预算参与者的行为，深化人们对预算过程的理解。“虽然预算系统看上去是一门技术，但实际上它却是政治，是政治和技术的结合，而且技术位于最低层面，政治却处于最高位置。”⑥这种认识促使各国在预算改革过程中谨慎认真地掌控公共预算与政治结构的内在联系，预算改革不再局限于技术层面的变革，而是开始寻求通过政治过程的改革，从制度层面、结构层面以及权力分配层面推进预算改革。在预算理论担当起构建预算知识和改革实践核心角色的同时，公共预算理论也在公共管理、公共政策和政府学教科书中占据着支配地位。

---

① [美]阿伦·威尔达夫斯基，内奥米·凯顿. 预算过程中的新政治学[M]. 邓淑莲，魏陆，译. 上海：上海财经大学出版社，2006：1.

② [美]阿伦·威尔达夫斯基，内奥米·凯顿. 预算过程中的新政治学[M]. 邓淑莲，魏陆，译. 上海：上海财经大学出版社，2006：393.

③ 靳继东. 预算政治学论纲：权力的功能、结构与控制[M]. 北京：中国社会科学出版社，2010：17-18.

④ [美]阿曼·卡恩，W. 巴特利·希尔德雷思，公共部门预算理论[M]. 韦曙林，译. 上海：格致出版社，2010：188.

⑤ 谢庆奎，单继友. 公共预算的本质：政治过程[J]. 天津社会科学，2009(1).

⑥ [美]罗伯特·D. 李，罗纳德·约翰逊. 公共预算系统[M]. 曹峰，慕玲，等译. 北京：清华大学出版社，2002：45.

尽管预算政治学研究存在争议和质疑，但是可以预期，预算政治学的未来会与过去一样精彩，但是在未来的研究中，预算政治学必须在关注预算政治属性的同时，重视预算的技术属性。“由于政治价值观的差异，以及对许多政治问题因果关系认识的普遍缺失，目标与技术的恰当性常常受到怀疑。”[①]只有从政治与技术两个层面对预算问题进行深入研究，才能更好地理解公共预算的复杂性。此外，预算是一个涉及权力、权威、文化、协商一致和冲突的过程，是政治、经济、会计和行政管理的组合。作为政治问题，预算在多元冲突和竞争利益中分配社会稀缺资源；作为经济问题，预算是评估收入再分配、刺激经济增长、促进充分就业、抑制通货膨胀和保持经济问题的工具；作为会计问题，预算提供了政府开支的上限，使其在法律约束的可分配资金范围内活动；作为管理和行政问题，预算详细说明了提供公共服务的途径和方法，确立了其监督、测量和评价标准。因此“预算不仅是政治也不仅是经济问题，而是一个更大的社会问题。”[②]在不同的政治体系中，经济发展、社会需求、权力配置、政治参与等方面的差异，预算结果显著不同，因此，预算政治学必须重视不同政治体制中公共预算的比较研究，解释不同国家预算过程中社会对宏观政治及经济结构的偏好，以及因国家和地区不同而出现的不同，进而探讨影响预算演变和发展的关键因素。因此，挑战预算政治学未来研究的，不仅是继续从政治学和经济学中汲取知识，重要的是必须进一步拓展跨学科研究，因为多种学科的研究“能更充分地说明在预算过程中人类决策、组织行为和证据流动度的复杂性。”[③]按照杰拉西莫斯·加纳基斯(Gerasimos A. Gianakis)和克利福德·麦克丘(Clifford P. McCue)的说法，公共预算理论“研究必须聚焦于广泛定义的预算过程的决定因素上，同时也必须聚焦于政治学意义上的预算产出的决定因素，还有经济学意义上的关于产出的规范标准上”，才能最终发展出一种“适合于公共管理和公共管理者的预算理论。”[④]

---

① [美]阿曼·卡恩，W. 巴特利·希尔德雷思. 公共部门预算理论[M]. 韦曙林，译. 上海：格致出版社，2010：190.

② [美]阿曼·卡恩，W. 巴特利·希尔德雷思. 公共部门预算理论[M]. 韦曙林，译. 上海：格致出版社，2010：45.

③ [美]阿曼·卡恩，W. 巴特利·希尔德雷思. 公共部门预算理论[M]. 韦曙林，译. 上海：格致出版社，2010：141.

④ [美]阿曼·卡恩，W. 巴特利·希尔德雷思. 公共部门预算理论[M]. 韦曙林，译. 上海：格致出版社，2010：185.

第 10 章

面向实践的政府经济学

20 世纪 80 年代以来，由于全球化、信息化与国际竞争加剧，市场失灵与政府失灵日益凸显，面对现实状况，新公共管理运动蓬勃开展，新公共管理运动的兴起引致了世界各国政府治理变革的热潮，影响着各国政府治理变革的实践。近年来，经济全球化、网络信息时代与大数据时代的兴起更是给政府治理带来了诸多的机遇和挑战，现实世界的变化呼唤着新的政府经济理论的产生。面对日新月异的现实世界，建构面向实践的政府经济学是公共管理不能回避的问题。

10.1 新公共管理的兴起与政府治理的变革

新公共管理是 20 世纪 80 年代以来，英国、美国等西方国家在对市场失灵与政府失灵进行纠错的基础上提出的公共行政改革理念和模式，它的实质在于重建政府与市场的关系。那么，市场失灵和政府失灵为什么会导致西方国家提出新公共管理模式？这一模式的主要内容和主导理论是什么？[①] 它对我国政府改革与治理又有何借鉴意义呢？

10.1.1 新公共管理的兴起

市场失灵的存在为政府干预经济提供了充足的理由。用布坎南的话说，“市场可能失

① 黄新华. 新公共管理：面对市场失灵与政府失灵的新选择[J]. 理论与现代化，2001(5).

败的论调广泛地被认为是为政治和政府干预做辩护的证据。"[①]经济学认为，市场失灵的领域，即是需要政府发挥作用的领域。因此市场经济条件下政府必须通过预算开支，担负公共产品的生产和供给的责任；通过制定财政政策、货币政策、产业政策等，对经济加以宏观调控；通过行政、经济、法律等手段使外部效应内在化；通过再分配政策及社会保障制度来解决收入分配不公问题；通过制定法律法规维护市场秩序，保证市场正常运转。[②]

随着各国政府干预的不断深入，政府干预带来的问题也日益凸显。20世纪70年代末80年代初，西方国家出现的"滞胀"现象及其他社会经济问题，表明政府干预也是存在缺陷的，市场解决不好的问题政府也不一定能解决得好，甚至政府的过度干预会给社会经济带来更大的损失。因此"应当认识到既存在着市场失灵，也存在着政府失灵"。[③] 萨缪尔森认为"当政府政策或集体行动所采取的手段不能改善经济效率或道德尚可接受的收入分配时，政府失灵便产生了"。[④]

正是在市场与政府双重失灵的社会背景下，西方各国政府相继走上大规模的公共行政改革之路，以寻求一种高效、高质量、低成本、应变力强、更有健全的责任机制的新的公共行政模式。于是一种新的公共行政管理模式——新公共管理(New Public Management)在20世纪80年代的英、美两国应运而生，并迅速扩展到西方各国，掀起了一场轰轰烈烈的政府治理变革运动。

10.1.2 新公共管理的内涵

20世纪70年代末80年代初，随着知识经济在各国的兴起，信息化浪潮席卷全球，这使得整个社会环境变得更加多样化和复杂化，由此对政府管理提出了新的要求，政府应当优化职能，提供优质高效的公共服务。同时，面对巨大的财政压力和机构膨胀，降低服务成本、提高行政效率成为世界各国政府必须面临的难题。[⑤] 针对政府运行中的低效率与高成本，新公共管理运动从以下几个方面对政府职能进行优化：

①新公共管理强调政府合理划分其决策职能和管理职能。政府的中心工作应该是"掌舵"，而不是"划桨"，向社会提供各种公共服务属于划桨，但其实政府对此并不精通。随着经济全球化、信息化趋势的加强，社会环境瞬息万变，社会需求越来越多元化，政府正面临着巨大的挑战，以往那种公共产品和服务全部由政府提供的局面已经不能适应当今社

① ［美］查尔斯·沃尔夫. 市场或政府：权衡两种不完善的选择［M］. 谢旭，译. 北京：中国发展出版社，1994：132.

② 陈振明. 公共管理学［M］. 北京：中国人民大学出版社，2005：191-193.

③ ［美］约瑟夫·斯蒂格利茨. 政府为什么干预经济［M］. 郑秉文，译. 北京：中国物资出版社，1998：74.

④ ［美］萨缪尔森，诺德豪斯. 经济学：第12版［M］. 高鸿业，译. 北京：中国发展出版社，1992：11.

⑤ 王义. 西方新公共管理概论［M］. 青岛：中国海洋大学出版社，2006：262.

会的发展，新公共管理倡导的政府职能二分法对于政府经济管理具有重大的启示。政府可以用政策吸引竞争者，通过保持最大灵活性来应付变化着的环境，出色地扮演好自己的角色，对政府服务进行委托授权从而放弃不必要的生产职能，减轻政府的负担，使得政府能集中精力在决策事务中发挥主要作用。同时，让公民自主管理自己的事情，既提高了公民的信心和能力，又减少了公民对政府的严重依赖。

②新公共管理强调公共服务市场化，通过政府与社会的合作，利用竞争机制、价格机制、供求机制与约束机制，让市场参与到公共服务的供给过程中，从而使得政府能够以较少的资源和较低的成本提供更多高质量的公共服务。政府改变公共服务因长期垄断，存在质量差、效率低、成本高的局面具有重要意义，因为通过将竞争机制引入政府公共服务领域，实行政府业务合同出租、鼓励私人投资等市场化方式，打破政府独家提供公共服务的垄断地位，提高公共服务的有效供给，既可以产生更好的社会效益与经济效益，也可以减轻政府财政压力。

③新公共管理注重政府管理工作绩效化。绩效管理在一些企业管理中的成功运用，使得政府在进行自身改革时看到了借鉴的必要性。越来越多的政府注重引进一些科学的企业管理方法，如目标管理、绩效评估、成本核算等，通过这些科学的管理方法，加强政府的绩效管理，提高政府的工作效率，这对于改变政府缺乏成本意识，只管投入，不问收益，造成资源浪费的行为具有现实意义。在政府经济管理中应该借鉴企业管理中讲求投入和产出、讲求成本核算的精神，注重产出控制，根据所测量的绩效将资源分配到各个领域，减少资源浪费和资源配置错误的现象，同时提高管理人员的责任感。

④新公共管理强调公共部门人力资源的优化。在一个灵活的、劳动力流动和目标管理已经普遍存在于私营部门的时代，公共部门所实行的陈旧的人事制度已经越来越不能适应新时代的发展要求了。新公共管理中的人事制度变革注重结果，强调灵活性和激励因素，雇用经常采用合同形式，更加灵活的晋升制度和先进的绩效测量将极大提高公务员的工作积极性与效率，这对改革和优化公共部门的人力资源具有参考意义，政府应该大胆借鉴新公共管理倡导的人事改革理念，在公共部门中采用与私营部门更为相似的人事安排，如设置广泛的职位分类和工资等级，实行绩效工资等，通过教育与培训的手段全面提高公共部门人力资源素质，从而达到我国人力资源优化的目标。

⑤新公共管理强调以顾客或服务对象为中心，政府对待公民要像企业对待顾客一样，以满足顾客的需要为重要价值取向。新公共管理改变了传统公共行政的政府与社会的关系，政府不再是高高在上的官僚机构，公民以顾客的身份向政府提出需求，政府的工作绩效要以顾客的满意程度为标准。这对改变传统“以政府为本”的行政模式①，公民处于边缘位置和受支配的地位的政府管理具有革新意义，政府改革可以借鉴新公共管理的做法，把“主体中心主义转化为客体中心主义”，把“以政府为本”转化为“以民为本”，通过建立以公

① 徐增辉．新公共管理视角下的中国行政改革研究[M]．广州：中山大学出版社，2009：162．

众需求为中心的行政管理模式，提高公共服务质量，改善公共机构形象。

10.1.3 新公共管理引致的政府治理变革

新公共管理运动在英美率先开展并波及西方各国，引发了西方政府治理的深刻变革，新公共管理运动引发的政府变革主要有以下内容：

1. 政府职能定位合理化

长期以来，传统的政府管理理念认为政府的主要职能是向社会征税和提供服务。然而，新公共管理的倡导者认为“政府的任务是明确问题的范围和性质，然后把各种资源手段结合起来，让其他人去解决这些问题”，因此，“政府必须进行调整，而且在某些方面应对传统角色重新定义”。[①] 实践证明，政府并不擅长向社会提供服务这项“划桨”的事务，政府应该在制定政策这项“掌舵”事务上有所作为，基于这样的认识，政府应该将政策制定与政策执行的机构相分离。“掌舵的人应该看到一切问题和可能性的全貌，并且能对资源的竞争性需求加以平衡。划桨的人聚精会神于一项使命并且把这件事情做好。”[②]因此，一个有效的政府并不是一个“实干”的政府，不是一个“执行”的政府，而是一个能够“治理”并且善于“治理”的政府。[③]

2. 公共服务市场化

在传统经济学理论中，私人服务应该由市场提供，而公共服务只能由政府提供。然而，20世纪70年代，西方发达国家出现的“滞胀”局面和政府信任危机对传统公共服务供给模式提出严峻挑战。“我们总是考虑由公共领域来干预私有领域，而不是相反。有效的改革，有时可能是把市场过程扩大到‘非市场’或政府领域当中去。”[④]从西方各国的改革实践看，政府公共服务的市场化主要采取以下几种形式：①合同出租。政府将一些公共服务推向市场，向私营部门和非营利部门招标出租，由中标的承包商提供公共服务并收取报酬。政府的责任是确保公共服务的质量和质量标准，并监督承包合同的执行，合同出租业务的领域十分广泛，涉及公共设施维护、消防和救护服务、决策咨询与政策设计、公共组织绩效评估等各方面。[⑤] ②用者付费。现实中存在的大量混合公共服务在消费上是可以分割的，成本可以通过价格机制部分地回收，因此，家庭、企业和其他私营部门在实际消费政府提供的服务时，向政缴纳费用，不消费不付费，多消费多付费。采取用者付费可以避

---

① [美]戴雄·奥斯本，特德·盖布乐. 改革政府——企业精神如何改革着公营部门[M]. 周敦仁，杨国维，寿进文，徐获洲，译. 上海：上海译文出版社，1996：12.

② [美]戴雄·奥斯本，特德·盖布乐. 改革政府——企业精神如何改革着公营部门[M]. 周敦仁，杨国维，寿进文，徐获洲，译. 上海：上海译文出版社，1996：12.

③ 王义. 西方新公共管理概论[M]. 青岛：中国海洋出版社，2006：36.

④ [美]查尔斯·沃尔夫. 市场或政府：权衡两种不完善的选择[M]. 谢旭，译. 北京：中国发展出版社，1994：146.

⑤ 徐增辉. 新公共管理视角下的中国行政改革的研究[M]. 广州：中山大学出版社：64.

免资源浪费，缓解政府财务压力。[1] 如高速公路收费就是典型的用者付费的例子。③补助和凭单。补助制是政府通过给予生产者或服务提供一定的补贴，提高生产者提供服务的积极性，降低特定物品对符合资格的消费者的价格；而与采用补助制补贴生产者不同，凭单制则是补贴消费者，政府通过向有资格消费某种服务的个体发放凭单，将选择权交由消费者，从而引起生产或服务提供者的竞争，提高服务效率与质量。

3. 政府工作管理绩效化

传统的公共行政过于遵循既有的法律法规，沉醉于“规则迷宫”的行政文化。“我们接受规章和繁文缛节以防止坏事发生，但同样这些规章会妨碍出现好事。它们会使政府办事效率慢得像蜗牛爬行。它们对正在迅速变化中的环境不可能做出反应。它们使得时间和精力的浪费成为组织结构固有的部分。”[2]因此，新公共管理主张放松严格的法规、制度控制，而实施明确的绩效评估体系，强调政府要对结果负责：①明确绩效标准体系。确定个人的具体工作目标，并根据绩效标准对完成情况进行测量和评估，作为评定员工的酬劳和晋升的主要依据。②实行全面质量管理。政府应该坚持以质量为中心，以公众参与为基础，激发公职人员的积极性，倡导重产出、重结果的全过程管理，在使用同样多或更少资源的情况下，提供更多更好的产品和服务。

4. 公共部门人力资源优质化

传统公共部门的人事管理模式与科层制相适应，强调政治与行政的分离，以国家公务员制度为典型代表。但是，在新公共管理的浪潮中，西方传统的公务员制度发生了相应的变革，正与现代人力资源管理的原理相融合。集中表现为，首先，政治中立且日渐式微。政府为了更好地满足公众对公共物品的需求，实现以顾客为导向，需要下放权力，增强执行部门雇员的自主性和决策权，从而造成新公共管理者的角色政治化。其次，重视人力资源开发，即政府要重视对公务员业务和能力的培训，全面提高公共部门人力资源的各方面素质，合理有效地发挥公共部门人力资源的作用。最后，简化人事规则。政府应该摒弃以往冗杂的人事规章制度，为建立一个高效能的政府提供基础。

5. 以顾客或服务对象为中心导向化

在传统的公共行政模式中，几乎没有“顾客”的概念，一直以来是“机构导向的政府”，其主旨在于便利管理人员和服务提供者而非公民，因而很容易造成公共物品生产和供给的高成本、低效率，资源浪费现象严重。新公共管理认为，政府不再是凌驾于社会之上的官僚机构，而应该是“顾客导向的政府”，其宗旨是满足顾客的需要，通过调查、倾听顾客的意见，建立明确的服务标准，实施方便有效的公民投诉受理机制，从而提高公共服务质量。具体措施如下：①公共服务提供小规模化，打破传统划片服务的办法，给公民提供更

---

① 周志忍．美国行政改革研究[M]．北京：国家行政学院出版社，1994：144．

② [美]戴雄·奥斯本，特德·盖布勒．改举政府——企业精神如何改革着公营部门[M]．周敦仁，杨国维，寿进文，徐获洲，译．上海：上海译文出版社，1996：91．

多的自由选择服务机构的权利。②在公共服务机构之间引进市场竞争机制，通过“顾客主权”形成的压力，迫使公共机构提高服务质量，为吸引更多的顾客展开激烈的竞争。③推行公民参与管理，增加公共服务的公开性和透明度，并借助市场检验方法，完善投诉受理机制，定期广泛征求公民对公共服务的满意程度。①

10.2 经济全球化的深入与政府治理的变革

经济全球化是一场深刻的历史大变革，是一个巨大的历史性跨越，它将世界经济带入一个新的历史阶段。那么，全球化将以一种怎样的姿态向前发展，全球化今后发展的趋势是什么，这是值得我们深思的。但是随着全球化进程的日益深入，全球治理问题正在日益引起国际社会的关注，这已经不单纯是一个理论问题而已成为一个紧迫的实践问题。同时，经济全球化作为一种发展过程和变化趋势，正深刻影响着全球事务的方方面面。新的经济方式、交往方式以及全球化引发的全球性问题，都需要革新政府治理途径与治理方式。无论是发达国家还是发展中国家，传统的官僚制政府已经不能应对和适应知识经济和信息社会时代全新的治理要求，政府需摆正位置，改变传统的政府角色，积极促进政府职能转变。

10.2.1 经济全球化的内涵

20 世纪 90 年代以来，在科技革命和信息经济的推动下，世界经济的发展和国家之间的相互依赖程度进一步深化，全球化浪潮正在深刻地影响着世界各个角落。每个国家、企业和个人都能体会到全球化给生活带来的深刻变化，经济全球化已经成为当今世界不可逆转的历史潮流。正如约翰·邓宁所说，“除非有天灾人祸，经济活动的全球化不可逆转”。或如世界贸易组织前总干事鲁杰罗所说：“阻止全球化无异于想阻止地球自转。”自 2001 年加入世界贸易组织(WTO)以来，中国经济已经深深地融入世界经济之中，据 WTO 统计：2016 年中国进出口总额为 3.68 万亿美元，占世界出口总额的 11.8%，排名世界第二。中国的产品面临着世界其他国家产品的激烈竞争，面对全球化范围内的激烈竞争，我们更应该审时度势，掌握经济全球化的趋势与特征，把握机遇迎接挑战。

“全球化”一词最初是由经济学家 T. 莱维在 1985 年提出的。他认为此词可以用来形容 20 世纪 60 年代以来世界经济发生的巨大变化，即商品、服务、资本和技术在世界性生产、消费和投资领域中的扩散。因此，当人们讲到全球化时，其原意是指经济全球化。不同组织机构和学者从不同的视角给经济全球化做出了定义，1997 年国际货币基金组织在《世界

① 黄新华. 新公共管理：面对市场失灵与政府失灵的新选择[J]. 理论与现代化，2001(5).

经济展望》中认为："全球化是服务交易及国际资本流动规模和形式的增加，以及技术的广泛迅速传播使世界各国经济相互依赖性增强。"维·戈文达拉扬认为，在世界范围内，全球化指的是各国之间经济上越来越多地相互依存。商品、服务、资本和技术越过边界的流量越来越大可以反映出这一点。

毋庸讳言，经济全球化是一个复杂的概念，内涵十分丰富和广泛。雅克·阿达指出，经济全球化可能融入一个更长期的趋势，这就是所有的物质和社会空间均逐步服从于资本的法则，即资本无限积累的法则。① 经济全球化的发展趋势与内涵主要体现在以下几个方面：

①科学技术发展仍是经济全球化的强劲动力。科学技术是当今经济全球化的火车头，新技术革命对世界经济的发展，对各国综合实力的提高，对全球化发展水平、速度产生着日趋深刻、日益广泛的影响。随着高科技产业特别是信息产业的迅猛发展，以国际互联网为标志的信息技术使全球经济商务活动几乎不存在空间距离和障碍。互联网的全球扩延使得偌大的地球变成了"地球村"，国际经贸活动和生产的组织管理可以越来越多地在网上进行，地理因素将不再成为全球经济发展的障碍。而信息技术革命引起了信息产业群的兴起，改变了传统经济的增长方式，促进了生产领域的国际分工与协作，使生产的全球联系越来越紧密。为了进一步加速全球生产力的发展和知识技术的传播与互动，频繁的科技交流和技术转让使每一个国家的社会和经济发展都不可避免地融入了全球化发展的大趋势当中。因此，科学技术的不断进步会使得经济全球化向着更深更广的层次发展。

②国际分工将进一步深化。由上所述，日新月异的科技革命浪潮，使生产力得到极大发展，国际分工的广度和深度不断加强，专业化协作程度将越来越高。在全球化进一步发展的今天，国际分工将继续由垂直型分工向水平型分工发展，即侧重产品型号的分工、产品零部件的分工和工艺流程的分工。② 此外，随着国际分工的不断深化，将继续推动形成新的国际分工格局，发达国家将继续致力于新产品的研制和开发，向发展中国家转移已经标准化的技术和产业；发展中国家则会在发展劳动密集型产业和资源密集型产业的同时，更加注重对外开放，注重高科技产业的开发，积极参加国际分工。国际分工的形成机制也将发生变化，以往主要由市场自发力量决定的分工逐步向由跨国公司经营的分工和地区贸易集团成员内组织的分工转变，出现了协议性分工。③ 总之，在今后的经济全球化进程中，生产将在更大程度上根据比较优势、资源优势和市场需求而在全球范围内展开，国际分工会进一步加深。④

③贸易全球化程度将进一步加深。贸易全球化是经济全球化的先导，并成为当今经济全球化的外在表现形式。贸易全球化不仅是不同经济体之间相互交换商品和服务，还意味

① [法]雅克·阿达．经济全球化[M]．何竟，周晓幸，译．北京：中央编译出版社，2000：5.

② 吴兴南，林善炜．全球化与未来中国[M]．北京：中国社会科学出版社，2002：13.

③ 吴兴南，林善炜．全球化与未来中国[M]．北京：中国社会科学出版社，2002：13.

④ 郭连成．经济全球化与不同类型国家的应对[M]．北京：中国财政经济出版社，2001：43.

着满足商品和服务贸易的世界市场的出现。① 进入21世纪以来，贸易全球化的趋势日趋明显：一方面，国际贸易参与者的全球化。目前，除极少数国家和地区外，参与国际贸易和投资的国家和地区有两百多个，散布在世界各地的跨国公司更是为国际贸易的开展提供了保障。另一方面，国际贸易总量和规模不断扩大。1913年，全世界的贸易总额只有200亿美元，而到2016年，世界贸易总额为31.25万亿美元，由此可见国际贸易总额变化之巨大。此外，国际贸易将更注重服务贸易领域的扩展，各国都注重加强在金融保险、文化教育、信息咨询等领域的贸易交流。

④跨国公司和国际直接投资仍将大步发展。跨国公司是对外直接投资的行为主体，是经济全球化的重要推动力量。现在有成千上万的跨国公司在一个以上的国家运营，跨国公司不仅数量多，而且聚集了巨大的经济力量。2016年，全球500强公司营业总额约为27.7万亿美元，约为中国和美国GDP的总和，大约占到了全球经济总量的36%。跨国公司将会继续在投资与兼并活动中推动世界经济发展，不断改变着国际经济分工协作关系，在广度和深度上使生产资本国际化发生重大变化。跨国公司的全球化经营带动了国际直接投资的迅速发展，推动了国际资本在世界范围内的大规模流动。② 发达国家跨国公司相互投资仍将占据主导地位，跨国公司对发展中国家服务业和高新技术领域的投资会加速上升。但是，我们也必须承认这种投资的发展在长时间内是不平衡的。

⑤货币体系全球化。世界贸易、国际投资的急剧增长，使得货币体系全球化成为一种趋势。约翰·罗尔克在《世界舞台上的国际政治》一书中就形象地说："资金的国际流量太大了，对它的任何计算都是不真实的。但是，每天至少有15亿美元的资金从一种货币兑换成另一种货币，而且汇率的涨落对所有国家的经济及居民都会产生重要的影响。"③为了适应货币的全球化，银行和其他金融服务的全球化也是在所难免的，经济全球化的核心是资本全球化。目前，资本在全球范围内大规模的流动，制度障碍、货币障碍和政策障碍越来越小，国际投资形式多种多样，出现了相互依存、统一的"符号经济"。但是，我们也应该注意到全球化的金融投机会带来严重的金融危险，20世纪90年代的亚洲金融危机以及2008年爆发的全球性金融危机都给世界经济带来重创。因此，在今后的全球化进程中，我们应关注建立能够与金融全球化相适应的国际金融新制度和新秩序，确保货币体系及金融全球化的稳定发展和正常运行。

⑥国际经济组织的协调作用将进一步加强。国际组织是经济全球化进程中最重要的组织形式，经济全球化的原则、规则和决策程序也都经由国际组织制定。随着全球化进程的不断深入，国际经济组织的协调作用日趋加强，协调范围也变得更加广泛。世界银行、世界贸易组织、国际货币基金组织等国际经济组织在货币、贸易、金融、投资等领域发挥着

① [英]戴维·赫尔德. 全球大变革[M]. 杨雪冬，译. 北京：社会科学文献出版社，2001：209.

② 黄宗良，林勋健. 经济全球化与中国特色社会主义[M]. 北京：北京大学出版社，2005：38.

③ [美]约翰·罗尔克. 世界舞台上的国际政治[M]. 宋伟，译. 北京：北京大学出版社，2005：503.

协调全球国际经济关系的作用，并采取措施化解各成员之间的矛盾。当代国际经济组织的发展不仅体现在数量的增长和地位的上升，还表现在它们的权威性和协调能力的增强。

10.2.2　经济全球化的作用

经济全球化是我们这个时代的重要特征之一，它渗透于世界经济的各个领域，深刻地影响着世界经济的发展。经济全球化给全球发展带来了挑战，更带来了机遇。经济全球化的积极作用主要有：

1. 促进生产力的发展

促进生产力的发展是经济全球化最核心的作用，经济全球化通过促进生产要素在全球范围内的流动，推动分工水平的提高以及大力发展国际贸易，推动了世界范围内资源配置效率的提高和各国生产力的发展，为各国经济提供了更加广阔的发展空间。

2. 促进世界不同地区的交流协作

全球化给人们带来了极大的便利，经济全球化通过使商品、服务、资本和技术在全世界范围内流通和扩散，加强了世界各个不同地区之间的交流。通过国际贸易与互联网服务，整个地球正日益连成一个整体，人们能足不出户看世界，也能方便地享受世界各国的产品。

3. 促进科学技术的进步

经济全球化得益于科学技术的进步，远洋交通运输条件的改善缩短了货物运输的时间，而互联网的发展则使全球商业活动几乎不存在距离限制，地理因素几乎不成为全球经济交流与发展的障碍。而经济全球化的发展反过来又推动了科学技术的传播与交流，新的科技发明和科学发现在世界各国科学家的交流协作中大量萌发，科技全球化推动了人类科技水平的进一步发展。

然而，机遇和挑战总是并存的，我们在享受着经济全球化带来的好处与便利的同时，也不得不面对经济全球化带来的全球性问题。首先是环境问题，伴随着世界工业生产的突飞猛进，人类活动向全球进一步地扩展，日益严重的环境问题越来越引起世界各国的关注，尤其是近 30 年来，全球气候变暖已经直接威胁人类生态与生存安全。其次是分配问题，在国际分工协作中，发达国家拥有雄厚的资金和技术，而发展中国家只有廉价的劳动力和土地，因而，在进行全球市场资源再分配时，西方发达国家总是占据有利的一面，造成全球经济发展进程越来越不平衡，全球范围内的两极分化越来越严重。再次，是风险问题，经济全球化虽然使国际资本流动更加便捷，但与此同时也极大地增加了金融市场的复杂性和监管难度，使金融危机发生的概率和破坏程度大大提高，20 世纪 90 年代的亚洲金融危机和 2008 年爆发的全球性金融危机都给世界经济带来了重创。总之，随着全球化进程的深化，环境恶化、生态破坏、能源危机、移民危机、国际毒品交易、国际恐怖主义活动、核武器扩散等大量全球性问题日益成为国际社会关注的重要议题，这些全球问题的恶性发展可能引发全球性危机，威胁整个人类的安全。

10.2.3 经济全球化引致的政府治理变革

面对全球化引发的全球性问题，一种声音认为，全球化是有害的，世界的未来应该朝着反全球化方向发展，这种思潮被称为逆全球化。特别是随着2008年国际金融危机的爆发，经过多轮的调整，全球经济并没有迎来理想的复苏，相反却陷入持续的结构性低迷，贸易保护主义不断升级、全球多边机制不振、各类区域性的贸易投资协定碎片化，美欧的移民政策、投资政策、监管政策等朝着去全球化方向发展。席卷欧美的民粹主义认为，现在需要封锁边境、强调民族主义，本国第一、管好自己。他们的观点得到很多民众的认同，这实际上是一种"逆全球化"现象。① 逆全球化思潮一直伴随着全球化的发展，近年来，在世界经济复苏缓慢的背景下，以2016年6月英国全民公投脱离欧盟为标志，逆全球化和贸易保护主义大幅抬头，阻碍着经济全球化的进程。

而另一种声音认为，为了全球化的可持续性，需要在全球化的背景下进行政府治理方式的革新，因而，全球治理作为一种新的治理方式呼之欲出。正如《勃兰特报告》中提出的那样："无论我们是愿意还是不愿意，反正我们正在面对越来越多的问题，这些问题总体上涉及整个人类，所以，解决问题的办法在越来越大的程度上必须依靠国际化。各种危险和挑战——战争、动乱、自我毁灭——都在全球化，这就要求一种世界内部政治，它要超越宗教视野，而且远远超越民族国家的边界。"②

作为一种发展过程和变化趋势，经济全球化正深刻影响着全球事务的方方面面，新的经济模式、交易过程以及全球经济政治问题，都对政府治理提出了新的要求。无论是发达国家还是发展中国家，传统的官僚制政府已经不能面对和适应只是经济和信息社会时代全新的治理要求，各国政府的行政体制改革势在必行。我国自加入世界贸易组织以来，面对全球化浪潮的巨大冲击，要求我国政府必须加快行政体制改革步伐，力求摆正政府位置，改变传统政府角色，改革政府治理方式，积极转变政府职能，以适应经济全球化发展的需要。

1. 完善政府配置职能

政府的资源配置职能指的是通过公共部门收支活动以及相应政策的制定、调整和实施，实现对社会现有的人力、物力、财力等社会资源结构与流向的调整与选择。③ 市场机制是资源配置的基础，在市场能发挥作用的领域，尤其是私人物品的生产和供应，政府应该让市场充分发挥作用，不必要参与社会资源的配置；但是，市场的资源配置在一些领域，比如公共物品领域存在着较大的缺陷，对于一些生产周期长、投资风险大、回报率小的基础性产业也是不能依靠市场机制进行配置的，因此，在经济全球化的背景下，政府应

① 范黎波，施屹舟. 理性看待和正确应对"逆全球化"现象[J]. 光明日报，2017.

② [德]弗兰茨·努舍勒. 21世纪的发展与和平[J]. 勃兰特报告，2000：474.

③ 高培勇. 公共经济学[M]. 北京：中国人民大学出版社，2001.

该加强对公共物品的提供，调节产业间的资源配置结构，保证经济的协调发展，而不能任由全球化将本国的产业推向低端化和畸形化的深渊。此外，在市场经济条件下，地区间的比较优势的差异造成资源区位间的移动和不平衡分布，从而形成区位间比较效益的差异和地区发展不平衡，这就要求政府对地区间的资源配置结构进行一定的干预和调节，促进地区间平衡发展与合理分工。① 促使每个地区都能享受全球化带来的便利与发展红利。

2. 加强政府分配职能

任何市场竞争都是以初始分配为前提的，但是仅靠市场行为进行利益分配和再分配是无法使收入、财富和福利的分配按照社会认为符合社会公正的方式进行的。因此，政府有责任以政权的力量、以政府的经济行为参与到社会收入的再分配，使得社会最终的分配成果能够符合政府和公众追求的社会公正目标。② 经济全球化背景下，并不是所有人都能享受全球化的红利，国际竞争会使得一些产业受到国外同类产业的竞争冲击，导致一部分工厂倒闭，一部分工人失业。全球化的条件下底层的社会群体更容易面临着失去就业机会、收入不平等等诸多问题，进而引起对全球化的不满。因而，政府可以通过税收转移、调整生产要素相对价格政策、累进个人所得税等手段实现政府的分配职能，以弥补全球化带来的贫富差距与分配不均。而随着政府收入再分配的职能系统化、规范化的发展，社会保障制度也需要进一步完善起来，政府有责任、有义务，从全社会角度统筹规划社会保障体系，相比国外发达健全的社会保障与社会福利制度，我国还处在经济发展的较低阶段，政府在履行这一政府职能时要结合本国国情，对西方的经验选择性地借鉴，以免造成利益扭曲，违反社会公正的原则。

3. 发挥政府规制职能

政府规制是市场经济体制下政府职能的内在组成部分。在市场经济中，政府既需要借助财政、货币政策等工具改变市场参数，间接影响企业的行为，比如通过政府补贴来刺激积极外部效应的产生；也需要借助有关法律和规章直接作用于企业，规范约束和限制企业行为，如政府在对消除负面外部效应问题上出台硬性规定，这些措施都有助于企业正常运行和社会的健康发展，从而构建一个良好的经济环境，同时，政府规制也要根据市场竞争强度、交易规模、产业结构和经济增长的变化，做出适时的调整和改革，实践证明，政府的过度规制或者自由放任都不利于经济的增长与稳定。自 20 世纪 80 年代以来，伴随着公用事业私有化、自由化和放松规制改革，西方国家的政府规制职能发生了很大变化，激励性规制已经成为政府规制的基本发展趋势。激励性规制与放松规制并行，通过引入竞争机制和提供诱因，不仅提高了受规制企业的生产效率，也提高了社会福利水平。因此，它对我国政府在发展社会主义市场经济过程中如何正确发挥政府规制职能，实现政府职能的转变有一定的启示与借鉴意义。

---

① 黄新华. 公共部门经济学[M]. 厦门：厦门大学出版社，2010：34-35.

② 黄新华. 公共部门经济学[M]. 厦门：厦门大学出版社，2010：36.

4. 加强政府稳定职能

市场失灵本身就会导致经济波动和周期性危机，再加之如今经济全球化大潮席卷世界各国，各国的经济局势越来越受到国际经济的影响，不确定性因素在逐年增加，比如亚洲金融危机、2008年的全球金融危机以及欧债危机等，都使得各国经济的稳定性受到一定影响。因此，我们需要通过政府借助财政政策、货币政策、分配政策来提供稳定的宏观经济政策，保持国内经济增长稳定与平衡，维持经济总量的大体均衡。在现今贸易保护主义抬头的背景下，企业遇到的国际贸易争端急剧增加，据中国商务部披露的数据显示，2016年，我国共遭遇来自27个国家(地区)发起的119起贸易救济调查案件，达到历史高点。在面对国际贸易争端时，企业本身是十分脆弱的，政府要起到协调和支持本国企业的作用，尽量对本国企业提供有效的扶持和保护。政府的稳定职能除了宏观上为整个经济体系做出贡献之外，还要与企业一道履行社会保险职责，如失业保险、医疗保险及养老保险等。由于这些保险存在极大的逆向选择和道德风险，因此不可能完全由市场提供这些保险和服务。但是，这些保险事关民众的切身利益，对消除社会不稳定性因素有很大帮助。因此，政府需要牵头提供这些保险和服务，以维护社会的稳定。

10.3 大数据时代的来临与政府治理的变革

随着信息技术的发展和电子计算机的日益普及，人类所创造的数据量越来越庞大，通过对这些海量数据的收集、分析与运用，就能得到许多有价值的信息，这些信息在诸多领域都大有裨益，如电子商务、O2O、物流配送等，各种利用大数据进行发展的领域正在协助企业不断地发展新业务，创新运营模式。有了大数据这个概念，对于消费者行为的判断，产品销售量的预测，精确的营销范围以及存货的补给已经得到全面的改善与优化。与此同时，大数据时代的来临也对政府治理提出了挑战，当代各国政府也在主动迎接大数据时代的到来，以更好地利用大数据提高政府运行效率，推动政府治理升级。

10.3.1 什么是大数据时代

什么是“大数据”？有学者对“大数据”这一理念的起源与发展做了介绍：大数据的理念早在20世纪60年代便已出现，在发展进程中先后历经多次规模扩张。从20世纪60年代至80年代早期，一些企业应用磁盘、磁带等载体在大型机上进行财务部署和资源开发，这构成了大数据的雏形。此后随着80年代后期个人计算机的出现及不断普及化，一些机构在数据处理上进一步走入虚拟化，Word、Excel等办公设备的广泛应用为数据量的增长提供了便利。而20世纪90年代中期后，随着国际互联网的诞生，则直接促成了全球数据量更大规模的扩张。在互联网时代，社会机构、普通个体均构成了数据的重要来源，且社交网络、多媒体的应用也使得数据的形式愈发走向多元化。尤其在当下 Web 2.0 的阶段，在移动互联网、云计算以及物联网的推动下，数据已开始呈现指数级增长，并走向“质”的多样化。通过无处不在的网络系统和计算系统，大数据可以解构虚拟世界与现实世界间的复杂关系，并适时做出判断和分析，进而为各类机构的决策分析提供重要依据。① 还有学者将“大数据”定义为大小和信息量超过传统规模的海量数据资料，并且指出大数据具有奇特的特性，这种特性使得它与“传统”企业数据区别开来。“与以往任何时间相比，现在的数据不再集中化、高度结构化而且易于治理，而是高度疏散、结构松散而且体积越来越大”②。

总的来说，“大数据时代”是由“数字时代”或“信息时代”发展的产物。在“数字时代”，随着智能手机、平板电脑、笔记本电脑的普及，使得每个成员都成了数据的生产者。海量的数据对计算机的处理能力和存储能力都构成了巨大的挑战。利用“云计算”和“云储存”的海量计算能力和海量储存能力，人类得以有效地处理和利用这些数据，促使人类社会顺利地迈入“大数据时代”。正如国务院《促进大数据行动发展纲要》里所说，大数据是以容量大、类型多、存取速度快、应用价值高为主要特征的数据集合，正快速发展为对数量巨大、来源分散、格式多样的数据进行采集、存储和关联分析，从中发现新知识、创造新价值、提升新能力的新一代信息技术和服务业态。

10.3.2　大数据时代的特征

1. 数据的海量性

到 2012 年为止，人类生产的所有印刷材料的数据量是 200PB，全人类历史上说过的所有话的数据量大约是 5EB，这个数据量看起来十分庞大，但仅 2012 年一整年，人类所产生的数据量为就超过 2ZB($1ZB=2^{10}EB=2^{20}PB=2^{30}TB=2^{40}GB$)，是人类历史上说话总量的 400 多倍。大数据不仅海量，而且每年的增长速度惊人，据估计，到 2020 年，全球数据量将为 2012 年的 44 倍。快速增长的海量数据是大数据时代的基础，如何处理和运用好这些数据是大数据时代不可回避的问题。

2. 数据的多样性

海量的数据里包含着种类繁多的数据，形式上，图片、文字、视频、音频、地理位置信息等各种形式的信息都包含于大数据里。内容上，人类的一切活动与一切行为，无论是旅行度假、休闲娱乐、交通出行、网上浏览与购物等，都被互联网忠实地记录下来，这是大数据时代重要的特征之一。“数据记录了一切，人类社会的行为变成了数据，用纸质媒体记录人类历史的时代已经过去，历史正在被数据以文字、数据、表格、声音、影像的方

① 胡洪彬．大数据时代国家治理能力建设的双重境遇与破解之道[J]．社会主义研究，2014(4)．

② 新玉言，李克．大数据：政府治理新时代[M]．北京：台海出版社，2016：10．

式记录了下来。”[①]各式各样的数据对数据的处理能力提出了更高的要求。

3. 价值密度低

大数据时代的信息虽然数量庞大、种类繁多，但是具体到单个的信息，如某个人的生活照片等，并没有什么价值。如何能通过计算机精密的算法从宏观层面拨开数据的层层迷雾，获取有用的信息，完成数据价值的提纯，是大数据时代亟待解决的难题。

4. 时效要求高

大数据时代每天都有海量的信息产生，对于这些信息要进行及时的处理，如果不能及时从大数据中抓取出有用的信息，那么这些过时的信息就会变得毫无用处，如果说人们无法从投入巨大成本采集的信息中获得有效的信息反馈，那将是得不偿失的。可以说，大数据时代对人类的数据驾驭能力提出了新的挑战，也为人们获得更为强大的洞察能力带来了前所未有的机遇。

10.3.3 大数据时代政府治理变革的趋势[②]

大数据时代为政府治理变革提供了一个全新的背景。随着移动互联网、物联网、云计算技术的快速发展，以及视频监控、智能终端、应用商店等的广泛普及，全球数据量出现裂变式增长。对此，国务院在2015年印发《促进大数据发展行动纲要》(以下简称《纲要》)以促进大数据时代下政府治理的升级，《纲要》指出，“信息技术与经济社会的交汇融合引发了数据迅猛增长，数据已成为国家基础性战略资源，大数据正日益对全球生产、流通、分配、消费活动以及经济运行机制、社会生活方式和国家治理能力产生重要影响”。目前，广东省、上海市已率先成立了大数据管理局，通过大数据挖掘来更好地提升国家治理能力。从目前的实践尝试来看，大数据应用于国家治理能力建设才刚刚起步，还需要我们的政府加大支持大数据发展的力度，为大数据时代国家治理能力现代化奠定坚实的基础。

1. 治理主体多元化

大数据改变了单方决策的运行机制。大数据时代政党、政府、非政府组织、新闻媒体、社会团体和公民个人作为数据网络中的网点，网线上传输的便是信息量庞大的、传播速度极快的数据。这些数据使各个主体之间互通有无，实现快捷交流，使基于网络的多元共治成为可能。这是因为，大数据是建立在云计算、数据仓库、数据挖掘、联机分析等数据开发和应用技能发展基础之上的，数字技术拓展了传统的政府管理过程，扩大了政府治理的参与主体。随着政府开放质量越来越高的门户网站，社会力量对政府的监督使公众也可以通过网络实现快捷化、低成本的持续追踪，政府承担的责任越来越多的开始由各种社会组织、私人部门和公民自愿团体来承担。因此，在大数据时代的多元共治中，政府治理出自政府但又不限于政府，“办好事情的能力并不在于政府的权力，不在于政府下命令或

---

① 新玉言，李克．大数据：政府治理新时代[M]．北京：台海出版社，2016：10．

② 黄新华．整合与创新：大数据时代的政府治理变革[J]．中共福建省委党校学报，2015(6)．

运用其权威。政府可以动用新的工具和技术来控制和指引，而政府的能力和责任均在于此。”①

2. 治理内容预防化

通过海量数据和数据技术预测偏好，政府可以提供符合大多数民众期望的公共产品和服务、预防打击犯罪、缓解交通压力、防控疾病传播以及预测自然灾害。

(1)预测公众偏好。互联网及数据应用的发展，将人类在世上活动的一切信息都忠实的记录下来，这种记录为社会科学的定量分析提供了丰富的数据。② 通过对这些数据的相关性进行分析，政府可以预测公众偏好，科学地判断人们对公共产品和服务供给的态度和满意度，提高公共服务供给能力。

(2)预防打击犯罪。通过对海量数据的收集、挖掘与联机分析等，大数据的充分利用可以预防犯罪。因为通过对犯罪时间和地点记录形成的数据，探究其中的原因和规律，可以分析厘清犯罪频发时间点和区域，并依此合理重新分配警力，及时预防和处理。

(3)缓解交通压力。利用大数据技术可促进交通管理的变革，跨越行政区域的限制，通过信息集成优势和组合效率配置公共交通信息资源，促进交通的智能化发展。

(4)防控疾病传染。预防损失的发生或将损失控制在最小，比损失发生后再挽救要更容易、代价更低。通过获取和挖掘数据，政府能够更好、更快、更及时地防控疾病传播，追踪疾病(尤其是传染病)传播趋势。

(5)预测自然灾害。全球气候变化导致自然灾害频繁发生，对洪涝、台风、地震等自然灾害的预测极为重要，而有效的预测取决于相关数据的把握和分析。观测数据信息量越大，真实信息越多，就越能做好预测，利用数据提前进行风险预测和危机管理，政府可以降低治理成本和提高社会整体防范危机的能力。

3. 治理载体自动化

大数据时代的数据采集、存储、分析和决策以及结果展现等技术，推动了政府治理载体的自动化。通过现代化设备、计算机技术、通信技术和互联网技术的整合，可以改革和优化政府流程，有效地将各种内外部信息综合起来形成信息流，为政府治理服务。

(1)数据采集：ETL工具。20世纪90年代以来，全世界的物理存储器每9个月增加1倍。③ 因此在大数据时代，政府需要的“不是随机样本，而是全体数据”。④ 但是面对庞大的数据，真正需要提取的数据一般占总数据量的2%～4%，所以需要进行数据采集、提取以及转换。常见的数据采集工具是ETL(Extraction Transformation Loading)。通过将分散的、异构数据源中的数据，如关系数据、平面数据等抽取、转换、集成、加载到数据仓

---

① [英]格里·斯托克. 作为理论的治理：五个论点[J]. 国际社会科学杂志(中文版)，1999.

② Duncan Watts. A twenty-first century science[J]. Nature，2007(2).

③ 徐子沛. 大数据，正在到来的数据革命[M]. 桂林：广西师范大学出版社，2013：59.

④ [英]维克托·麦克-舍恩伯格，肯尼斯·库耶克. 大数据时代：生活、工作与思维的大变革[M]. 盛杨燕，周涛，译. 杭州：浙江人民出版社，2013：27.

库或数据库中，可以为联机分析处理、数据挖掘奠定基础。

(2)数据存储：数据仓库。数据仓库是一个面向主题的、集成的、相对稳定的、反映历史变化的数据集合，用来支持管理中的决策制定。① 在政府治理实践中，海量的数据资源往往分散在不同部门和机构，对于长期积累的数据的处理是一项繁重的工作。更重要的是，政府决策所需的数据通常又与不同口径的统计和计算有关，所涉及的数据源也可能是文档、不同类型的数据库等，若要进行科学的前瞻性决策，就必须考虑数据的统一利用问题，建立数据仓库，借助数据仓库的整合分析建立一个智能化、跨平台的政府决策支持系统。②

(3)数据分析与决策：数据挖掘。数据挖掘是从大量数据中由计算机自动选取重要的、潜在有用的数据类型，借由统计、机器学习、模式识别等技术进行辅助决策判断的过程。③ 通过数据挖掘，政府可以发现民众的关注热点并进行跟踪和分析，发现民众关注热点的变化，寻找变化的原因并做出相应改变以适应变化。换言之，政府利用数据挖掘，分析海量数据，发现潜在数据表面之下的规律并对未来进行预测，可以提高决策的准确性和科学性。

(4)结果展现：数据可视化。数据可视化是可视技术在数据领域的应用，使人们不再局限于通过数据表来观察和分析信息，还能以更直观的方式看到数据及其结构关系，通过图像进一步激发形象思维和空间想象力。在政府治理变革中，数据可视化具有显著的优势，通过将复杂的数据转化为直观的图形呈现给公众，可以更加直观地表达政府的意图。

总之，大数据时代下政府治理将朝着治理主体多元化、治理内容预防化、治理载体自动化等方面进行变革，利用大数据时代下的新一代信息技术，政府将实现组织结构和工作流程的优化重组，超越时间、空间和部门分隔的限制，以建成一个精简、高效、廉洁的政府，更好地为公民提供公共服务。

10.4 建构面向实践需求的政府经济学

2013年，党的十八届三中全会提出，全面深化改革的总目标是推进国家治理体系和治理能力现代化。国家治理现代化的提出对政府经济学的发展提出了更高的要求，如何建构面向实践的政府经济学，推动国家治理体系和治理能力现代化是公共经济理论不能回避

① 冯美荣，王宗彦．数据仓库技术在政府决策支持系统中的应用研究[J]．太原理工大学学报，2008(5).

② 李增强，陈添源．基于数据仓库的政府绩效评价决策支持系统设计研究[J]．山西电子技术，2008(1).

③ 胡世忠．云端时代杀手级应用——大数据分析[M]．北京：人民邮电出版社，2013：63.

的问题。

10.4.1　拓展政府经济学的研究内容①

政府经济学是一门新兴学科，又是经济学中最具有政治敏感性的领域之一，因此关于政府经济学的研究内容众说纷纭。斯蒂格利茨认为政府经济学的研究主要包括三个领域，即公共部门从事哪些活动及这些活动是如何组织的；尽可能地理解和预测政府活动的全部结果；评价政府的各种经济政策。② 但政府经济学的研究内容并不应该仅仅局限于这些领域，自 20 世纪 90 年代以来，随着理论和实践的发展，政府经济学在以下研究领域取得了长足的进展。

1. 政府与市场

作为资源配置的两种制度安排，政府与市场的关系问题一直是公共经济理论关注的焦点问题。20 世纪 90 年代以来，在充分肯定市场作用的基础上，学术界就政府干预的范围、领域和方式进行了深入的思考和反思。学者们指出，在促进经济发展的过程中，政府和市场起着互补的作用，市场虽然在组织生产与分配方面有优势，但市场不能在真空中运行，市场需要法律和法规的控制和指导。在基础设施建设、为穷人提供必要的生存条件等方面，依靠市场是无法完成的。因此"对于一个创造有利于经济能够运作的环境的政府而言，它有着很大的作用需要发挥。例如，在确保提供基础设施方面的作用，包括社会服务，像扶贫、基本教育、提供卫生保健；公共安全；一个稳定的宏观经济框架；一个有效率的财政和管理体制。"③但是，市场失灵并不是把问题交给政府的充分条件，政府经济学更重视的是政府失灵而不是市场失灵。市场机制不是万能的，政府干预也并非完美无缺。"应当认识到，既存在着市场失灵，也存在着政府失灵。"④作为经济协调方式，政府和市场相互对立又相辅相成，在许多场合两者是相互补充的。因此，尽管政府和市场都会失灵，但是市场和政府在资源配置方面都是必不可少的。选择经济体制的主要任务就是在辨别清楚这两个组织可能造成失灵的前提下，找到市场和政府的适宜结合方式。对于发展中国家来说，必须认识到市场和政府失灵的类型和程度会因文化遗产以及发展阶段而异。一般来说，一个国家越不发达，信息就越不完全，支持市场的制度(如产权保护)也越不完善。在这样的国家里，市场失灵需要强有力的政府行为来纠正。然而，在不发达国家，公民的教育水平很低，反映公众意见的大众媒介不发达，政治参与和国家整体性意识的公民传统也没有很好地在人民中建立"在这样的社会条件下，政府失灵比市场失灵更严重的可能性更大。认识到这种可能性，选择一个在特定的历史条件下最优的市场和政府的结合方式是发

① 黄新华．公共经济理论研究的进展——1990 年以来的政府经济学研究[J]．学术界，2013(10)．

② [美]约瑟夫·斯蒂格利茨．政府经济学[M]．曾强，译．北京：春秋出版社，1988：14-15．

③ Fischer，Stanley and Vinod Thomas．Policies for Economic Development[J]．American Journal of Agricultural Economics，1990(2)．

④ [美]罗纳德·科斯．财产权利与制度变迁[M]．刘守英，译．上海：上海人民出版社，1994：22．

展设计中最根本的。"[①]

2. 公共物品

公共物品理论是政府经济学的经典主题。1990年以来，经济学和政治学整合研究的新政治经济学的兴起深化了对公共物品的认识。新政治经济学将公共物品纳入政治经济学的视角，将公共物品定义为当存在利益不一致时，集体选择机制所产生的结果。因此，公共物品可能是一种具体的产品，也可能是一种服务，还可能是对某种产品或服务的选择权利。当认识到许多经济政策具有公共物品性质时，那么公共物品问题的规范意义就不仅处于政治经济学的核心，而是遍布于整个学科领域之中。这是因为公共物品理论是一种政府理论，政府的建立就在于提供公共物品。当一种物品具有公共性质时，它可能提供不足、根本不提供或经过长期拖延后才得以提供，其中任何一种结果能否产生取决于对公共物品提供进行集体选择的机制。传统公共经济理论在论及公共物品供给时通常走向两个极端，要么依靠政府解决，要么依靠市场解决。实际上，市场主导会出现市场失灵问题，而政府供给也存在诸多弊端。面对逃避责任、搭便车、权力寻租等诱惑，市场和政府都有可能陷入无法逃避的困境。[②] 因此，公共物品供给应该实现多元化或多中心供给，打破单一的全能型政府和纯粹市场私有化的治理思维，[③] 政府与市场之间应建立广泛的合作关系，根据公共物品的属性确定生产单位的规模。[④] 但是，政府的有效管理是最重要的公共物品，因为整个社会都能从更好、更有效率、更负责任的政府中受益。'好政府'具有公共物品的两个特征：不让任何人从更好的政府那里受益是困难的，也是不可取的。"[⑤]更进一步说"只要存在好政府，公共物品的供给就能和市场物品一样有效率，而且比提供给具有不同收入的人们的市场物品的供应更公平。"[⑥]。

3. 公共管制

1990年以来，新公共管理运动"不加考虑地解除管制"导致"很大一部分公共组织已经被私有的、投资者所有的商业公司取代。然而，管制体系的这种改变并非都是成功的。一

---

① [日]速水佑次朗. 发展经济学——从贫困到富裕[M]. 李周，译. 北京：社会科学文献出版社，2003：240.

② 张涛，罗旭，彭尚平. 多中心治理视阈下创新农村公共产品供给模式研究[J]. 理论与改革，2012(5).

③ 张菊梅. 公共服务公私合作研究——以多中心治理为视角[J]. 社会科学家，2012(3).

④ 张振华. 公共产品供给过程中的地方政府合作与竞争——印第安纳学派的多中心治理理论述评[J]. 西北师大学报(社会科学版)，2011(7).

⑤ [美]约瑟夫·斯蒂格利茨. 公共部门经济学[M]. 郭庆旺，杨志勇，刘晓路，张德勇，译. 北京：中国人民大学出版社，2005：126.

⑥ [美]休·史卓顿，莱昂内尔·奥查德. 公共物品、公共企业和公共选择[M]. 费昭辉，译. 北京：经济科学出版社，2000：89.

些放松管制的和私有化的公用企业垮掉了。”[①]在这一背景下，西方国家不同程度地开始了管制改革，但是这种改革不是回到以前的老路上，而是从新的思路出发构建政府的管制职能，对管制范围、管制方式进行新的调整。为适应管制改革的需要，学者们提出了一系列支持改革的理论，包括新自然垄断理论、可竞争市场理论、管制失灵理论以及X-低效率理论。在管制改革的进程中，为提高被管制企业的效率，降低管制成本，特许投标制、价格上限规制、成本调整合同、区域间比较竞争制度等激励性管制理论得到深入研究。[②]管制改革和激励管制形成了竞争与管制并存的市场结构，“更好的管制”理论由此产生，这一理论主张不是不经思考地解除管制，而是确保管制在适当的时候使用和管制实践中的高质量。但是，由于在管制政策选择和执行领域很容易出现腐败现象，因此对“管制者”进行管制开始被学术界重视，管制部门利益理论与管制俘虏理论为管制者提供了理论依据。克里斯托弗·胡德(Christopher Hood)认为管制者的核心是要通过制度设计实现管制结构中委托人和代理人之间的激励相容，制定一套减少或抑制管制机构被俘获的制度安排，建立监督、考核管制者的体系，使管制者在追求自身利益的同时也满足公共利益，从而强化对官僚和政府部门的内在监管。[③]

4. 公共财政

公共财政问题是政府经济学的核心主题，1990年以来，公共财政的政治分析产生了一系列的新理论。阿伦·威尔达夫斯基和艾伦·鲁宾等从政治学的角度对公共预算进行研究，形成了“公共预算是一个政治问题”的共识，认为“公共预算不仅仅是技术性的，它在本质上是政治性的”[④]，预算过程中的政治体现了权力的分配“如果你不能制定预算，你怎能治理”[⑤]，并由此形成了预算政治学。在预算政治学中，预算就是政治，它所研究的基本问题是：社会如何进行组织协调以决定政府和私人活动的相对主导地位以及谁获利、谁损失、谁受益、谁支付，作为以货币形式表现的政府活动，预算是政府的生命源泉，是输送支撑公共政策得以正常运行的基本生命要素的媒介。此外，近20年来，学者们对财政

---

① [美]戴维·E. 麦克纳博. 公用事业管理[M]. 常健，译. 北京：中国人民大学出版社，2010：3.

② 黄新华. 放松规制与激励规制：新规制经济学的理论主题述评[J]. 云南民族大学学报(哲学社会科学版)，2004(5).

③ [英]克里斯托弗·胡德，等. 监管政府[M]. 陈伟，译. 北京：生活·读书·新知三联书店，2009.

④ [美]爱伦·鲁宾. 公共预算中的政治：收入与支出，借贷与平衡[M]. 叶娟丽，马骏，译. 北京：中国人民大学出版社，2002.

⑤ [美]阿伦·威尔达夫斯基，布莱登·斯瓦德洛. 预算与治理[M]. 苟燕楠，译. 上海：海财经大学出版社，2010：302.

分权也给予了足够的关注。在奥茨(Wallace E. Oates)提出"分权定理"[①]的基础上，钱颖一和温格斯特(Barry R. Weingast)、麦金农(R. I. Mckinnon)以及热若尔·罗兰(Roland)等人融合当代政治学、经济学和管理学的研究成果，运用激励兼容与机制设计理论探讨了公共政策制定者的激励机制设计问题，将财政分权研究的重心从地方公共物品的供给转移到地方政府的行为模式上，进而形成了第二代财政分权理论，这一理论不再局限于研究中央政府和地方政府的公共物品供给责任，而是深入探究财政分权怎样能使地方政府在推动经济转型和增长方面获得更大的激励。[②] 随着对财政问题政治考察的深入，财政政策的多样性被解释为不同政治制度的产物，选举规则和政体的类型对财政政策有着重要的影响。

5. 外部效应

外部效应(或外部性)是无法在价格中得以反映的市场交易成本或收益。当外部效应出现时，买卖双方之外的第三方将受到某种产品的生产和消费的影响。[③] 20 世纪 90 年代以来，随着人类社会经济活动领域广度和深度的拓展，公共经济理论越来越关注外部效应问题的研究。鲍默尔(Bamnol)和奥茨(Oates)认为，"如果某个经济主体的福利(效用或利润)中包含的某些真实变量的值是由他人选定的，而这些人不会特别注意到其行为对于其他主体的福利产生的影响，此时就出现了外部性；对于某种商品，如果没有足够的激励形成一个潜在的市场，而这种市场的不存在会导致非帕累托最优的均衡，此时就出现了外部性。"[④]但是新制度经济学认为，外部效应是一个模糊不清的概念，在产权没有明确界定的情况下谈外部效应问题是没有意义的。如果交易成本为零，不同的产权安排都能导致资源配置的帕累托最优，因此外部效应的实质是交易成本问题。外部效应并不一定导致市场失灵，如果产权明晰和交易成本为零，政府通过设定资源使用的权利就可以使外部效应内部化。"一旦设定了资源使用的产权，利益相关者之间将既定的权力自由交换为现金支付将是有效率的，这一结果与利益相关者中谁被赋予了这种权利无关。"[⑤]这就是所谓的科斯定理。但是科斯定理隐含的外部效应内部化的途径受到许多经济学家的质疑。查尔斯·沃尔夫认为"问题在于很难确定他所想象的那种在消极外部性的产生者和受害者之间进行的交

---

① 该定理是指对于公共物品而言，如果消费涉及一个国家的所有人口，并且该产品或服务的单位供给成本对于中央政府和地方政府来说是相同的，那么由地方政府将一个具有帕累托改进的产出量提供给其辖区内的居民要比中央政府向全体居民提供有效得多。换言之，如果地方政府能够和中央政府提供同样的公共物品，并且单位供给成本是相同的，那么由地方政府提供的效率会更高。可参见 Wallace E. Oates. 的 *Fiscal Federalism* 书。

② 谷成. 西方财政学的发展轨迹与研究方法探析[J]. 中国人民大学学报，2011(2).

③ [美]大卫·海曼. 公共财政：现代理论在政策中的应用[M]. 章彤，译. 北京：中国财政经济出版社，2001：87.

④ [英]加雷斯·迈尔斯. 公共经济学[M]. 匡小平，译. 北京：中国人民大学出版社，2001：294-295.

⑤ [英]查尔斯·沃尔夫. 市场或政府[M]. 谢旭，译. 北京：中国发展出版社，1994：20.

易或者合同。实践中，在作恶与受害者之间，或者说在捐助人与受益人之间达成这种交易的困难(指成本)可能会大到无法克服的程度，几乎根本不可能成交。”①因此，依靠市场机制实现外部效应内部化是存在障碍的，在交易成本高于从市场交易中能够产生的收益时，市场就不会被创造出来，搭便车行为也会阻碍对外部效应的市场解决，社会因此需要政府通过公共政策促进外部效应内部化。

6. 公共企业

公共企业是指资产由政府所有，政府对其既实施内部控制，又实施外部控制的企业，② 公共企业兼具公共性和企业性的特征。③ 理论上公共企业应该追求社会福利最大化，但是在所有权和控制权分离以及对管理者行为的不完全监督，使公共企业很难实现社会福利最大化。传统经济理论认为，公共企业的效率不如私人企业，因为公有产权使公共企业的管理者和员工缺乏努力工作的内在动力，私人企业中存在的激励机制和约束机制被削弱。因此，在“新公共管理”和“第三条道路”的影响下，20世纪80年代以来公共企业的私有化在西方国家如火如荼地进行，但是私有化结果的“因境而异”引起了学者们对于私有化的反思。魏伯乐、奥兰·扬、马塞厄斯·芬格通过发生在世界上不同地方、不同部门私有化结果的一系列证据，对私有化作了全面的概览后指出“在某些条件下，私有化产生了积极的效果，而在另外一些条件下，则是消极的效果。”④按照他们的归纳，私有化的积极效果表现在：(1)私有化增加了基础设施投资；(2)私有化提高了服务质量；(3)私有化改善了经济效率；(4)私有化推动了公共企业的创新和能力建设。

但是，私有化也伴随着令人不满意的结果：(1)政府部门缺乏对私有化的有效治理能力；(2)竞争不充分导致私人垄断；(3)私有化使穷人和富人享有的公共服务质量有很大差别；(4)私有化导致利用稀缺的公共资源保证私人企业获利；(5)私有化将一些提供必需公共服务的企业推向崩溃的边缘；(6)私有化的过程存在大量的欺诈和腐败行为；(7)私有化增加了消费安全的隐患；(8)私有化削弱了公众参与公共服务的民主权利；(9)私有化的公共物品供给具有潜在的危险。因此，必须重新审视公共企业私有化改革的利弊，私有化并非是灵丹妙药，确立私有产权以及公共资产的私有化会带来市场经济的效率，但这并不等于不能用其他手段得到效率或者达到其他目标，公共企业如果能够解决激励不足以及在竞争的环境下运行，那么公有化和私有化之间的差异就会缩小。⑤

---

① [以]阿耶·L. 希尔曼. 公共财政与公共政策[M]. 王国华，译. 北京：中国社会科学出版社，2006：236-237.

② [法]让·雅克·拉丰，让·梯若尔. 政府采购与规制中的激励理论[M]. 石磊，王永钦，译. 上海：上海人民出版社，2004：544.

③ [日]植草益. 微观规制经济学[M]. 朱绍文，译. 北京：中国发展出版社，1992：228.

④ [德]魏伯乐，奥兰·扬，马塞厄斯·芬格. 私有化的局限[M]. 王小卫，周缨，译. 上海：上海人民出版社，2006：533.

⑤ [美]约瑟夫·斯蒂格利茨. 促进规制与竞争政策[J]. 数量经济技术经济研究，1999(10).

10.4.2 丰富政府经济学的研究方法[①]

作为一门学科的重要组成部分，研究方法提供了人们在该学科领域内分析问题的视角、工具和分析框架。政府经济学既是理论经济学又是应用经济学，同时又属于交叉学科，研究方法的演进与公共经济理论的发展密不可分。长期以来，政府经济学研究体现出来的一个鲜明特征就是遵循主流经济学的范式，运用主流经济学的分析框架，包括理性人、模型、最优解(均衡)、静态及数学工具，在一系列严格的假设之上进行公共经济研究。但仅仅运用传统经济学的研究方法显然是不够的，除了继续沿用主流经济学的研究方法和分析工具，政府经济学还应积极拓展新的分析工具，如引入实验经济学、博弈论、信息经济学、行为经济学、多中心制度分析等一系列新方法、新工具，使公共经济领域的研究方法和分析工具呈现多样化的特征。

(1)实验经济学的引入加速了政府经济学研究方法的创新。实验经济学开创了经济实验系统化的先河，为政府经济学研究方法的创新奠定了坚实的基础。[②] 实验经济学是指人们运用模拟与仿真的手段，按照实验规则创造出与实际经济运行相类似的环境和条件，从中检验已有的经济理论，增强实际操作技能或者为解决实际问题提供理论分析的一种方法与过程。[③] 经济理论的实验与物理、化学实验一样包含实验设计、选择实验设备和实验步骤、分析数据以及报告结果等环节。“实验方法使用在经济学的研究中，其最大的优势在于实验的可控制性和可重复性。”[④]1990 年以来为了验证已有的理论及其假设前提，更好地解释现实并提出新理论，实验方法成为政府经济学最重要的研究方法之一，从应用范围来看，从经济主体行为、公共物品、公共收入、公共选择到政策过程等几乎所有政府经济学的研究领域，都有学者们运用实验研究法的身影。通过实验设计，学者们对公共物品理论与集体选择理论的主流观点进行了检验与证实，探讨了公共物品供给中不同行为主体的倾向，考察了供给者和消费者的社会心理动机、偏好的异质性问题(如性别、年龄等人口特征)，探讨了公共物品中的集体行动、选择机制、门槛效应、信息交流等因素，揭示出社会成员的自愿捐献行为在一定程度上化解了集体行动的危机。[⑤]

(2)计量经济学的引入为政府经济学提供了先进的技术手段。计量经济学是以数理经济学和数理统计学为方法论基础，对于经济问题试图从理论上的数量接近和经验(实证)上的数量接近这两者进行综合而产生的经济学分支学科。20 世纪 90 年代以来，计量经济学成为政府经济研究不可或缺的方法。“计量经济学方法有广义和狭义之分。广义的计量经济学方法主要包括时间序列分析、回归分析、投入产出分析、优化方法等；狭义的计量经

---

① 黄新华．公共经济理论研究的进展——1990 年以来的政府经济学研究[J]．学术界，2013(10).

② 陈柳钦．公共经济学的发展动态分析[J]．南京社会科学，2011(1).

③ 涂晓今．论经济学实验方法的改进与创新[J]．重庆科技学院学报(社会科学版)，2010(2).

④ 唐雪峰．实验经济学研究方法探新[J]．经济评论，2006(4).

⑤ SMITH V L. Economics in the Laboratory[J]. Journal of Economic Perspectives，1994(1).

济学方法就是用以回归分析为核心的数理统计方法对研究对象进行因果分析，揭示其内在规律性，从而进行经济的结构分析、预测、政策评价和理论检验。”①计量经济学在政府经济学研究中的作用表现在三个方面：一是验证经济理论或模型能否解释以往的经济数据(特别是重要的经验特征事实)；二是检验经济理论和经济假说的正确性；三是预测未来经济发展趋势，并提供政策建议。② 政府经济理论研究的进展在很大程度上得益于计量经济学的发展，现代数学工具的广泛应用使许多政府经济理论得到严格证明，③ 通过计量经济学方法学者们验证了最优税收理论和财政分权理论，研究了利息所得税对家庭储蓄的影响，各种计量经济模型在市场需求、投入产出、收入分配和就业选择等方面的应用对公共政策的选择产生了显著的影响。此外，计量经济学也被引用到经济政策分析中，依据一定的标准和程序，运用数据评估政策效果、效益、效率和公众回应，并由此决定政策延续或终结。如今数值分析、可计算一般均衡模型和遗传算法等已经成为政府经济学研究中有代表性的计量方法，这些计量方法“有望将政府经济政策制定、产业管制、立法结构和绩效，以及经济与政治制度的发展或变化等问题连接起来。”④

(3)博弈论和信息经济学的引入为政府经济学提供了优良的分析工具。博弈论是研究理性个体之间相互冲突和合作的学科，合作博弈和非合作博弈是博弈论研究的核心。博弈论极大地促进了信息经济学的发展，信息经济学认为在信息不完全和不对称条件下，个体的能力和理性是有限的，个人理性选择的结果并不必然导致集体理性，因此决策个体之间相互作用和影响是经济分析的出发点。1990年以来，博弈论和信息经济学被广泛运用到政府经济研究中，这是因为公共经济领域存在严重的信息不完全和不对称导致的利益冲突及其相互博弈，政府经济学引入博弈论和信息经济学可以对现实经济问题做出更准确的解释和研究。博弈论和信息经济学应用于公共物品的研究表明，公共物品的制度设计要有利于信息搜寻、信息传递、信息甄别和监督管理，有利于显示真实信息和确保信息的可信性。换句话说，公共物品的制度设计应当有利于揭示真实偏好，减少信息搜寻、传递、甄别和监督管理的成本，促进公共物品外部效应的内部化。⑤ 针对公共部门多重委托—代理(横向代理和纵向代理)导致的逆向选择和道德风险问题，博弈论和信息经济学的激励相容机制设计理论提供了公共部门激励机制选择和设计的有效思路，为改善公共部门的效率

① 李子奈．关于现代计量经济学的研究方法[J]．清华大学学报(哲学社会科学版)，1995(3)．

② 洪永淼．计量经济学的地位、作用和局限[J]．经济研究，2007(5)．

③ FELDSTEIN M. The transformation of public economics research：1970—2000[J]. Journal of Public Economics，2002(86)．

④ [美]杰弗瑞·班克斯，艾里克·哈努谢克．政治经济学新方向[M]．王志毅，李井奎，叶敏，译．上海：上海人民出版社，2010：3．

⑤ 钟晓敏，高琳．现代财政学的发展历史、现状和趋势[J]．财经论丛，2009(1)．

提供了解决问题的办法。① 博弈论和信息经济学的分析已渗透到了经济系统中的每一部分，“从市场的有效性到公共产品的供给，从现代企业制度的各种有关问题到政府在经济中的作用，等等。信息经济学已经真正成为当今经济分析的主流。”②

(4)行为经济学的引入为政府经济学研究提供了新思维。行为经济学将行为分析理论与经济运行规律、心理学与经济科学有机结合起来，以发现经济模型中的错误或遗漏，进而修正主流经济学关于人的理性、自利、完全信息、效用最大化及偏好一致假设。行为经济学更真实地展现了人们的思考、选择、决策以及行为方式，为政府经济学研究方法的拓展提供新的思路，行为经济学的引入使政府经济学对一些传统理论有了新的认识。道格拉斯·本海姆、安托尼·兰杰将应用行为经济学研究公共经济理论的学科定义为“非标准决策情况下的福利和政策分析”(或称行为公共经济学)，指出行为经济学的引入，使政府经济学分析政策怎样影响着个人福利以及个人福利如何整合成社会福利的理论和新古典经济学产生了明显的差异，社会福利的概念与内涵发生了根本性的变化，福利政策分析的转变已是必然。新古典经济学认为，人们具有完备的偏好序列，这种偏好排序是福利评价的基础。这样的解释内含着如下的假设：一致性偏好(每个人具有一致的良好偏好)、偏好集的规定(每个人的偏好集是由其具有状态依存性质的终生消费路径组成的)、终生不变偏好(每个人对于其状态依存终生消费路径的偏好次序不随时间和外部环境状态的改变而改变)、无错假设(个人从可行集中选择其最偏好的选项)。行为经济学认为，人的选择是高度依赖于环境的，偏好是不一致的，时间的不一致性以及自我约束(自我控制)的存在，人们对其终生状态依存消费路径的偏好会随着时间或外部环境的改变而改变，人们并不总是从可行集中选择其最偏好的选项，因此为“避免将福利测评的方法简单化，利用那些没有经过检测的假设进行系统的行为观察”③必须调整个人偏好假设，关注被正统经济学分析所忽视的制度和环境对等偏好的内生影响。

(5)多中心制度分析成为政府经济学重要的分析工具。多中心制度分析开创了以经验为基础的制度安排影响治理绩效的理论。多中心是与单中心相对而言的，单中心凭借终极权威，通过一体化的上级指挥与下级服从链条实现治理的协调与整合。而在多中心中，各种治理主体既相互独立自主地追求各自利益，又相互调适接受特定规则约束实现有效治理。多中心意味着公共事务可以通过多种制度选择来安排，在政府和市场之外，私人组织、第三部门和公民个人都可以是公共事务治理的主体，因此多中心制度分析中心问题是，一群相互依赖的委托人如何把自己组织起来进行自主治理，从而能够在所有人都面对搭便车、规避责任或机会主义行为的诱惑下，取得持久的共同收益。多中心制度分析在市场与政府之外阐明了公共事务的自主治理机制，从而在企业理论和国家理论的基础上进一

---

① [英]彼德·M. 杰克逊. 公共部门经济学前沿问题[M]. 郭庆旺，译. 北京：中国税务出版社，2000：79-105.

② 蒋殿春. 博弈论如何改写了微观经济学[J]. 经济学家，1997(6).

③ 朱国玮，左阿琼. 行为公共经济学的研究范畴与进展[J]. 经济学动态，2010(5).

步发展了集体行动的理论，为公共事务治理研究提供了一个可行的分析框架，20 世纪 90 年代以来被广泛地用于对公共经济研究中，为公共事务提出了不同于官僚行政理论的治理逻辑，强调政府治理变革应打破单中心的模式，构建政府、市场和社会的三维框架，以提高集体行动的效率。① 因为在公共事务治理中，“公地悲剧”“囚徒困境”以及“集体行动的逻辑”都说明，个人的理性行为终将导致集体的非理性结果，涉及集体行动的公共事务要么实施强有力的中央集权，要么彻底私有化。但是，多中心制度分析表明，单一的适应所有服务的组织模式无法解决现实社会中的公共问题，集体行动中存在的多种影响因素，如服务类型多样性、历史和地理环境、组织交易成本、民主参与等会影响公共治理的有效性，因此中央集权和私有化都不能实现公共事务的最佳治理，而多中心治理“为面临公共选择悲剧的人们开辟了新的路径，为避免公共事务的退化、保护公共事务、可持续地利用公共事务从而增进人类的福利提供了自主治理的制度基础。”②近年来，埃莉诺・奥斯特罗姆还将多中心制度分析引入全球气候变暖问题的研究中，认为全球气候变暖问题的解决应该有多中心的路径，个人、家庭、社区、城市、州、国家和国际组织等都是应对气候变暖的主体，不应该等待全球化方案达成共识之后才寻找解决方案。③

10.4.3　提升政府经济学的研究水平

政府经济学历经了 200 多年的发展，从财政学萌芽，逐步发展到后来的公共财政学，进而在实践中随着政府行为的日益扩展，同时伴随着公共部门规模的持续扩张，并在宏观经济学和福利经济学的推动下，已经成为一门研究政府经济行为不可或缺的学科。检视政府经济学的发展史，从财政学到政府经济学(或公共经济学)，“它不仅仅是名称上的变化，更重要的是研究内容、研究范围的扩展。”④政府经济学“不仅研究财政收支本身的问题，更重要的是研究财政收支活动对经济的影响，分析政府所从事的经济活动的主要后果及其与社会目标的关系。”⑤也就是说，下述一系列的问题是财政学所不能包容，而政府经济学必须研究的：规范的国家理论、公共生产与官僚机构、非市场决策的经济学、外部效应矫正、公共企业定价、成本收益分析、政策改革的政治经济学、社会保障与宏观经济稳定等。⑥ 因此，政府经济学必须既注重实证分析，又注重规范分析。

---

① 黄新华，于正伟. 新制度主义的制度分析范式：一个归纳性述评[J]. 财经问题研究，2010(3).

② [美]埃莉诺・奥斯特罗姆. 公共事务的治理之道[M]. 余逊达，陈旭东，译. 上海：上海三联书店，2000：1-2.

③ 李文钊。多中心的政治经济学——埃莉诺・奥斯特罗姆的探索[J]. 北京航空航天大学学报(社会科学版)，2011(11).

④ 黄新华。公共经济理论研究的进展——1990 年以来的政府经济学研究[J]. 学术界，2013(10).

⑤ [英]彼德・M. 杰克逊. 公共部门经济学前沿问题[M]. 郭庆旺，译. 北京：中国税务出版社，2000：4.

⑥ 黄新华. 公共经济理论研究的进展——1990 年以来的政府经济学研究[J]. 学术界，2013(10).

为了提升政府经济学的研究水平，学者们将新方法、新工具引入政府经济学中，促使政府经济学研究向跨学科交叉研究发展。1990年以来，政府经济学经常在经济学的边缘探讨，新政治经济学、政治哲学、宪法理论、官僚政治理论、新公共管理理论、法律经济学、交易成本理论、治理理论、政策科学等直接融入到公共经济理论研究中，政府经济学朝着经济学、政治学、社会学、管理学、法学、伦理学等多学科交叉综合的方向前进。从这个意义上讲，发端于财政学的政府经济学已经实现自身发展中的飞跃，正在跃向一个更加广阔、更加激动人心的新高度[①]。

而其他学科的学者积极参与到政府经济学的研究领域之中，也促使政府经济学和其他学科间相互交叉、渗透与融合，极大地推动和促进了政府经济学向纵深发展。例如，新政治经济学关于所有政治参与者都是理性的，在利益不一致的前提下，运用可以支配的各种资源，努力实现自身利益最大化的假设，使政府经济学在分析政治因素对经济影响的结果时，将政治制度、行动者以及体现在决策过程中的个体、制度与市场的互动中相互分立的观点统一。[②] 而新公共管理理论为政府经济学提供了一系列管理公共部门的理论和治理工具"企业化"和"契约化"的治理模式为政府治理变革，更好地完成使命以及向公众提供服务提供了再造政府的路径。政治哲学关于公平正义的讨论，形成了政府经济学中的"新古典国家理论"，国家为选民提供保护和公正，选民缴纳税收维持国家机构的正常运转，因此国家可视为选民同管理者(代理人)之间的关系性或隐性的委托—代理合约。交易成本理论的引入，不仅解释了公共服务合同外包的成因，探讨了公共服务合同外包的治理机制，更重要的是，交易成本分析解释了经济政策的制定过程，为理解经济政策制定提供了一个新的合理的解释窗口。[③] 官僚政治理论关于官僚机构和官僚行为的研究，形成了政府经济学中的官僚经济学，揭示了行政和立法机构围绕公共预算和公共服务供给博弈的行为逻辑和实际目标。治理理论强调治理质量取决于政府和社会互动质量的观点，影响了政府经济学关于可供选择的经济治理方式的探讨，为寻求多样性的公共经济生产方式提供了一个新视角。法律经济学关于产权的经济理论，为政府经济学理清什么资源应由产权来保护，怎样确立和保护产权，私有产权的占用和管制等问题奠定了基础。

在经济全球化和政治全球化的进程中，随着公共经济问题越来越复杂多变，牵涉到政治、经济、历史、文化甚至国际关系等各种因素，为了提升政府经济学的研究水平，必须在政府经济学保持经济学传统的同时，加强政府经济学的跨学科研究。因为日益复杂的公共经济问题难以在单一的经济学框架中得到解决，必须依靠跨学科的研究才能更好地解释现实问题并提供有价值的政策建议。"一个学科的实践者能够忽视另一个学科的理论发展

---

① 马晓，冯俏彬．现状与未来：国内外公共经济学研究评述[J]．地方财政研究，1009(11)．

② 黄新华．公共经济理论研究的进展——1990年以来的政府经济学研究[M]．学术界，2013(10)．

③ [美]阿维纳什·迪克西特．经济政策的制定：交易成本政治学的视角[M]．刘元春，译．北京：中国人民大学出版社，2004．

和理论问题的时代已经一去不复返了。”[1]相同的人活跃在市场经济中，活跃在政治体系中，活跃在社会规范中，政府经济学和其他社会科学之间并不存在自然的界限，所有的社会科学都是研究同一个完整的现实世界。虽然经济学在研究公共经济问题上具有比较优势，因为相对于其他社会科学，经济学有更大的机会使用精确的方法。但是，只要人的行为具有目的性和一致性，各个不同学科的研究都可以相互借鉴。在人类社会知识体系不断完善的进程中，自然科学亦和社会科学的跨学科研究都已成为一种常态而不是偶然，政府经济学跨学科研究的未来一定会比过去更精彩。

① ［美］詹姆斯·阿尔特，肯尼斯·谢泼斯. 实证政治经济学［M］. 王永钦，薛峰，译. 上海：上海人民出版社，2009：4.

参考文献

[1][奥]汉斯·凯尔森. 法与国家的一般理论[M]. 沈宗灵，译. 北京：中国大百科全书出版社，1996.

[2][澳]杰弗瑞·布伦南，[美]詹姆斯·M. 布坎南. 宪政经济学[M]. 冯克利，等译，北京：中国社会科学出版社，2004.

[3][澳]欧文·E. 休斯. 公共管理导论[M]. 张成福，等译. 北京：中国人民大学出版社，2001.

[4]薄贵利. 推进政府治理现代化[J]. 中国行政管理，2014(5).

[5]蔡声霞. 政府经济学[M]. 天津：南开大学出版社，2009.

[6]陈桂生，徐彬. 政府经济学[M]. 天津：天津大学出版社，2009.

[7]陈柳钦. 公共经济学的发展动态分析[J]. 南京社会科学，2011(1).

[8]陈天祥. 人力资源管理[M]. 广州：中山大学出版社，2001.

[9]陈通，王伟. 我国政府绩效评估实践趋势研究[J]. 科技管理研究，2008(28).

[10]陈伟. 政府购买公共服务标准化的基本要素、现实困境与实现策略[J]. 中国行政管理，2016(12).

[11]陈秀山. 政府失灵及其矫正[J]. 经济学家，1998(1).

[12]陈越峰. 政府规制的中国问题[J]. 华东政法大学学报，2017(1).

[13]陈振明. 非市场缺陷的政治经济学分析——公共选择和政策分析学者的政府失败论[J]. 中国社会科学，1998(6).

[14]陈振明. 公共服务导论[M]. 北京：北京大学出版社，2011.

[15]陈振明. 公共管理学：一种不同于传统行政学的研究途径[M]. 北京：中国人民大学出版社，2003.

[16]陈振明. 评西方的"新公共管理"范式[J]. 中国社会科学，2000(6).

[17]陈振明. 政策科学——公共政策分析导论[M]. 北京：中国人民大学出版社，2004.

[18]陈振明. 政府工具导论[M]. 北京：北京大学出版社，2009.

[19]陈振明. 政府治理变革的技术基础——大数据与智能化时代的政府改革述评[J]. 行政论坛，2015，(6).

[20]戴长征. 中国政府的治理理论与实践[J]. 中国行政管理，2002(2).

[21]戴璐. 美国绩效预算管理及其启示[J]. 财会月刊，2007(2).

[22]戴钰，刘亦文. 我国政府绩效评估最新研究进展综述[J]. 科技管理研究，2010(4).

[23][法]亨利·勒帕日. 美国新自由主义经济学[M]. 李燕生，译，北京：北京大学出版社，1985.

[24][法]卢梭. 社会契约论[M]. 何兆武，译. 北京：商务印书馆，2005.

[25][法]让·雅克·拉丰，让·梯若尔. 政府采购与规制中的激励理论[M]. 王永钦，石磊，译. 上海：上海人民出版社，2004.

[26][法]雅克·阿达. 经济全球化[M]. 何竟，周晓幸，译. 北京：中央编译出版社，2000.

[27]樊丽明，李齐云，陈东. 政府经济学[M]. 北京：经济科学出版社，2008.

[28]樊勇明，杜莉. 公共经济学[M]. 2 版. 上海：复旦大学出版社，2001.

[29]方福前. 公共选择理论[M]. 北京：中国人民大学出版社，2000.

[30]冯淑萍. 完善财税制度 推进科学发展——有利于科学发展的财税制度若干重大问题研究(上册)[M]. 北京：中国财政经济出版社，2012.

[31]付景涛. 我国地方政府绩效评估的主客观模式及进展[J]. 领导科学，2010(23).

[32]傅勇. 中国式分权、地方财政模式与公共物品供给：理论与实证研究[D]. 复旦大学，2007.

[33]高培勇，崔军. 公共部门经济学[M]. 北京：中国人民大学出版社，2004.

[34]高培勇. 公共经济学[M]. 3 版. 北京：中国人民大学出版社，2012.

[35]高姝，郝艳华，吴群红，刘艳瑞，张议丹. 组织绩效评估方法的国内外研究进展[J]. 中国卫生事业管理，2008(12).

[36]苟燕楠，王海. 公共预算的传统与变迁：美国预算改革对中国的启示[J]. 财政研究，2009(6).

[37]谷成. 西方财政学的发展轨迹与研究方法探析[J]. 中国人民大学学报，2011(2).

[38]郭连成. 经济全球化与不同类型国家的应对[M]. 北京：中国财政经济出版社，2001.

[39]郭庆旺，赵志耘. 财政学[M]. 北京：中国人民大学出版社，2002.

[40]郭小聪. 政府经济学[M]. 4 版. 北京：中国人民大学出版社，2015.

[41]郭砚莉. 改善政府内部治理效率分析：基于交易成本的观点[J]. 中国行政管理，2012(7).

[42]国家对市场经济的法律规制课题组. 国家对市场经济的法律规制[M]. 北京：中国法制出版社，2005.

[43]洪永淼. 计量经济学的地位、作用和局限[J]. 经济研究，2007(5).

[44]胡代光. 西方经济学说的演变及其影响[J]. 北京：北京大学出版社，1998.

[45]胡洪彬. 大数据时代国家治理能力建设的双重境遇与破解之道[J]. 社会主义研究，2014(4).

[46]胡世忠. 云端时代杀手级应用——大数据分析[J]. 北京：人民邮电出版社，2013.

[47]胡税根，王汇宇. 智慧政府治理的概念、性质与功能分析[J]. 厦门大学学报(哲学社会科学版)，2017(3).

[48]黄恒学. 公共经济学[M]. 2版. 北京：北京大学出版社，2009.

[49]黄新华. 当代西方新政治经济学[M]. 上海：上海人民出版社，2008.

[50]黄新华. 公共经济理论研究的进展——1990年以来的政府经济学研究[J]. 学术界，2013(10).

[51]黄新华. 公共经济学[M]. 北京：清华大学出版社，2014.

[52]黄新华. 论政府社会性规制职能的完善[J]. 政治学研究，2007(2).

[53]黄新华. 预算政治学研究进展与前瞻[J]. 学海，2014(6).

[54]黄新华，赵瑶. 政治过程与预算改革[J]. 财经问题研究，2014(12).

[55]黄新华. 政治过程、交易成本与治理机制——政策制定过程的交易成本分析理论[J]. 厦门大学学报(哲学社会科学版)，2012(1).

[56]黄英，原雪梅. 微观经济学[M]. 北京：清华大学出版社，2016.

[57]黄宗良，林勋健. 经济全球化与中国特色社会主义[M]. 北京：北京大学出版社，2005.

[58]江沁，杨卫. 政府经济学[M]. 上海：同济大学出版社，2009.

[59]蒋红珍. 政府规制政策评价中的成本收益分析[J]. 浙江学刊. 2011(6).

[60]蒋南平，龙运书，冉恩贵. 经济学基础[M]. 北京：清华大学出版社，2014.

[61]金竹青，王祖康. 中国政府绩效评估主体结构特点及发展建议[J]. 国家行政学院学报，2007(6).

[62]靳继东. 预算改革的政治分析：理论阐释与中国视角[M]. 北京：科学出版社，2015.

[63]句华. 公共服务中的市场机制：理论、方式与技术[M]. 北京：北京大学出版社，2006.

[64]李春根，廖清成. 公共经济学[M]. 2版. 武汉：华中科技大学出版社，2015.

[65]李军鹏. 政府购买公共服务的学理因由、典型模式与推进策略[J]. 改革，2013(12).

[66]李俊生，乔宝云，刘乐峥. 明晰政府间事权划分　构建现代化政府治理体系[J]. 中央财经大学学报，2014(3).

[67]李文钊. 多中心的政治经济学——埃莉诺·奥斯特罗姆的探索[J]. 北京航空航天大学学报(社会科学版)，2011(11).

[68]李雪平，曾凡诠，陈亚红. 微观经济学[M]. 上海：上海财经大学出版社，2015.

[69]李延均. 公共经济学[M]. 上海：立信会计出版社，2012.

[70]李一宁，金世斌，吴国玖. 推进政府购买公共服务的路径选择[J]. 中国行政管理，2015(2).

[71]李奕宏. 政府预算管理体制改革研究[D]. 财政部财政科学研究所，2012.

[72]林成. 从市场失灵到政府失灵：外部性理论及其政策的演进[M]. 长春：吉林大学出版社，2011.

[73]刘波，彭瑾，李娜．公共服务外包：政府购买服务的理论与实践[M]．北京：清华大学出版社，2016.

[74]刘小怡，夏丹阳．财政政策与货币政策[M]．北京：中国经济出版社，2000.

[75]卢洪友．公共部门经济学[M]．北京：高等教育出版社，2015.

[76]卢映川，万鹏飞．创新公共服务的组织与管理[M]．北京：人民出版社，2007.

[77]鲁照旺，赵新峰．政府经济学[M]．北京：中国财政经济出版社，2015.

[78]吕秉梅，瞿丽．微观经济学原理及应用[M]．广州：华南理工大学出版社，2015.

[79]马骏，侯一麟，林尚立．国家治理和公共预算[M]．北京：中国财政经济出版社，2007.

[80]马骏，叶娟丽．公共预算理论：现状与未来[J]．武汉大学学报(社会科学版)，2003(3).

[81]马骏．中国预算改革：理性化与民主化[M]．北京：中央编译出版社，2005.

[82]马桑．公共经济学：思维与拓展[M]．北京：经济科学出版社，2016.

[83]马晓，冯俏彬．现状与未来：国内外公共经济学研究评述．地方财政研究，2009(11).

[84]梅锦萍，杨光飞．从公共服务民营化到政府购买公共服务[J]．江苏社会科学，2016(4).

[85][美]A. E. 门罗．早期经济思想——亚当·斯密以前的经济文献选择[M]．蔡受百，等译．北京：商务印书馆，2011.

[86][美]E. S. 萨瓦斯．民营化与PPP模式：推动政府和社会资本合作[M]．北京：中国人民大学出版社，2015.

[87][美]E. S. 萨瓦斯．民营化与公私部门的伙伴关系[M]．北京：中国人民大学出版社，2002.

[88][美]N. 格里高利·曼昆．宏观经济学[M]．张帆，梁晓钟，译．北京：中国人民大学出版社，2005.

[89][美]W. 吉帕·维斯库斯，约翰·M. 弗农，小约瑟夫·E. 哈林顿．反垄断与规制经济学[M]．北京：机械工业出版社，2004.

[90][美]阿尔伯特·C. 海迪，等：公共预算经典(第二卷)——现代预算之路[M]．苟燕楠，董静，译．上海：上海财经大学出版社，2006.

[91][美]阿伦·德雷泽：宏观经济学中的政治经济学[M]．杜两省，等译．北京：经济科学出版社，2003.

[92][美]阿伦·威尔达夫斯基、布莱登·斯瓦德洛．预算与治理[M]．苟燕楠，译．上海：海财经大学出版社，2010.

[93][美]阿伦·威尔达夫斯基，布莱登·斯瓦德洛：预算与治理[M]．苟燕楠，译．上海：上海财经大学出版社，2010.

[94][美]阿伦·威尔达夫斯基，内奥米·凯顿：预算过程中的新政治学[M]．邓淑莲，魏陆，译．上海：上海财经大学出版社，2006.

[95][美]阿伦·威尔达夫斯基．预算：比较理论[M]．苟燕楠，译．上海：上海财经大学出版社，2009.

[96][美]阿曼·卡恩，W. 巴特利·希尔德雷思．公共部门预算理论[M]．韦曙林，译．上海：格致出版社、上海人民出版社，2010.

[97][美]阿维纳什·迪克西特. 经济政策的制定：交易成本政治学的视角[M]. 刘元春，译. 北京：中国人民大学出版社，2004.

[98][美]埃莉诺·奥斯特罗姆. 公共事务的治理之道[M]. 余逊达，陈旭东，译. 上海：上海三联书店，2000.

[99][美]艾伦·加特. 管制、放松与重新管制[M]. 北京：经济科学出版社，1999.

[100][美]爱伦·鲁宾. 公共预算中的政治：收入与支出，借贷与平衡[M]. 叶娟丽，马俊，等译. 北京：中国人民大学出版社，2001.

[101][美]安东尼·B. 阿特金森，约瑟夫·E. 斯蒂格里茨. 公共经济学[M]. 蔡江南，译. 上海：上海三联书店、上海人民出版社，1994.

[102][美]安东尼·唐斯. 官僚制内幕[M]. 郭小聪，等译. 北京：中国人民大学出版社，2006.

[103][美]安东尼·唐斯. 民主的经济理论[M]. 姚洋，等译. 上海：上海人民出版社，2005

[104][美]奥利弗·E. 威廉姆森. 资本主义经济制度——论企业签约与市场签约[M]. 段毅才，王伟，译. 北京：商务印书馆，2011.

[105][美]保罗·萨缪尔森，威廉·诺德豪斯. 经济学[M]. 19版. 萧琛，译. 北京：商务印书馆，2013.

[106][美]鲍德威，威迪逊. 公共部门经济学[M]. 邓力平，主译. 北京：中国人民大学出版社，2000.

[107][美]查尔斯·沃尔夫. 市场或政府——权衡两种不完善的选择. 北京：中国发展出版社，1994.

[108][美]戴维·E. 麦克纳博. 公用事业管理[M]. 常健，译. 北京：中国人民大学出版社，2010.

[109][美]戴维·奥斯本，特德·盖布勒. 改革政府：企业精神如何改革着公共部门[M]. 周敦仁，等译. 上海：上海译文出版社，1996.

[110][美]戴维·韦默，[加]艾丹·维宁. 政策分析——理论与实践[M]. 上海：上海译文出版社，2003.

[111][美]丹尼尔·F. 史普博. 管制与市场[M]. 上海：上海人民出版社，2008.

[112][美]丹尼斯·C. 缪勒. 公共选择理论[M]. 韩旭，等译. 北京：中国社会科学出版社，2010.

[113][美]菲利普·库珀. 合同制治理——公共管理者面临的挑战与机遇[M]. 上海：复旦大学出版社，2007.

[114][美]戈登·塔洛克. 寻租——对寻租活动的经济学分析[M]. 成都：西南财经大学出版社，2000.

[115][美]哈维·罗森. 财政学[M]. 北京：中国人民大学出版社，2003.

[116][美]加布里埃尔·阿尔蒙德. 当今比较政治学：世界视角[M]. 北京：中国人民大学出版社，2014.

[117][美]简·莱恩. 新公共管理[M]. 北京：中国青年出版社，2003.

[118][美]杰弗瑞·班克斯，艾里克·哈努谢克．政治经济学新方向[M]．王志毅，李井奎，叶敏，译．上海：上海人民出版社，2010.

[119][美]杰克·瑞宾，托马斯·D. 林奇：国家预算与财政管理[M]．丁学东，等译．北京：中国财政经济出版社，1990.

[120][美]凯瑟琳·纽科默．迎接业绩导向型政府的挑战[M]．张梦中，李文星，译．广州：中山大学出版社，2003.

[121][美]凯特．有效政府：全球公共管理革命[M]．上海：上海交通大学出版社，2005.

[122][美]克鲁格曼，韦尔斯．宏观经济学[M]．北京：中国人民大学出版社，2009.

[123][美]肯尼斯·阿罗．社会选择与个人价值[M]．陈志武，等译．成都：四川人民出版社，1987.

[124][美]罗伯特·B. 丹哈特，珍妮特·V. 丹哈特．新公共服务：服务而非掌舵[M]．北京：中国人民大学出版社，2010.

[125][美]罗尔斯．正义论[M]．何怀宏，等译．北京：中国社会科学出版社，1988.

[126][美]罗纳德·科斯．财产权利与制度变迁[M]．刘守英，译．上海：上海人民出版社，1994.

[127][美]罗纳德·科斯．企业、市场与法律[M]．盛洪，陈郁译．上海：上海人民出版社，2009.

[128][美]马克·艾伦·艾斯．规制政治的转轨[M]．北京：中国人民大学，2015.

[129][美]马克·霍哲．公共部门业绩评估与改善[J]．张梦中，译．中国行政管理，2000(3).

[130][美]曼瑟尔·奥尔森．集体行动的逻辑[M]．陈郁，等译．上海：上海人民出版社，1995.

[131][美]尼古拉斯·亨利．公共行政与公共事务[M]．项龙，译．北京：华夏出版社，2002.

[132][美]诺姆·乔姆斯基．新自由主义和全球秩序[M]．南京：江苏人民出版社，2000.

[133][美]乔治·斯蒂格勒．产业组织和政府管制[M]．上海：上海人民出版社、上海三联书店，1996.

[134][美]萨拉蒙．新政府治理与公共行为的工具：对中国的启示[J]．李婧，译．中国行政管理，2009(11).

[135][美]史蒂芬·布雷耶．规制及其改革[M]．北京：北京大学出版社，2008.

[136][美]唐纳德·凯特尔．权力共享：公共治理与私人市场[M]．北京：北京大学出版社，2009.

[137][美]托马斯·戴伊．理解公共政策[M]．谢明，译．北京：中国人民大学出版社，2011.

[138][美]威廉姆·A. 尼斯坎南：官僚制与公共经济学[M]．王浦劬，等译．北京：中国青年出版社，2004.

[139][美]休·史卓顿，莱昂内尔·奥查德．公共物品、公共企业和公共选择[M]．费昭辉，译．北京：经济科学出版社，2000.

[140][美]约翰·罗尔斯．正义论[M]．何怀宏，何包钢，廖申白，译．北京：中国社会

科学出版社，1988.

[141][美]约瑟夫·E. 斯蒂格利茨，公共部门经济学[M]. 郭庆旺，等译. 北京：中国人民大学出版社，2005.

[142][美]约瑟夫·斯蒂格里茨. 政府经济学[M]. 曾强，等译. 北京：春秋出版社，1988.

[143][美]约瑟夫·斯蒂格利茨，卡尔·沃尔什. 经济学[M]. 北京：中国人民大学出版社，2010.

[144][美]约瑟夫·斯蒂格利茨. 政府为什么干预经济[M]. 郑秉文，译. 北京：中国物资出版社，1998.

[145][美]詹姆斯·M. 布坎南，戈登·塔洛克. 同意的计算——立宪民主的逻辑基础[M]. 陈光金，译. 北京：中国社会科学出版社，2000.

[146][美]詹姆斯·M. 布坎南，理查德·A. 马斯格雷夫. 公共财政与公共选择：两种截然不同的国家观[M]. 类承曜，译. 北京：中国财政经济出版社，2000.

[147][美]詹姆斯·M. 布坎南. 民主财政论：财政制度和个人选择[M]. 穆怀朋，译. 北京：商务印书馆，1993.

[148][美]詹姆斯·M. 布坎南. 民主财政论[M]. 穆怀朋，译. 北京：商务印书馆，1993.

[149][美]詹姆斯·M. 布坎南. 宪政的经济学阐释[M]. 贾文华，等译. 北京：中国社会科学出版社，2012.

[150][美]詹姆斯·M. 布坎南. 自由、市场和国家——20世纪80年代的政治经济学[M]. 吴良健，等译. 北京：北京经济学院出版社，1988.

[151]宁国良，黄侣蕾，廖靖军. 交易成本的视角：大数据时代政府治理成本的控制[J]. 湘潭大学学报(哲学社会科学版)，2015(5).

[152]潘明星，韩丽华. 政府经济学[M]. 4版. 北京：中国人民大学出版社，2015.

[153]庞晓波，刘延昌，黄卫挺. 经济治理理论与中国经济发展[J]. 经济纵横，2010(5).

[154]齐守印. 中国公共经济体制改革与公共经济学论纲[M]. 北京：人民出版社，2002.

[155]钱江. 高绩效的政府管理实务全书[M]. 北京：新华出版社，2003.

[156]屈新. 政府经济职能的转变及其机制创新研究[M]. 北京：中国政法大学出版社，2015.

[157][日]速水佑次朗. 发展经济学——从贫困到富裕[M]. 李周，译. 北京：社会科学文献出版社，2003.

[158][日]植草益. 微观规制经济学[M]. 朱绍文，译. 北京：中国发展出版社，1992.

[159]盛明科. 政府绩效评估的主观评议与多指标综合评价的比较——兼论服务型政府绩效评估方法的科学选择[J]. 湘潭大学学报，2009(1).

[160]世界银行. 1997年世界发展报告——变革世界中的政府[M]. 北京：中国财政经济出版社，1997.

[161]宋华琳. 论政府规制中的合作治理[J]. 政治与法律，2016(8).

[162]孙开. 公共经济学[M]. 武汉：武汉大学出版社，2007.

[163]孙荣，许洁．政府经济学[M]．上海：复旦大学出版社，2001．

[164]孙绍荣．管理博弈——用理论与实践来深化博弈论[M]．北京：中国经济出版社，2015．

[165]汪翔，钱南．公共选择理论导论[M]．上海：上海人民出版社，1993．

[166]王传伦，高培勇：当代西方财政经济理论[M]．北京：商务印书馆，1998．

[167]王丛虎．政府购买公共服务理论研究[M]．北京：经济科学出版社，2015．

[168]王宏新．公共经济学[M]．北京：清华大学出版社，2013．

[169]王浦劬．国家治理、政府治理和社会治理的含义及其相互关系[J]．国家行政学院学报，2014(3)．

[170]王浦劬，莱斯特·M·萨拉蒙．政府向社会组织购买公共服务研究[M]．北京：北京大学出版社，2010．

[171]王绍光，马骏：走向“预算国家”——财政转型与国家建设[J]．公共行政评论，2008(1)．

[172]王小龙．中国地方政府治理结构改革：一种财政视角的分析[J]．人文杂志，2004．

[173]王雅莉，毕乐强．公共规制经济学[M]．北京：清华大学出版社，2011．

[174]卫志民．政府干预的理论与政策选择[M]．北京：北京大学出版社，2006．

[175]魏娜，刘昌乾．政府购买公共服务的边界及实现机制研究[J]．中国行政管理，2015(1)．

[176]文建东．公共选择学派[M]．武汉：武汉出版社，1996．

[177]吴兴南，林善炜．全球化与未来中国[M]．北京：中国社会科学出版社，2002．

[178]夏大慰，史东辉．政府规制：理论、经验与中国的改革[M]．北京：经济科学出版社，2003．

[179]项显生．我国政府购买公共服务边界问题研究[J]．中国行政管理，2015(6)．

[180]谢地．政府规制经济学[M]．北京：高等教育出版社，2003．

[181]谢庆奎，单继友．公共预算的本质：政治过程[J]．天津社会科学，2009(1)．

[182]谢自强．政府干预理论与政府经济职能[M]．长沙：湖南大学出版社，2004．

[183]新玉言，李克．大数据：政府治理新时代[M]．北京：台海出版社，2016．

[184]薛澜，陈玲．制度惯性与政策扭曲：实践科学发展观面临的制度转轨挑战[J]．中国行政管理，2010(8)．

[185]杨帆，卢周来．中国的“特殊利益集团”如何影响地方政府决策——以房地产利益集团为例[J]．管理世界，2010(6)．

[186]杨龙，王骚．政府经济学[M]．天津：天津大学出版社，2008．

[187]杨烨．波、匈、捷经济转轨中的政府职能[M]．上海：上海人民出版社，2002．

[188]杨之刚．财政分权理论与基层公共财政改革[M]．北京：经济科学出版社，2006．

[189]杨志勇，张馨．公共经济学[M]．北京：清华大学出版社，2005．

[190][以]阿耶·L·希尔曼．公共财政与公共政策[M]．王国华，译．北京：中国社会科学出版社，2006．

[191][英]C. V. 布朗，P. M. 杰克逊．公共部门经济学[M]．郭庆旺，等译．北京：中国人民大学出版社，2000．

[192][英]安东尼·奥格斯．规制：法律形式与经济学理论[M]．北京：中国人民大学出

版社，2008.

[193][英]戴维·赫尔德. 全球大变革[M]. 杨雪冬，译. 北京：社会科学文献出版社，2001.

[194][英]戴维·米勒，韦农·波格丹诺. 布莱克维尔政治学百科全书[M]. 邓正来等，译. 北京：中国政法大学出版社，1992.

[195][英]加雷斯·迈尔斯. 公共经济学[M]. 匡小平，译. 北京：中国人民大学出版社，2001.

[196][英]克里斯托弗·胡德等. 监管政府[M]. 陈伟，译. 北京：生活·读书·新知三联书店，2009.

[197][英]瓦吉·格伦尼维根. 简明经济思想史——从重商主义到货币主义[M]. 宋春艳，马春文，译. 长春：长春出版社，2009.

[198][英]维克托·麦克-舍恩伯格，肯尼斯·库耶克. 大数据时代：生活、工作与思维的大变革[M]. 盛杨燕，周涛，译. 杭州：浙江人民出版社，2013.

[199]张千帆. 宪政、法治与经济发展[M]. 北京：北京大学出版社，2004.

[200]张强，朱立言. 美国联邦政府绩效评估的最新进展及启示[J]. 湘潭大学学报(哲学社会科学版)，2009(5).

[201]张永民. "基本公共服务均等化"浅析[J]. 中国行政管理，2009(11).

[202]张璋. 理性与制度——政府治理工具的选择[M]. 北京：国家行政学院出版社，2006.

[203]张兆本. 公共经济学[M]. 北京：人民出版社，2006.

[204]张振华. 公共产品供给过程中的地方政府合作与竞争[J]. 西北师大学报(社会科学版)，2011(7).

[205]郑万军. 公共经济学[M]. 北京：北京大学出版社，2015.

[206]钟晓敏，高琳. 现代财政学的发展历史、现状和趋势[J]. 财经论丛，2009(1).

[207]周志忍. 公共性与行政效率研究[J]. 中国行政管理，2000(4).

[208]周志忍. 美国行政改革研究[M]. 北京：国家行政学院出版社，1994.

[209]朱国玮，左阿琼. 行为公共经济学的研究范畴与进展[J]. 经济学动态，2010(5).

[210]卓越. 公共部门绩效评估[M]. 北京：中国人民大学出版社，2004.

[211]卓越，赵蕾. 绩效评估：政府绩效管理系统中的元工具[J]. 公共管理研究，2008(00).

[212]邹蓉. 地方政府财政竞争与公共服务供给：1999—2011[J]. 湖南社会科学，2013(3).

[213]Bennett T. McCallum. Issues in the Design of Monetary Policy Rules[J]. NBER Working Paper，No. 6016，1997.

[214]Buchanan J M. Fiscal Institutions and Efficiency in Collective Outlay[J]. American Economic Review，1961，51(3).

[215]Caiden，N. A new perspective on budgetary reform[J]. Australian Journal of Public Administration，1988，48(1).

[216]David N. Hyman. The Economics of Governmental Activity[M]. New York：Holt

Rinehart and Winston, Inc. , 1973.

[217]Douglass C. North, A Transaction Cost Theory of Politics[M]. Journal of Theoretical Politics, 1990(2).

[218]Duncan. Black On the Rationale of Group Decision-making [J]. Journal of Political Economy, 1948, 56(1).

[219]Duncan Watts. A twenty-first century science[J]. Nature, 2007(2).

[220]E A Marmolo. A Constitutional theory of public goods[J]. Journal of Economic Behavior and Organization, 1998, 38(1).

[221]E M Warner, A Hefetz, Managing Markets for Public Service: The Role of Mixed Public-Private Delivery of City Services[J]. Public Administration Review, 2008, 68(1).

[222]Erik Lindahl. Just Taxation: A Positive Solution (1919), in R. A. Musgrave and A. T. Peacock, Classic in the Theory of Public Finance[M]. New York: St. Martin's Press, 1958.

[223]Fischer, Stanley and Vinod Thomas. Policies for Economic Development[J]. New York: American Journal of Agricultural Economics, 1990, 72(3).

[224]F. Kydland, E. Prescott. Rules Rather Than Discretion: The Inconsistency of Optimal Plans[J]. The Journal of Political Economy, 1997, 85(3).

[225]Friedman, M. Capitalism and Freedom[M]. Chicago: University of Chicage Press, 1962.

[226]George J. Stigler. The Theory of Economic Regulation [J]. Bell Journal of Economics & Management Science, 1971, 2(1).

[227]G J Stigler, Clair Friedland. What can the Regulation Regulate: the Case of Electricity[J]. Journal of Law and Economics, 1962, 5(2).

[228]James M Buchanan. The Constitution of Economic Policy[J]. The American Economic Review, 1987, 77(3).

[229]James. M. Buchanan. The domain of constitutional economics [J]. Constitutional Political Economy, 1990, 1(1).

[230]J D Donahue. The Privatization Decision: Public Ends, Private Means. New York: Basic Books, 1989.

[231]J L Guash. W H Robert. the Costs and Benefits of Regulation: Implications for Development Countries[J]. The World Bank Research Observer, 1999, 14(1).

[232]Knut Wicksell, A new Principle of just taxation (1896), in R. A. Musgrave and A. T. Peacock, Classic in the Theory of Public Finance[J]. New York: St. Martin's Press, 1958.

[233]Lester M. Salamon. The Tools of Government: A Guide to the New Governance[M]. Oxford, New York: Oxford University Press, 2002.

[234]M. Feldstein. The transformation of public economics research: 1970—2000 [J]. Journal of Public Economics, 2002(86).

[235]Norman Flynn. Public Sector Management[M]. Third Edition. New York: Prentice Hall/ Harvester, 1997.

[236]OECD. The Legal Framework for Budgeting Systems: An International Comparison, OECD Journal on Budgeting, OECD publications, 2004(4).

[237]Oliver E. Williamson. Transaction Cost Economics: The Natural Progression[J]. American Economic Review, 2010(100).

[238]P. A. Samuelson. The Pure Theory of Public Expenditure[J]. Review of Economics & Statistics, 1954, 36(4).

[239]Peter. H. Aranson, Melvin. J. Hinich, Peter. C. Ordeshook Election Goals and Strategies: Equivalent and Nonequivalent Candidate Objectives[J]. American Political Science Review, 1974, 68(1).

[240]Qian Y Y, Weingast B R, Federalism as a Commitment to Preserving Market Incentives[J]. Working Papers, 1997, 11(4).

[241]R. A. Musgrave, A Multiple Theory of Budget Determination[J]. Finanzarchiv, 1956, 17(3).

[242]R. A. Musgrave, The Theory of Public Finance: A study in Public Economy[M]. New York: McGraw Hill, 1959.

[243]Robert D. Tollison, Roger D. Congleton. The Economic analysis of rent-seeking[M]. Vermont: Edward Elgar Publishing Company, 1995.

[244]Robert H. Salisbury. An Exchange Theory of Interest Groups[J]. Midwest Journal of Political Science, 1969, 13(1).

[245]S Peltzmann. Towards a More General Theory of Regulation[J]. Journal of Law and Economic, 1976, 19(2).

[246]Thomas D. Lynch. Public Budgeting in America[M]. Englewood Cliffs: Prentice Hall, Inc., 1979.

[247]Vernon L. Smith. Economics in the Laboratory[J]. Journal of Economic Perspectives, 1994(1).

[248]W H Robert. John Hird. The Cost and Benefit of Regulation: Review and Synthesis[J]. Yale Journal of Regulation, 1991, 8(1).

[249]W H Robert. Policy Watch: Government Analysis of the Benefits and Costs of Regulation[J]. Journal of Economic Perspective, 1998, 12(4).